香港立法機關關於政制發展的辯論 第三卷

香港後過渡期

強世功　袁陽陽　編

1994

1997

責任編輯　蘇健偉
封面設計　吳丹娜

書　　名	**香港立法機關關於政制發展的辯論（第三卷）** ——香港後過渡期（1994—1997）
編　　者	強世功　袁陽陽
出　　版	三聯書店（香港）有限公司 香港北角英皇道 499 號北角工業大廈 20 樓 Joint Publishing (H.K.) Co., Ltd. 20/F., North Point Industrial Building, 499 King's Road, North Point, Hong Kong
香港發行	香港聯合書刊物流有限公司 香港新界大埔汀麗路 36 號 3 字樓
印　　刷	美雅印刷製本有限公司 香港九龍觀塘榮業街 6 號 4 樓 A 室
版　　次	2017 年 11 月香港第一版第一次印刷
規　　格	16 開（185 × 260mm）384 面
國際書號	ISBN 978-962-04-4242-1

前言

　　香港政制發展這個概念直接源於基本法規定，即行政長官及立法會全體議員的產生辦法按照香港的實際情況，循序漸進至最終由普選產生。雖然早在英國對香港實行殖民統治伊始，就有了關於修改立法局組成辦法的辯論，但直到1980年代中英談判啟動香港回歸祖國的歷程，香港政制發展才真正作為一種地方的特殊憲制安排進入到公眾視野中。從此，香港政制發展問題不僅成為香港關注的問題，也成為整個國家關注的重大課題。為了便於研究人員與普通讀者系統認識、瞭解及研究香港政制發展問題的歷史與現狀，我們曾經選編了《香港政制發展資料彙編》（香港三聯書店，2015年版），系統收集了官方正式公布的有關權威資料，包括憲制法律的規定、政府報告、相關政府官員的發言等。然而，在港英政府、中國政府和香港特區推出有關法律、政策和報告的時候，香港社會對此進行了深入討論，其中香港立法機關（包括港英時期的立法局和特區政府的立法會）作為香港的代議機關，對香港政制發展問題進行了持續辯論。從這些辯論中，我們可以看出香港社會各界對香港政制發展的不同立場、觀點和理據。為此，我們選編《香港立法機關關於政制發展的辯論》，系統呈現1980年代以來香港立法機關關於政制發展的辯論的相關資料。

　　本書按照時間順序分專題進行編輯，其中香港回歸前編為三卷。第一卷集中在1985年至1990年關於港英代議政制改革和基本法起草中相關安排的辯論。第二卷集中在1992年至1994年圍繞彭定康改革方案展開的辯論。第三卷集中在1994年至1997年關於香港過渡期相關問題的辯論。而回歸之後香港立法會關於政制發展的辯論，我們會繼續編輯。本書的內容編排既考慮時間順序，又兼顧主題。在選編過程中，我們盡可能照顧到不同派別的議員的觀點，並摘要最能反映其立場、觀點和理據的內容。為了便於讀者對每一卷的內容有全面的理解與把握，我們在每一卷開始處撰寫了導讀，扼要介紹在本卷所涵蓋的時間跨度與主題

下，立法機關就相關問題的辯論主旨。由於時間跨度大，辯論內容繁雜，選編難免有錯漏不足之處，還望讀者指正，所有可能的錯誤由編者承擔責任。

本書的編輯獲全國人民代表大會常務委員會港澳基本法委員會的課題支持，香港敏華控股有限公司也給予特別支持，特此致謝。北京大學法學院易軍、楊坤和陳卓等同學先後協助收集相關資料，並承擔錄入、排版及校對工作，感謝他們的辛勞和付出。本書收錄的文獻來源於香港特別行政區立法會網站，已獲香港特別行政區立法會授權使用，在此一併致謝。

編者

2017 年 3 月

體例說明

一、材料來源

本書材料來自香港立法機關會議過程正式記錄,已獲香港特區立法會授權使用。該記錄逐字記載了會議過程內容。具體來看,首先,議員及官員在立法機關會議上的發言會被以其所用的語言進行編製,形成即場記錄本。其後,即場記錄本會被分別翻譯為中、英文版本。本書採用的是中文版本,節選其中有關政制發展的內容。本書絕大部分致辭均為節選,為避免繁瑣,每篇均不再注明「(節選)」字樣。

二、術語解釋

本書節選內容涉及立法機關在會期內處理的多種事務,為了方便讀者理解,特作出說明。具體如下:

(一)總督 / 行政長官施政報告

施政報告,是總督 / 行政長官在每個立法會期的首次會議席上的發言,概述各項管理香港的政府施政建議。自 1969 年起, 這一安排成為常規慣例。香港回歸後亦被沿襲下來。施政報告通常在 10 月發表,但有的也被延遲至下年 1 月發表。

(二)致謝議案辯論

致謝議案辯論,是議員就施政報告提出的辯論,藉以感謝總督 / 行政長官發

表施政報告。1969 年，致謝議案辯論首次提出，自始成為慣例，延續至今。按照慣例，致謝議案辯論會在施政報告發表後兩周進行。辯論環節的編排與該年度施政綱領的政策範疇互相對應。由於涵蓋範圍廣泛，通常需兩次以上會議，所以再次開會時被稱為恢復致謝議案辯論。

（三）發言或聲明

發言或聲明，是指總督／行政長官或者獲委派官員在立法機關會議上發言（除發表施政報告外）或發表聲明，通常旨在回應公眾關注的事件。1997 年之前，總督有時會在立法局會議內發言或發表聲明，或是指派一位獲委派官員代表政府發表聲明。在回歸後，行政長官亦採納這種做法。

（四）質詢

質詢，是指議員在立法機關會議上就政府的工作向政府提出質詢，促請政府就具體問題或事件及政府政策提供資料，或要求政府採取行動。早於 1873 年，議員便可在立法局會議上提出質詢。回歸後，這項權力一直沿用至今。質詢分為口頭質詢或書面質詢，由獲委派的官員以口頭或書面形式作答。質詢獲得答覆後，任何議員均可提出補充質詢，以求澄清該答覆。

（五）總督／行政長官答問會

總督／行政長官答問會，是指總督／行政長官酌情出席立法機關會議，答覆議員就政府的工作或特定事件提出的質詢。1992 年，總督答問會首次舉行，自始成為立法局會議的恆常安排。這一做法也為香港特區每位行政長官所採納，但答問會的舉行次數及時間，則有所不同。通常而言，在每個立法會會期，行政長官出席四次立法會會議，每次答問會為時約一個半小時。

（六）議案辯論

議案種類繁多，本書所涉及的議案辯論，是指議員或獲委派官員提出辯論以便就關乎公眾利益的問題發言。具體分為兩種：一是狹義的議案辯論，旨在對公眾關注的事項表達意見，或籲請政府採取某些行動。二是休會辯論，旨在討論

某項對公眾而言有迫切重要性的問題或提出任何有關公共利益的問題。按照歷史傳統，相關官員會列席這些辯論以回應議員的發言內容。這一做法一直沿用至回歸後。

（七）法案審議

　　法案審議，是指由政府官員或議員將新訂法例或現行法例的修訂建議提交立法機關審議，以制定成為法例。1888 年根據《英皇制誥》修訂後的條文，總督制定法律的過程，不但須徵詢立法局的意見，更須獲得立法局的同意。回歸後，法案要獲通過，須經首讀、二讀及三讀的程序。首讀，是立法會秘書處在立法會會議席上宣讀法案的簡稱。二讀，是指提交有關法案的政府官員或議員動議法案予以二讀的議案，並發言解釋法案的目的。在動議議案後，有關的辯論通常會中止待續，以便把法案交付內務委員會詳加研究。隨後，在其後舉行的立法會會議席上恢復二讀辯論，立法會繼而就法案予以二讀的議案進行表決。若法案獲得二讀通過，立法會全體議員以全體委員會名義審議法案各條文，並在委員會同意下作出修正。隨後，法案不論是否有所修正，全體委員會回復為立法會，在負責法案的官員或議員動議該法案予以三讀並通過的議案後，立法會隨即就法案進行三讀的程序。

三、編寫說明

　　由於本書性質是原始資料彙編，所以我們採取「審慎修改」原則，非正誤問題、不礙文意的字詞與病句一般不改。對於一些確定的錯別字，我們用中括號將正確的字置於其後，予以訂正，如漢〔漢〕不關心、撤〔撤〕銷、遣〔遺〕憾等。需要增刪的字詞，亦以中括號形式列明。為使全文前後一貫，我們對本書中的異體字、繁簡轉換字等進行了統一，如裏（裡）、舉（舉）、腳（脚）等。這些統一不作為錯別字處理。

本卷導讀

　　自 1994 年 6 月 29 日立法局通過彭定康政改方案後，關於九四及九五年選舉安排的爭論逐漸告一段落。隨著進入過渡期的最後三年，各方對於政制發展的關注焦點轉向兩個方面：一是中國於後過渡期內在香港成立的組織架構，包括香港特別行政區籌備委員會預備工作委員會（以下簡稱「預委會」）、香港特別行政區籌備委員會（以下簡稱「籌委會」）；二是香港回歸初期的政制發展，包括臨時立法會、候任行政長官、行政與立法的關係，以及地區諮詢組織的改革。

一、中國於後過渡期內在香港成立的組織架構引發爭議

1. 關於預委會

　　1993 年 7 月 2 日，中國政府成立了預委會，其職責是在籌委會成立前，為九七年對香港恢復行使主權，實現平穩過渡進行各項有關準備工作。1994 年 10 月 5 日，總督彭定康發表任內第三份施政報告，承諾要對將於九六年成立的特區籌委會加以協助，但卻不接受預委會的角色，認為預委會並不是聯合聲明或基本法規定成立的機構，而只是全國人民代表大會的一個諮詢組織。而且，布政司亦於 1994 年 10 月 6 日發出指引，對司級官員與預委會的接觸多加掣肘，禁止公務員與預委會成員進行非正式會面。因此，預委會問題備受關注，成為各方議員的辯論重點。李柱銘、劉千石、李永達、李華明、劉慧卿等激進派議員認為，預委會的成立違背了中英聯合聲明和基本法；除了成立預委會，還有其他方式可以促進中英合作；預委會成立的目的就是要與港英政府對著幹，作為中英談判的一種政治姿態和壓力，因而該機構是另起爐灶的「偷步」組織。但何承天、詹培忠、劉皇發等溫和派議員則認為預委會是立法局通過彭定康政制改革方案導致的結果，是全國人大常委會通過成立的法定機構，必須確保預委會成員獲得所有有關的事實和資料。本書收錄的 **1994 年 10 月 5 日、19 日、20 日**立法局會議過程正

式記錄呈現了各方的不同主張及理據。

2. 關於籌委會

1996 年 1 月，籌委會組建成立，標誌著預委會工作的結束。籌委會根據中英聯合聲明及基本法的規定而設立，旨在為九七年主權移交做好各方面的準備工作。彭定康亦早在 1994 年施政報告中承諾要對籌委會提供協助。然而，隨著籌委會的成立，香港不少人恐懼中方會提早在港成立權力中心，令香港存在「第二權力中心」和「影子政府」的問題。儘管中方官員一再澄清籌委會不能干預九七年前英國在香港的有效管治，也不希望香港政府成為「跛腳鴨」政府，但部分人士仍然表示擔心。1996 年 1 月 31 日的立法局會議上，楊森、劉慧卿、李永達、梁耀忠、陸恭蕙等激進派議員就對籌委會的組成、集體負責制和保密制、及其向公眾發布工作消息的渠道提出批評。對此，倪少傑、李家祥、陳鑑林等溫和派議員表明有關「第二權力中心」和「影子政府」的論調根本不成立。詳細辯論請見本書 **1996 年 1 月 31 日**立法局會議過程正式記錄。

二、香港回歸初期的政制發展備受關注

這一時期的辯論中亦貫穿著與香港特別行政區成立初期的政制發展直接相關的議題，主要集中於以下四點：

1. 臨時立法會的設立

早在 1994 年 10 月，臨時立法會的問題就已進入公眾討論的視野。隨著「直通車」安排的失敗，中方表示將組成臨時立法會，用以解決三級議會不能過渡、九七年首屆特區政府成立初期可能出現的立法真空問題。對此，港英政府一直表示反對。李柱銘、司徒華、劉千石、鄭家富等激進派議員亦多次表示反對設立臨時立法會，認為此舉違反了中英聯合聲明和基本法；臨時立法會由小圈子程序產生、是民主的倒退；中央此舉意在控制香港；而且即使中方不同意有「直通車」，亦不能借此作出任何違反中英聯合聲明和基本法的安排。但另一方面，詹培忠、朱幼麟、潘國濂、李鵬飛、葉國謙、倪少傑等溫和派議員則認為，臨時立法會是中央在「直通車」失敗、時間緊迫的情形之下為解決立法真空問題才迫不得已成立的，是港英政府自搞一套政改方案的結果；而且成立臨時立法會亦有其實際考慮，即特別行政區在過渡期的最後一年不可能進行立法會選舉，但有一大堆緊急

的條例草案審議工作需要處理。詳細辯論參見本書 **1994 年 10 月 5 日、19 日、20 日立法局會議過程正式記錄**，**1995 年 6 月 28 日立法局會議過程正式記錄**，**1996 年 10 月 2 日、3 日、16 日、17 日、23 日立法局會議過程正式記錄**，**1996 年 12 月 4 日立法局會議過程正式記錄**。

1996 年 12 月 21 日，臨時立法會 60 位候任議員通過選舉產生。1997 年 1 月 25 日，臨時立法會召開首次會議，隨即在內地展開工作。在 60 位候任議員中，有 32 位是立法局議員，包括立法局主席黃宏發。對此，有人擔心存在利益或角色衝突，認為黃宏發加入臨時立法會後會影響立法局主席職位的公正及誠信。1997 年 1 月 28 日，黃宏發在競選臨時立法會主席落敗後，宣布將堅定不移地捍衛立法局主席中立、客觀、公正、不偏的傳統，在 7 月 1 日之前除了臨時立法會的內務事宜外不會參與其他事宜的討論。儘管如此，仍有議員表示疑慮。1 月 29 日，黃錢其濂議員提出動議，促請法院宣告立法局主席兼任臨時立法會成員會有利益上的衝突。溫和派議員對此則表示反對。本書 **1997 年 1 月 29 日立法局會議過程正式記錄**，展現了他們的論戰。

2. 候任行政長官的產生

1996 年 1 月籌委會成立後，其中一項重要工作就是為候任行政長官及其班子做準備。自此，各方勢力開始更積極地為自己支持的行政長官人選造勢，政治角力和爭辯更趨白熱化。加上國家主席江澤民於籌委會在北京開會時主動走近與董建華握手，港澳辦公室主任魯平亦表示有黑馬人選，各方對候任行政長官的關注就更為密切。1996 年 1 月 31 日的立法局會議上，劉慧卿、楊森、李卓人等激進派議員就擔心候任行政長官存在利益衝突，指責推選委員會缺乏廣泛代表性，因此促請中國政府立即作出準備，以一人一票普選的方式產生香港特別行政區行政長官；並指出若是中國政府尊重香港民意，完全可以於九七年前修改基本法。但葉國謙、周梁淑怡等溫和派議員則認為激進派的擔心不成立，而且基本法的修改也應在九七之後進行。詳細辯論參見本書 **1996 年 1 月 31 日立法局會議過程正式記錄**。

1996 年 12 月 11 日，候任行政長官即將選舉產生。隨著選舉日期的臨近，各方展開的角逐也更加激烈。吳光正、李福善、董建華、楊鐵樑四位行政長官候選人與香港各團體廣泛會面，並展開了一系列體察民情的活動。激進派議員將此次

選舉視為受中國政府操縱的小圈子選舉，李卓人、李華明分別於 1996 年 11 月 13 日、27 日提出動議，指責此次行政長官並非通過普選產生，因而只會出現政治上以中國意願為依歸的政綱，不能有效回應香港的民主發展、人權保障或民生訴求。到 12 月 11 日選舉當日，劉慧卿議員甚至直接提出一個不信任候任行政長官董建華的議案，認為他不能堅決維護香港高度自治。不過，上述動議均遭到溫和派議員的強烈反對。本書 **1996 年 11 月 13 日、27 日立法局會議過程正式記錄，1996 年 12 月 11 日立法局會議過程正式記錄**，展現了他們的激烈辯論。

1997 年 6 月 26 日，激進派議員曾健成提出動議，促請中國政府在 1997 年 7 月 1 日立即修改基本法以落實行政長官全面普選，並獲得其他激進派議員的支持。對此，溫和派議員表示基本法雖然可以修改，但須在實行一段時間以後，按照當時的社會環境和政治形勢的變化，並根據基本法第 159 條的規定而作出。本書收錄的 **1997 年 6 月 26 日立法局會議過程正式記錄**，呈現了他們的主要辯論過程。

3. 行政與立法的關係

1996 年 7 月 3 日，楊森議員動議中國政府修改基本法，取消基本法第 74 條對議員提案權的規限和附件二規定的分組表決方式。對此，何俊仁、陸恭蕙、李永達等激進派議員表示認同，認為有關修改是要達至中英聯合聲明內行政機關必須遵守法律、對立法機關負責的目標；而且對基本法可進行那些修改的討論，並不等同邀請中國政府干預香港事務；再者，基本法仍未生效，第 159 條規定的修改程序也不具約束力。另一方面，劉皇發、朱幼麟、葉國謙、倪少傑等溫和派議員則認為，聯合聲明內行政機關必須遵守法律、對立法機關負責的目標已經在基本法內訂明；而且基本法關乎國家主權和香港穩定，不能輕率地提出修改；現階段修改基本法亦不合乎第 159 條規定的修改程序。詳細辯論參見本書 **1996 年 7 月 3 日立法局會議過程正式記錄**。

4. 地區諮詢組織的發展

在代議政制改革及彭定康政改時期，香港社會曾激烈辯論三層政制架構的民主發展問題，但卻從未對政府法定機構及諮詢委員會作出檢討。因此，這一時期眾多議員將目光轉向香港當時大大小小約三百個諮詢委員會和法定機構，圍繞其透明性、代表性和問責性等問題展開辯論。在透明性方面，各議員意見較為統

一，一致要求這些機構公開會議及文件。在代表性方面，廖成利、任善寧等激進派議員針對總督委任機構成員的作法提出多種改革方案，或是要求總督適當委任更多三級議會的議員，或是要求總督將委任名單提交立法局通過，甚或是要求全部成員改為經由選舉產生。但李鵬飛等溫和派議員則認為上述改革只會不必要地引入政治角力，從而影響這些機構的運作效率和客觀判斷。在問責性方面，激進派議員要求加強立法局對這些機構的監察，令其承擔更大的責任，但葉國謙等溫和派議員則認為不能衝擊行政主導的改革底線。詳細辯論參見本書 **1996 年 5 月 8 日**立法局會議過程正式記錄。

目錄

1994 年 10 月 5 日
總督施政報告

立法局

55. 我現在轉談立法局的角色,以及立法局在本港獨特的憲制中的地位。

56. 香港的憲制,是基於歷史、刻意構思和機緣巧合的因素而形成的。若非各方面都本著善意和理智來處事,這個憲制可能會令政治和行政陷入僵局。世界上還有那個政府,是沒有所屬政黨在立法機關內協助促使其政策建議獲得通過的呢?在香港的政制下,是政府向立法局提交立法和開支建議,但只有立法局才有權決定應否讓這些建議成為法例,或獲得撥款。讓我意譯托馬斯的一句話,而這句話也許亦經常在本局中引用,就是:「行政機關提議,立法機關作主。」

......

憲制發展

61. 我稍後會檢討過渡的進展。不過,有一項與過渡有關的事,我要在這裏討論一下。在本年較早時,我們定下本港的選舉安排,只可惜那是未獲中方同意的。市民決定要有公平和公開的選舉及可信的代議政制。本局已將政府的建議通過成為法例,以達到市民的期望。上月舉行的區議會選舉,清楚顯示市民確實珍惜這個強而有力和可信的政治制度。參選的候選人、登記選民和在區議會選舉日投票的人數,都刷新了紀錄。沒有人可以再說,香港人只顧賺錢,對社會政事漠不關心。這次區議會選舉有秩序和認真地舉行,不但無損香港的穩定,而且事實剛好是相反。

62. 至於明年立法局選舉的安排,香港已作出了決定。我相信佔決定性大多數的本局議員和本港市民,都希望一九九五年九月選出的立法局會服務至一九九九年任期屆滿為止。中國政府曾經表示,這屆立法局不能跨越一九九七年六月三十日,屆時將須重新進行選舉。中國有權在一九九七年把立法局解散重組,我們從

未質疑這點。但我們已清楚說明，我們認為沒有好的理由要這樣做。正如我所說，我們對於無法與中國在這方面達成協議感到遺憾，但現時已是結束這場爭辯的時候。

1994 年 10 月 19 日
致謝議案辯論

杜葉錫恩議員提出動議：

「本局對總督的致辭，謹表謝意。」

杜葉錫恩議員致辭（譯文）：

如果有人猜想施政報告會對中英雙方合作令香港在一九九七年能夠順利過渡帶來希望，而在施政報告裏找尋這方面的蛛絲馬跡的話，他必定會徒勞無功。在施政報告的其中一部分，總督用了「合作」這字眼十多次，而在結論時，他也說得頗對：「合作絕不能單靠其中一方。」沒有人可以否定這句話的真確性。但如果總督真的言行一致的話，人們便會問，當總督在一九九二年十月的施政報告中一意孤行表示要走單程路，以致妨害了中英過去兩年合作關係的時候，他的合作意圖又是怎麼樣的？我們都知道，要維持兩國之間的合作關係，從來都並不容易。姑勿論中英雙方在二三十年前的關係如何良好，但英國踏上單程路的做法，即使不是完全抹殺雙方合作的可能性，也已令中英合作困難重重。

即使我們像總督一樣，不斷重申選舉改革是立法局的決定，也是於事無補的。事實上，這樣做只會令中國，甚至我敢說令本局大部分議員火上加油。英國一直以來都認為，三腳凳會破壞中英的合作關係。這想法可能錯誤，但卻是事實。不過，當英國要達到目的時，我們便被捲進爭拗的漩渦之中。我們所有議員都清楚知道，本年六月二十九日辯論前及辯論當中有人在幕後玩弄手段，以求達到英國的目的，然而對香港所要付出的代價，卻置諸不理。自從一九九二年開始，整件事已與中英雙方的合作完全扯不上關係，但影響所及，一九九二年的所謂「方案」，已在一九九四年變成以得到本港人士支持為掩飾理

由，我所謂的殖民地決定。一些實質的協議，包括部分由英國外相於一九九〇年提出的協議，亦因此而變得面目全非。即使世間上最能言善辯的人，亦不能掩飾英方為了一己的理由，而率先行動以致中英雙方再沒有可能維持合作關係這個事實。

司徒華議員致辭：

主席先生，總督彭定康先生，在施政報告中說：「讓我意譯托馬斯的一句話：『行政機關提議，立法機關作主』。」

請恕我孤陋寡聞，不知道這位托馬斯是何許人也，也不知道這句話出自何經何典。幸而，一個專欄作家在十月六日的《南華早報》指出：托馬斯是一位十四世紀的德國僧侶。他原來的話是：「人提議，神作主。」

將總督彭定康先生的意譯，來與原句對照，不僅是斷章取義、移花接木，簡直是偷天換日。他把行政機關代替了「人」，把立法機關取代了「神」，作為天主教徒的他，會不會感覺到這樣是否有點近乎褻瀆呢？這是否意味著他想把現有的立法局擺上神檯呢？

撇開托馬斯的原句不談，單就意譯的一句來討論，也是不符合事實的，是徹頭徹尾的顛倒。

立法局通過很多的動議，政府是拒絕接納的。例如終審庭、公屋富戶政策、中央公積金、人權委員會等等。對於政府提出的草案，知道修訂動議或會被通過，便不批准列入議程，例如減收差餉；甚至把原來提出的草案撤回，例如遣散費。更多的是，雖然沒有明顯表示拒絕，但遲遲不去執行，束諸高閣。

這樣，怎能算得是「行政機關提議，立法機關作主」呢？假如改一改，或者更符合現實和形象化：「立法機關噴口水，行政機關去『撲鎚』。」

從目前的行政立法關係，我想到預委會最近提出的臨時立法會。預委會的成立，本身就是一個震動。其後，幾乎每提出一個意見，都帶來震動，例如「公務員效忠」、「土地基金毋須撥入特區儲備」、「撤銷人權法」等等。但是，引起最大的震動，還是這次的臨時立法會。預委會有沒有提出過使香港人歡欣鼓舞的意見呢？有一句這樣的俗語：「狗口裏長不出象牙。」

假如真的成立臨時立法會，我想有兩件事是必定會去做的：一、制訂有關顛覆的法例；二、制訂新的選舉法例。前者，除了其他的作用外，可剝奪一些人的候選權；後者，使我想起一個發生〔在〕三年零八個月日治時期的故事。

當時賭場林立，番攤、牌九、大細、骰寶，式式俱備。有一天，一個日本便衣密探，走進賭場，去到番攤檔前，把一大疊軍票，押注在「一、二」角之上（即買開一二）。番攤檔的主持人，叫了一聲「買定離手，開！」揭開盅蓋，正準備把攤子四個、四個地扒數時，這個密探，從袋裏掏出一枝手鎗，指向持攤人，大聲喝道：「只准兩個、兩個這樣扒」！四個四個地扒數，一、二、三、四的結果都可能出現，但兩個兩個地扒數，結果只會是一或二。押注在「一、二」角的密探，是贏定了。他可以對人說：「賭博有贏有輸，我的錢是贏回來的。」

根據透露，臨時立法會將會由籌委會委任。籌委會是由人大常委會委任。這樣，臨時立法會便是委任的委任。中國的功夫，有一招叫做「隔山打牛」。我們將會大開眼界，看到新的一招——「隔山扯線」。

剛才，我提及托馬斯原來的一句話，這句話講到「神」。臨時立法會，亦使我想到神。《聖經》的〈創世記〉說：「神按照自己的模樣，創造了亞當和夏娃。」臨時立法會，大抵是另一種的神，透過制訂新的選舉法，保證能夠按照自己的模樣，選出一個正式的立法會——一個仍然是被「隔山扯線」的立法會。有了一個這樣的立法會，甚麼法例都可以制訂，甚麼法例都可以廢除、修訂。

成立臨時立法會，等於宣布「一國兩制，高度自治」的精神和原則，已經死亡。嗚〔嗚〕呼哀哉！尚饗。

麥理覺議員致辭（譯文）：

無論如何，我們的政治制度現時保證可維持至一九九七年六月，屆時，再由中國把現制度拆毀，換上另一套。依我看來，這是很可惜的，因為我們現時所執意要落實的香港政府架構，對中方來說，絕對沒有甚麼可懼怕之處。中方將於一九九六年委任行政長官（候任），而該行政長官亦會於一九九七年委任行政局、政府各科及其他重要部門的首長。透過現時逐步落實的制度，該行政長官肯定會得到立法局的大力支持。我不明白何以中方會因這些安排而如此深感威脅。

香港的親中人士明年肯定會致力爭取立法局的席位，在我的功能組別內，我已感到這些選舉活動來勢洶洶。因此，也許可以說服中方接受和容納這個制度，而不再加以反對。另一點是本局現在或將來的議員，都不是因為反抗中方而獲選入局的。我們全體得以加入這議會，是由於我們親香港。換言之，我們或許不時與中方有不同的見解，但並無不妥。我們也幫了中方不少忙，因此兩方面是可以平衡的。

這點把我帶到與預備工作委員會（預委會）合作這個煩惱的問題上。我認為彭定康先生應該更樂於協助預委會的委員瞭解政府政策及程序的背景和目的，使預委會委員為中方發揮諮詢作用時，能擁有更豐富的知識、能更切中要害。不管我們喜歡與否、不管聯合聲明有否提及預委會，俱屬無關宏旨，因為預委會已是既成事實，且已就香港政策和發展的所有方面，向中方提供意見。他們熟識香港的情況，只是很大程度上缺乏公務員所具備的實務經驗。預委會的委員，很多將於一九九六年成為籌備委員會的委員。可惜他們已作出一些言論，反映他們缺乏有關知識，而且處理有欠成熟。

若謂與預委會建立的關係，須比總督所建議的更為密切，我認為甚有道理。中方所賦予預委會的地位，英方毋須正式予以承認。但香港政府可協助其建立更妥善的工作程序，俾預委會向中方提供意見時，具備更深入的知識。倘不建立有效的聯繫，或會冒上風險，令預委會向中方提供有欠專業或誤導的意見，因而導致中方就香港事務作出不明智甚或損害本港利益的決定。這情況現已使人感到憂慮。

因此，我促請總督再次考慮給予預委會支持的問題。讓我們現在盡可能培養雙方的善意，邁向九七。我們若要迎接將來的種種挑戰，必須實事求是。在英國管治的最後數年間，中英雙方倘若經常爭拗，大多數的挑戰便不能克服。屆時，中英兩國政府，皆不能履行對香港應盡的義務，雙方都自食其果。而很不幸，香港所受的影響最大。

劉皇發議員致辭：

主席先生，我是預委會委員，但也想不避嫌談談港府對預委會的態度。港府

一方面說不禁止政府人員與預委會接觸,但另一方面又明令不准公務員出席預委會會議,這樣的「二分法」,令公務員備受壓力,實際上使雙方無辦法作出有效的溝通。港府這樣的取態既不能反映公務員的意願,也無助於紓緩公務員對前景的憂慮。

預委會的工作是就涉及香港主權回歸,平穩過渡的問題向籌委會作出建議,大家都公認,維持香港公務員隊伍的穩定,對香港政權的平穩過渡至為重要,因此預委會非常渴望就一系列問題聽取公務員的意見。既然港府為香港的平穩過渡著想,願意與籌委會合作,何以不能出於同樣良好的意願,為籌委會的預備工作機構提供方便和協助呢?難道讓公務員向預委會反映一下意見,就會損害港府的威信或者動搖港府的管治?當局倘若在這方面能夠表現更大的寬容和彈性,相信對改善中英就香港問題的合作關係,會起到正面的促進作用。

何承天議員致辭(譯文):

立法局通過了彭定康的政治改革方案,導致中英雙方無法達成協議,造成另一個事實,就是中方成立了「預備工作委員會」。此預委會目前正就影響未來香港特別行政區的一切事務進行研究及向中國政府提供重要的建議。預委會對本港未來的重要性並不下於當年協助草擬基本法的基本法諮詢委員會。港府不與預委會這個重要組織設立正式溝通渠道,而只依賴個別公務員與預委會成員保持非正式的聯絡是完全不合理的做法。而這種依賴個別接觸的做法,對公務員來說亦是不公平的負擔。

預委會本身並非一個權力機構,而承認其存在也不等於將其轉變為權力機構,但漠視其存在,則有如鴕鳥埋首在沙泥內而不敢面對現實。

鄧兆棠議員致辭:

施政報告承諾,在一九九六年與特區政府籌委會保持良好關係,並且願意協助候任行政長官準備接管工作,更加表示會向獲委任為日後特區政府的行政會議成員及主要官員提供一切必須的協助。

從這些承諾表面上看，很容易誤會彭定康先生改變初衷，放棄「對著幹」的態度，重歸中英合作的軌道。但細心一想，以上所謂「合作」和「承諾」，不是一種讓步，而是理所當然的程序。如果上述工作在九六年都不能夠展開，政權又如何交接呢？反而，這些承諾後面，隱藏著另一個含義：就是政府在九六年前，不會積極與中國溝通。如此，難道由現在至九六年，政府甚麼都不想做嗎？我們還有很多時間嗎？政府一方面聲稱，不禁止公務員與預委會接觸，但另一方面卻發出指引，指明公務員不適宜透過三個途徑與預委會接觸，包括：出任預委會成員、顧問，以及出席預委會屬下的會議。在指引金剛罩之下，公務員豈敢冒險？所謂預委會接觸又從何談起？

詹培忠議員致辭：

總督應自己作出正式的檢討。究竟他來香港做甚麼呢？我再次強調，若果他是英國首相，或者是外相，那麼他所做的，很出色，但是他為了拿高薪來香港作總督，那就應該對自己的態度檢討一下。事實上，我們從他對預委會的態度，已經可見一斑。我們要明白中英兩國是兩個國家，是對口的；香港是甚麼呢？香港不可能與她們平起平坐。不錯，現在在專家會議上有香港的代表，但事實上不能構成一張三腳凳。既然無資格對話，找誰對話呢？總督自己也承認是找九六年後成立的籌備委員會對話。但是，籌備委員會成立之前，中國政府通過人大正式確認預委〔會〕。中國政府頂多是正式通知香港政府：預委〔會〕是我正式承認的，有甚麼事情，面對面去溝通吧。我不是贊成香港官員給傳召去向預委〔會〕報告。但是，我認為總督應告訴司級官員，預委會是對方的對口機構，有甚麼事情，正式也好，非正式也好，兩方面應該商談，彼此溝通，而不是報告。他連這點也看不到或看到而不做，如何去談誠意？那裏有誠意呢？我再次以此忠告他，也可以算是批評他。

很多人擔心這個預委會會成為第二個權力中心。這點大家可以放心，因為在九七年前，權力始終在香港政府的手上。在英國也有一個影子內閣。我們可以視預委會為影子內閣，因為它並無實權。當預委會有意見時，可向港府提出。因此，香港人毋須擔心。我們亦不可忘記，委任制度是在一九八五年（距今只是九

年）被取消的。在這九年中，香港無疑（特別在九一年的選舉後）有少許的進步，
但並非因此「一飛沖天」。八五年前並沒有選舉或其他間接選舉，為何現在卻堅
持不接納委任制度？這是一種不平衡的心態。

談到這個臨時立法會，大家要明白，中國政府經過人大確認，決定在九七年
六月三十日時將三級議會取消，大家要承認這是事實。我在六月二十九日提出修
訂動議遭到大家的反對。但是，事實上反對也沒有用。在九七年七月一日特區政
府成立時，一個合法的政府必定要有一個立法局，亦即是九七年後所稱的「立法
會」。因此，現時設立一個臨時立法會，為何大家卻表示反對？這個問題的癥結
在於提出反對者清楚知道自己不能進入這個立法會，於是便要提出反對。但未能
進入立法會，也不應因而提出反對，較早前甚至有議員號召動亂。雖然該議員並
沒有說出「動亂」這個字眼，但其行動和言論差不多是要領導起革命。這種情況
是很值得市民深思的。

主席先生，我希望總督可以更深切瞭解情況，為香港人的利益著想，亦希望
總督可以真正地拿出誠意來。

潘國濂議員致辭：

自由黨自始至終不斷爭取中英兩國政府的合作，創造平穩過渡、政制銜接
的局面，我們多次奔走北京和倫敦，並爭取在立法局通過旨在減低震蕩的「九四
政制方案」。可惜，這些努力最後亦付諸流水。在現今的環境下，希望中英一下
子能摒棄歧見，全面合作，看來是不切實際的幻想。雖然如此，我對於總督在施
政報告中一方面強調合作，另一方面禁止香港公務員出席預備工作委員會或其屬
下小組的會議表示費解。中英現在已經在政制不銜接的基礎上運作，總督如果現
在要與中國合作，那麼合作的精神必須是有利於不銜接下的九七年後的運作。預
委會是對這個運作提出建議的機構，由中國全國人民代表大會成立，有法定地
位，總督又因何可以一口談合作，一口排斥預委會？預委會是因中英不能合作而
產生的，這是客觀的政治現實。一般人對它的工作不甚瞭解，導致對它有所誤解
和抗拒。但是無論你對它有甚麼成見，它的工作至為重要，它的工作成果將會成
為籌備委員會的工作藍本，為香港將來的政、經、文化等安排提供方向。從英國

的角度看，英國是無責任與預委會打交道的；但從香港人角度看，實在有需要確保預委會掌握香港政府運作的實際資料，從而作出實際、可行、符合香港利益的建議。

總督排斥預委會只可以解釋為維護英國政府的尊嚴，並不能演繹為保障香港人最高利益的行動。我促請總督從新考慮他對預委會的立場和態度。

1994 年 10 月 20 日
恢復致謝議案辯論

梁智鴻議員致辭（譯文）：

行政機關與立法局的關係

主席先生，總督決定把行政局及立法局分家，其後並把這項決定付諸實行。這做法不但帶來了不少問題，而且或許會令行政機關與本局產生抗衡的態度。這對於政府的順利運作來說，是有害無益的。

讓我補充一點，雖然我同意行政立法兩局的功能應劃分清楚，但對政府的運作來說，容許有「跨局」議員，或制定具體的方法改善這兩層架構之間的溝通，是百利而無一害的。

其實，政府很清楚這些問題的存在。不過，在這份施政報告中，竟然完全沒有提及任何改善方法，實在令人既詫異又失望。

當總督被問及這個問題時，他表示檢討工作將於一九九五年選舉後進行，主席先生，一個制度已經證明無效，卻不及早採取行動糾正，這豈不是很可笑嗎？此外，總督所提出的檢討時間，更令人懷疑他是否以檢討為借口，藉此委任支持他的人出任行政局議員。

總督屢次強調行政機關必須與本局緊密合作，在施政報告中更意譯托馬斯的一句話：「行政機關提議，立法機關作主」，再次強調這一點。

司徒華議員向來雄辯滔滔，昨日亦不例外，他指出總督似乎錯誤引述了作者的話。無論如何，即使總督引述的話只是意譯而非逐字直譯，究竟我們所聽到的是應酬話還是實話？托馬斯又會否因此死不瞑目？

黃匡源議員致辭（譯文）：

政治方面的過渡

香港市民都希望擁有一個民主的政府和繁榮安定的社會，這是無可置疑的。我們曾經看過一些前英國殖民地推行西方民主的成功和失敗的例子。雖然本局於六月通過了備受爭議的政制改革方案，但大多數本港市民都認為循序漸進式的方法總比全面推行民主好。當局在審慎建設一個公開及民主政府的同時，亦必須確保基本法所謂的「高度自治」得到客觀及不偏不倚的詮釋。英國政府在剩餘的管治日子裏，一方面應遵守現行憲法，另一方面應盡量包容本港在政治多元化及多黨政治方面獨特的發展。政府必須確保所有重要的公共政策，均能達到香港市民的期望，以及符合他們所詮釋的聯合聲明精神。

自一九八五年起，政制改革使本局的組織、權力及程序不斷改變。一些政治分析家更以一九九二年十二月本局就終審法院進行的動議辯論為例，指出本局所扮演的角色已趨向一個對抗式的議會。然而，這方面的發展是符合「過渡期的明智決策」；而且，加強民主亦不一定與有效率的立法機關互有衝突。在未來數個月，本局必須致力維持行政主導的架構，並確認現行制度下的制衡原則及程序。我們應該把英國國會式的民主與本地政治的優點合而為一。我相信如果我們今日有一個公開、負責任而且有效率的立法局，他日定能為香港特別行政區立法會樹立良好的榜樣，使其在一九九七年後能夠體現「一國兩制」的構想。

譚耀宗議員致辭：

主席先生，我首先要回應「華叔」昨日對預委會的一些指摘，「華叔」可以說是「屈得過就屈」！這句說話，我覺得是非常貼切，但這種作風，是令人擔心的，特別是我覺得作為一位老師，更不應如此。我說「屈得過就屈」的原因，是這些指摘全無事實根據。例如預委會建議成立的臨時立法會，是由全國人大常委〔會〕委任的推選委員經「選舉」產生，並非「委任的委任」；而且，臨時立法會的職權範圍尚未確定。政務小組的成員亦解釋過，有關顛覆的法例不一定要由臨時立法會制訂，所以「華叔」未免是過於杞人憂天。其實，「華叔」不惜一切地

對預委會施予口誅筆伐,其目的很可能是想藉抹黑預委會而達到與總督彭定康裏應外合的效果,說明公務員不值得爭取與預委會接觸。

言歸正傳,總督的施政報告發表前,大家都普遍期望總督會為改善中港關係「搞搞新意思」,但似乎這些期望都已落空,未知是因為總督對改善中港關係感到力不從心,還是根本沒有誠意,而只想在文字上擺擺姿態?

因為,正如本局其他同事一樣,本人亦質疑,施政報告所提到改善中港關係的辦法,到底會有多大的成效?

總督說,預委會有別於籌委會,並不是聯合聲明或基本法規定成立的機構,只是全國人民代表大會的一個諮詢組織。這個不僅是常識問題,而是總督過去一直不肯承認預委會,到現時不得不承認,於是心有不甘,要將預委會貶為人大的諮詢組織。須知道,預委會的全名是「香港特別行政區籌備委員會預備工作委員會」,顧名思義,是為籌委會做準備工作的機構,是全國人大常委〔會〕通過成立的法定機構,並不是諮詢組織,希望總督不要再自欺欺人。

總督在施政報告中,暗示預委會成員可成為聯絡小組的中方專家,容許公務員與預委會作非正式接觸及提供資料,但又禁止公務員出席預委會的正式會議。這些行為,根本無助於改善港府與預委會的關係,而這種不情不願地讓公務員與預委會接觸的態度,不但對預委會無好處,更會對公務員造成無所適從的局面。

總督經常呼籲各界人士對他的建議提出反建議,本人希望在此向總督彭定康提一項反建議,且看總督是否真有雅量接受?

從施政報告建議的成效備受質疑,顯示總督可能根本不瞭解與中方相處之道,總督其實可以考慮委任預委會成員作為總督的顧問,向總督建議如何改善與中方的關係,促進合作,這樣一方面有助於順利過渡,另方面亦可顯示港府與中方合作的誠意。

張文光議員致辭:

主席先生,在民主黨的立場來說,預委會是一個違反基本法的僭建組織,也是一個違反民意的政治怪物,成員缺乏認受性和公信力。借用中共的說法,「實踐是檢驗真理的唯一標準」,那麼,預委會過去一年的實踐,已經引起香港人的

公憤。請看一看，預委會屬下五個小組的一些驚人意見：政務小組在提出 18 萬名公務員要先行效忠特區政府，才可以繼續留任後，又提出用毫無民意基礎的臨時立法會去取代九五年的民選立法局，使民主全面倒退；經濟小組提出土地基金九七年暫時不撥入特區財政儲備，維持獨立運作一至三年；文化小組建議特區政府在九七年承認 561 所中國大陸的大學學位，衝擊本港的學術和專業制度；法律小組要在九七年重新審核人權法，以及還原公安法和社團條例，防止三日一遊行，五日一示威；社會及保安小組要取消四十萬移民回流者的永久居留權。可以這樣說，預委會連同其五個小組，各爭出位，各自精彩，自我膨脹，製造恐慌。

這些建議，有的違反基本法，有的違反香港的主流民意，實踐已經充分地說明預委會天馬行空、無法無天的言行，閉門造車、黑箱作業的作風，已經嚴重地脫離了廣大的香港市民，站在平穩過渡的對立面，使過渡期本已脆弱的民心更加吃了驚風散。為了維護香港的利益，中國政府應著預委會立即停止運作，壽終正寢。主席先生，在一個談及預委會的論壇上，我想起一首〈虞美人〉詞，我改一改內容，覺得很符合港人對預委會的感覺，請讓我朗誦出來：「預委建議何時了，驚嚇知多少？香港昨夜又北風，民主不堪回首月明中。聯合聲明應猶在，只是朱顏改。九七能有幾多愁？恰似一江春水向東流。」

主席先生，我知道，我對於預委會的意見，中國是聽不入耳的。正如剛才譚耀宗議員所說，那些反對預委會的意見，是被視為裏應外合。但是，請譚耀宗議員不要忘記，在反對預委會內，裏應方面，還有一個人大代表廖瑤珠；至於外合的，就有廣大的香港民眾。那麼，中國政府和預委會實在應該想想為何在民眾中，甚至在人大代表內都會有人感到討厭，有人提出要孤立它？各位，如果你不信這個講法，就請有勇氣地出去做一項民意調查。但作為一個民選議員，我必須說出市民的心聲，儘管這聲音依然微弱，但心所謂危，不得不言。此外，主席先生，對於總督的施政報告，有兩段說話是令我忿忿不平的，我必須作出回應。總督說，香港政制，是「行政機關提議，立法機關作主」。這樣的說法，簡直是顛倒是非，以為人人都患了失憶症。三年來，我和立法局的同事們，曾經有無數的動議、決議，被政府以行政主導為名，否決得一乾二淨。施政報告把立法局抬舉，除了使人受寵若驚之外，更覺得總督所說的，是花言巧語，口是心非。

但我要批評的，並不在於此，事實上，我要批評的就是英國政府的確有機

會,在香港真正實現總督所說的「行政機關提議,立法機關作主」的局面。聯合聲明不是說過,立法機關由選舉產生,行政機關向立法機關負責麼?但十年來,英國政府並沒有這樣做,反而與中國政府聯手去遏抑香港的民主進程,使香港帶著殘缺的民主體制回歸中國。這絕對是一個歷史的錯誤,是一個絕對不光彩的撤退。

彭定康在施政報告結束前,還說了另一段說話,說香港對於英國具有利害關係,畢竟香港是英國歷史的一部分。主席先生,請恕我直言,作為一個中國人,這段說話觸動我的傷心處。這段歷史,是香港被迫分離於母體的歷史,也是受殖民地統治的歷史。從現代文明的角度來看,這段歷史,在中國是屈辱,在英國也不見得光榮。但無論如何,這段歷史也將走向盡頭,走向終結,大自然有日出日落,而英國對於香港的管治,將是永恆的日落,這一點是必然的。

但日落之後,卻並不是黎明,仍然會是漫長的黑夜,對於那些愛國愛港,嚮往民主,追求光明的人,我們將會更堅定地走下去。夜正長,路也正長,黑夜既然給我們黑色的眼睛,我們就用它來尋找光明。對於香港,對於中國,我們將永遠地堅持著光明的信念和不息的奮鬥。

鄭海泉議員致辭(譯文):

總督在施政報告中,曾就中英合作問題提出好幾項建議。平心而論,總督已跨出了一步,呼籲中英雙方在一九九六年籌備委員會(籌委會)成立時充分合作。但問題是,他是否應對預備工作委員會(預委會)給予更大支持?我認為預委會是否一個諮詢機構,是無關重要的,但預委會是中國政府設立的機構,而且極具影響力。我們必需確保預委會成員獲得所有有關的事實和論據,以幫助他們明白問題的複雜之處,以及令他們明白政府運作受到的掣肘。我們應該准許公務員與預委員會成員有更多接觸,但是,我們亦須要設立一個有系統的機制,以避免加重高級公務員的工作負擔,因為他們現時已每天工作 18 小時。中國政府和香港政府應確立一個適當的系統,以便:

(1)限制公務員每個月出席正式會議的次數,讓他們在奉召出席簡布會之餘,亦可以執行其日常職務。我們不能讓高級公務員整天為簡布會或答問大會東

奔西跑。本港的司級公務員均身負重任，既要制訂影響六百萬人的紛繁政策，亦要演出英語粵劇，娛樂廣大市民。我們必須慎用他們的時間，以免出現濫用的情況；

（2）確保所有會議必須公開進行，讓所有市民都知道所討論的問題及其他人發表的意見；及

（3）確保公務員受到應得的禮貌對待及尊重，我深信他們必定會受到預委會成員的禮遇。港人是不會容忍我們的公務員受到無禮對待的。

我非常明白為何我任職公務員的朋友均害怕這個構思。他們覺得倘若這個建議得到接納，便有可能隨時被預委會召喚，並予以公開侮辱。但不幸地，不論喜歡與否，他們都必須於一九九六年與籌委會並肩合作。其實，如果能夠把時間提前 12 個月，並把工作程序編排好，便可以多出 12 個月的寶貴時間。這樣不但可以令我們的工作較為容易，而且過渡亦會較為順暢。總督在施政報告中向公務員表示極大謝意，我亦深有同感。

陸恭蕙議員致辭（譯文）：

負責任的政府

總督以「負責任的政府」這個標題來開始他的施政報告。他把這個非常重要的項目列為首要工作是正確的做法，但他所說的卻實在叫人深感不滿。在香港推行的「行政主導」政府這個概念本身存在固有的問題，因為行政機關完全並非由直選產生；總督卻嘗試以行政機關應該對市民更加負責的說法，來緩和行政機關缺乏代表性的問題。

總督對於只憑本局議員質詢政府人員和有權通過或否決以立法或財務建議形式提交的政府政策，便可制衡行政機關擁有的「相當大的權力」，似乎感到滿意。就算對一個完全並非由直選產生的行政機關來說，這肯定也是不足夠的。

也許我可以就香港式的「行政主導」政府列舉一些例子。在未來五年內，港口及機場發展策略下的機場核心計劃的費用，將佔政府總開支的 25%；該項計劃將大大改變本港的面貌和環境方面的包容力，但政府卻從未就這類影響廣泛的計劃諮詢公眾意見，亦沒有對累積的環境影響進行任何評估，或提出其他可選擇的

發展策略。此外,核數署署長並無權力審查臨時機場管理局的開支和工作表現。

我們的官員在釐訂政策的優先次序上,擁有廣泛的酌情權。總督並沒有說明如何在更大程度上向市民交代這些權力。讓我們看看一個本局曾多次討論,並對整體社會有廣泛影響的政策範圍——規劃。如果總督確實希望使行政機關在更大程度上向市民交代,那麼,就以這個政策範圍為例,他便有必要在制度上確立連串的保障,以制衡行政權力和酌情權的運用。

例如,總督可建議制定法例,規定全港性拓展規劃和市區重建的工作必須諮詢公眾意見;也可建議規劃工作應受法定的管制;市民應有權取得規劃方面的資料;政府應進行公眾諮詢,以及制定市民表達反對意見的程序;城市規劃委員會的會議必須公開,以及應成立一個獨立機構,檢討政府在規劃方面所作的決定。

遺憾的是,在政府願意設立具法定支持的機制,使行政機關就其工作向公眾負責之前,「負責任的政府」一詞仍然只會是一句政治口號。

行政局和立法局

談到政府與本局的關係,總督提出一個問題:「世界上還有那個政府,是沒有所屬政黨在立法機關內協助促使其政策建議獲得通過的呢?」我們怎樣看他這個問題呢?香港政府的執政黨便是並非由選舉產生的行政當局。那麼,本局的職責又是甚麼?你可以說本局應對行政權力加以制衡,也可以說本局是忠誠的反對派。可是,本局卻要設法運用微薄的資源,來制衡擁有莫大權力的行政機關。

再者,行政機關堅決認為,「行政主導」政府的意思是由政府自行制訂政策,釐訂優先次序;本局和市民因而便只是作出回應。要本局扮演這種作出回應的角色,正正反映出總督所說,本局只有權質詢政府人員,以及通過或否決早經制訂的政府政策。但政府可有考慮讓本局參與制訂政策的工作?歸根究柢,無論本局的組成是如何未臻盡善盡美,但仍是唯一透過直選議員而可以稱得上有香港人真正代表的議會。

相反,總督高高在上似的嘉許我們說,議員比以前提出更多問題,本局開會的次數也較十年前為多。更糟的是,總督告訴我們,他「同意商界繼續充分參與政府的決策過程」是十分重要的。由於我來自商界,對此感到高興。但我不明白為何總督把其他人通通摒諸門外?商界當然應該參與其中,但為何卻不讓其他組

別的人士參與呢？

在施政報告的第 21 段，總督似乎認為推行民主可能導致各持不同立法取向的組別之間彼此關係緊張。若相信這種看法，謂推行民主可能令貧富之間，納高額稅項的人與不用納稅的人之間，以及持不同立法取向的人之間的關係惡化，就是把問題（若真是有問題的話）顛倒過來。

社會上，追求某一類目標的人與追求另一類目標的人之間，總是會出現緊張關係的。這是任何政治制度都不能改變的現象。問題的關鍵是，既然總有緊張關係，那麼怎樣才能予以最妥善地處理？

處理之道不外乎建立一套以壓制某一個組別，從而使另一個組別得益的制度，或是制訂一套可包容對立的意見，並對這些不同意見進行仲裁的制度。

假如確想制訂一套可包容不同意見，並進行仲裁的政治制度，那麼民主制度似乎在實際上是最穩定和最成功的途徑。若一個民主政府的工作為很多市民所詬病，也不會出現動亂，市民也毋須進行革命，因為市民可在下次選舉中投票攆這個政府下台。

這種政治上的穩定，有助推行法治，有助於保障產權，亦有助於維持社會秩序。簡言之，這對商界也有幫助。與獨裁政府比較，民主制度對商業較有利；獨裁政府不為人信任，政策朝令夕改，對私有財產、個人權利或法律面前人人平等的信念並不恆久尊重。我並不是說我們現在的政府是獨裁政府；不過，我實在反對民主不利於商界，不利於政府良好管治的說法。

假如一個政府想提出福利建議，或提供一個社會保障制度，這對公共開支當然會有影響，但香港不會就此而完蛋。不過，若說（總督似乎正是這樣說）民主本身或推行民主的步伐總會導致分化，則是十分錯誤的。民主表達不同的意見，使不同意見獲得正視，並使不同意見獲得協調。

主席先生，當總督使「那些為香港創造財富的人」與「那些投票決定香港的稅項的人」互相對立時，他究竟想討好誰？總督是來自一個具有民主議會傳統的國家，他在掌握重點方面竟然大錯特錯，實在令人感到詫異。

中英和中港關係

對於與中國的關係這個問題，不少同事似乎認為與預備工作委員會（預委會）

合作，便可緩和與中國的緊張關係。誠然，預委會可取得很多即使本局也無法取得的背景文件和機密資料。預委會由中國外交部部長領導，而中國外交部部長也同時領導中英聯合聯絡小組的工作，並負責代表中國就所有外交事務與英國進行交涉。透過這些渠道，如果中方願意向預委會提供資料的話，預委會應該不乏資料。因此，我認為堅持要有香港官員出席預委會會議，也許只是著重形式，而並非有實際需要。如果中方希望預委會在其與英國和香港政府的交涉上有更大的參與，那麼，預委會參與中英聯合聯絡小組的專家會議便可大大有助達至該項目標。為甚麼不那樣做，卻堅稱除非香港官員可以出席預委會會議，否則中英關係便無從改善？

說到底，人們會根據預委會就主權回歸中國的過渡安排建議的優劣，對預委會作出評價。可惜，香港人至今仍未對預委會的建議有良好的印象。香港是一個實事求是的社會。我們重視良好的意見；不論意見從何而來，只要是好的，我們便會看重。如果預委會提出好的構想，我們會予以讚賞，並希望這些構想可在適當時候落實推行。如果預委會提出差勁的建議，那麼這些建議受到嚴厲譴責也不足為奇。

陸觀豪議員致辭（譯文）：

行政主導政府

不管這個政治「困局」將如何獲得破解。我們也許已經找出在行政主導政府下的處事方式。這裏的關鍵字眼是行政主導，而不是行政獨裁，就是說當中確有內置的制衡機制。

詹姆斯．麥迪遜曾寫道：「要設立一個由人管治人的政府，其中的一大困難在於：必須首先使政府能夠控制被管治的一群，然後令政府自我管制。」

政府當局必須說明其政策倡議是正確和切合需要，以便贏得市民的支持；另一方面，立法機關則必須確保這些倡議正如政府所說明的那樣，是正確和切合需要的。這種介乎政府當局與立法機關之間的制衡機制是為了提供一種保障，俾能在任何政策構想落實之前，先要取得政治共識和政策共識。

在立法機關內，議員之間亦有內部制衡。直選議員會就地方選區的需要作出

回應，並多半把焦點放在可取得立竿見影成效的工作上；至於非直選議員，由於他們的責任承擔與直選議員不同，因而多半把注意力集中在具較長遠影響的工作上。不幸地，無所不用其極的政黨政治卻破壞了這種微妙的平衡。未來立法機關將會面對的一項挑戰，便是在議員的組合上，恢復這種內部制衡。民主的真諦並非只是由多數人作決定，而是應同時聆聽少數人的意見。

劉慧卿議員致辭：

我們大家都知道，一九八四年中英簽署聯合聲明時，已決定了香港人的命運。我相信如果是要翻案，香港人當時應該提出抗議。我絕對有理由相信，如果中英聯合聲明今時今日提交立法局討論，本局會以大比數將它否決。但英國政府很聰明，她把聯合聲明提交一個完全沒有民選議員的議會通過。當時只有你，主席先生，和陳鑑泉先生投棄權票。對於當日立法局的決定，我感到非常憤怒。中英政府當時是不讓我們香港人就中英聯合聲明進行全民投票。但在這個聲明裏，掌握香港人的將來卻是中英政府。香港人無權參與，但若有甚麼差錯，就要香港人負責。這件事一直延續了十年，現在還繼續下去。這個亦是現在香港市民對前途感到徬徨、擔心和無信心的主要關鍵。因此，這幾日當我聽到有人說怎樣與預委會協調，怎樣搞好中英關係，我就想問問他們：你們是不是真的這樣幼稚，相信如果中英政府現在搞好關係，准許所有官員出席預委會，香港人就會很有信心？你們有沒有真正聽清楚香港人講甚麼，香港人說沒有信心，因為他們無法參與這些秘密的談判；無法掌握自己的命運；無法阻止任何的檯底交易。衞奕信時代，中英關係不是很好嗎？為甚麼當時香港人，包括商界，頻頻去倫敦叫她撤換總督呢？就是說他是「跛腳鴨」啊！說他不是為我們香港人挺起胸膛說話！那為甚麼現在你們又會相信中英政府進行的檯底交易，會令我們六百萬人有信心呢？我實在完全不明白這個邏輯。

主席先生，我當然不是呼籲中英政府在此公開對抗，但是她一日不針對香港人的信心問題，一日不讓香港人直接參與決定自己的事務，使市民感到我們是可以掌握自己的將來，這個問題仍是無法解決的。

我們常說要讓公務員去見見預委會，見到又怎樣，見了是否令市民很安心

呢？無端端將我們的高級公務員拉進這場權力的角力鬥爭之中，又有甚麼好處？如果中英政府要合作，透過聯絡小組，透過外交途徑，很多資料可以透露，為何要難為這十幾名高級公務員呢？傳召這些司級官員去見他們，是否就很有快感？這點真令我大惑不解。有些議員說：「我其實最初是不支持預委會的，我覺得它沒有認受性，又沒有法律基礎，不過現在也沒法了，就算不喜歡，它亦已存在，倒不如去接受它，與它溝通吧。」這還不是委曲求全？我們是否還有原則？立法局雖然權力不太大（權力在行政當局），但我相信市民希望議員有點原則，有些理想，站穩自己陣腳，不要在起初認定不行的，到後來見勢色不對，就改變自己的立場，改為去支持它。當市民見到議員這種趨炎附勢的表現，心也冷了。他們不禁會問：這群人這樣懂得鑽營，是否真正能夠代表我們六百萬人的利益呢？

李永達議員致辭：

沒有人知道預委會是怎樣運作的。預委會很多時黑箱作業，透明度很低。據一個親中人士對我說，他懷疑預委會有時討論問題，是非常「自發性」及「突發性」的。意思是說，有時開會是沒有議程的，只是坐下來交談，當談到有甚麼結論時，便出來作一簡報。若預委會是這樣運作的話，是很可怕的。但我看看預委會最近的工作表現，卻又覺得它這樣做沒有甚麼出奇。其實預委會已經運作一段時間，他們開會之前，我們不知議程是甚麼；開會之後，就只有一些召集人和個別委員以口頭方式向新聞媒介簡報。預委會成員至今只懂得在麥克風前說說，連一份研究報告、工作報告也沒有發表，甚至有時連我們想關心的議程、會議記錄都久〔欠〕奉。其實就算是被中方大力抨擊的港英政府所建立的區議會，雖然是諮詢架構，但議程、會議記錄、工作報告都有規有矩。一個連區議會的運作方式都做不到的預委會，我們怎麼會有信心、理由予以支持和合作？主席先生，我在這裏祝願預委會能夠入土為安，早日升天。

李華明議員致辭：

⋯⋯預委會這個「怪胎」的成立，根本是因中英不能如以往一樣再秘密地進

行妥協，來決定我們未來的一切，包括最重要的九五年選舉安排，所以才會有第二個「爐灶」——預委會的產生。在這前提下，一言以蔽之，預委會根本是中方的「打手」，是中方成立來對付英方的，把中英聯合聯絡小組降格，拖慢工作，而把預委會放在一個很重要的位置。預委會的成員常常在公眾場合（正如剛才李永達議員說）發言，而發言又沒制度、沒有發言人，沒有告訴我們議程是甚麼，我們只知他們整日在開會，卻不知他們開會說些甚麼。但開會的言論卻使人害怕，引起香港市民很多討論。譚耀宗議員說我們刻意抹黑預委會，把預委會說得很不好。但我們覺得市民的意見不是要特別抹黑預委會。香港數份左報天天抹黑民主派，但民主派得到的支持又是怎樣？我覺得不是在報章上說幾句抹黑的話，每天說他們不好，他們便真的不好。不是的，主要是看他們說的話是否得到市民支持。

剛才很多議員在這方面舉了一些例子，我不再重複。中方要做的工作，是要爭取市民的信心。我們很多議員提到總督無法改善中英關係，常常批評總督「說一套，做一套」，這點我絕對贊成。但相對而言，我們有否要求中方同樣要做他們的工作呢？改善關係是要兩方面合作的。這項工作是否單方面可以做到？不錯，我知道總督是說多於做，也多是政治的取態。但中方何嘗不是？現在把責任完全推給英方，實在不妥。中方的態度是否值得我們支持？中方現在利用預委會來打擊港英政府的威信，也發表了很多言論。我也不知道他們是否將來特區籌委會的中堅分子？可惜他們得不到市民的支持。我要告訴他們，不是隨便向記者說數句他們做了些甚麼便可爭取公信力，而是要做一些實際的工作，並且要透過諮詢，聽聽香港人真正的意見，才可以得到的；不是召開閉門會議，大家去brainstorm 一下便算。這是我個人的感受。

胡紅玉議員致辭（譯文）：

總督形容立法局在「行政主導」政府內的角色時所用的措辭，使人不安、甚至震驚；因為這些措辭遺漏了很多東西。

「行政機關提議，立法機關作主。」憑這句話，總督給予立法局單一的功能：否決或批准由行政機關提交的條例草案及開支建議。在一個以行政作主導的政府

內，真正的權柄緊緊掌握在行政機關的手中。由政府提議條例草案、制訂政策、訂定預算，立法局的功能只局限於被動地作出反應。

總督曾表示立法局不是「橡皮圖章」，也不會成為「橡皮圖章」，有記錄為證。這真是可圈可點。但他的舉動卻另有所指，使人覺得他期望立法局擔當的角色，雖非「橡皮圖章」，但也相去不遠。

當立法局內各政黨皆同意凍結差餉兩年時，總督卻運用《皇室訓令》所賦予的權力，否決該建議。

當立法局可望成功修訂由政府提議有關僱員遣散費及長期服務金利益限額的條例草案時，政府為免受挫，將草案撤回。

由立法局建議的事項又如何？立法局議員建議成立人權委員會，總督則辯說，若容許議員以非官方議員條例草案「擾亂」政府既定的立法及撥款次序，將是「不負責任」的行動。總督還說，「全世界」的政府對由個別議員發起、涉及撥款的議案，都定下類似的限制。

至於有關公開資訊的建議，政府一方面承認市民的權利，但另一方面卻拒絕言行一致，提供資訊，還說須要彈性處理。說得坦白點，是政府不欲受制於法律，更不想因違法而受罰。

立法局的主要功能是反映它所代表的市民的意見。一個民選產生而永遠掌權的政府，若真正矢志向市民負責的話，必須細心聆聽立法局清晰表達的意見，這些意見的形式包括議員的問題、動議辯論，當然還有非官方議員條例草案。

……

在世界其他地方，民選代表在制定立法及撥款事項的緩急先後上，擔當主導的角色。在香港，我們以「行政主導政府」這個概念粉碎立法局的主動性，並為行政機關的懶惰提供藉口。若有政府宣稱非民選的行政機關有權漠視立法機關的情緒、有權先發制人否決立法機關的立法議案，這是不負責任的政府。

行政機關不應運用權力阻撓立法議程上的任何條例草案。一個行政主導的政府，應予人一種樂於參與公開辯論的印象，而不是阻撓辯論。為了維護本身的公信力，它必須讓市民見到它如何在公眾面前捍衞它的立場，而不是閉門造車。

我們這種負責任的模式，不應是單向的，換言之，政府只要拒絕執行，便可將立法局所建議的措施屏〔摒〕棄。負責任的意思，不是漠視立法局、不是窒礙

進一步的行動和辯論。

總督若要凌駕立法局，勢將令負責任的原則淪為笑柄。若他真要這樣做，便破壞和削弱民主的進程。

立法局的角色正不斷改變，由「橡皮圖章」蛻變為獨立的監察機關。隨著其民選成分壯大，立法局更具公信力、更具政治問責性。配合這個發展，我們理應檢討立法局的資源、需要以及它與政府和行政局的關係。

立法局須有足夠的事實資料，俾讓它作獨立判斷，方能妥善地執行其職務。換言之，立法局必須具備自己發掘事實真相的能力，進行研究和分析，甚至不可以倚靠政府去評估民意。

大家都記得一九八七年政府試圖操縱民意調查來作為推翻八八直選的理由。今天，政府又再操縱民意，以取得公眾對老年退休金計劃的支持。政府不去詢問公眾對政府的建議有何意見，相反，卻把所謂公眾服務廣播充塞大氣電波，推銷其計劃的好處，向公眾表示：這是你獲得老年退休金的時機，寫信支持政府的建議！若這不是操縱民意，我不知道甚麼才是。

目前，立法局的運作頗受制〔掣〕肘。它倚賴政府提供資訊和專才，它本身並無足夠的資源去獲取資訊或專業支援，以便更有效地監察政府。舉行公開研訊、成立本身的調查委員會、聘請顧問、就立法局事務與海外機關聯絡、以至將來與審核本港法律的全國人民代表大會常務委員會發展工作上的安排等，在在需財。

立法局的職員人數少，幾乎沒有能力進行研究。圖書館的書架亦空空如也。現時立法局秘書處已經獨立，這是我們歡迎的轉變，但立法局的財政預算仍受政府控制。我希望總督對立法局慷慨地撥出資源，使立法局具有自行制定預算的能力。我亦希望財政司聆聽我這個要求。

主席先生，我請總督考慮日後先與立法局議員商議，才確認司級官員的任命，並考慮加強行政局的代表性。可透過委任立法局議員加入行政局，或委任由立法局提名的人士加入行政局，以加強行政局的代表性。此舉亦可改善行政局與立法局的夥伴關係。雙方對話可減少行政機關與立法機關爭持不下的機會。

田北俊議員致辭（譯文）：

總督保證籌備委員會（籌委會）在一九九六年創立時會無條件地給予支持，但不支持預備工作委員會（預委會），即籌委會的前身。雖然有關方面曾告知預委會可列席中英聯合聯絡小組會議，但這是沒有幫助的，因為預委會從中方已經可以取得這方面的資料。政府曾堅稱不禁止公務員與預委會成員進行非正式會面，這亦是一種詭詐手段，因為預委會成員經常會於飲宴、聚會及其他社交場合碰見公務員。這純綷只是由於香港是一個彈丸之地。重修舊好不能只靠空談，我們必須有實際行動。

香港政府與中國舌劍唇槍，只會損害商業信心。要建立商業信心，最重要的是有實質進展和成績的跡象。總督經常抱怨中英聯合聯絡小組有這麼多工作未完成，而時間又愈來愈少。我亦有同樣焦慮。但政府其實可以與預委會正式交涉，以加快這些工作的步伐。一九九七年七月一日距今只有兩年半的時間，花其中的一年半時間擺姿態不是很可悲嗎？

只要政府消除對預委會的惡感，以及對中國暗藏的不敬，商業信心便會得以增強。最後，主席先生，如果總督說「以我的行動而非說話來判斷……」，他的施政報告將會更令人刮目相看。總督相信香港的歷史「亦是我們的歷史」（意指英國歷史）。若真的如此，我們更應與中國合作，否則，香港的中英聯合歷史讀起來便會仿似一齣悲劇。

1995 年 6 月 28 日
議案辯論：反對設立臨時立法會

楊森議員提出動議：

「本局反對設立臨時立法會，因此舉違背聯合聲明及基本法，踐踏了一國兩制、高度自治的原則。」

楊森議員致辭：

主席先生，今日，各位同事無論是贊成或是反對我的動議，大家仍可以暢所欲言。但再過兩年，當臨時立法會在市民的強烈反對聲中成立後，恐怕很多同事已不能進入這個殿堂。那時的所謂「議員」不再需要向市民負責，亦不再需要就公眾事務進行辯論——因為辯論已再無需要！議事堂已變成「一言堂」或「無言堂」！而立法議會的精神亦已經死亡！

由始至終，「臨時立法會」都是荒謬而反民主的。去年十月，預委會政務小組拋出「臨時立法會」方案。組長梁振英先生表示，這是「在沒有直通車的情況下一個迫不得已的選擇」。他便認為這是在行政長官以行政命令立法、籌委會立法及全國人大替香港立法以外的最好辦法。按照這種邏輯，臨時立法會也可能是由北京派京官來治理香港，或者實施軍法統治以外的最好方法！簡直荒謬！

港澳辦的「權威消息人士」亦表示，由於立法局不能過渡，又不可能在特區剛成立便立即進行選舉，因此要成立臨時立法會，以解決「法律真空」的問題，並負起議會的立法、財政、任命等等功能。然而，這亦是似是而非的說法。其實，九五年新一屆立法局的組成，與人大通過第一屆立法會產生辦法的規定相符，符合直接過渡的條件。而且，市民在九月選出的議員具有足夠公信力去擔當立法會工作。他們遠比由並無民主基礎的推選委員會所委任的人選來得適合，並

且更能維護香港人的利益。因此，成立臨時立法會不但多餘，更是明顯地違反民主原則！

現時，臨時立法會可說是既飄渺，又神秘，無人能夠確實知道它的產生時間、職權、委任方法、年限或者是怎樣運作。間中，預委會成員或者港澳辦官員會說，會嚴格限制臨時立法會的職權，一會兒亦說會盡量吸收原本的立法局議員。但凡此種種，都只是一種點綴，並不能夠掩蓋一個鐵一般的事實——臨時立法會並不是透過民主選舉產生。

只要臨時立法會並非透過民主選舉產生，就是違反聯合聲明及基本法。聯合聲明的附件一第一條規定：「香港特別行政區立法機關由選舉產生。」基本法第六十八條亦規定：「香港特別行政區立法會由選舉產生。」而在《全國人民代表大會關於香港特別行政區第一屆政府和立法會產生辦法的決定》中，亦作出規定：「第一屆立法會由 60 人組成，其中分區直選產生議員 20 人，選舉委員會選舉產生議員 10 人，功能團體選舉產生議員 30 人。」顯然，臨時立法會並不符合這些規定。

民主黨認為，成立臨時立法會的決定已經嚴重違反聯合聲明及基本法，單是這個行為本身，便已踐踏了「一國兩制」及高度自治的原則，破壞了中國過去對香港人所作的莊嚴承諾，為未來中央政府干預特區事務造成惡劣先例。同時，成立臨時立法會剝奪了香港人的投票權，令立法者不受選舉制約，可以逃避公民的監察，會令議會易於偏離民意，制訂出不為大眾接受的法律。這樣在民主化道路上開倒車，將會破壞「港人治港」的根基。

當我們翻開去年十月八日（即預委會公布臨時立法會方案的第二日）的各大報章，便知道每篇社論都嚴厲批評臨時立法會，顯示輿論的反對意見極為清楚。《東方日報》認為：「臨時立法會侵損高度自治，（令）港人不安。」《經濟日報》質疑：「立（法）會何須臨時？預委會（是）阿茂整餅。」《快報》抨擊這是「漏洞甚多的主流意見」。《明報》表示：「很難明白預委會為甚麼要橫生枝節，多搞一個候任臨時立法會。」

故此，民主黨反對臨時立法會，是受到社會輿論強烈支持的。我們這樣做，並不單單因為它違反了憲制文件的紙上條文；也不是因為我們到時可能不能進入臨時立法會，所以覺得吃不到的葡萄是酸的；更不是一些人所說的要進行甚麼選

舉宣傳。清楚民主黨的性質和成立原因、瞭解其成員過往參與社會運動歷史的人，都不會作這些猜疑。我們反對，是因為我們不願在全世界正昂然邁進二十一世紀時，香港的政治發展卻全面倒退。我們反對，是因為不願見到，當香港人原來希望能熱烈慶祝回歸祖國，終於享有高度自治時，卻發現特區有這個不民主、不光彩的胎記，令我們的希望全部幻滅。

主席先生，我不是政治預言家，也不像《一九八四》的作者佐治·奧威爾（George Orwell）能寫政治預言小說，無法像他能設想到在未來的極權國家中，一個黨會無處不在地監視人民，人人也要背唸著「戰爭即和平、自由即奴役、無知即力量」的口號，令社會變成一個是非顛倒的瘋狂世界。然而，我們可以根據對臨時立法會的報導，加上中方及預委會的言論，去推斷一下兩年後香港特區的情況。我們認為臨時立法會將令香港出現三大倒退。

第一，是立法議會的倒退。因為籌委會屬下的推選委員會會「推選」行政長官，而根據報導，現時推選委員會會負責「推選」臨時立法會的所謂「議員」。既然毋須由選民投票，推選委員會便很可能進行政治審查，要所有不受中方歡迎的議員「下車」。這樣，立法會便不會有反對意見，亦可保持行政及立法部門成員在政見上的單一性，確保立法會沒有能力或需要去挑戰行政長官的獨裁權威，以維持所謂的「行政主導」。

同時，因為立法議會已不能再像現時一樣，扮演人民喉舌、反映民意、監察和制衡政府的角色，所以其實不需要再加上甚麼「一會兩局」的投票限制等等，那時的立法會亦會變為一個真真正正的橡皮圖章。正如我一開始所說，到時立法會便很可能毋須進行任何辯論，因為實際上立法議會的精神已死！

第二，是選舉權的倒退。成立了臨時立法會，市民在立法議會選舉的參選權和投票權將被剝奪，十多年發展代議政制的努力便毀於一旦。這樣便會強烈打擊他們對政治發展的信心。香港人不能夠透過選舉，選擇他們認為最有能力、最信任及最能維護他們權益的代言人，那樣又如何能令香港發展高度自治呢？同時，缺乏恰當的政治參與途徑，市民對政府的不滿可能被迫要訴之於更直接及激烈的行動，亦會為香港帶來不穩定因素。

第三，是人權保障的倒退。去年十月，預委會法律小組倡議，九七年後應廢除近年對公安條例及社團條例的修訂。由於臨時立法會的組成封閉，不但會被親

中人士控制，而且不會挑戰政府的權威，所以臨時立法會到時很可能會順應法律小組的倡議，廢除近年對公安條例的修訂，於是政府便能回到七十年代，鎮壓和平集會和遊行。社團條例在近年的修訂亦會被廢除，成立社團將要經過更多及可能屬政治性的審查，結社自由被限制。若繼續下去，是否近年對箝制新聞自由法例的僅有修訂亦會被廢除呢？特區政府能否重新用種種法律上的尚方寶劍，限制新聞及出版的自由呢？還有很多大家可能已經習以為常的自由權利及生活方式，到時亦可能會因為立法議會被削弱，無法制衡政府部門，從而在一夜之間消失得無影無蹤。

主席先生，各位同事，我並不是危言聳聽，擺在眼前的事實，就是這個情況的確有可能發生。我們對臨時立法會這個反民主的構想不能抱有任何幻想。它明顯違反聯合聲明及基本法，同時削弱立法機關的權力，危害市民的各種權益，甚至可能破壞現有生活方式，並破壞香港發展「一國兩制」及高度自治的前景。我們堅決反對成立臨時立法會。

馮檢基議員就楊森議員的動議提出修訂：

「刪除『本局反對設立臨時立法會，因此舉違背』，以『為符合』取代，刪除『，踐踏了』並以『，維護』取代，並於『高度自治的原則』後加上『，本局認為無需要成立臨時立法會，並支持三層議會在九七年順利過渡』。」

（編者注：修訂後的議案內容如下：

「為符合聯合聲明及基本法，維護一國兩制、高度自治的原則，本局認為無需要成立臨時立法會，並支持三層議會在九七年順利過渡。」）

馮檢基議員致辭：

主席先生，當我收到楊森議員的動議時，我第一個感覺是很奇怪。第一，為甚麼一個中國轄下的香港特區籌委會預委會的建議能夠在香港這個英國殖民地的立法局議會進行動議辯論？第二，動議內容沒有促請香港政府要求英國政府向中

國政府表達意見，觀乎此項原動議，今次的辯論是只有姿勢而沒有實際行動。第三，原動議的語氣完全是從負面出發，「反對」、「違背」、「踐踏」，字眼令人目眩，但謾罵一輪後，餘下來的問題及境況又將如何處理？原動議則沒有說明，這完全不像民主黨向來的動議那樣有破有立。第四，今日《信報》一則新聞報導引述民主黨兩位副主席楊森先生及張炳良先生的說話，當被問及若被邀請加入將來的臨時立法會時作何決定，他們均表示民主黨對此並無既定立場。而張炳良先生更表示，由於臨時立法會是預委會所建議，仍未有最後決定，因此他認為待全國人大對此問題作出決定後，民主黨才考慮是否加入也未遲。但問題是，民主黨對於臨時立法會的建議，時而大罵一頓，視之為洪水猛獸，時而不肯定會否加入，為何如此？我不很明白。其次，民主黨認為一個地位較低的預委會的建議是踐踏「一國兩制」、高度自治，但是對於地位較高的人大的決定就表示不知道，那麼民主黨對臨時立法會的邏輯究竟是怎樣？

主席先生，香港尚有兩年便過渡九七，回歸中國。對於一些意見，無論我們贊成或反對都可能是某人或某黨因不同立場、不同角度而有不同結論，但總的來說，我認為任何意見都應該對過渡問題有建設性。否則「只破不立」，又或「單罵不建議」，徒使人認為我們是有破壞無建設。尚有兩年一個月零三日香港便要成立特區政府，餘下來的時間空間實在極之有限，故此除了表態之外，我相信香港人亦希望看到立法局的動議有建設性的一面。

主席先生，總督彭定康先生於九二年年中來港後，隨即提出九二政改方案，因而引發了中港政改之爭及矛盾。當年民協及本人曾向中方、英方及總督彭定康先生提出了一個民協早於九二年初彭定康先生仍未接任前已提出的政改方案，以基本法作為依據及基礎，將市民參與的範圍擴至基本法的最大範圍。我知道有不少港人及政團亦曾向中國及香港政府提出意見，惟皆不被雙方政府接納，爭拗至最後終於不能達成協議，導致中英關係惡化。中英無協議，就說政制無直通。在中英交惡及政制無直通的情況下，中方要成立香港特區政府籌委會預備委員會（下稱「預委會」），而預委會更在可能出現立法真空的情況下，提出成立臨時立法會，在此情勢下，中英政府於爭拗前對港人作出的承諾變成無法落實，這包括兩方面：

（1）九七年三層議會依基本法所制定的機制直通；

（2）九七年成立第一屆立法會。

中英爭拗的遺害，不在中國，也不在英國，而每一次爭拗的惡果都全由港人承受。這對香港人來說實在太不公平，這是中英兩國，我要強調，特別是英國，對香港人的虧欠。

主席先生，在中英政改爭拗無協議、無結果的情況下，中國要成立臨時立法會以填補立法真空，似乎是勢所必然。但本人及民協均認為這些建議實在非常差勁，此舉會影響九七年後香港的穩定，理由有三：

（1）臨時立法會的權力來源不斷備受質疑，而且又不能以選舉方式產生，必定惹來不少港人的爭拗；

（2）臨時立法會的成立必然令第一屆立法會及立法會的民主選舉進程押後，徒增市民對特區政府的不滿；

（3）香港人亦會因此建議不斷分裂，不斷爭拗。

因此，本人及民協在考慮到中英爭拗的情況下，均認為中國仍然應該抓緊基本法，按照基本法條文規定，首先制定立法會的準則和方法，因這樣會產生三個效果：

（1）可以加強港人對基本法的信心；

（2）可以加強港人對中國政府堅持「港人治港」的立場及訊息；

（3）可以服眾。

因此，本人及民協均建議應依照基本法有關「立法會產生辦法的決定」一章第六段所載：「原香港最後一屆立法局的組成如符合決定和香港特別行政區基本法的有關規定……經香港特別行政區籌備委員會確認，即可成為香港特別行政區第一屆立法會議員」，故本人及民協認為一切符合基本法的，均應予以接納。而對於地區組織，亦應依據基本法第九十八條：「區域組織的職權和組成方法由法律規定。」況且，這兩層議會基本上只是一個諮詢架構，應該更少爭議之處。所以本人及民協均認為，既然基本法已清楚提供了一個三層議會的過渡機制，這是一個穩定社會的機制，也是香港人樂意看到的機制和情況，根本毋須成立臨時立法會。

至於李鵬飛議員的修訂動議，只是「回到過去」的復古式修訂，況且，當時中方亦從沒說過九四年方案是一個直通方案，所以他的修訂基本上是沒有意義

的，而對將來立法局的過渡問題亦沒有任何立場。因此，本人不予支持。至於楊森議員的原動議，本人將投棄權票。

李鵬飛議員就馮檢基議員的修正案提出修訂：

「刪除『為』，並以『本局認為，若本局通過由自由黨及其他人士提議的「九四方案」，則九四選舉安排既』〔取代〕；刪除『本局認為』，並以『亦』取代，及刪除『支持』，並以『可使』取代。」

（編者注：修訂後的議案內容如下：

「本局認為，若本局通過由自由黨及其他人士提議的『九四方案』，則九四選舉安排既符合聯合聲明及基本法，維護一國兩制、高度自治的原則，亦無需要成立臨時立法會，並可使三層議會在九七年順利過渡。」）

李鵬飛議員致辭：

主席先生，聽過楊森議員和馮檢基議員的演辭後，驟聽下來會覺得他們說得振振有詞，但他們都沒有解釋何以會有臨時立法會。本局很多議員都應該對這個發展負上大部分責任。楊議員和馮議員所屬政黨當時都對總督彭定康先生的政改方案投贊成票。

自由黨一向主張政制銜接，有「直通車」。去年六月二十九日對總督方案提出修訂，目的就是為了政制銜接和有「直通車」，可惜在本局以一票之微不獲通過，而造成今日的環境和局面，中方隨即宣布三級議會在一九九七年七月一日重組。

中英兩國當年簽署聯合聲明的用意，是要令香港整體社會可以平穩過渡。這種用意是建立在主權移交時，各種制度可以順利銜接的重要基礎上。這個基礎是當時仍在位的英國首相戴卓爾夫人多次清楚表達過的。雖然事隔多年，但這本來一向是英國的政策。事實上，在草擬基本法的過程中，我清楚知道英方對中方有很大的影響力，這點可以從兩國的外交文件中看到。整個政制模式的設計，是

根據有「直通車」這個概念而擬訂的，後來英國委派彭定康先生來港出任總督以後，改變了對港和對華政策，貿然將「平穩過渡、順利銜接」這個多年來的既定基礎，全然毀於一旦，亦將當日草擬基本法的諒解，當作沒有發生過。

主席先生，在分析當今香港的局面之時，應該由始至終地來分析，而不是只推銷一些有利於自己的片段，欺騙香港市民。上述所講的是歷史事實，亦是香港歷史的一部分，不應當是粉筆字抹去了就算。

沒有了政制直通，如何保障香港平穩過渡的局面，變成了非常重要的課題。因此，自由黨，其中包括田北俊議員、夏佳理議員和我在去年十月二十六日訪京期間，曾與港澳辦主任魯平先生作深入討論。中方認為在一九九七年七月一日時，在一定要有立法會的前提下，只有四個選擇，就是（一）由人大立法；（二）由人大授權特別行政區籌委會立法；（三）由行政長官立法；或（四）成立臨時立法會。對於香港的情況來說，成立臨時立法會是沒有選擇中的唯一可行選擇。

自由黨在不久將來亦會訪京，我們會就臨時立法會向中方提出幾方面意見。首先是推選委員會的組成模式，我們認為應該由四個界別，即工商金融界、專業界、勞工、社會服務及其他，以及原政界，自行推選成員，而不應用欽點的方式產生，這樣才能有代表性，香港人亦會接受由他們提名選出來的臨時立法會成員。第二，我們會向中方建議，在九五年選舉產生的立法局議員，雖然由於政制不銜接的問題而不能直通九七，但是推選委員會應優先考慮提名這批議員成為臨時立法會的成員。第三，中方如果認為有任何人不符合資格成為立法會的成員，我們認為一定要釐訂清楚準則，讓市民清楚明白原因。

主席先生，在簽署中英聯合聲明時，在制訂基本法時，沒有人預料香港在九七年時政制不能銜接；沒有人預料中英關係會僵持；沒有人預料會有預委會和臨時立法會，一如亦沒有人預料港府現在會公開承認預委會的建議。這並非因為我們沒有水晶球可以預知未來，而是因為香港的政治局面每每因應著兩個主權國的關係和態度而改變，這是香港的政治現實。作為一個立法局議員，應該在這些不可預知的局勢中，以香港整體利益為大前提，提出可行的建議，務求香港可以穩步前進，而不是為了一己的政治利益，而以煽情手法激發輿論，提出毫無建設性的建議，令香港人紛擾不已。

主席先生，一如馮檢基議員所說，而我亦從報章得悉，民主黨的領導層對於

是否加入臨時立法會意見分歧。既然楊森議員提出這項原動議，他便有責任向本局同事解釋清楚，民主黨議員若獲邀加入臨時立法會，他們會否出任臨時立法會的成員呢？我相信，這與楊森議員所提動議是否具說服力，有很大關係，我希望楊森議員可以回答這問題。

杜葉錫恩議員致辭（譯文）：

……自從本屆立法局會期開始以來，我一直盡量保持政治上中立，盡量從事情的本質價值而不是政治方向上作出判斷。除了我之外，我肯定也有其他議員曾經面對這種艱巨的工作。我說艱巨，是因為有一個自稱民主的黨派並不容許別人有這種思想的自由。如果我們不追隨他們的政治路線，他們就會對我們表露政治偏見，辱罵我們。

今天這項動議又再試圖迫使所有議員作出一個困難的決定：若不站在那個政黨那邊，就要被他們罵為所謂「親中」。

有些議員，包括我自己在內，只希望由現在至一九九七年及以後竭盡所能，為香港服務。要竭盡所能為香港服務，並不須要凡事與中方對立。我們所須做的，反而是一方面堅持保留我們的生活方式，另一方面，也讓中國保留她的生活方式。事實上，如果我們凡事都與中方對立，不但沒有竭盡所能為香港服務，反而是致力搞亂香港。

今天的動議很明顯承認了一項事實，就是基本法對我們具有約束力。

一九九二年年底，李柱銘議員要求我支持總督彭定康先生的政策方案。我當時認為這個方案有些方面是違反基本法的，直至現在，我的想法仍然沒有改變。李議員當時所持的論點，是如果我們採取強硬的態度，中方就會屈服，答應我們的要求，況且，我們這樣做也會得到總督和國際上的支持。我當時就知道李議員對中國有錯誤的理解。他對國際間的理解甚至也有錯誤。國際間比較關心的問題是商業貿易，不是政治體制；政治體制的論述只是他們的應酬話。我很難明白為甚麼像李議員這樣聰明的人會有這樣的想法，會認為一個對亞洲、中國和香港認識不深的新任總督，在幾個曾參與焚燒基本法的香港參政者的協助下，就可以推翻基本法。畢竟，中英雙方經過多年協商所訂立的基本法，不可能就這樣馬上改變。

很多人都知道，在這個政黨採用它那個名稱之前很久，我已經是一個支持民主的人，到現在我仍然支持民主。經驗告訴我們，真正的民主不是突然從天而降的；要有穩固的根基，才可以逐漸產生真正的民主。歷史又告訴我，遽然產生的民主往往招致群眾滅亡，結果，往往令新的獨裁政權產生。研究古代史或近代史的人都明白這是歷史事實。

今天的動議反對在一九九七年設立臨時立法會。我很懷疑是否有本局議員喜歡臨時立法會。基本法沒有提及臨時立法會，這很可能是因為沒有人會想到基本法竟會被人歪曲，給它一個與中華人民共和國在一九九〇年通過的法律截然不同的解釋。那些以為可以用他們自己的方式解釋基本法的人，正如韓達德先生在他未「轉鋼〔軌〕」前所說，是「脫離實際」的。

根據報道，提出這項動議的人曾在一九九〇年參與焚燒基本法。而現在，為求達到他們的目的，這些人又聲言要遵照基本法的條文，並提出警告，叫人不得違反基本法。然而，正是因為有這些人，才有需要作出別的安排，才會產生成立臨時立法會這個建議。這些人把載於基本法附件二、並在第六十八條重申的第一屆立法會的組成方法更改了。再者，第六十九條已載明一九九七年第一屆立法會的任期為兩年。本來，如果有「直通車」，一九九五年組成的立法機關是可以過渡這兩年，毋須成立臨時立法會的，但去年這個政黨卻令「直通車」出了軌。這種局面正是提出這項動議的人一手造成的。

我仍然希望能夠避免成立臨時立法會。不過，現在除非有奇跡出現，否則這是無法避免的。如果我們最終也要成立一個臨時立法會，我希望我們可以在一九九七年六月前作好準備，以便執行第七十條所載的規定，即立法會解散後，須於三個月內重行選舉產生。有臨時立法會，就一定會有延長任期的危險，而那些在去年六月蓄意令「直通車」出軌的人，要對這種不幸的局面承擔全部責任。

提出這項動議的人一直不接受基本法，而且據報道他們更公然焚燒基本法，現在他們又提出控訴，說有人違反基本法。說他們虛偽，實在並不為過。

顯然，我在一九九二年年底告訴李柱銘議員的話現在已成事實。他認為他的政黨可以在總督和國際間的支持下改變基本法的想法，只是痴心妄想。不過，這種想法卻欺騙了那些從不懷疑的人很多年，特別是青年人。

對於多半會成立臨時立法會，我深表遺憾，但我保證我會對香港效忠，促請

有關方面把任期盡量縮短。不過，我不能像那些虛偽的人一樣支持這項動議。

我認為李鵬飛議員提出的修訂是合理的，我會支持他的修訂。

李柱銘議員致辭：

主席先生，從預委會的成立及其臨時立法會建議，正體現了中國政府在後過渡期，整個對港政策的轉變。中國外長錢其琛先生，在預委會第四次全體大會上致辭，重申江澤民先生的號召，「堅持以我為主的方針去實現平穩過渡」。「以我為主」這四個字實在可圈可點，突出了預委會及臨時立法會的中心思想所在。

何謂「以我為主」，當中所指的「我」究竟是誰？從預委會表現來看，這個「我」就是中國政府官員的意志，而這個「我」，更可以理解成「唯我獨尊」，因而可以超越一切規範，包括聯合聲明、基本法及港人意願。

聯合聲明第四條清楚列明：「自本聯合聲明生效之日起至一九九七年六月三十日止的過渡期內，聯合王國政府負責香港的行政管理，以維護和保持香港的經濟繁榮和社會穩定；對此，中華人民共和國政府將予以合作。」

在出任基本法起草委員時，我的願望是一九九七年七月一日主權移交後同六月三十日一樣，沒有任何大變動。當時，內地草委都認同這目標。

但我們看看今日，預委會成員爭相獻媚，「慌死執輸」，凡事都按中方的意思去改、去變，並且愈變愈左，嚇怕了香港人。這根本違背了聯合聲明的基本方針，亦違背了原來草委的共識。

近來，中方與預委會成員經常提出一種奇怪的真空理論，甚麼司法真空、立法真空，一切真空，萬變不離其「空」，都是因為他們意圖大幅改變香港既有制度而製造出來的。而中方又沉溺於主權論，為體現主權力求推翻一切，於是便製造出虛假的真空問題，然後再擺出一副非干預不可的姿態。挖空心思，搞出這個不知所謂的臨時立法會的怪物來。

若將預委會及臨時立法會放在整個中國對港政策的層面來看，我們看到中國政府正逐步將聯合聲明所作的承諾——「港人治港、高度自治」，連本帶利逐步收回，將九七年香港的行政、司法和立法均置於其控制之下。

在行政方面，將司級官員任命解釋為實質任命，要求北上面聖，作政治

審查。

在司法方面，以「司法真空」為藉口，通過中英終審庭協議，將把香港普通法制度改變，將中國法律觀念引入香港，變成有中國特色的普通法，利用「國家行為」條款，干預香港獨立司法制度。

在立法方面，目前的臨時立法會建議，是借「立法真空」為題來發揮，不惜破壞聯合聲明及基本法。在九七特區政府成立當日，便剝奪市民的選舉權利，以委任的「病鸚鵡」來取代民意代表，執行中方控制特區的政策。將高度自治變成高度管治，「一國兩制」變成一國控制。

錢其琛先生在預委會大會上，已表示對於干預問題，不能籠統地反對，要看所做的工作是有利或損害香港利益、香港的繁榮穩定。這番說話，已體現出中方已不再逃避干預特區內部事務的指責，索性將干預特區合法化，總之由他界定是否有利香港的干預，便可為所欲為，即使香港人認為不利，都可置諸不理。

臨時立法會便是在這種「干預有理」的幌子下提出。為了維護聯合聲明，「一國兩制、高度自治」原則，我們必須拆穿這幌子，強烈反對臨時立法會建議。

主席先生，有人好像在說民主是不需要爭取的，好像只要坐下，便會有人把民主放在銀碟上賜給他們一樣。這位議員甚至說他本身也不喜歡臨時立法會，但卻十分強烈批評我們提出此項動議，並批評我們有時焚燒基本法，但有時又表示支持。我不知道他是否真的不明白，因為基本法中有很多條文根本是完全符合聯合聲明的。民主黨、民主派以及我本人一向支持所有符合聯合聲明的基本法條文，但基本法有些條文卻根本背離了聯合聲明。我們認為作為立法局議員，應該有責任去爭取修改，我們不能夠只接受現實。如果我們全部都就這樣接受現實，為甚麼還要當立法局議員？每晚在家看電視便可以接受現實。然而，現在卻還口口聲聲說自己民主，大力批評別人。

主席先生，我覺得我們身為立法局議員，是有責任勇敢地提出此項動議，為香港人爭取應得的權益。對於所有背離聯合聲明的基本法條文，我們都有責任，我希望我們亦有膽量提出要求修改。其實這並非前所未有的行動，在一九九〇年四月四日上午約十一時半當基本法在北京通過後，同日下午我已在本局提出動議，要求中國政府根據兩局的報告所載的條文大幅修改基本法。當時動議獲絕大多數議員支持通過。其實我們現時仍在繼續為實現這個願望而努力，我覺得這是

我們的責任。沒有膽量的人，便請他回家去好了。

詹培忠議員致辭：

剛才楊森議員以及李柱銘議員，作為民主黨的黨魁，已經在他們的演辭內極力對中國政府攻擊和對基本法以及「一國兩制」不合理批評。我們必須瞭解是甚麼事令臨時立法會成立。我們首先必須瞭解這個事實。記得去年今日——現在應該是六月二十九日，政制方案獲得通過，令銜接九七年過渡的「直通車」消失了，臨時立法會才會出現。

主席先生，須知道，如果依照基本法和中英兩國以前的意願，最後一屆的立法局就會銜接成為第一屆的立法會，換句話說，就是會做到九七年之後，第一屆的立法會會過渡至九九年。但自從總督彭定康先生在一九九二年七月九日來到香港，英國政府已經有目標，有目的製造這個不公平的所謂九二政改方案。民主黨以為有救世主來到，所以予以支持，令九七年的過渡不能銜接。在這樣的情形之下，作為中國政府，為顧及香港是一個完整的特區政府，要不要在九七年七月一日開始有自己的另一套呢？我們要公平、公道地評估事實，不能只說英國方面全對，中國就全錯。

我想剛才李柱銘議員的發言會令外國的政客都很奇怪，懷疑究竟李議員是甚麼人？拿甚麼護照？他看起來也是黃皮膚，橫看豎看始終都是一個中國人，為何會對中國政府作出這樣的批評？當然，我已整天說，中國政府有很多地方須改革和改進，但民主黨最棒的地方就是香港的傳媒不會給他們冠以「反中」二字。事實上，他們政黨的本質絕對是反中。大家批評我是親中，他們事實上是反中。媒介不給他們「反中」的稱號，是他們最成功的地方。

事實上，我個人不相信香港市民抱著一個反中的心態，他們絕對沒有這個心態，他們其實是被所謂民主黨牽著鼻子走。我很希望香港的市民醒覺起來，因為無論香港如何演變，都不是獨立。你想打仗，難道可以在太平山開戰嗎？這是沒有可能的。香港在九七年以後，絕對要與中央政府互相配合，才能夠團結，以後才會更好。我經常說，如果對「一國兩制」、基本法、對中國的執政黨或領導階層沒有信心，便離開吧，為何要在這裏製造大家的矛盾？

主席先生，楊森議員曾經在立法局清楚說過，新的九個功能團體就是變相的直選，這是他自己說的。我相信作為一位講師，他絕對要承擔這個責任。這亦是事實。因此，對於為何會演變成今時今日的臨時立法會，我相信他自己也瞭解清楚。政治上不同的見解不能導致大家可以遮瞞智慧，遮瞞事實。作為一位講師，他應該向他的學生負上責任，說今時今日我是反中，所以我講這句說話。但可能有朝一日，在九七年後，或甚至他接受委任加入臨時立法會，屆時他自己可能轉過來承認這個事實。這事會在兩年後發生也未可料。

主席先生，由於民主黨現時有一定的民眾基礎，我個人很希望各就各位，明白到如果九七年後仍想在香港發揮有利於市民的做法，就應該在金融和經濟方面多動腦筋，因為畢竟香港是一個金融和經濟中心。如果能在這方面發揮他們的動力或號召力，這才會對香港的未來有重大好處。如果只懂鑽牛角尖，不但他們的黨絕對沒有前途，而且更會將香港人帶領到一個不明朗的明天。他的黨隨時可取消或改變政策，但市民畢竟是盲目的大多數，會受制於他們的誤導，或令市民自己有了誤解。

今日這個動議辯論，讓我們很清楚瞭解到，是港英政府令中國政府不得不成立臨時立法會。當然，香港市民受到很多客觀因素的誤導，以為臨時立法會是一個非法的組織。我個人認為這絕對是偏見。因為如果要在九七年七月一日後有一個完整的特區政府，就必定要有一個立法會。由於沒有進行正式選舉，自然就是臨時性質。「臨時」兩字絕對沒有違反基本法。

因此，主席先生，我絕對不會支持楊森議員的原動議和馮檢基議員的修訂動議。當然，我對李鵬飛議員的修訂動議也有所保留，因為中國政府根本沒有說九四方案一定可過渡。

劉皇發議員致辭：

主席先生，原先由民主黨議員提出的動議，是同時炮轟預委會和臨時立法會的，現時改為只針對後者，理由不得而知。但我覺得成立預委會和臨時立法會有著相同的理由和目標，而預委會是贊同成立臨時立法會的，要弄清楚問題，有需要將兩會一概而論。

預委會這個工作機構是因應時勢需要而成立的，同樣地，提出設置臨時立法會的建議也是如此，目的是要確保香港的平穩過渡，使香港特別行政區在成立伊始便能有效和順利運作。

聯合聲明簽署後，各方面都預期通過中英雙方的合作，政制「直通車」可以得到實現，因此原先並沒有成立預委會和臨時立法會的構想。但由於政制「直通車」的安排受到破壞，在這情況下，中方不得不另起爐灶。基於這個轉折，原定在九六年成立的香港特別行政區籌委會，其工作便變得非常繁重和緊迫，預委會就是在這樣的背景下成立的，它的任務包括及早研究影響香港平穩過渡和政權交接的問題，並向籌委會作出建議，這樣的做法正是負責任和務實的表現，亦符合香港的利益。

根據「直通車」的安排，九五年選舉產生的立法機關可以過渡到九七年以後，但既然有關的安排已不復存在，香港的立法機關在主權回歸後便順理成章地需要重組。預委會政務小組經過反覆慎重的考慮，建議在九七年七月一日成立臨時立法會，以確保特區政府的有效順利運作。

主席先生，有意見認為在香港主權回歸後，特區政府馬上進行第一屆立法會選舉，我覺得這個建議是不切實際、不可行的，原因是特區剛成立時並不具備進行全港性大規模選舉的條件，別的不說，單是選舉的籌備工作，包括制訂選舉的法規、選民登記等等，便需要一段頗長的時間。我相信大家都會記得，數月前港府在距離九五年立法局選舉還有一年多的時間，便要在本局通過甚具爭議性的選舉法例。選舉準備需時，可見一斑。

在這樣的情況下，我們面對兩個選擇，就是在特別行政區成立後，第一屆立法會產生前大約一年的期間內，香港需不需要一個立法機關。要確保香港在九七年後如常運作，立法機關發揮的作用是極為重要的一環。倘若讓立法機關空置一段長時間，特區便無法制訂所需的法例，這樣將會導致極為不利的後果。

有意見認為，香港可暫由行政長官命令立法，或由人大常委〔會〕代勞。但前者缺乏立法機關的監督，令行政機關集大權於一身；後者要求中央機構處理香港內部事務，這些建議都不符合基本法的規定和「港人治港」的原則，兩者皆不可取。

從整體來看，設置臨時立法會應是一項照顧實情，比較理想的應變措施。記

得本港的區域市政局在正式產生以前，曾先成立臨時區域議局。很明顯，兩個臨時機構都是同樣出於實際的需要。

建議中的臨時立法會由四百人組成的推選委員會選舉產生，其職能包括按基本法制定及修改法律，主要制定為特區成立必不可少的法律（包括界定永久居民身份的法例）、同意終審法院及高等法院首席法官的任命，和提名基本法委員會的六名港方委員等等，這些工作都不能由其他機關代勞。

主席先生，只顧批評卻提不出有用的建議，當然最容易不過，令人十分遺憾的是，那些對臨時立法會批評不遺餘力的人士，並不能拿出任何切實可行的代替方案，只是活在幻想之中，堅持已不存在的「直通車」安排。這樣對解決問題並無幫助，也不是務實參政人士的應有所為。

我和大部分人士一樣，最屬意的是「直通車」安排，但為何「直通車」的安排受到破壞？為何我們要謀求其他切實可行的辦法呢？我想那些動輒假借「港人意願」為名，對預委會、對臨時立法會肆意攻擊的人士，有責任向公眾交代前因後果，講清全部事實，否則就是誤導市民，蒙騙市民。

黃宜弘議員致辭：

主席先生，我對設立臨時立法會的看法，曾經在幾份報章刊登。我現在所作的發言，只是為了記錄在案而講。

第一、提出建議的綠〔緣〕由

一九九〇年，中英雙方在香港政制問題上曾經有個協議，即香港政制須與基本法銜接，英方九七年前在香港舉行三級議會選舉要與中方磋商。在這種情況下，全國人大在關於香港特別行政區第一屆政府和立法會產生辦法的決定中，作出「直通車」的安排。如果這個安排能夠實現，就不會有臨時立法會的建議了。這個安排不能實現，完全是彭定康的政改方案造成的，是英方背信棄義造成。中方不接受英方單方面的政制安排，是理所當然的。在英方自行拆除「直通車」後，中方就面臨由於第一屆立法會不能及時產生而帶來的一連串問題，例如基本法委員會香港委員的提名、終審法院法官和高等法院首席法官的任命，以及特區

成立時迫切需要立法的其他重要的問題。這些問題，對特區的正常運作和基本法的實施，都很重要。預委會聽取港人意見，經過反覆研究，然後提出成立臨時立法會的建議。

第二、我們的最佳選擇

曾經有人建議，由全國人大常委會通過作出過渡安排的方式來處理上述問題。也有人建議，在沒有特區立法會的情況下，基本法中需要立法會處理或參與的事務，可由籌委會處理。也有些人建議，在第一屆立法會產生之前，可由行政長官以發布行政命令的方式，來處理一些需要立法會處理或參與的事務。

再三比較之下，設立臨時立法會仍不失為幾種方案中的最佳選擇。首先，它可使特區政府成立時，按基本法規定的程序運作。其次，基本法中關於特區成立時就有立法機構的規定，都可由九七年七月一日起付諸實施，而不必作變通規定或過渡安排。第三，亦即最重要的一點，是它維護了「港人治港、高度自治」的原則。由此可見，在英方拆除「直通車」後，中國政府有權採取各種辦法來處理由此而產生的問題，但幾種辦法中，唯有設立臨時立法會，才能充分體現港人治港、高度自治的原則，而這個原則是我們至為珍惜的。

第三、充足的法理依據

基本法有關立法會產生的規定包括在三份文件中：基本法正文、基本法附件二和全國人大關於香港特區第一屆政府和立法會產生辦法的決定。

基本法第六十八條是一項原則性的規定。立法會無論是臨時，還是第一屆，或是其他各屆，只要是由選舉產生、具體產生辦法符合香港實際情況和循序漸進的原則，都不會牴觸該條文的規定。

基本法附件二主要規定第二、第三屆立法會的組成，以及立法會對法案、議案的表決程序，並且規定第一屆立法會依照全國人大關於香港特區第一屆政府和立法會產生辦法的規定產生。因此，成立臨時立法會不會對該附件產生影響。

成立臨時立法會，會不會違反全國人大一九九〇年的決定呢？該決定規定，原香港最後一屆立法局議員成為特區第一屆立法會議員，是有條件的，但未規定如果不能滿足這些條件時怎麼辦。我認為，答案很簡單：全國人大作為主權國家

的最高立法機關，當然有權採取任何措施，以體現「一國兩制、港人治港」的精神。預委會提出成立臨時立法會的建議，如果需要任何法律程序，亦是全國人大權力範圍內的事，與本局毫無關係。

作為一個主權國家，中國有權決定主權範圍內的事務。為了香港長期的繁榮穩定，中方願與英方達成「直通車」的安排，應視為中方行使主權所作出的特殊安排。如今「直通車」實現不了，決定成立臨時立法會，則是中國行使主權的另一種安排。如果我們挑戰其合法性，實質上就是挑戰中國的主權。這種行為，又怎能被視為「愛國」呢？

鄧兆棠議員致辭：

主席先生，九五年選出的立法局不能夠過渡直通成為特區政府首屆立法會，如果不設法解決由此所引起的法律真空問題，必定會破壞了主權回歸的平穩過渡。中國政府決定成立「臨時立法會」來填補這個真空期，是合乎現實上的需要。有人認為，設立「臨時立法會」並不是唯一的選擇，其他的權宜之計亦可以考慮賦予行政首長特別權力，包括臨時立法權及各級法院的法官任命權，以濟燃眉，並盡快進行首屆立法會的選舉，將真空期縮至最短。這個方法的好處在於減輕籌委會組織首屆特區政府的繁重工作，減低市民對特區政府架構的混亂；缺點則在於令行政首長的工作更加繁重，及將所有權力過分集中於行政機關，亦削弱了市民對政府的監察能力。故此，我認為設立「臨時立法會」是釜底抽薪的應變措施，更是無辦法中的辦法。

令人遺憾的是，某些人只是肆意、甚至惡意批評臨時立法會，完全忽視了實際的需要。如果要追究責任，追源禍始，這些都是彭定康先生和投票支持「三違反」政改方案人士的意願。彭定康先生把基本法和聯合聲明的空子鑽盡，泡〔炮〕製出三違反的九五政制方案的鬧劇，再加上自稱支持民主的人士搖旗吶喊，一起把立法局「直通車」的路軌拆掉，所有政制直通已經無望。他們這樣做是希望把香港過渡的攤子攪亂，抑或企圖混水摸魚，又或為了個人利益，我都不敢加以推測。

主席先生，原動議的字眼確是冠冕堂皇，但真正的意義是否裏外如一呢？維

護聯合聲明，捍衛基本法，保持「一國兩制」和高度自治的原則等，是完全符合香港人的意願，但如果只懂得空喊口號而不實踐的話，這就不是港人之福了。我們試看看今天高聲叫喊上述口號的人士他們過往一些言行的記錄。他們形容基本法是一條又長又臭的裹腳布；基本法是一條用來綁狗的狗帶；又或者說基本法是用來欺負香港人的。他們既鼓吹修改基本法，可是又把基本法當作柴燒。他們又形容「直通車」是通向地獄的豬籠車，又指責維護「直通車」，堅持銜接論是市民的敵人。現在「直通車」無望了，他們又說不應另起爐灶。印證他們的今昔言行，確是使人啼笑皆非。

「大聲不代表民主、人多不等於公義。」是非黑白有一定的客觀標準，並不會因為人多聲大而被人任意顛倒。古語有云：「名不正則言不順，言不順則事不成。」一些某日曾經支持「三違反」政制方案，曾經進行燒基本法行為的人士，今日竟然高叫「捍衛基本法」，態度轉變之大，令人難以置信。基本法是必要捍衛的，但是我們不容許有人指鹿為馬，硬指臨時立法會是無法理的依據，以顛倒黑白來迷惑人心的政治手段，打起基本法的旗號來企圖魚目混珠，破壞香港的平穩過渡及安定繁榮。

主席先生，「凡是敵人贊成的便要反對」的「凡是派」，絕對不適合香港社會，「不分是非、逢中必反」更加是對香港有害。雖然，「凡是派」可能會得到短暫的政治利益，但「譁眾取寵」的真面目必定會有被撕破的一日。我奉勸這些人士，不要將廣大市民的利益作為自己達到政治目的的籌碼，以免害人害己。臨時立法會是在「直通車」被破壞後的一個較好的選擇，將其推倒，是不明智的方法。

《新約聖經·哥林多前書》第二章二十三節說：「凡事都可行，但不都有益處；凡事都可行，但不都造就人。」這句是教導世人要善用個人自由及謹言慎行，不要任意妄為貽禍人間。我希望所有人都可以採取這個處世之道，嚴以律己，對社會作出應有的貢獻。

田北俊議員致辭：

主席先生，詹培忠議員是很清醒的，他忽然想起現在已經是六月二十九日，距離我們討論政改方案剛好一年。去年今日，當我們討論政改方案時，自由黨與

早餐派的獨立議員提出九四方案，它的特色是新九組功能團體與現有的 21 個功能團體非常相似，即是一公司一票，或者一團體一票；另一特色是透過選舉委員會產生的十位立法局議員，是從四組人士當中選出，正如李鵬飛議員剛才所說，不像現時政府的九二方案所定全部須由民選區議員出任。

當然，馮檢基議員也提出疑問，到底自由黨和獨立議員推薦的九四方案是否就可以確保中方必定認同，必定讓我們過渡？在去年六月二十九日之前幾天，我曾親自前往北京，中國領導人聽了我們的方案之後，表示可以支持。當然，他們並沒有說一定讓我們過渡，但既然我們自由黨和中間派議員的九四方案不獲通過，現在再討論也是徒然。反而政府的九二方案已經獲得通過，中方卻明言到九七年就會終止，而政府則說這不過是假設而已，所有假設的問題都不會發生，大家且放心好了，到時一定沒有問題。

一年已過，中方的部署已經說明這個可能性一定會發生，他們的時間表已經安排妥當，在今年年底籌委會成立後，由四百人組成的推選委員會亦會隨之產生。自由黨認為這個推選委員會的四百名委員應該由選舉產生，然後由四百位推選委員會成員選出臨時立法會的議員。

在此情形下，自由黨的成員，不論是否身為現任立法局議員，都會樂意加入這個臨時立法會，繼續為香港效力。民協馮檢基議員詢問民主派，很想迫使他們說句：即使臨時立法會有民主黨的份兒，民主黨也不會參加。這是否表示，這下可好了，只剩下民協，這樣民協就可以取得所有代表民主派的議席。在此，我想問問馮議員，如果中方四百名推選委員會成員推選了你們民協的代表出來，你們又得表態，你們還會否出任？如果你們肯接受，那麼你們剛才提出反對又是甚麼意思？

司徒華議員致辭：

主席先生，為臨時立法會辯護的人，有種種的奇談怪論。

第一，「無中可以生有論」。他們說雖然中英聯合聲明和基本法沒有任何關於臨時立法會片言隻字的明文規定，但設立並不是違反。這是一個無法等於有法的邏輯。假如沒有明文規定的事物，就可以設立，這些實在太多了。我們是否可以

根據這樣的邏輯，去設立「太上行政長官」、「幕後立法會」、「隱形行政會」、「遙控終審庭」呢？

第二，「初一、十五論」。這個奇談怪論的發明者，是坦白的，他由衷說出，要「以暴易暴」。別人是否「暴」，沒有證明，但他硬說別人是「暴」，並承認自己以「暴」去報復，這是不打自招。別人沒有承認「三違反」，他卻自己招認了用來攻擊對方的是「三違反」了。其實，「另起爐灶」是「初一」，臨時立法會是「十五」。到底是做了初一，才做十五；還是為了要做十五，才先去做初一呢？這是值得我們思考的。

第三，「下策中之上策論」。這下策中的上策，也是不打自招的。自己也承認了是下策，但是如何採取上策呢？要在下策當中去找上策呢？同時在下策當中究竟是否有上策，也值得研究，他不過是自封這樣而己。其實，要在下策當中找，這是否有利於繁榮安定和順利過渡？

回顧九七問題出現以來的中港關係，我們可以從其中的變化過程，發現中國對港政策的指導思想，並非「一國兩制，高度自治」，而是從「投資者放心」，到「以我為主」！

直至目前，中港關係的變化，可分為三個階段。第一階段，是中英談判到簽署聯合聲明，這時候中國最擔心就是因主權回歸，投資者跑掉，於是「一國兩制，高度自治」唱得最響亮，於是也就此產生了受到歡迎的聯合聲明。第二階段，是簽署聯合聲明到頒布基本法。因為簽署聯合聲明後，中國在經濟上採取開放政策，香港投資者因為這樣而大致穩定下來。由於這樣，起草基本法過程當中，就收緊政治控制，訂出與投資者有同樣傾向的保守政制。第三階段，是從基本法頒布後，直至現在。在這段期間內，全世界都看見，中國走向自由經濟的資本主義，已成為不可逆轉的趨勢。同時中國也是一個可以賺大錢的市場，連中國大陸也湧去投資，何況是香港。中國看清楚投資者這種心理，於是財大氣粗，對原本用來讓投資者放心的「一國兩制，高度自治」，便「以我為主」去任意解釋，加以踐踏。預委會和臨時立法會，就是這第三階段的產物。

毛澤東於四○年一月發表《新民主主義論》，於四五年四月發表《論聯合政府》是為了團結大多數，孤立一小撮，消滅敵人奪取政權。但在四九年六月，在勝利的前夕，他發表了暗藏殺機的《論人民民主專政》。在奪取得政權後何曾實

行過真正的新民主主義和聯合政府呢？在文革期間，連劉少奇說過要鞏固發展新民主主義制度的言論，也成了被批判的黑材料。這是鐵一般的歷史，亦是不能忘記的歷史。

李卓人議員致辭：

主席先生，臨時立法會的構思，根本就是一個「陽謀」，企圖以違法手段公然違反中國當年承諾給予港人的「港人治港、高度自治」的原則，同時亦違反了中國全國人大自己制定的基本法。臨時立法會危害處處，不單只今時今日我們要反對臨時立法會，到了九七年假如臨時立法會真的設立，我們希望大家可以繼續大力反對，對之進行抵制！

破壞「港人治港、高度自治」

中英聯合聲明及基本法都白紙黑字清楚承諾，給予香港特別行政區高度自治權〔聯合聲明第三（二）段、基本法第二條〕，而特區立法機關將由選舉產生（聯合聲明附件一、基本法第六十八條）。臨時立法會的建議不單未經公開及廣泛諮詢港人，更加未經港人透過民主程序認可，而是由中國人大常委〔會〕的工作機構即預委會提出，這明顯是踐踏特區高度自治權，給予中國政府以及其屬意的人透過籌組臨時立法會，剝奪香港市民應有的選擇權，藉以全面控制特區立法機關，以達至中方全面控制香港事務的目的。

違反基本法

事實上，臨時立法會的成立，不單違反「高度自治」的精神，同時亦違反了基本法的具體規定。基本法清楚規定特區的立法權屬於由選舉產生的立法會所有，而第一屆至第三屆立法會的組成亦已經由基本法及人大決議加以規定，當中包括了直選議員。因此，任何不經任何直選產生的立法會，無論以甚麼名義「魚目混珠」，都不可能合理地擁有特區的立法權。

同時，聯合聲明及基本法規定立法會由選舉產生，但臨時立法會的成立卻完全沒有任何公開選舉程序，香港市民無法透過公平、公開的選舉去投票及參選，

這根本違反了選舉所應有的最基本原則，實際上只是「委任」制。而委任產生的臨時立法會，赤裸裸地違反聯合聲明和基本法。

民主進程被閹割

臨時立法會「變相委任」制度，根本就是香港民主進程的大大倒退。基本法政制規定對香港的民主化發展已經設置重重關卡，現在居然在九七回歸時出現全面委任的立法會。香港本來已經是牛步發展的民主步伐，再被臨時立法會徹底閹割，這簡直是回歸中國，回歸我們祖國的一大恥辱！

缺乏人民授權、違反民意

今年九月改選的立法局，全數六十個議席將會透過公開的選舉產生。而根據法例，新一屆立法局議員的任期是四年，即是說，透過今年九月的選舉，香港市民將會授權新一屆立法局議員四年工作時間。試問，一個沒有任何市民授權以及沒有經過公開選舉程序產生的「臨時立法會」，憑甚麼向經過公開選舉產生的立法局奪權呢？

本法第一百六十條規定，香港特區成立時，香港原有法律除由全國人大常委〔會〕宣布為與基本法相牴觸者外，採用為香港特別行政區法律。現在，特區尚未成立，而全國人大常委〔會〕又尚未宣布九四年通過的立法局選舉法例與基本法相牴觸，那麼又有何法理基礎違反現行法例，成立臨時立法會而將九五選出的立法局議員趕落車？

臨時立法會惡法難被推翻

臨時立法會不論擁有全面的立法權抑或部分的立法權，都會為日後由選舉產生的立法會製造難以推翻的惡法。事實上，根據基本法規定，特區立法會議員如要提出涉及政府政策的「私人法案」，必須得到行政長官同意（基本法第七十四條）。因此，假使被控制的臨時立法會訂立各項行政主導及違反人權的公共政策法例，日後由選舉產生的立法會就算六十位議員一致認為要修改有關法例，如得不到不是由普選產生的行政長官的同意，根本無法修訂任何不合理的法例。

顯而易見，臨時立法會的設立不單違法，更毫無疑問會為特區立法會留下不

可挽救的弊端！

立法機關必須由選舉產生

我重申，特區立法會議員必須透過真正公開的選舉產生。因此，可行方法是讓九五年選舉產生的立法局過渡九七，或者透過修改基本法，於九七回歸時，全面透過一人一票選舉產生六十名立法會議員。

抵制違法組織

臨時立法會是徹頭徹尾的「違法」組織。我呼籲在九五選舉當選的立法局議員堅守捍衞香港高度自治的立場，抵制臨時立法會，並拒絕接受委任成為臨時立法會議員！

譚耀宗議員致辭：

主席先生，李柱銘議員在發言中表示「無膽」的人請回家。相信本局很多議員已經回家，但他們不是「無膽」，而是「無精神」，因為現在已經夜深。我只想簡述我們民建聯對臨時立法會的一些原則。

不錯，中英聯合聲明和基本法都沒有提過臨時立法會，但如果因此而草率推論臨時立法會是違反聯合聲明和基本法，再而上網〔綱〕上線地指摘臨時立法會踐踏了「一國兩制、高度自治」的原則，就根本無視了本港在過去兩三年間所發生的政治變化，亦消極地迴避了香港人在未來數年即將要面對的轉變。

大家都知道，民建聯其中一項政綱是「平穩過渡」，因此，舉凡任何有利於在後過渡期平穩過渡的事情，民建聯都會不遺餘力去促成。回顧在過去幾年的政制爭拗中，先是彭定康先生提出了「三違反」的政制方案，民建聯雖然一方面指出他在那些地方違反了聯合聲明和基本法，另一方面亦盡力促使中英雙方透過磋商解決分歧。很可惜，經過 17 輪會談，中英最終仍無達成協議，而彭定康先生一意孤行、獨行其事，才造成今日政制無「直通車」的局面。到了這境地再追究責任，我認為已於事無益，但如果一定要探本求源，彭定康先生便難辭其咎。

現時，中國政府已表明，三級議會將不能過渡九七年七月一日，增加了後過

渡期的不明朗因素，這是很可惜的。與此同時，特區預委會已經建議，以設立臨時立法會來解決九七年首屆特區成立初期可能出現的立法真空局面。當然，現時人大對於臨時立法會並未作出規定，包括其組成、職權和任期等。如果我們在這時只顧反對，到底有甚麼意義？又有甚麼建設性？民建聯建議在九五年選出來的立法局議員可以成為臨時立法會的候選人。如果民主黨在此階段絕對否定臨時立法會，是否太倉卒？會否為自己定下框框？

主席先生，如果香港能夠在一九九七年七月一日前舉行特區第一屆立法會選舉，而選出來的議員任期可以由一九九七年七月一日至一九九九年，這樣便不必設立臨時立法會，不過，這樣需要英方予以合作。以當時的中英關係來看，可能性極低。但時移勢易，中英關係近期漸有春風解凍的跡象，故此，我和民建聯主席上星期趁著在北京開會之便，寫了一封信給中國副總理兼外長錢其琛先生，就中英合作解決香港過渡期問題，提出了十點建議，其中包括促請特區籌委會及早籌備第一屆立法會選舉，並透過中英磋商尋求港府合作，務使特區第一屆立法會在短期內選出，將後過渡期的不穩減至最低。

當然，在現階段來看，成事的機會言之尚早，但民建聯相信事在人為，而且總比消極地反對臨時立法會更有意義。

林鉅成議員致辭：

剛才李鵬飛議員問，既然民主黨反對臨時立法會，將來他們會否參加呢？我在此並不代表民主黨給予答覆，因為民主黨在大是大非的問題上都會很民主地諮詢所有會員後才作決定。不過，我想指出一個事實：自由黨和民建聯對彭定康政制方案大力反對，但他們在即將來臨的九月立法局選舉，卻那麼積極參與，這就是他們的立場。

很多人批評說，引致產生臨時立法會，是誰的責任？我想舉例供大家研究，看看應由誰負上責任。有一個小孩很肚餓，媽媽說給他一件「民主三文治」，小孩子拿著吃了兩日後讚賞不已，問媽媽可否多吃一件，媽媽罵他貪心，並將他正吃著的那件取回，還打了他兩記耳光。

香港人在殖民地政府多年統治下，期望回歸祖國，得到一些民主便感到很高

興。他們不會放過任何爭取更多民主自由的機會，但祖國的領導人卻說：「民主只有這麼多，不可以再要更多，臨時立法會由我們控制。」責任由誰負？是否由我們民主黨負責？是否由爭取多些民主自由的人負責？

我想就馮檢基議員的修訂動議作少許回應。他所提的修訂動議給我的感覺一如民協的立場，就是在一些大是大非的問題上並無堅定立場，閃閃縮縮。我們看看那些修訂字句：以「認為無需要成立臨時立法會」取代「反對」。如果認為臨時立法會是錯的，那就不應該說「無需要」而應說「反對」。正如殺人是錯的，你不會說「無需要」殺人，應該是「反對」殺人，不然便會有少許默許的意思。因此，我覺得馮議員的修訂動議與我的看法不符。

所謂「臨時」這兩個字，究竟定義為何？馮檢基議員身為房委會成員多年，相信一定察覺到一點：香港很多「臨時房屋區」「臨時存在」了數十年，這是很危險的。馮檢基議員在房委會多年，他對「臨時」的定義，是否一直「臨時」下去而不改變？如果將來馮議員加入臨時立法會，會否一直「臨時」下去，保持五十年不變？這點我是感到擔心的。

主席先生，歷史上爭取民主自由失敗的個案不可勝數，令人十分傷感，但最傷感的是，我們連爭取民主自由都不做，我們在立法局內對於爭取民主自由是一片空白。如果對於一些我們認為對民主自由的進展有障礙的，我們都默不作聲，這會是更悲慘的事情。楊森議員之所以提出今日的動議，就是要把我們認為會窒礙民主自由進展的事拿出來討論。成功或失敗並不太重要，最重要是我們要做，總比在立法局的歷史上留下空白為佳。

主席先生，我謹此陳辭，支持楊森議員的動議。

黃宏發議員致辭：

我想提一提司徒華議員的「無中生有論」。其實一個更好的說法是，大家可能會聽過一個東歐的笑話，亦可能是 CIA 製造出來也不一定，說在英國，凡未經法律禁止的都准許；在德國，凡未經法律准許的都禁止；在法國，凡經法律禁止的都仍然准許；在蘇聯，凡經法律准許的都仍然禁止。當然，最後的兩個說法是笑話，但前兩個則不是笑話，而是說出兩套法律的精神。這些是說政府相對人

民，政府所行使的權力。我們現時的問題是中央相對地方，但如果中央相對人民也是同樣情形，給予人民的自由度，法律不禁止的話，就全部都准許。中央相對地方也是同樣情形，即沒有禁止就准許。但相對於政府本身有否權力做某些事情，法例應剛相反，應如德國的模式才正確，因為一切法律都是限制政府的權力，所以如果基本法寫明立法機關由選舉產生，現時無論加上任何名目，例如臨時立法會，在法律上可能都已犯忌。如果不是由選舉產生而仍然有效的話，則基本法顯然對於政府完全沒有加以任何限制，這是不能接受的。

我原本想就第六十七條，六十八條和人大的決定，第一及第六條講些說話，但剛才李卓人議員已說了很多，所以我不想再發揮下去。我只想指出，在整件事情上，要將其合法化可能很簡單。只須人大作出一項新決定，在第一屆的情況下，將其原本的決定改為臨時立法會，不是由選舉產生。我們不能肯定這些人大決定是否與基本法具有同樣權力，具有同樣地位，在這情況下，可能全部合法化。因此，我想在這裏提出基本法第十八條的問題，第十八條載明，「在香港特別行政區實行的法律為本法以及本法第八條規定的香港原有法律和香港特別行政區立法機關制定的法律。」換句話說，只得三個法源。人大決定並不是香港法律的一部分。如果大家接受這一點的話，即使人大決定再作任何其他更改而不修改基本法本身，都可以視作非法。因此，我連這後路也補了，不是說現在沒有根據任何曾經作的決定，例如基本法和人大決定，或違背了這些決定。根據第一、第六條的人大決定，可以改成另外的模式，變成臨時立法會也可以，但如果看看第十八條以及原本在聯合聲明的引句，可見基本上這不可以說是一項合乎基本法，合乎聯合聲明的安排。因此，我不能夠接受臨時立法會的設立。

楊森議員的動議、馮檢基議員的修訂及李鵬飛議員的進一步修訂，在三者之間，我會選擇支持楊森議員的原動議。

楊孝華議員致辭：

我看到今日提出的動議，說輕點是很滑稽，說嚴重些是有人感染了香港正流行的失憶症。因為在短短一年前的今日，我們在立法局辯論政制問題時，很多議員作出呼籲，謂香港人要求平穩過渡，要求政制銜接。當時很多自由黨議員及很

多無黨派議員均提出，如果我們對當時的彭定康九二年方案不作任何修訂，將來就一定沒有「直通車」，亦沒有銜接。但當時在局內局外，港同盟（那時仍未與匯點合併成為民主黨）的言論謂不用害怕，只要一意孤行接受該方案，辦一個成功的選舉，到時中國政府看到之後是一定會接受的。當時這些言論並沒有被很多人拆穿，別人只會疑惑這是否當真。但現在我們可以看到，這些言論欺騙了香港人，以為虛張聲勢就可以將中國的主權置諸不理。

大家可能亦留意到，當中國謂沒有「直通車」、沒有銜接，而要採取一些措施，例如成立臨時立法會，當時就算是港府，我亦未有看見任何一位港府官員甚或英國官員肯挑戰中國的主權，謂臨時立法會違反基本法。也許稍後憲制事務司會有膽量如此說。我留意到香港政府只謂若中國要成立臨時立法會就要作出充分解釋，令市民信服。我記得陳方安生女士亦是如此說，可見英國作為主權國家亦知道當中有一條界線，那就是九七年七月一日，過了這條界線便是中國的主權，要一個國家去挑戰另一個國家的主權？英國該不會這樣做罷。如果我們立法局內有香港人認為自己有本領及有權這樣做，這實在是很危險。

去年很多議員發表很多意見，謂毋須理會，只要舉辦一個被視為成功的選舉，中國就會接受云云。一旦中國不接受又如何？當時也許有很多議員沒有告訴大家，部分議員大可溜之大吉，他們拿著加拿大護照或澳洲護照就可以一走了之，但留下的香港人又將如何？沒有了平穩過渡將如何是好？從今日的辯論，我們已可以看到一年前的幻想很多已經破滅，這是由於當時有些議員太過幼稚，以為中國只是說說沒有「直通車」，到時就自然會接受。現在看來，這想法似乎很不實際。

對於今日有些議員提及的臨時立法會，我當然不喜歡有這個臨時立法會，出現這場面令我很痛心。但我們必須追究責任及原因，有因始有果，這個臨時立法會就是後果，而原因是去年我們在本局通過一個方案，其中牽涉非常非常大的責任。就臨時立法會而言，雖說這是沒有辦法之下的辦法，但我覺得在座如有議員要提出動議，說甚麼這是違法甚至要提出反對，我都要勸他們不要太過不留餘地。我不知馮檢基議員所說的是否屬實，因為我到現在仍未看到那份報章，假若真的如他所言，民主黨其中一位副黨魁謂不會參加，另一位則說仍要考慮，很可能到頭來民主黨也要「轉鈦〔軚〕」，或許部分黨員將要「轉鈦〔軚〕」。假如成

立了臨時立法會，他們會否參加？他們會否一致說「不」？抑或有人會認為若是能達至香港平穩過渡就會參加？

若在沒有其他辦法而只有成立臨時立法會的情形之下，我希望臨時立法會不論以何種形式也好，都能盡量接納九五年由選舉產生的議員。我覺得在沒有「直通車」的情況下，中國在體現主權的同時，應該盡量寬容地接納九五年由選舉產生的議員，如果上限達到百分之百就最理想了。假若不能，我也希望正如李鵬飛議員所說，有些是實際做不到，而有一些是明顯違反基本法的，中國政府就應該清楚解釋。但九五年肯定會有這種情況，起碼選舉委員會就已經不符合基本法了。只要大家記憶猶新，當知九四方案提出的選舉委員會無論是人數、代表性及民主性，都較現在二三百名區議員更多更大。

主席先生，我支持李鵬飛議員的修訂，他真正清楚點出了為何我們會有今日的局面，為何會有今日的辯題，責任究竟在何方。在座各位議員都被港府以九牛二虎之力盡量游說，加上官方三票，令議案勉強一票通過。我們都有責任，亦要接受。但我希望在此環境下能盡量爭取平穩過渡，這才是香港人真正需要的。

涂謹申議員致辭：

主席先生，我有幾點想回應楊孝華議員。在去年辯論政制方案時，我沒有發言，但是我自己有一個信念，就是理性是討論的基礎。我可能很幼稚，因為我知道現實是如果在一個衝突的場面，可能是講暴力；可能是講鎗桿子出政權；甚至可能是講主權無限上綱的體現。不過，我覺得如果我們相信某些制度是對一個地方好的話，長遠來說，能夠創造安定繁榮，並令市民得到人權和法治的保障，我們就應該朝著這方向爭取。

去年，當我就政制方案投票時，我不會告訴市民中國一定會如何做，我只是說如果中國的領導人有一個理性的基礎，亦應明白將來整個世界的轉變，包括中國和香港，就應該接受一個較為民主開放的社會和這方面的發展。我也不會這樣幼稚，以為中國沒有決心斬斷「直通車」。中國絕對有決心，因為中國的國際地位很高，是聯合國的常任理事國，又擁有核武，她為何沒有這個決心呢？她有很大決心，不過，我希望自己國家的決心不是用來對付人民，而是用來令自己的國

民生活得更好。

第二，剛才黃宏發議員的論點，關於法律上的分析，我是同意的，尤其是法律上可能是可行，但最後當我們看第八條時，根本這就是違法的。中國不是沒有主權，她有主權，但透過制定基本法，她已經將自己的主權限制。如果她真的連基本法第八條也修改的話，她絕對可以這樣做，但問題究竟在政治上應否這樣做。

第三，我覺得臨時立法會最大的問題是，即使它只成立一個月或一星期，但如果它負責制訂選舉法的話，就會產生最不公道的基礎，使將來所謂第一屆特區立法會在一個不民主的情況下產生。當然，譚耀宗議員說我們連臨時立法會的組成和架構還未知道，怎樣知道它會制訂一些甚麼法律？我們是原則上反對，因為基本法已經寫得很清楚，在回歸祖國時，香港特區立法會的議員全部是選舉產生，並非委任。即使委任一日也是違反，是一個不民主的開始。

民主黨並沒有進行討論，但我自己有一個想法，我亦可以公開告訴大家，如果有臨時立法會，即使我能夠在下一屆選出，進入這殿堂，我也不會接受委任。但我對黨和市民作出承諾，無論第一屆立法會的選舉規則如何惡劣，我都會盡量爭取成為第一屆立法會的議員。

憲制事務司致辭（譯文）：

主席先生，在討論一九九七年後立法會的安排時，關鍵之處是聯合聲明規定香港特別行政區的立法會應由選舉產生，而基本法及有關的全國人民代表大會決議亦載述首屆的特別行政區立法會應怎樣組成。中國政府已多次重申，他們決心遵守聯合聲明和基本法的規定。

一九九五年九月選出的立法局如果能夠完成其整個任期至一九九九年，明顯地會對香港有利。如果是那樣，我們在一九九七年七月一日所見的立法會，便不但已富有經驗，而且市民也會對其充滿信心。根據我們的判斷，這是避免本港立法事務出現混亂或中斷的最佳方法。而且，亦沒有理由不應完成整個任期。一九九五年的選舉安排是公開和公正的，而且也符合聯合聲明和基本法。這些安排亦迎合了社會人士的願望，即是希望有可信賴的代議機關，並可持續至

一九九七年後。有關的選舉安排，當然亦已獲本局代表香港市民予以通過。

今年選民登記工作的成績，充分顯示了大眾對選舉安排的支持。這些成績為九月選出一個有多方面代表參與的立法會，奠下一個穩固的基礎。我相信，到了選舉當日，選民會以負責和深思熟慮的態度來行使他們的投票權，一如他們在過往所有選舉時所做的一樣。同樣地，我亦絕對相信，像過往歷屆一樣，新一屆的立法局會按照香港長遠的利益辦事。

毫無疑問，中國如果打算在一九九七年作出其他安排，是可以這樣做的。這完全在他們權力以內。不過，如果中國政府這樣做，那麼便得向香港市民解釋：為甚麼需要這樣做、新的安排確實是怎樣、它們如何符合聯合聲明和基本法，以及為甚麼這些改變是有利於平穩過渡和維持香港的安定繁榮。

主席先生，基於上述理由，本局的當然官守議員會：

（a）對楊議員的動議投棄權票；

（b）支持馮議員所提出的修訂，因為它與我們在此事上的立場一致；及

（c）反對李議員所提出的修訂，因為根據我們的判斷，本局於去年夏天所通過的選舉方案，是公開及公平選舉的最佳安排，並且符合聯合聲明和基本法。

1996 年 1 月 31 日
議案辯論：恐懼中國在港成立第二權力中心和影子政府

劉慧卿議員動議議案：

「鑑於港人對中方官員指不會在香港成立『第二個權力中心』的空洞承諾沒有信心，並恐懼中國政府會單方面組成『影子政府』，使香港在一九九七年七月一日後繼續受到殖民地式的管治，本局促請中國政府立即作出準備，以一人一票普選方式產生香港特別行政區行政長官及立法會成員，並讓全港市民充分參與籌組特區政府。」

劉慧卿議員致辭：

主席先生，九二年英國政府決定撤換總督衞奕信，換上當年四月在大選中落敗的保守黨主席彭定康，當時並沒有諮詢香港人的意見，港人無從參與選出總督。這就是徹頭徹尾的殖民地式統治。隨著英國統治的結束，香港人希望可以擺脫殖民地統治，享有高度自治，這自然亦包括有權選出自己的行政長官。

主席先生，英國在香港體現了一百五十多年的殖民地統治，實行的是愚民政策：不鼓勵市民關心政治、不培養公民意識、不推行民主制度。多年來實行精英統治，委任一小撮商界及專業人士以至諮詢架構，包括行政立法兩局，由英國人一手炮製，令中方如獲至寶的功能組別選舉，亦只是這種精英式統治的延續。

英國統治將於九七年七月一日正式結束，但這不表示香港人一定可以擺脫殖民地式的統治。香港人希望可以充分參與決定自己的未來，這是要體現「一國兩制、高度自治、港人治港」的精粹。但按現時的形勢，九七年後中國政府在香港的統治，很可能只是英國殖民地統治的翻版。

本月初，香港特別行政區籌委會的成立，已充分反映出中國政府要將所有的反對聲音拒諸門外。在這情況下，試問香港人又怎可以期望一個沒有代表性的籌委會可以設計出一套藍本，以實現九七年後的「高度自治，港人治港」？

主席先生，隨著籌委會的成立，各方勢力就更積極為自己支持的行政長官人選造勢。當港澳辦公室主任魯平說有「黑馬」人選後，政治角力更呈白熱化。香港人雖然喜歡賭馬，但是過分使用賽馬的比喻來形容挑選行政長官，是侮辱了這個莊嚴的程序。

籌委會在北京召開第一次會議的前夕，副主任霍英東公開支持另一位副主任董建華，認為他是最合適的行政長官人選；另一位副主任安子介則公開支持副主任梁振英。籌委李嘉誠曾一度極力反對由商人出任行政長官，但是當他知道這個商人可能是他自己的生意夥伴時，他便改變口風，說商人也可任行政長官。

主席先生，上星期，籌委會在北京開會時，中國國家主席江澤民在全體籌委和傳媒鏡頭焦點下，主動行近與董建華握手。中國領導人這樣「出位」的行動，使人聯想到董建華將會「行情高漲」。

負責選出行政長官的四百人推選委員會尚未產生，但中共對候任行政長官的人選諸多動作，為欽點人選造勢，這些舉動不但令香港人氣憤，更令中英聯合聲明有關行政長官要通過選舉或協商產生的規定形同虛設。

在八十年代中，董建華家族生意出現困難，求助無門，最後得到霍英東及中國政府的支援，才令董家的航運業務起死回生。問題是如果中國政府要委任一個欠下它這麼大人情的人當行政長官，會否令公眾質疑這人的獨立性？此外，董建華也與一些任籌委的富商有生意關係，這會否引起嚴重的利益衝突？

「金無足赤，人無全人」，我相信任何一個行政長官候選人都會受到很多人批評。由於這職位是那麼重要，以及候選人是十分富爭論性，因此，整個過程便應有極大透明度，以及必須符合公平民主的原則。透過一人一票的選舉，選民可以衡量各候選人的利弊，作出選擇。相反地，以一些私相授受的方式欽點行政長官，會令香港人對整個制度失去信心。

在三月二十三日，台灣將會舉行歷史性的直選，選出他們的總統。我想問，為何香港人沒有權選出我們的行政長官？

在英國殖民地統治下，香港僥倖沒有被捲入中共殘酷的權力鬥爭。隨著英國

人的撤退，很多香港人擔心到惡夢很快會成真。現時有跡象顯示，中共的派系鬥爭可能已經延展到行政長官的挑選過程。試問香港人又怎會不覺得心寒？

主席先生，根據一份在籌委會名單「出籠」後的調查顯示，香港人對政治前途的信心跌至「六四」屠城後的最低點。原因是越近九七，中共對香港的管制就愈猖獗。九七未至，香港人已經憂慮中方會提早在港成立權力中心。去年十一月，當時身任預委會成員的鍾士元提到今年中國政府會在香港成立「影子政府」和「影子立法局」，鍾士元的言論令社會嘩然。後來中國官員和鍾士元都否認有這個意圖，但有多少香港人會相信他們的否認呢？

在今年年中或下年度，當候任行政長官及「候任班子」產生後，很多香港人的確擔心這個「候任班子」會變成影子政府，對香港事務「指手劃腳」，處處與港府對著幹。如果「候任班子」真的這樣做，必定會嚴重打擊港府的管治權威，亦會引起社會混亂，產生不安。其實現時港澳辦及新華社官員，特別是張浚生副社長每晚都在電視上對總督和香港政府作出批評，不斷批評港府的決定，已經使政府差不多成為「跛腳鴨」。

主席先生，為了平息香港人對中共政權的恐懼，港澳辦主任魯平最近又保證未來特區政府不會出現「太上皇」，在行政長官之上不會加一個黨委書記。我們都記得，在許家屯的回憶錄中，在八三年當他被委派到港時，名義上是擔任新華社香港分社社長，但其實他在港的「正職」是港澳工作委員會書記，亦即是中國政府駐港的「總管」。中共從來沒有否認港澳工委於九七年後會繼續在香港存在，那麼究竟它會否成為特區的「太上皇」呢？屆時的新華社和現時由李嘉誠的長實集團所興建的中國外交部二十層辦事機構又會否成為另一個「太上皇」？

中英聯合聲明規定，特區行政長官「在當地通過選舉或協商產生」，而立法機關亦由選舉產生。一人一票普選，是舉世公認體現民主的最好方式。我提出要普選行政長官及立法會成員，是完全符合中英聯合聲明的規定，亦具體貫徹了「高度自治」的原則。

可惜，基本法在行政長官及立法會的產生方法中，加上「根據實際情況和循序漸進的原則」這個規限，只將普選定為一個最終達至的目標，令人感到遙遙無期。跟據一九九〇年四月人大決定，籌委會將籌組一個四百人的推選委員會，推選第一屆行政長官，而委員會「必須具有廣泛代表性」，但決定並無說明推選委

員會的產生方法。

主席先生，相信你也留意到，最近有報章報道指籌委會屬下推選委員會小組的中方召集人蕭蔚雲說，推選委員會很難以選舉產生，但如果不是由選舉產生，便沒有廣泛代表性。不過，由於時間急迫及其他困難，他相信這個四百人的委員會很難透過選舉產生。既然我今天的議案和籌委會將被迫作出的決定，都是違反人大的決定，那倒不如採用一人一票的民主選舉方法，選出我們的行政長官。屆時人大當然亦可以再次通過決定，支持普選行政長官。

至於立法局，主席先生，中國政府亦多次不理會香港人的反對，堅持在九七年要解散立法局，成立臨時立法會，但中英聯合聲明和基本法均完全沒有提到臨時立法會。如果有人批評我今天的議案是違反基本法，為何不同時批評中國政府建議成立臨時立法會也是違反基本法呢？

主席先生，歸根結柢，籌委會和推選委員會等架構，只是中國政府用來掩飾全面控制香港的面紗。

臨近九七，許多市民擔心治安惡化、貪污與特權的風氣日盛。如果有權有勢的人都只懂得奉承北京，貪污及特權的風氣又怎不蔓延？經濟的增長是有賴公平競爭，如果香港失去公平競爭的條件，勢必令市民苦不堪言。

當社會環境變得惡劣，市民又沒有正式的渠道去發表他們的意見時，社會秩序便易遭破壞。民主選舉讓市民有權參與決定誰人是統治者，讓他們表達意見，學習尊重不同意見，尊重多數統治。

主席先生，由於市民對基本法規定的層層架構已經失去信心，我希望各位議員支持普選行政長官及立法會成員，因為只有這樣做，才可真正體現「高度自治、港人治港」，而不會令英國殖民地式的統治延展至九七年之後。

（編者注：原議案與各修訂案一併辯論。）

廖成利議員致辭：

主席先生，民協是為爭取民主及改善民生而成立的。在過去支持八八年爭取直接選舉，爭取民主基本法，立場堅定。今年年底民協將會籌組成政黨，而「爭取民主」仍然會是民協的主要綱領。

民協過往亦對基本法作出不少批抨〔評〕，包括基本法中民主發展步伐太慢。根據基本法，到二〇〇七年，立法會的直選議席仍只佔 50%，而行政長官則仍是由選舉委員會選出。這種「蝸牛式」的民主發展，實在令香港人感到非常不耐煩。

在爭取加快民主步伐方面，民主派是意見一致的。但是，在爭取的同時，要不要理會基本法的規定、要不要先修改基本法，以「有法可依」的方式來加快民主步伐，民主派卻是意見分歧的。

民協今次修訂劉慧卿議員的議案，亦是因為彼此之間在這方面出現分歧。民協認為，基本法的修訂應在九七年之後進行，原因有兩個：

（1）建立慣例，修改基本法的提案權應由特區提出

根據基本法，修改基本法的議案，在中國中央方面，可以由人大常委〔會〕或國務院提出。但民協認為由中央提出修改議案，與「港人治港、高度自治」的原則有所衝突，要基本法的修改獲得香港人接受，最好是先在本港社會有充分討論，由香港特區提出修改議案，這樣的程序才更符合「港人治港、高度自治」的原則。

有人認為，基本法可以在九七年之前修改，法理上可說得通。可是，若在九七前修改，修改的工作，包括提案，都只能由人大常委會一手包辦。這個先例一開，人大常委會可以在今天聽取民主派意見加快民主步伐，但亦可以在明天聽某些權貴意見而倒行逆施，扼殺民主發展。

（2）九七前基本法仍未生效，特區仍未成立，修改基本法的機制及程序未能在有法可依的情況下進行

香港人經常批評內地無法可依、有法不依、有人治沒有法治。如果在修改基本法的安排上我們首先有法不依，不理會基本法的修改機制，後果將會相當嚴重，無疑等於自毀長城。若大家都不用遵守基本法的遊戲規則的話，到頭來，是誰受害呢？屆時香港還能有招架之力嗎？

劉慧卿議員的議案，就正正是在這方面交代得不清楚。議案措辭中表示的「立即作出準備」，並沒有顯示何時以一人一票普選方式選出行政長官及立法會成員。究竟是在九七年前抑或九七年後呢？若是在九七年前選出，亦即意味著九七年前無須理會基本法，又或是先修改基本法，這是民協所不同意的。

民主與法治，我所欲也。民協的立場是，捍衛法治、建立有法可依的傳統。

這與爭取民主同樣重要。爭取民主的道路是漫長崎嶇的，民協會在九七年後發動修憲運動，修改基本法中的政制部分，加快民主步伐，以普及直選方式選出行政長官及立法會成員。

主席先生，香港回歸祖國，結束 150 年英國人的殖民地管治，實行「一國兩制、高度自治、港人治港」。百多年以來，殖民地式的管治手法，可說是「愚民改革」，管治的大前提是「安定繁榮」，香港人都變成「經濟動物」。政治上的管治，由英國人派來的官員全權包辦。

九七年之後，香港人要站起來，要當家作主。但是，如果仍然由中國全權包辦特區的管治，「港人治港」將難以落實。故此，在籌組特區政府時，香港人應有充分的參與，包括在選舉第一屆行政長官的過程中，應該在基本法的規定下，採取最大民主程度的方式。首先以選舉方式產生具有廣泛代表性的推選委員會，然後由推選委員會在香港以選舉的方式選出第一屆行政長官。

民協建議，推選委員會的產生要符合以下兩個原則：

（1）符合基本法的規定，將四百人的推選委員會分成四個界別。

（2）各個界別按名額分配後應自行以選舉方式選出其代表。

至於九七年之後，應該盡速修改基本法，以普及直選方式選出「治港班底」，包括行政長官及立法會全部成員。

最後，本人要代表民協交代表決的意向。由於朱幼麟議員的修正案內容空洞，而葉國謙議員的修正案則沒有對香港的民主訴求作出正面回應，民協會對上述兩項修正案作棄權表決。

對於劉慧卿議員的原議案，由於與民協一貫堅持九七年後才修改基本法的立場相違背，若民協的修正案不獲通過，也只好作棄權表決。

朱幼麟議員致辭：

主席先生，現在是香港定型的時刻，即「a defining moment」。香港特別行政區籌備委員會已經成立，中國人民解放軍駐香港部隊亦已經組成，現在是由我們決定做一些事有利抑或不利於香港、幫助或干擾香港人的時候。

回顧過去三年半的時間裏，我們看到對抗並無任何益處。過去數月，中英

再次合作之後，我們可以看到外交所帶來的成果。現實已經證明，合作遠較對抗有利。

香港的後過渡期正逐步縮短，主權的移交更為接近。我們已不可以再浪費時間，再不應該以誇張的言行作表演，更不應該以花言巧語去嘩眾取寵。

大多數人已接受在「一國兩制」的原則下，香港回歸中國的現實。籌備委員會是一個工作機構，願意聽取大家的意見，與大家一同為所有中國人都為之驕傲的新時代作出我們的貢獻。

籌備委員會名單公布後不久，民主黨主席已表達與籌備委員會合作的意願，並表示接受基本法。同時，我感覺到公眾也支持籌備委員會。只要我們有同一的目標，根據基本法建立高度自治特別行政區，我們就能化解我們不同的意見。

中國政府已經明確承諾，在後過渡期內，香港不會出現第二個權力中心。我們應該相信中國，一如中國應該相信我們有能力保持香港的繁榮穩定。如果我們對自己的祖國也沒有信心，我們又怎可以要求她對我們有信心呢？

主席先生，我欣賞廖成利議員的修正案的目標。不過，我不得不指出，他主張請英國要求中國政府以選舉方式產生選舉委員會這建議是不可行的，因為中英聯合聲明已經規定，任何籌備委員會或選舉委員會的任命，都是中國的內政事務。選舉委員會如何組成，是根據基本法的規定，而基本法是我們與祖國之間的唯一契約。沒有了基本法，「一國兩制」就不能存在。

關於劉慧卿議員提及對「影子政府」的恐慌，其實是杞人憂天。事實很簡單，籌備委員會是負責籌備第一屆特區政府，並非干擾現時的香港政府。我同意民主黨願意與籌備委員會合作的立場。

我希望各位議員會支持我的修正案，大家一起以前瞻、中庸和合作的心態面對將來。我的修正案並不是輕蔑劉慧卿議員的議案，而是從正面的角度看我們面對的現實，一個我們必須賴以生存的現實。

葉國謙議員致辭：

主席先生，尚有五百多天，香港的主權就會正式移交。負責籌組特區政府，產生第一屆行政長官等工作的特區籌委會亦已正式在北京成立，此時正可說是

標誌著香港政權移交正式進入實際操作的階段。未來的日子，工作可謂是分秒必爭。

不少香港人，包括本局部分同事，特別是劉慧卿議員，憂慮隨著籌委會的成立，候任行政長官及「候任班子」的產生，會令香港出現「第二權力中心」，使本局繼上次辯論出現了「鄭人憂天」後，又再來多一個「劉人自擾」。其實對於出現「第二權力中心」的疑惑，負責香港事務的多位中國官員都一再澄清表明，根本不存在「第二權力中心」的問題。國務院港澳辦主任魯平先生便說，籌委會主要是為九七年主權移交後做好各方面的準備工作，它不能干預九七年前英國在香港的有效管治，而且中方亦一再表明不希望香港政府成為「跛腳鴨」政府。

民建聯認為，籌委會作為一個根據全國人大決定和委任成立具權力的工作機構，它是責無旁貸的，要為將來特區的建立，例如怎樣選出第一屆行政長官的推選委員會、第一屆立法會的產生辦法等工作作出決定。籌委會的順利運作，對特區政府的成立，起著舉足輕重的作用。

主席先生，過去三年多，中英為「彭督政改方案」，關係一直僵持不下。去年十月和今年一月，兩國外長互訪後，雙方就多項香港事務達成共識，彼此關係似逐步融化，氣氛亦趨緩和，但民建聯認為事情尚未到「一天都光晒」的地步。故在這後過渡期階段，中英如果能夠就各項過渡事務取得緊密合作，只會有利九七年前港府維持有效管理，有利穩定公務員士氣和加強信心。再者，只有雙方合作，共同安排「候任特區政府班子接棒」情況下，才會令交接順利進行，減少九七年七月前後的社會震蕩。主席先生，距離主權移交尚有一年多的時間，希望港府在與籌委會合作一事上，不要再諸多推搪，又或故意刁難。若英國人希望能做到光榮撤退，離開香港，香港人在九七後仍會想起英國人曾為香港做過一些「好事」的話，港府就應作出準備，與籌委會充分合作，務實積極地為籌委會提供協助，確保特區政府的順利籌組。

對於劉慧卿議員原議案提出以「一人一票」普選方式，選舉特別行政區行政長官和特區立法會成員，如果要在九七年六月三十日前，按上述選舉方式進行，即主權國中華人民共和國的政治架構選舉須在英國政府統治下進行，這是非常荒謬的事情。因為在結束百多年殖民地統治的同時，我們又怎能接受外國統治者監管進行所謂的民主選舉？若在九七年後施行這方式亦不符合基本法的規定：首屆

行政長官由四百人組成的推選委員會以協商或協商後提名產生。劉議員不應無視這現實。

主席先生，民建聯是贊同可以在九七年政權移交後，按照當時香港的實際情況，按照基本法訂立的程序，對基本法作出修訂，使行政長官不遲於二〇〇七年由普選產生，立法會亦可以由直選產生。

至於劉議員和廖議員提出為使香港九七年七月一日後不會受到殖民地式管治的觀點，更令人難以理解。根據基本法和中英聯合聲明，除國防、外交等有關事務外，香港實行「港人治港，高度自治」。兩位議員似乎將九七後中國作為香港主權國，收回香港主權的做法，混淆了等同於在百多年前英國作為侵略國家，侵佔香港的行徑。過往，《英皇制誥》和《皇室訓令》授予總督權力，而英國人在香港實行一套外國人優越於本地人的殖民地統治模式。在九七年後，雖然對某些基本法條文的解釋權最後要交由人大常委決定，但這些都是作為一個主權國應有的權力，不應誤解成是一種殖民地的管治模式。

至於朱幼麟議員的修正案內容，民建聯覺得他的看法與我們極為相似，只是在文字表達方式有些微出入，所以民建聯會支持朱幼麟議員的修正案。

楊森議員致辭：

主席先生，民主黨九五年的參選政綱是建基於兩大支柱，即「爭取民主，改善民生」。本港前途是否有望，主要視乎「一國兩制，高度自治」能否充分落實。為了落實「一國兩制，高度自治」，民主黨會全力爭取民主政制，推動香港民主化，使未來香港各種政治架構以民主方式組成，保障市民的政治權利。

因此，主席先生，民主黨九五年的參選政綱是要求中國政府於九七年前修改基本法，以一人一票的普選方式產生第一屆行政長官及立法會。從民主黨參選的成績可見，市民普遍是支持民主黨的民主方案的。

主席先生，為了實踐競選承諾，民主黨會在議會內外，盡力爭取第一屆行政長官和立法會以一人一票的普選產生。

有論者指出，民主黨的要求，要使基本法於九七年前修改，才能實現，而現時要求中國政府於九七年前修改基本法是不適當的。主席先生，我不同意這種

說法。

事實上，事在人為。如果中國政府能尊重香港人對民主政制的訴求，於九七年前修改基本法是絕對可為的。中國政府不願意修改基本法，以符合香港人的民主訴求，只是中國政府罔顧民意的表現而已。

若中國政府有心於九七年前修改基本法，是沒有任何困難的。大家試想，基本法頒布時也沒有臨時立法會的設立，但現時中國政府不是全力籌備臨時立法會嗎？很明顯，臨時立法會的籌備，基本上是修訂了基本法的規限。當然，中國政府是不會公開承認這一點的。

因此，主席先生，基本法於九七年前並非不能修改，只要中國政府能夠和願意尊重民意就可以做到。問題始終是中國政府是否有誠意落實「港人治港，高度自治」，而不是單方面強調「以我為主」的所謂主權論。

主席先生，民主黨要求普選第一屆行政長官和立法會，並不是純粹恐懼「影子政府」的出現。推動本港政制民主化，是民主黨一貫的立場，而我們確信直選行政長官和立法會，可以加強第一屆特區政府的代表性、認受性和公信力。

主席先生，預委會已經結束，籌委會正式成立。民意調查顯示，預委和籌委的公信力和代表性，都受到市民很大的質疑。

籌委會的組成部分，受到輿論普遍的批評，認為不能廣納言論，缺乏代表性，偏重工商界，而產生方式也不民主。

目前，籌委會的大會更決定其運作方式要以集體負責制和保密制進行。主席先生，我對這個決定深表遺憾。籌委會的組成已經受到市民很大的質疑，再加上所謂「內閣式」的集體負責任和保密制，籌委會的透明度基本上無法得以提高，其認受性和公信力肯定更會嚴重受挫。更令香港人失望的，是中國政府已經成功地將國內辦事方式，強行加諸本港社會。在中國政府眼中，只有「以我為主」、「以中方意願為主」的意識，而根本不把香港人的意願放在眼內，特別是落實「高度自治」的訴求和建立自治的民主機制。

主席先生，我從電視新聞中，聽到江澤民先生對籌委會提到香港要為中國統一「率先垂範」。我聽到這番話，真有點感慨。主席先生，我感慨的是，江澤民先生其實只是「自說自話」，完全不能夠針對現實的問題，提出有效的解決方法。台灣的民主化比香港有過之而無不及，從籌委會的組成和運作方式，大家見到的

都是中國政府的慣常行為，即排斥異己、「一言堂」、黑箱作業。要台灣方面對「一國兩制」感興趣，真是談何容易的事。

主席先生，在殖民歷史即將結束之際，中國政府應該自我反省，不要「自說自話」。若中國政府真以本港的「一國兩制，高度自治」作為示範作用，中國政府便應提高籌委會的透明度，就過渡事宜公開諮詢香港人的意見，並避免籌委會架空未來特區政府，干預高度自治。籌委會亦應推翻預委會的建議，包括還原惡法和設立臨時立法會。當然，中國政府應尊重香港人的民主訴求，以普選方式產生特區第一屆行政長官和立法會。

主席先生，在港府方面，港府與籌委會合作是無可厚非，亦是應當的。不過，港府要堅持原則，其工作不得超越中英聯合聲明和基本法，更不應協助籌組臨時立法會，因為臨時立法會是非法的組織，今天在英文報章中已經有港大法律系講師公開說臨時立法會根本是違反基本法，是一個非法組織，所以香港政府不應該協助其成立；而香港政府亦應該公開和定期向立法局匯報有關與籌委會合作的工作。

最後，主席先生，日前魯平先生澄清特區政府不會出現「太上皇」。但中國政府仍應向香港人進一步交代九七年後港澳辦與新華社香港分社的地位問題。香港人不願見到在特區政府以外，出現第二個權力中心。

主席先生，最後我想強調，爭取「港人治港，高度自治」是民主黨既定的方針和立場。我們會以不亢不卑，鍥而不捨的態度，在中國主權下，全力爭取高度自治。我亦在此呼籲各位同事和市民團結一致，為爭取「一國兩制，高度自治」共同努力。

周梁淑怡議員致辭：

主席先生，我代表自由黨發言強烈反對劉慧卿議員的議案，因為這項議案的內容是了無實質理據的片面判斷，而且完全漠視基本法的存在。議案本身除了會誤導香港人，令他們對前途更為恐懼之外，根本全無建樹。

在現時港府的建制內，根本沒有第二個權力中心的空間。事實擺在眼前，中國亦沒有可能在九七年之前，代替英國政府在香港的統治權，又何來「影子政府」

呢？香港不是英國，在建制之內不會有執政政府和影子政府共存的情況。過往百多年如是，現在直至九七年六月三十日亦一樣。

香港人之所以有所憂慮，是因為有一些如劉慧卿議員這樣有說服力，有影響力的政治人物時常將「第二個權力中心」及「影子政府」等字眼，用來嚇唬市民，在社會上製造不信任中國、不信任未來特區政府的氣氛。大家都明白，甚至認同市民對於九七前途存有信心問題。但在面臨這種考驗時，有領導才能的人可以選擇帶領群眾大聲疾呼，情緒化地抒發自己的恐慌，但這不但於事無補，反而使人越來越灰心和迷惘；他們也可以選擇帶領群眾積極找尋一條行得通的道路，重新恢復希望。可惜劉議員選擇了前者。

眾所周知，香港在九七年後是中國的一部分，是中國的一個特別行政區，而不是租借而來的殖民地，也不是一個獨立的國家，這是一個毋庸置疑的現實。在中英聯合聲明及基本法中，大家已經可以看到香港根本不會在九七年之後，受到殖民地式的統治。

當然，有人可以大聲疾呼地說：「我怎樣也不相信！無論如何我也要如此！」如果一個人要這樣想，又有甚麼人可以改變他的想法呢？除了事實可以令他信服之外，現在怎樣向他解釋都是「嘥氣」的。亦有一些人，即使事實擺在眼前，他都一樣不相信。大家都知道，世界上真的有這種人存在。究竟這種人是任性，還是勇於自虐，我們都心裏有數。

當然，那些「我怎樣也不相信」的人大可以一走了之，但我們不要忘記，絕大多數的香港人是走不了的。不斷對他們盡送負面哲學，鼓吹香港人我行我素，當中國不存在，事事一廂情願，這是正確的做法嗎？

劉議員又再次搬出「一人一票普選」，完全當基本法不存在。無論這種做法是理想、頑固、任性還是瘋狂，都是違背基本法的，自由黨是不會支持的。

至於各項修正案，廖成利議員的修正案要求英國政府向中國政府提出修改基本法，但是基本法當中已經有修改基本法的一套安排，廖成利議員的建議，是完全漠視了基本法的規定和程序。況且，修改基本法不是英國的事，英國在修改機制中根本沒有份兒，我們可以待特區立法會成立後，要求立法會或港區人大代表提出修改提案，供大家討論通過，並且經行政長官同意後，交港區人大代表於全國人民代表大會上提出，這樣才是正確修改基本法的程序。

我相信大家都希望基本法得到落實和尊重，但首要的是我們自己不能作出不符合基本法的舉動。因此，自由黨反對廖議員的修正案。

朱幼麟議員和葉國謙議員的修正案，大體上沒有重大分歧，都是要謀求與籌委會合作，以及推動平穩過渡，自由黨絕對不會反對這個原則。

陸恭蕙議員致辭（譯文）：

主席先生，今天的辯論實在是有關信任和制度。議案和廖成利議員提出的修正案認為如果有適當的制度讓人可以有理由去信任，那麼便可以取得信任。朱幼麟議員和葉國謙議員的修正案則認為沒有理由沒有信心，因為中方官員業已作出適當的保證。

一會我才再討論信任和不信任的問題，首先我要談談議案和廖成利議員的修正案。主席先生，他們提出重要的兩點。第一點是他們都想抗拒殖民統治。第二點是他們都希望有規章和法制來確保政治權力得以交在香港人的手上。

以第一點來說，或者你會問，英國已將離去而香港亦快將與中國統一，再提殖民統治是否適當。主席先生，我相信，由於沒有更好的字眼，議案和修正案其實都是在表示一九九七年主權易手時，非殖民化可惜不會隨之而來。這是說，政治權力不會直接交給人民。議案和修正案包含了對基本法所訂明未來安排的憂慮，恐怕將來我們有的實際上只是擴大了的寡頭統治集團。

所以議案提議中國應讓未來的行政長官和特區立法機關的成員經由普選產生。廖議員的修正案呼籲推選委員會要有實在的代表性而基本法在一九九七年之後應該修改，容許普選。

在議案和各項修正案中，我取原議案和廖議員的修正案，不取其他兩項修正案，因為基本法現時根本不能讓我們有個真正具有代表性的政府。反之，基本法繼續拒絕讓民選代表獲得治權。主席先生，在原議案和廖議員的修正案兩者之間，我取原議案，因為它來得直接和清晰。

你或會說議案不切實際，因為籌備委員會已經成立，而且很快就會成立推選委員會來推薦未來的行政長官。為了這個原因，你或會說不如取修正案還好。不錯，我都明白這樣的說法，但我至少要表明我有極強烈的希望，想有一個比原議

案更為理想的安排。

我現在回到信任的問題。朱幼麟議員要求我們認受中國所作的保證。如果所謂「認受」的意思是本局對這些保證應表感激，那麼我可以同意。聽到使人心安的說話，幾時都是好的。不過，如果「認受」是要承認那些保證的真實性，那我就不認為本局應該同意了。我們不同意是因為在第二種體制之內，即香港現時的體制內，在決定公共事務時，我們依靠的是制度和有透明度的程序，而不是現時手握大權、但不知明天還在不在位的人的說話。在這第二種體制之內，我們學會了把信任放在制度而不是個別的人之上。

主席先生，我可以舉個例子說明我的意思。中國副總理兼籌備委員會主任錢其琛先生幾日前才說過些使人很是安心的話。他說籌委會，我引述他的話：「應該聽取香港各界人士的意見。」他甚至說，我又引述他的話：「中國古語有云，有容乃大。我們一定要能夠聽取不同的意見」。說得好極了。我對之甚表欣賞，但非至籌委會公布更多有關它打算如何展開工作的詳情之前，如推選委員會成員、怎樣遵照基本法的規定去進行諮詢，我不能確定那番話有多真實。

今天晚餐時，我問朱議員可知道籌委會的辦公室設在那裏，他說不知。至今為止，我們所知道的都使人極為沮喪。籌委會不但定下集體負責制，使各籌委三緘其口，而且還以中國共產黨書記處所舉行的簡報會作為向公眾發布有關其工作消息的渠道。老天，為甚麼要用到中國共產黨的書記處？或者葉國謙議員和他黨內的議員可以告訴我們，香港市民和傳媒如要知道籌委會在做甚麼，怎樣才可以跟香港的中國共產黨書記處聯絡。我們是不是要打電話到北京找人呢？或是打電話到深圳便可以，以省些電話費呢？或是其他地方呢？或者香港新華社現在可以坦白承認它是共產黨在香港的喉舌？或者黨，今次是共產黨，會有些安排，專門代表籌委會內那些顯貴的籌委發言？

主席先生，我一點也不知道。也沒有人知道。主席先生，我現在覺得很是氣餒。香港人也對本身未來的處境不能安心。很多人覺得焦慮和無助。他們問我，我們可以做些甚麼。可惜我也沒有現成的答案。但我希望讚揚劉慧卿議員鍥而不捨的精神，她盡力而為，就像現在動議這項議案辯論，明知就算你說甚麼對改變事實也於事無補。我們從心底說出我們的話。我們就從我們的心取得勇氣和精力繼續奮鬥下去。主席先生，不論後果如何，我始終無悔。

李柱銘議員致辭：

主席先生，本人發言主要提出香港能夠做到「一國兩制、港人治港及高度自治」的成功之道。

一九八五年十月，本人首次在本局發言時指出，每一個人都希望見到聯合聲明能全面落實，沒有人願意見到我們的政府變成「跛腳鴨」，亦沒有人願意見到中國政府干預香港的行政事務。但無論政府高官不斷強調他們不是「跛腳鴨」，中國領導人不斷強調他們不會干預，這都無補於事，因為最重要的是要能夠以行動證明給香港人看。當時我就香港將來成功之道提出了一條方程式，「立法局全面直選＝政府向人民負責＝政府有效管治＝中央不干預＝一國兩制＝安定繁榮」。

十一年後，這條方程式仍然有它的意義，因為我們不但仍未達到這個目的，而基本法所規定的民主政制發展也遙遙無期。

現時，從預委會的建議及籌委會的成立中，我們不能不感到中國政府正逐步走向一條失敗的方程式──「委任臨時立法會＝政府不需向人民負責＝政府缺乏公信力＝中央高度干預＝一國一制＝社會不安甚至出現動蕩」。

主席先生，相信無人願意見到這條失敗方程式有應驗的一天。一九九五年五月四日我在本局已動議批評中英兩國政府共同破壞聯合聲明、「一國兩制與高度自治」，當時在沒有反對下通過。今天我們在立法局仍要就「高度自治」進行議案辯論，其實是香港的悲哀。這反映出過去十多年來，中、英兩國政府並未有盡它們的責任，實踐它們在聯合聲明的承諾。

十多年前，中國領導人鄧小平設計的「一國兩制」的構思，背後有一個重要的假設，就是香港人會努力捍衞自己的制度，爭取「港人治港」，不容許內地一制蠶食香港既有的制度，變成「一國一制」。

假如將「一國兩制」比作「搖搖板」，坐在兩邊的人要重量相若，這樣不會永遠傾向一邊，才可有得玩。香港與內地相比，明顯是內地重，香港輕。重的一邊必須遷就輕的那邊，盡量坐前些，輕的一邊則坐後些，遊戲才能繼續。在香港而言，我們要團結、凝聚自己的力量去爭取高度自治；在內地而言，不但要鼓勵香港人說真心話，更應推動香港人站出來捍衞自己的「一制」。

民主派一直以來要捍衞的就是聯合聲明承諾的「一國兩制、港人治港、高度

自治」。對任何違背以上承諾的政策都敢於批評，這不是逢中必反，而是逢左必反。我認為這是每一個香港從政人士都應有的責任。

但遺憾的是我們這種努力，被中方官員視為不愛國，反而那些對聯合聲明受踐踏而詐看不見的人，則被捧為「愛國愛港人士」。以前中方官員曾表示「愛國」的意思，只是支持中國政府在九七年恢復行使主權、支持聯合聲明。而民主派是最早出來支持香港回歸中國，我們亦勇於爭取「一國兩制、高度自治」。請問以這兩項原則來衡量，現在怎能說我們不愛國？

主席先生，從預委會到籌委會的成立和運作，現時我們見到中方「以我為主」的對港政策離開「一國兩制」越來越遠。因此，我們要站出來批評，為「高度自治」大聲疾呼。魯平先生雖然說籌委會不會成為「影子政府」，又保證香港不會有「太上皇」，但實情是我們見到中方界定的「港人治港」，就是找聽話的香港人來做代理人，去管治香港。其實香港真的不需要「太上皇」或特區黨委書記，因為中央已可穩保一切在它控制之下。

但沿著這條方程式發展下去，香港只有「一國一制」、「京僑治港」及「高度管治」。鄧小平先生偉大構想的實現將會遙遙無期，「一國兩制」這搖搖板，根本就無法再玩下去。

要令「一國兩制」成功，在目前情況下，我們每一個人，包括籌委在內，都有責任令失敗方程式不會應驗。

主席先生，籌委會今後的工作方向應該怎樣，答案就是：「中國有句老話叫做『有容乃大』，我們要能夠聽取不同意見，只要這種意見符合『一國兩制』的方針，有利於國家利益和香港整體利益的，我們就應該從善如流。」這一番話是中國外長兼籌委會主任委員錢其琛先生最近在第一次籌委會全體會議閉幕時的致辭。

我完全同意這是籌委會應有的工作態度，希望各籌委能按此方向辦事，尤其是港方籌委成員，無論大家背景及政見如何不同，都應該站在同一陣線，全力為香港人爭取高度自治。對過去預委會不受香港人歡迎的建議，籌委應「有容乃大」、「從善如流」，敢於推翻。

最後，我在此呼籲各身兼籌委的立法局同事，能夠利用自己在立法局民意機構的角色，將民意向籌委會反映。同時協助籌委會真真正正聽取香港人的意見，

推動籌委會走向開放、民主的工作方向，走出為人非議的黑箱作業方式，因為這是歷史賦予你們的責任。

倪少傑議員致辭：

主席先生，在後過渡期的最後五百多天裏，香港最需要一個經濟繁榮、政治穩定的社會環境，為九七年的順利過渡、落實「港人治港」，創造最佳的條件。劉慧卿議員所提出的議案，卻唯恐天下不亂，在中國政府還未恢復行使主權，基本法仍未開始實施之前，便在社會上營造毫無理據的不信任情緒。這種做法只顧個人政治鋒頭，犧牲本港整體福祉，實在不是負責任議員的行為。

眾所周知，基本法清楚規定九七年後香港特區實行「一國兩制、港人治港」。而基本法也早已規定了特區行政長官的產生方法，不容隨意變更。特區籌委會的成立，亦完全體現中方對港的一貫基本方針。在籌委會內的港方委員佔六成，他們來自社會上各個不同層面，長期以來為建設香港而貢獻出不能磨滅的力量，並且累積了豐富的經驗。他們不但要向中國政府負責，也要為我們的子孫後代負責，負起了籌組一個以香港市民利益為依歸的特區政府，任重道遠。對中方而言，籌委會須肩負全國人大常委會所交付下來的任務，將「一國兩制、港人治港」的精神，落實為具體政策。對港人而言，籌委會的責任是維護本港社會的繁榮穩定，促進平穩過渡。所以，在籌委會的工作上，香港與內地委員的目標是完全一致的，絕不存在中方提前干預香港事務這種無稽之談。

我必須指出，籌委會的工作完全是為了籌組九七年後特區政府的事情，並不對港府現時的運作構成甚麼干預。中英聯合聲明亦清楚列明九七年前港英政府仍然對香港負起管治責任。劉議員有關「第二個權力中心」或「影子政府」的論調，在邏輯上根本就站不住腳；只是危言聳聽，散布不安情緒，存心誤導市民，對社會毫無好處。

各位同事，作為立法局議員，我們的職責主要是審議法例和監察政府施政。可惜的是，有些議員未有先做好本身職責，卻擺出一副無事不管的態度，浪費納稅人的金錢，硬要干預籌委會的工作。難怪較早前有人批評，有些人想將立法局變成「影子籌委會」，看來這種憂慮並非偶然。我不禁要問，究竟你們要將香港

市民帶到那裏去？

劉議員一開始便對中英聯合聲明和基本法抱不信任態度。更有甚者，劉議員在報章上公開反對港府與特區政府「候任班子」合作。難道她認為中英在香港問題上的合作是不重要的嗎？平穩過渡不符合香港市民的利益嗎？奉勸這些罔顧市民利益的議員，請勿自沉深淵！最終是會受到市民唾棄的！

李卓人議員致辭：

主席先生，似乎近來的議案辯論都十分熱鬧，經常出現除原議案外有三四項修正案的情況，大概是要讓同事有多些選擇。不過，今次比較特別的是，各位同事除了要基於政治取向作出選擇外，或許還須考慮個別措辭的邏輯和完整性。當然，最終決定支持與否，還是以政治取向為依歸，是民主與親中央之間的取捨。

因此，我會對所有修正案都投反對票，而支持劉議員的原議案，因為只有原議案最符合職工會聯盟以及普羅大眾對民主的訴求，落實中國政府對我們「港人治港、高度自治」的承諾。也許有人會認為劉議員的要求違反基本法所訂立產生特區第一屆行政首長和立法會方法，但我必須強調，基本法所定下的民主進程根本就不符合香港人對民主的訴求和對「高度自治」的期望。假如中國政府是有誠意真正讓香港人來治理香港，港人高度自治，而不是只委任一些聽話人士做籌委，然後秘秘密密地籌組特區政府的話，中國人大可於九七前修改基本法，擴闊香港的民主空間。我深信絕大部分香港市民都會歡迎人大這樣修改基本法的。

事實上，一直以來，香港人在爭取民主的過程中，不斷將自己對民主的訴求局限於中英政府訂下的框框內，將自己的訴求一而再、再而三地打折扣。但我們過去打了這麼多折扣，作出了這麼多妥協，我們得到些甚麼？對九七年後的民主制度和政制有些甚麼幫助？我感到厭倦，我徹底厭倦將民主打折扣；我徹底厭倦常常聽到的要循序漸進這反民主理論。我覺得現在香港人不應再含糊，而應清清楚楚告知中國政府，香港人的民心所向是希望建立一個不折不扣的民選政府。

我同意劉議員提出香港人擔心九七年前出現「第二個權力中心」，影響香港政府的運作。香港在過渡期間出現兩個權力中心，當然對整體社會有害無益。不過，我擔心更惡劣的情況並不是九七年前出現兩個權力中心，而是在九七年後，

香港根本沒有權力中心。權力中心會好像香港的工廠一樣——遷往大陸，令特區政府淪為執行中央指令的地區政府。如果要防止類似情況出現，我們必須有一個真正由普選產生的行政長官和立法會，以確保真正的高度自治，從而維持香港人一直珍惜的生活方式。這樣才是信心的所在。

剛才倪少傑議員說劉慧卿議員唯恐天下不亂，散播不安情緒。周梁淑怡議員則批評劉慧卿議員的言論和所用的字眼嚇怕香港人，令香港人對前途沒有信心。但我相信香港人自己會作出判斷，香港市民不會因劉慧卿議員所說的話而沒有信心，同樣不會因為張浚生叫香港人安心而有信心。香港人要的是一個制度，而劉慧卿議員現在所說的也是制度而非空言。信心須倚靠制度，一個民主的制度才是香港人信心的最好保證。

最後，我想談談最近流行的「馬房」問題。很多人談論誰跟誰是誰的馬房；誰人是黑馬，將行政長官變成一匹馬。不過，我認為活該如此，因為行政長官不是由普選產生，這樣便是「馬」，沒有認受性，沒有市民的授權，根本就沒有合法性。我認為不論白馬黑馬，不是民選跑出來的便不是好馬。

張文光議員致辭：

主席先生，今天，我想談談馬經。我不嗜賭馬，我只喜歡讀書。最近，我讀了我女兒的小學成語故事，發覺有很多與馬有關的成語，很有意思，想和大家分享。

自從魯平主任說行政長官可能是黑馬之後，香港就陷入一場尋找馬王的熱潮中。在這期間，有人權法風波令人中箭下馬；有護照風波令人馬失前蹄；有兩個權力中心論跑出一隻識途老馬；有最受市民擁護的高官變成白馬非馬。日前，經江澤民主席親自握手的黑馬，氣勢如天馬行空，遲早馬到功成。這一連串的變化，仿如世紀末的馬王大賽，令人明白「馬照跑」的真正意義。

但在馬王大賽的熱潮中，如果我們從市民的角度想一想，就會感到非常無奈和難過。全香港有近六百萬人，去看籌委不到一百個香港人的政治遊戲，看他們的馬房、練馬師和出賽的馬；看他們自己投注、自己賽馬、自己拉頭馬、自己派彩。這是甚麼世界！時光仿如倒流殖民地的委任時代，地點仿如移師到北京的中

南海封建王朝。香港，已經是一個國際大都會；香港人都曾經歷過民主選舉的洗禮，難道還甘於被當作盲人，騎上瞎馬，走向獨裁的懸崖邊嗎？

最可憐的，應該是那些籌委和未來的推委。明明已經有了馬王，還在煞有介事地去制訂賽程和賽馬規則。這好像「國王的新衣」故事中的裁縫，製造一件空氣中的新衣，讓皇帝穿上去遊街，連小孩子也欺騙不到，何必呢？何必要做一個煞有介事的橡皮圖章呢？香港人已經習慣了一人一票的公平競選，不管白馬、黑馬，只要不是造馬，就是好馬，就會贏得香港市民的尊敬和公信力，就更有權威地管治香港。在一個封閉的權力系統裏，由於有「太上皇」的欽點，馬上得天下是容易的。但當這行政長官要面對六百萬人的懷疑與反對時，要馬上治天下，卻是舉步維艱。

江澤民主席說，香港是實現祖國統一大業征途中的第一站，後面還有澳門問題和台灣問題，香港為「一國兩制」作率先垂範。即是說，要讓香港成為統一台灣的示範單位。主席先生，且不說台灣人當前是否願意統一，接受非驢非馬的「一國兩制」。單從政治民主的角度去比較，當台灣人在今年三月就會以一人一票選出台灣總統的時候，香港人仍在搞小圈子選馬王，「太上皇」以黃袍加身那一套去選行政長官，這差天共地的分別，又怎能叫台灣人願意接受統一，接受中國民主特色的「一國兩制」呢？

在籌委會的會議上，錢其琛主任說，要堅持「以我為主，面向港人，依靠港人」的方針。這個說法，在理論上是有矛盾的。既然已決定一切以我為主了，即是說「阿爺大晒」，那麼，我們香港人還有多少活動和異議的空間呢？在現實上來說，就以選行長官為例，一旦「以我為主」，就讓那四百名推委做一場「假伯樂選真馬王」的大戲，六百萬市民，不要說投票，連吶喊助威都沒有機會，又怎能算是面向和依靠港人呢？

因此，主席先生，我完全支持劉慧卿議員以一人一票選行政長官和立法會議員的建議。我知道這個建議在九七年前實現的機會微乎其微，即使在九七之後，實現的日子也是遙遙無期。但在一個支持民主的人來說，這卻是我們必須為之而奮鬥的目標。路遙知馬力，日久見人心。人善被人欺，馬善被人騎，沉默決不是金。今天正是時候，讓我們大聲地說出自己的希望：即使我是一隻馬，也要在民主的沙場中，立一點汗馬功勞。

陳榮燦議員致辭：

主席先生，上星期六，香港特別行政區籌備委員會的第一次大會在北京閉幕，中國副總理兼籌委會主任錢其琛先生在閉幕大會上致辭，強調指出：「基本法和全國人大及其常委會有關決定的規定，是籌建香港特別行政區各項工作的依據」，籌委會必須對「基本法、全國人大及其常委會有關決定有明確規定的，都不折不扣地依照執行，沒有明確規定的，則應本著基本法、全國人大及其常委會的原則和精神提出處理意見。」錢其琛副總理這一段說話的重要性，在於明確指出，籌委會日後的任何決定和舉措，必定是要有章可依，有法可據，而不會是因應個別人士的一時所好，憑空想象而得出來的。有關第一屆特別行政區政府的組織事宜，基本法已作出了明確的規定，由籌備委員會負責籌組第一任行政長官的推選委員會，再由推選委員會以協商或協商後提名，推選第一任行政長官。籌委會的責任，只在籌組推選委員會等工作，而籌委會亦已成立專責小組，去開展這一方面的工作。在現階段，市民應積極發表意見，提出推選委員會中個別界別的代表，應按怎樣的方法產生，以及推選委員會應怎樣推選這位首任行政長官。至於離題萬丈地提出一人一票選舉行政長官，對開展特區政府的籌組工作是毫無意義的。

至於特區第一屆立法會的問題，由於香港政府刻意推行與基本法不符的選舉方式，致令本屆立法局無法順利過渡九七，有關這點，中國全國人大已正式作出決議。為補救因立法局無法直通九七而出現立法真空的局面，中國政府提出組織特別行政區臨時立法會的想法。對此，籌委會已成立了相應的工作小組，研究有關的問題。同時，基本法已明確規定，特別行政區立法會是由選舉產生的，這原則亦應參照臨時立法會的做法。至於因應具體情況，用怎樣的方式選舉產生，市民應向籌委會提出意見。至於以一人一票普選方式，產生立法會的問題，基本法已明確提出了有關的時間表，而民建聯亦支持在不遲於二〇〇七年才實施。我認為若有需要，這一問題可待基本法在九七年正式實施後提出來討論，但現在就要以一人一票方式選舉產生臨時立法會或第一屆立法會，則似乎背離了基本法，令人難以接受。

主席先生，在籌組第一屆特區政府這一事情上，仍有不少問題有待市民提出

自己的看法。錢其琛副總理亦特別強調指出，「籌委會作出的每一項決策，都必須建立在廣泛徵詢港人意見的基礎上，在香港當地有必要開展諮詢港人意見的活動。」這一點我認為籌委會必須緊記。

要落實籌組第一屆特區政府的各項措施，顯然有不少事情仍需要港府作出充分的配合，才可順利完成。對於這一點，中國政府的立場是非常明確的。在籌委會閉幕的同一天，中國官方的《人民日報》發表社論，指出中國政府一貫主張在中英聯合聲明的基礎上，爭取英方的合作，並指出中英合作，不僅對香港有利、對中國有利，也最符合英國的利益。在這樣的情況下，我們認為港府應立即作出準備，與籌委會切切實實地充分合作，確保順利籌組特區政府，以增強港人信心，實現平穩過渡。

吳靄儀議員致辭（譯文）：

主席先生，主權移交日漸接近，無可避免要組成未來特別行政區政府的「候任班子」。同樣無可避免，這班子會被視為「影子政府」，準備不久接掌管治工作。主席先生，我說這是無可避免的，而且這事本身也並無不妥，因為我們期望行將負起督導管治香港重任的人會作出充分的準備。

不過，在認識到這種事情無可避免的同時，我必須強調，事情也不是定必要變得無可避免的。如果當初讓香港有高度自主權的承諾得以貫徹落實的話，如果准許香港透過由民主選舉產生的政府實行「港人治港」，以擺脫殖民統治的話，我們便不用面對今天這種種無可避免的事情了。如果這些都得以實現，我們便已經知道「候任班子」中的是甚麼人了，因為除了行政長官之外，他們就是現在的那一班人。他們在一九九七年之後的工作就是他們現正在做的工作。根本不用甚麼「準備」或熱身，而且不會有影子甚麼的。我們只會預期簡單地換換駐軍，換上新旗幟，就像當年有人曾經答應我們的一樣，但這麼快便沒有人記得那幾年的事了。

主席先生，我提起往事並不是要追悔已經失去的，而是要提醒大家，一切有關過渡的安排，真正的目的是甚麼，主導的思想又應是甚麼。認識清楚了我們現時的處境，我們仍可好好想一想怎樣才是規劃我們未來路向的最佳辦法。

毫無疑問，港人對前途的信心和讓港人自己管理香港的程度是成正比的，因為我們對自己有信心。這種信心會隨香港參與和自己決定事務的程度而增加。如果香港的參與和決定權減弱時，這信心便會降低，以致空出較大的地方讓別人來干預。這事實中英兩國政府都充分明白和接受。

既然是這樣，所以毫無疑問，要港人有最大的信心，中國就要同意讓香港有一個完全的民主制度。如讓行政長官和立法機關經由普選產生，港人就會得到這樣一個制度的最重要的成分。這會是對這個社會有信心的表現，而我相信這個社會一定投桃報李，對在中國主權之下的未來充滿信心。

主席先生，這不是一個理想主義者的夢想。這與聯合聲明中訂明的原則一致：有高度的自治權〔第 3（2）條〕，行政長官在當地通過選舉或協商產生〔第 3（4）條〕，及由選舉產生的立法機關（附件一，一）。這也和基本法一致。第四十五條清楚訂明：「最終達至由一個有廣泛代表性的提名委員會按民主程序提名後普選產生（行政長官）的目標。」第六十八條訂明：「最終達至全部（立法會）議員由普選產生的目標。」

有些議員對議案中所提「立即作出準備」的字眼可能感到畏縮，因為這些字眼似乎不理會亦在基本法中訂明達至這最終目標的「循序漸進原則」。其次，基本法其他地方亦就有關的進展應該如何，作出明白的規定。一九九○年四月四日全國人民代表大會的決定也已規定了第一任行政長官的推選由一個四百人組成的推選委員會「透過在當地協商或協商之後提名和選舉」而提出建議；之後，由附件一規定的有八百成員「具有廣泛代表性的選舉委員會」選出。

人大一九九○年四月四日的決定亦同樣規定了第一屆立法會的組成和選出方法。附件二規定了第二及第三屆的組成和選舉方法。

我絕非要把這些規定掃到一角，我自己身為法律專業組別選入立法局的議員，這個組別對於堅持法治是絕無妥協的餘地的。但「作出準備」這幾個字，我的理解就是要作出一切必需的適當步驟，透過所有應做的程序，包括修改基本法，來達至社會熱切期望的目標。我們不能把我們認為對公眾最有益的事強加於有關當局，但促請有關當局去這樣做肯定是我們的責任，這就是今天這辯論的主題。

主席先生，請讓我討論一下「循序漸進」原則，以我看來，這原則是以上各

項規定的主旨。這幾個字在一九八〇年代下半葉立法局有直選之前，在有關本港政制未來發展的辯論中佔有重要位置。所以社會上有些人對這原則有所保留是可以理解的。

當時有各種各樣的憂慮，如公眾無知、不習慣有投票權、對政治漠不關心等等，以致他們不能合理地投票。甚至有人說紅藝員如鄭裕玲小姐等會奪得所有的選票。有人預測憲制上會出現危機，而政府亦會被反對分子弄至癱瘓。

這些預測全都沒有出現。我們的選民立即便掌握到選舉的機制和原則，證明他們是有知識、有理性而且負責任的人。由這一點看來，是否可以就所謂要審慎行事的要求重新估計一下，和容許本港以自然而爽快的步伐向前邁進？

有人說總督從來都不是選出來的。有關總督的人選，除了幾個有特殊地位的人之外，從來沒有諮詢過市民。但這正正就是我們要汲取教訓的地方。

主席先生，我在一九七九年以政治評論員的身份進入政治舞台。麥理浩爵士當時是總督。其後尤德爵士，再後衛奕信爵士，至今天的彭定康先生。每一位總督由第一日當總督開始，都處於一個劣勢，終其任內始終揮之不去，那就是他們是委任的，而因此不獲信任。老是有人懷疑他們到來香港為的不是我們的利益，而是那些委任他們的人的利益。

這一方面的瑕疵在特區行政長官的產生過程中可以用最強有力的辦法來消除，就是讓行政長官經由全港市民選出來。我們怎能不向中國當局推薦這個辦法？

曾健成議員致辭：

主席先生，國父孫中山先生曾經說過「世界潮流浩浩蕩蕩，順之則昌，逆之則亡」。他所指的潮流就是「民主」。

前美國總統林肯曾有一名句：「民主政府就是民享、民有、民治的政府。」民治的具體辦法，就是廣泛的政治參與。

印度聖雄甘地對民主的見解是：「在民主之下，最弱者應與最強者具有同等的機會。」他所指的同等機會，就是不分階級、出身、貧富等的平等政治權利。

詹姆士・穆勒（James Mill）認為「政治上最困難的問題在於如何限制擁有權

力的人濫用權力，從而保障所有人」。即西方的格言：「權力使人腐化，絕對權力使人絕對腐化。」

著名的科學哲學家波普爾（Karl Popper），也是主席先生非常欣賞的，他認為「民主可以保證在一個壞政府出現的時候，我們有辦法擺脫它。」他所指的辦法就是普及、平等及直接的選舉制度。

中國著名文學家魯迅七十年前曾寫道：「暴君的專制使人們變成冷嘲，愚民的專制使人們變成死相。」我相信「冷嘲」及「死相」並不是我們邁向二十一世紀香港人及中國人所選擇的道路。

被本局及其他國家國會議員提名今屆諾貝爾和平獎的魏京生曾經寫道：「如果誰不給他們（人民）民主，誰就是無恥的強盜，比搶走工人血汗錢的資本家更純粹的強盜。」我想問本局的同事，預委會是不是強盜？日後的籌委會會不會是強盜？抑或加入籌委會的立法局同事會不會是強盜？

前美國總統甘迺迪也曾說過：「民主制度是優越的政治制度，因為它建基於一份對人類理智的尊重。」但至今，中英兩國政府對於香港人理智的尊重有多少？對建立這種優越的政治制度，又做過甚麼呢？

當中國領導人信奉「四個堅持」的時候，毛澤東在論及新民主主義時曾經寫道：「要求取消一切鎮壓人民的言論、出版、集會、結社、思想、信仰和身體等項自由的反動法令，使人民獲得充分的自由權利。」現在就是考驗大家是否尊重中國憲法內的「四個堅持」，其中最主要的是毛澤東思想的時候。對於扼殺香港人自由權利的六條反動法令，預委會以至籌委會要不要還原？而各項自由權利的根基是建立在民主制度上的說法，各擔任籌委的同事又會否同意？

主席先生，我自認我是在局內書讀得最少的一位議員，我只想大家隨便拿一兩本書看看，聽聽一些政治界名人的金句。我今天就是想與大家分享一下。

正如魏京生問：「要民主還是要新的獨裁？」請各位擔任籌委的同事撫心自問，究竟你們選擇獨裁專政的制度，抑或民主開放的制度？

今天的議案辯論，亦是對各位同事再一次良心的測驗。究竟大家選擇正義的呼喚，抑或邪惡的號召？又或追隨歷史的洪流，還是倒行逆施？

主席先生，社會上遍布各種「妥協主義」、「現實主義」。奉基本法為神明的「親中新貴」，究竟你們是為香港人著想，抑或以依附權勢為目的，希望從權力移

交的過程中「撈油水」？你們究竟認為立即修改基本法，使民主選舉、公民權利於九七年後得以保障較為重要，還是聽命於中方的任命較為重要？今天你們可以當籌委；明天可以當推選委員會成員；後天可以加入臨時立法會可以做黑馬，可以做白馬。但終有一天，你們會被歷史的潮流唾棄！被市民的選票「推落台」！被釘在歷史的恥辱柱上！

主席先生，民主的道路不但崎嶇而且漫長，參與者更要付出代價及承擔。對我來說，我已早有心理準備。魯迅先生有一句話：「世上如果還有真要活下去的人們，就先該敢說、敢笑、敢怒、敢罵、敢打，在這詛咒的地方，擊退可詛咒的時代。」

剛才很多同事談到「馬經」，其實做馬並不容易。很多香港人對馬都有認識，但他們不喜歡別人說三道四，給他們「貼士」，他們喜歡自己來投注。選民也是如此。此外，馬是被人用鞭打的。在沒有利用價值時，馬會被人送到屠房作狗糧。我希望各位籌委，各位黑馬白馬好自為之。

劉漢銓議員致辭：

主席先生，原議案的議題「影子政府」確實駭人聽聞，打擊香港人對特區政府的信心，不利香港平穩過渡、安定繁榮。

中國對香港恢復行使主權，根據《憲法》第三十一條的規定設立香港特別行政區，實行「一國兩制」的方針。基本法清楚規定香港特區實行高度自治，除國防、外交等事務外，享有行政管理權、立法權、獨立的司法權和終審權。因此，對香港特區的管治作任何形式的干預，不管是來自何方神聖，都是違反基本法的。基本法是人大制定的，所以恐懼中國政府在香港特區組成「影子政府」，進行管治可謂匪夷所思。劉議員的恐懼是毫無根據的，而這個恐懼症只會對一些香港人增加了不必要的擔憂。

原議案提到九七年七月一日後香港將會繼續受到殖民地式的管治，我感到十分驚訝，因為內容含意有重大矛盾。香港是中國的領土，所以中國根本不能在自己的領土內進行殖民地式的統治。原議案的說法是荒謬之言。香港特區的中國人不會這樣說，即使在香港特區的外國人也不可以這樣說，因為香港是中國的領

土，而不是其他國家的土地。我很奇怪為甚麼這個簡單基本的道理都有人弄不清楚呢？我蒐索枯腸後的結論是，如果對有些事情懷有嚴重的恐懼心理，將會影響理性的分析，繼而導致迷惘疑惑。原議案還要求一個以殖民地式管治香港的政府的其中架構，作出干預，可謂極具自我諷刺之能事。

以一人一票普選方式產生特區長官及立法會成員的建議，在討論制定基本法的三年多期間內，已討論過無數次。現時再挑起爭辯是不切實際的，亦無補於事，這種做法只會引起社會分化。現在距離中國在香港恢復行使主權只有 517 天，我們每一個香港人都應該摒除成見，同心協力，積極協助籌委會籌組一個充分體現港人意願的行政特區。

恐懼疑惑只會製造問題，並不能解決問題。古語有云：「智者不惑，勇者不懼。」我們在這歷史轉折期，爭取平穩過渡、安定繁榮，應該本著這兩句名訓的精神。（我謹此聲明，這兩句「名訓」並非本局鄭明訓議員的產品，因此，並無盜用版權之嫌。）

恐懼疑惑的心情只會導致人們「捕風捉影」，迷惘地尋找一個根本不存在的「影子政府」，徒增煩惱而已。

黃錢其濂議員致辭（譯文）：

主席先生，我們現正和時間競賽，為香港特別行政區的行政長官和組成第一屆立法會作出準備。說到和時間競賽，我不禁對目前不少人提到的各類馬匹感到很是有趣，甚麼黑馬、白馬、天才馬、跛腳馬等。說回正題，這一切表明我們的處境十分可悲。如果我們沒有一個大家都可接受的制度來決定自己的政治前途和自己的政治架構，這一切只會變成一場鬧劇。

如果我們漫不經意地便把這項議案的基本要旨拋掉，那麼港人還有甚麼指望？一九九七年主權移交是一件大事。我們期望未來的領袖帶領我們跨入下一世紀。我們今天便一定要把有關的程序定得正確妥當，合乎法治，並符合中英聯合聲明和基本法的規定。讓我提醒各位議員，聯合聲明第三（二）條和基本法第一章第二條都承諾香港有高度的自治權。

在我之前發言的各位議員雄辯滔滔，我不會和他們相比，亦不打算重複他們

的論點，我只會集中討論兩點：第一是決定誰是我們的首任行政長官的過程和程序；第二是高度自治權的重要性。由一個有廣泛代表性的提名委員會提名後再經普選產生的行政長官是符合民主程序的；所有認識到行使高度自治權這承諾的重要性的人都應表歡迎。主權移交涉及的有兩事。一是主權權力的轉移，二是同樣重要的高度自治權的承諾。沒有這些，這會是個不健全的安排。沒有這些，有關安排只有兩腳，站不起來。

至於影子政府或臨時立法會，就我自己對中英聯合聲明及基本法的研究所得，聯合聲明和基本法之內都不見有成立臨時立法會和影子政府的權力。所以，各位同事，如果香港特區的第一屆立法機關或第一任政府都是於法無據的話，怎麼還可希望我們未來的政府會堅持法治呢？如果香港特區的第一屆立法會本身都在沒有法理依據之下成立，我們又怎能確保可以順利過渡呢？我們又怎能期望港人將來會遵守由一個非法團體所通過的法律呢？

主席先生，如果沒有一套有公信力的程序來訂定我們將來的政治架構，那就是對香港人不公平，他們選了我們入立法局，我們有責任為他們服務。主席先生，我是本著對中國的善意而發言。我是本著對港人的熱愛而發言。我懷著對未來的希望和對我們所憧憬的滿懷信心而發言。……

詹培忠議員致辭：

主席先生，我們記得在九四年六月二十九日劉慧卿議員也提出修訂，建議立法局六十個議席由直選產生。當時支持的二十位議員，而現時又在座的只是少了兩三位。當時我也提到該建議在九七年後會被視作不支持基本法的理由之一。今天我同樣作出忠告。我覺得政治上大家對一些事情持不同意見並不要緊，對與不對，要留待歷史作見證。今天投票支持的議員已接二連三做這些事。那些沒有支持九四年六月二十九日六十席直選修訂的議員自己應想一想。我不是恐嚇，也不是威脅，這只是我個人的意見。

主席先生，我剛才已指出，在政治的立場上，大家可能有不同的見解。不過，首先，大家都要明白到，中國政府收回香港是一個事實，所以任何事情也要站在中國政府的立場去思考，然後香港人另作思考，最後得出的就是未來的事

實。我堅信中國政府收回香港，各位立法局議員和其他人士都絕對不會反對。中國政府也希望以後能夠做得好些，利用香港的模式，最主要的目標是令台灣能夠在同樣的環境下回歸中國。大家不能太武斷說這絕對沒有可能。我個人的看法是台灣在三月選舉後，可能有人提出要求中國在五十年內暫時不要攻打台灣，不要收回台灣，在五十年後台灣會依照香港的模式，實行「一國兩制」。屆時情況是否如此，三月選舉後自有分曉。

中國政府收回香港是一件神聖的工作，但中國政府並沒有承諾必定會收回六百萬香港人，因為這責任本應要由英國政府負責。中國政府更沒有承諾會收回那些意識形態不同的香港人，甚至香港人要移民，中國政府只會盡力履行它應有的責任，而沒有作出反對。中國政府也沒有反對香港人不認同中國政府的政策，如果他們要走，就讓他們走。因此，客觀的事實已是如此，太多對抗或不認同，大家要多加考慮。部分議員可能是受到殖民地教育或太過理想化的影響。事實上，剛才有很多議員也說得很好，雖然大家政治立場不同，但始終他們有自己的代表性，有自己的意念。在香港，我們無法阻止別人的意念。但我們必須緊記，作為立法局議員，我們會引導部分市民對某些事情的看法，所以我認為說出事實較只具理想或理論為佳。

主席先生，在這情況下，香港是需要繼續下去的。如果純粹以「民主」兩字實行一切，是時代與政治的辯證和鬥爭，這並不是我們絕對要負起的責任。當然，大家會有不同的意見和信念，朝著自己的目標去做或表達。提出原議案的議員不錯是獲得大部分市民的擁護，但剛才也有人提到，成功可以令人迷失方向，自以為正確而朝著一個飄渺的目標進發。我相信大部分市民畢竟會一天一天的醒過來，繼續他們的生活。如果是這樣，他們便沒有可能跟隨部分人士的政治目標或理想進發。主席先生，作為立法局議員，我們要顧及中國和香港的環境。我更希望大部分傳媒站在論證兩面，結合去達至一個目標。

事實上，基本法已經清楚寫明特區首長的產生方式以及其他各樣有關事情。當然，基本法並非絕對不可修訂，但應由中國政府的人大常委或其他方面才能做到。因此，我認為最主要是千萬不要讓市民有一個這樣的心態。以前我也提到，香港的面積只佔中國版圖的 0.5%，所以我們希望中國能照顧香港人的利益，但香港也要瞭解中國的實際環境。太多太直接和太大的對抗，又得到些甚麼好處呢？

當然，個人的好處就較容易照顧，但整體市民的好處則存有客觀因素。能夠理性地處理一件事，總較自己一時的成功或達到個人理想為佳。

主席先生，我們明白到，政治是所謂沒有君子，但求勝利，但勝利可能會衝昏頭腦。今天的票數會很接近，我估計大約是 26 票對 26 票，但無論結果如何，我們必須緊記不能令市民受到誤導。

梁耀忠議員致辭：

主席先生，香港特別行政區籌備委員會在上星期已經正式成立，標誌著過渡期已經進入最後階段。但重要的是，籌委會的成立亦同時把「高度自治，港人治港」的盼望徹底幻滅。一個完全由獨裁者在背後操控，運作方式完全封閉，成員完全欠缺民意基礎的籌委會，加上一本不民主的基本法，我們已經可以預料到由籌委會籌組出來的第一屆特區政府將會是一個傀儡政權，是中國政府控制香港市民的一件工具。目前香港的殖民統治，在九七年後將會由中國政府所延續，而且將會變本加厲！

要防止香港延續「殖民式」的統治；要確保香港不會出現專制政權任意壓制市民；要確保「港人治港，高度自治」等承諾可以得到實現，最基本的做法就是把香港的政治制度全面民主化，亦即是劉慧卿議員所說的第一屆特區政府的行政長官及立法會成員應全面由一人一票選舉產生，而不是至二〇〇七年才作決定。事實上，香港人已不是第一次提出這項要求，但過去我們屢次都遇到中國政府的種種阻攔與干預，致使每一次的要求都不能實現。從八四年中英兩國簽訂中英聯合聲明開始，香港市民已經提出「民主回歸」的口號，要求在主權回歸中國的時候，在香港能夠建立一個民主的政府。可惜，中國政府在歷次事件中都一再表現出其專橫霸氣，以我為主，獨裁專制的一面。由反對八八年直選，至委任基本法草委，以至基本法的定稿，中國政府有那一次是真正聽取香港人的意見呢？中國政府那一次會確實地收納香港人的聲音而予以改善呢？

相反地，中國政府卻進一步踐踏及蔑視香港人的聲音，甚至將不同意的意見扭曲為英國政府在背後操縱，指摘上述的民主化訴求。目的是在後過渡期間製造混亂，破壞順利過渡。九二年總督彭定康拋出政改方案，各界反響非常強烈，特

別是爭取立法局議員全部由直選產生的聲音更不絕於耳。但中國政府卻一次又一次出言恐嚇，表示即使通過彭定康方案，（那只是一個保守的方案），亦不會確認立法局議員直通至九七，且更以成立臨時立法會作威脅。在整個過程中，中國政府只是一直指摘要求更多民主的香港人為英國政府所操縱，為英國政府所利用。在此，我要嚴正地指出，所有要求民主化訴求的人，都是出自自己內心，而不是由英國政府所擺布。相反，要求全面民主化之所以強烈，正是由於對英國政府長期不民主殖民統治的一個強烈反彈。九七年後的政府更無理由再延續這種不合理、不民主的殖民式統治！

　　主席先生，由始至終，我都不大擔心「影子政府」或「第二個權力中心」會帶來一些甚麼問題。因為如果在一個民主的制度中，假若執政者是由人民普選的話，在政權替換期間出現「影子政府」或「第二個權力中心」是正常的情況。況且，「影子政府」還可能會發揮監督現政府的作用。但是，現時存在於香港的「第二個權力中心」，卻是不民主地由一個獨裁專制的政府委任產生，其成員大部分都欠缺足夠的民意基礎，運作模式更是中國政府傳統實行由上而下的領導，而其操作過程更不受香港人的監管，完全黑箱作業。我無法相信，亦無法認同由這樣的一個籌委會所籌備出來的特區政府會具有民意基礎。另一方面，整個籌委會自始至終只是一群既得利益者「分豬肉」的一個過程，這從籌委會中參與推選委員會工作小組的成員人數最多一事，可以看得清清楚楚。大家都想在推選臨時立法會及特區行政首長時分一杯羹，籌委會的作用及籌委的目的真可謂昭然若揭。

　　主席先生，我在這裏再一次呼籲香港人應該團結站起來，發出反抗的聲音，爭取第一屆特區行政首長及立法會由全面普選產生。今天我們不反抗，明天就更難發出聲音。

李家祥議員致辭：

　　主席先生，今天下午我曾出席崇德社午餐例會，說了一些話。我已將我的演辭交給張炳良議員，所以我現時就籌委會信心問題所說的話，在今午已提出，不是現時才說的。今午我已提到，要得到香港人的信心，須「面向港人，依靠港人」。信心必須來自法治和公平制度。不但要信，更要香港人服。這信心絕對不

能只向治權低頭。

這幾句說話絕對不是只有我自己在籌委會上說的，事實上，在第一次籌委會會議上，我聽到不少港方成員，甚至中方成員也持有這種論調。有些前預委會成員還對我說，今次參加籌委會會議很開心，因為很明顯多了這類聲音在建制內作出爭取。我相信籌委會成員和立法局議員對法治和公平制度的信服並無不同，不同的可能只是我們做事的手法。我認為爭取信心的唯一途徑，應該是在建制內爭取，在建制內建設。我不大認同一些同事在建制內專做一些沒有結果，甚至嚴厲些來說，不顧後果的動作，對中國政府、英國政府和香港政府，甚至乎今天對本局一些同事冷嘲熱諷。除了對一些仍然很想為順利過渡作出努力的議員得不到認同覺得可惜外，這些負面批評是否符合香港人的利益呢？情感是發洩了，但得到的只是香港人和國際社會不信任香港政府和將來的特區政府，唯一結果只會是兩敗俱傷。

我們看看信心問題，11 年的過渡期已過，香港人有不安心的地方，但在面對不穩定的因素時，這是可以理解的。基本上，香港很穩定，經濟有上有落，現時發展仍然良好。至於移民潮，我們走了數十萬人，但也有不少人回流，仍然會有六百萬人一定會繼續留港建港。中英雖然在爭爭吵吵，但大家基本上仍然緊守聯合聲明的底線，沒有踰越。國際社會已經接受了中國收回香港主權的現實，香港人也認同中國收回主權的大氣候。中國內政趨向穩定，如果籌委會忠實地為香港的整體長遠利益工作，完成任務的話，順利過渡、沒有動蕩的過渡、安居樂業的過渡仍然可期。

很多議員提到籌委會是「以我為主」，我希望在這裏作出澄清。兩位議員曾提到「以我為主」，是以中國為主，香港為屬，這完全是不正確的看法。如果大家真的有機會看看或瞭解中方的立場，它多次所說的「我」是指中國與香港的共同整體長遠利益。只要大家認同這兩種利益是不可分割的話，事實上，大家的利益是一致的。「我」是指中國與香港，是與英國相對，絕對不是中國與香港相對。

香港人很希望過渡只許成功，不許失敗。在這大氣候、重要的歷史時刻，我覺得個人的政治前途，甚至個人的榮辱，例如曾健成議員及其他議員所說的英雄，並不太重要。不是每個政治人物在過渡期後不能繼續任議員，就可以在街頭

抗爭。例如會計界沒有了李家祥，也會有第二個李家祥，總之在這個界別以及業內的同事不會放棄，一定會在建制內爭取發言權，爭取建制內的參與權，這樣我們便覺得很積極及有意義。這總較坐在立法局內等待被人分化為好。

在這最後歷史時刻，籌委會與立法局不應對立，香港人事實上已很厭倦中英兩國爭鬥的局面。我相信他們不希望將爭鬥搬到香港，更不希望將爭鬥搬到立法局。立法局與籌委會是兩個明顯可以決定過渡成功與否的架構，如果這兩個架構能夠共同為香港的未來團結及努力，這才是香港人的福祉。

我在擔任籌委前，曾明顯向中方瞭解，籌委會絕對不會作為一個影子政府，我才答允接納這項工作。就現時的情況來說，籌委會的職權已非常清楚明白。六個小組所訂的議程顯然是為了籌組未來政府作好準備。我覺得現時出現一個現象，就是籌委會並非作為「影子立法局」，而是立法局倒像「影子籌委會」。李柱銘議員說得好，「有容乃大」，下一句是「無欲則剛」。中國政權可以容納香港部分的立法局議員在建制內共同工作，反而很多本局議員在自己的心胸內不能容納籌委會。我同意籌委會並非由選舉產生，但其中也有不少人士是獲得所屬界別的認同的，他們是絕對有心為香港做事的。我希望大家能摒除成見。我相信香港人也希望見到這兩個架構，無論是「影子」也好，「權力中心」也好，共同為香港的明天而努力。

李永達議員致辭：

主席先生，我對朱幼麟議員的修正案有以下的意見。

朱幼麟議員修正案的措辭為，「本局知悉中國官員保證香港不會有第二個權力中心，」但單靠中方官員的保證，又是否足夠呢？其實中國政府一直是實行人治和專權的制度。八四年的聯合聲明白紙黑字寫明保證香港會實行「高度自治，一國兩制」，現在又如何呢？在中國憲法中，更保證中國同胞有言論、集會和結社的自由，中國人民現在有沒有這些權利呢？現時根本是以「一國一制」代替「一國兩制」；以「不斷干預」代替「高度自治」；以「排斥異己」代替「民主治港」。

此外，中方現時對港英政府的政策是「以我為主」。籌委會採用保密和集體負責制，其實這只是向中方負責，並沒有「面向港人」。事實上，我並不同意李

家祥議員所說，「以我為主」的「我」字是指中國的同胞和香港同胞。其實「我」是指共產黨和其周遭肯聽話順服的人，不聽話的就不屬於「我」的範圍。

主席先生，我想在整個籌委會的運作中，可以看到中方是否「面向港人，依靠港人」。現時籌委會的透明度這樣低，開會程序與新聞發布方式與香港人的一般開會習慣不同，反而與中國人大、政協開會的方式沒有分別。由此可見，很多社會主義式的處事方法已經引入籌委會。如果這工作方式繼續發展下去，我就看不見籌委會，甚至以後的推選委員會如何能反映「高度自治，港人治港」，以及甚至資本主義的社會特色。事實上，現時連籌委也不知道未來一年將會在何處和何時舉行會議。我覺得籌委會除了在組織上符合基本法，擔任籌委的人都是正正當當的人之外，它的工作方法與地下神秘組織沒有甚麼分別。

另一方面，朱幼麟議員的修正案希望香港政府與籌委會合作，選出行政長官和第一屆立法會。我希望大家都知道，基本法對立法會已有規定。現時籌委會下有一個臨時立法會小組。如果身兼籌委的立法局議員要質詢英方如何協助成立臨時立法會，我希望他們問一問，香港市民是否贊成成立臨時立法會？臨時立法會又是否一個符合聯合聲明和基本法的組織？很明顯，答案是否定的。

朱幼麟議員身為籌委會成員，當然應該知道基本法所定的第一屆特區立法會的成立，是載於附件一的「直通車」安排。委任臨時立法會並不是基本法的規定，所以是違反基本法的條文。因此，按朱幼麟議員的修正案措辭，議員應該大力反對成立臨時立法會的決定。如果是這樣的話，我希望朱議員在籌委會有關小組中，團結香港的委員，特別是那些身兼立法局議員的成員，大力反對成立臨時立法會，並要求籌委會取消臨時立法會小組。

主席先生，最後我想一提的是有關立法局中身兼籌委的同事。當 14 位立法局議員被委任成為籌委時，香港新聞界，無論是左、中、右報章，都逐個進行訪問。他們每人都發表意見，說他們擔任籌委是希望能為香港市民做事，反映香港市民的意見。很多立法局議員在出席北京第一次籌委會會議前，都在香港發表聲明，提出很多意見。身兼立法局議員的籌委在香港可說是多多承諾，但到了北京後便齊齊收口，噤若寒蟬。

主席先生，第一次籌委會會議只不過是討論工作程序和規則，我們的立法局籌委已經齊齊收口。如果真的討論籌委會的核心工作，例如推選委員會的問題、

選舉行政長官或臨時立法會等，我想象不到立法局的籌委同事如何做事。他們是否要像小孩子一樣，戴上一個超人面具進入會場，然後又戴上面具出來？這樣他們就不用面對香港人，不用表達意見。也許我們應建議籌委會秘書處在舉行會議的地方掘一些秘密通道，大家出入時便毋須面對新聞媒介。如果他們在開會後，連決定和意見都不敢說，不敢面對香港人，那又如何能夠「依靠港人」，收集香港人的意見呢？

主席先生，我覺得當籌委是很「老襯」的，當推選委員就更「老襯」。因為很多工作在未做之前，已經有了決定。除非是蓄意參加這「老襯」的遊戲，否則，腦筋稍為清醒的都知道很多事情都已經有了決定。為何我們要參與一個已經由共產黨決定的遊戲，而自己卻不站出來說一些不同的意見？我覺得最低限度要對自己的良心負責，那麼每晚睡覺都可以舒服一些。

陳鑑林議員致辭：

主席先生，今天原議案的目標只不過是要向公眾傳播一個錯誤的訊息，就是中方將會於九七年前在香港設立第二個權力中心，並會組成「影子政府」，在港實行殖民地式的管治。可惜，事實勝於雄辯，時間將會證明一切。眾所周知，中國官員已多次澄清，並承諾不會在香港設立一個權力重疊的機構，亦不會有甚麼「影子政府」。

中英聯合聲明已表明至九七年六月三十日為止，英國仍要負責香港的行政管理工作，並維護和保持香港的經濟繁榮和社會穩定，對此，中國政府將給予合作。中國政府一直堅守中英聯合聲明，在這 12 年來中方的立場是有目共睹的。

各位同事，面對一件事不作出承諾，會遭人指罵；當你作出了承諾，也會遭人罵，並被指為空洞的承諾。主席先生，做人真難！既然中方已按照中英聯合聲明作出了承諾，香港市民應該對此予以支持，並給予充分的合作。

主席先生，基本法賦予未來香港的政治體制，縱使有些人仍不滿意，但未來特區的政治體制，一定不會是延續所謂的殖民地式管治。

目前香港的殖民地總督是由英女皇任命的英國人出任，但未來特區政府的行政長官的任命及條件則嚴格得多，而且不能如目前的總督擁有無上權力。

　　至於行政長官及立法會成員的產生方法，基本法已對此有明確的規定，並列明以普選作為最終目標。民建聯的政綱已明確指出，我們要求未來立法會不遲於二〇〇七年完全由直選產生，行政長官不遲於二〇〇七年由普選產生。

　　此外，未來的行政長官必須是中國公民，年滿四十周歲以上，而且需要是特區永久性居民，在外國無居留權。這位行政長官更要在香港通常居住連續滿二十年，並需要按基本法的規定在香港通過選舉或協商產生，由中央人民政府任命，任期五年，並可連任一次。還有，行政長官亦不可無限制地否決未來立法會通過的法案。

　　以上的規定在基本法中已充分清楚訂明，我相信劉慧卿議員可能未曾讀過，故此，我準備了一本由公民教育委員〔會〕資助出版的《基本法基礎篇》送給劉慧卿議員，希望劉議員可抽時間細讀。

　　至於未來的立法會除了直選議席將按屆遞增，並擁有現行的權力外，更可以通過議案彈劾行政長官。未來特區的政治體制是一個行政與立法互相制衡，司法獨立的模式，是目前的殖民地模式所不能相比的。

　　主席先生，上述種種事實早已公諸於世，可惜還有些人不知是出自誤解或是故意，總要提出一些駭人聽聞的意見，誤導市民。剛才陸恭蕙議員提到民建聯主席曾鈺成先生在《南華早報》的文章。我必須指出，文章內所說要透過共產黨秘書處取得有關籌委會的資料，完全是《南華早報》編輯所造成的錯誤。對此，曾鈺成先生已要求有關報館作出道歉和更正。如果陸恭蕙議員今天曾閱讀《南華早報》的話，應該可在報章內找出這一段道歉聲明。

　　我認為香港要實現「一國兩制，港人治港」，維護基本法，是需要全體香港市民用務實的態度積極參與。

　　特區籌委會已經組成，成員由來自不同階層、具有不同經驗和不同背景的人士所組成。他們將會根據基本法的規定籌組未來特區政府，影響實在深遠。因此，我促請政府與籌委會充分合作，以確保特區政府的籌組工作得以順利進行。

憲制事務司致辭：

　　首先，讓我回應劉議員議案的大前提，「第二個權力中心」或「影子政府」

的問題。正如數位議員所說，這問題事實上並不存在，根本也不能有這個問題存在。根據聯合聲明，英國政府會繼續負責管治香港，直至一九九七年六月三十日為止，而對此，中國政府將給予合作。香港政府不會推卸責任，亦不會接納任何影子或並行政府。在未來 17 個月，政府會繼續積極、認真履行職責，並以社會整體最佳的利益為依歸。

中國政府當然也是中英聯合聲明的締約國，負責香港事務的中方高級官員，包括魯平先生和周南先生，曾經公開明確表示：

（一）並不存在第二個權力中心或並行政府的問題；及

（二）在一九九七年前香港特別行政區籌備委員會不會干預香港的行政事務。

現在讓我談談籌委會。根據一九九〇年四月四日中國全國人民代表大會的決定，籌委會負責籌備成立香港特別行政區政府，其中包括籌組推選首任行政長官的推選委員會。大家都知道，籌委會剛剛開始工作。籌委會實際上怎樣執行各項任務，一定要由籌委會自行決定。不過，我們衷心期望，籌委會會全面考慮香港社會人士的意願，就是要達至成功過渡，並且成立一個真正具公信力的香港特別行政區政府。籌委會中共有 94 名香港委員，亦包括了 14 位本局議員。毫無疑問，他們會發揮作用，反映香港人的意見和關注。我們很高興知道，中國副總理錢其琛先生曾表示，籌委會應「廣納港人意見」。事實上，我們知道籌委會的工作規則之一，就是籌委會應充分發揚民主，廣泛聽取各界人士的意見。

在港府方面，我們將致力為籌委會提供所需的協助。當候任行政長官選定後，我們也會同樣給予即時協助。

至於合作模式，中英兩國外長在去年十月於倫敦舉行會議時，達成了很大程度的共識，包括在香港政府內，成立一個聯絡處，作為與籌委會聯絡的中心點。本月較早時，中國外長向英國外相重申，中國政府接受我們所提出與籌委會的合作。聯絡處已準備隨時在籌委會開展其極為重要的工作時，向籌委會提供協助。

最後，我想回應劉議員的提議，她的議案就第一任和日後香港特別行政局〔區〕行政長官，以及第一屆和日後立法會的產生辦法，提出不少建議。有關的產生辦法和程序，已在基本法和一九九〇年四月四日全國人民代表大會所通過的

決定中訂明。實施或修訂這些規定的工作，是由中國政府及日後香港特別行政區政府負責。在此，我只想指出兩點事實。首先，關於行政長官的產生，基本法第四十五條載明：「最終達至由一個有廣泛代表性的提名委員會按民主程序提名後普選產生的目標。」其次，關於立法會的產生辦法，基本法第六十八條亦訂明：「最終達至全部議員由普選產生的目標。」

香港特別行政區行政長官的產生程序，以及立法會組成的具體辦法，對於特別行政區政府的公信力，顯然十分重要。故此，香港市民對有關程序密切關注，實在是理所當然。同樣地，我們完全可以理解到，市民當然希望有關程序是公開、有透明度，並且是公平的，而市民公開表達他們這些期望，亦是可以理解的。香港政府也抱著同樣的期望，並促請負責決定推選行政長官及成立立法會程序的人士，充分考慮市民的意願。

未來的17個月，對香港社會來說，是一個重要的時刻。香港政府將致力透過有效和負責的管治，並透過與籌委會和候任行政長官的切實合作，以期達至成功過渡。我們希望其他人也為這個重大使命，作出貢獻，並且能夠同心協力，以實現聯合聲明給香港人所許下「高度自治」的承諾。

司徒華議員致辭：

首先是廖成利議員的修正案。這項修正案的要害在於要在九七年七月一日後才能夠修改基本法，以進行普及和直接的全面選舉，選出行政長官和立法會議員。他的立場應該是民協的立場。

我不知道他是否記得上屆立法局通過有關九五年選舉的條例時，劉慧卿議員也曾提出全部立法局議員，即六十席均由普及直接選舉產生。當時馮檢基議員對該項修正案投贊成票，他並沒有要求在九七年修改基本法後才進行普及和全面的直接選舉。當時馮檢基議員的意見也應該是民協的立場。

今天的馮檢基議員與今天的廖成利議員採取了不同的立場，是否表示民協已經「轉鈦〔軚〕」呢？民協為何「轉鈦〔軚〕」呢？是否因為民協已經有兩位成員被委任為籌委，接受了集體負責制呢？受了這影響才有這轉變呢？中方曾經多次宣布籌委是以個人身份參加籌委會的，我希望民協不致因為有兩位成員當了籌

委，就接受集體負責制。

廖成利議員認為在九七年之前修改基本法是「自毀長城」。究竟現時有否「長城」呢？是否九七年前就不能修改基本法？成立臨時立法會就是修改基本法，那麼「長城」在那裏呢？

其次是朱幼麟議員的修正案。該修正案的中文措辭是：「行政長官得以提名選出，以及按照基本法所訂辦法，成立第一屆特別行政區立法會。」我剛才聽到他說不要「搞對抗」，「搞對抗」並沒有好處，但他的修正案就是在「搞對抗」，我真的有些替他擔心。為何我說他在「搞對抗」呢？因為他將「行政長官得以提名選出」，放在「按照基本法所訂辦法」之前，即行政長官不必按基本法產生。至於如何產生，他並沒有說，不知是否要來一場賽馬呢？

他又將成立「第一屆特別行政區立法會」放在「按照基本法所訂辦法」之後，但基本法根本沒有說要成立臨時立法會，更沒有一個產生臨時立法會的方法。這樣他是否要反對成立臨時立法會，堅持基本法的原則呢？

他一貫的立場與這項修正案的措辭完全相違背，所以我覺得他應該對自己這項修正案投反對票。如果他接納我的意見的話，他就會創造立法局另一個新紀錄。以前他曾創造只有一票支持的議案的紀錄，這次他則創造了連動議修正案的人自己也反對修正案的紀錄。

最後是葉國謙議員的修正案。這項修正案有兩個要點，第一是對籌委會不會成為第二個權力中心，信心「爆棚」，毫無懷疑。第二則只要求香港政府，而不要求中國政府作出準備，與籌委會充分合作。有人信心「爆棚」，但卻做了「太空人」，我無話可說。至於合作是需要雙方面的。只要求一方面合作，而沒有提到另一方面也要合作，即是要求另一方面向自己靠攏而已。

最後，我要對李家祥議員的發言作一些回應。他說這次出席籌委會會議有很多人說很開心，為何會這樣開心呢？是否因為觀看了解放軍的表演，抑或是實行了集體負責及保密制呢？請他問一問很多不能參加籌委會會議的市民，他們對集體負責及保密制是否很開心呢？

其次，我覺得他對「以我為主」的解釋並不正確。他認為「以我為主」中的「我」也包括香港人在內。我只是從語法上認為這句話的解釋並不是這樣。他是否知道「以我為主」之後還有一句是「面向港人」？「以我為主」的「我」是主詞，

「面向」是動詞，「港人」是賓詞，即我面向港人。假如「我」也包括港人的話，是否整天「我」對著「我」，自己整天拿著鏡子呢？所以從語法上來說，他的解釋並不準確。

　　⋯⋯

　　因此，「以我為主」的「我」字顯然並不只針對英方，還包括港人，因為他要面向港人。因此，我覺得李議員的解釋並不正確。我純粹從語法的角度認為他的解釋是不正確的。

1996 年 5 月 8 日
議案辯論：全面檢討主要諮詢機構及法定機構的角色及功能

廖成利議員動議議案：

「本局促請政府全面檢討現有的主要諮詢機構（例如勞工顧問委員會、交通諮詢委員會及社會福利諮詢委員會）及主要法定機構（例如房屋委員會及醫院管理局）的角色及功能，並採取適當的措施，以加強這些機構的代表性、問責性及透明度。」

廖成利議員致辭：

香港政制的特色，除了是行政主導外，就是有一個諮詢委員會制度及為數不少的法定機構。這些機構在制定及實施與民生有關的政策上，扮演著非常重要的角色。以勞工顧問委員會及交通諮詢委員會兩個諮詢機構為例，它們是政府的顧問，政府經常以它們的意見為依歸以制定政策，可見它們有舉足輕重的影響。另外在法定機構方面，以房屋委員會及醫院管理局為例，兩者都有實質的決策權，可以制定有關公屋及醫院服務政策。這些法定機構就好像從政府伸延出來的「半政府」組織，它們的角色實在不容忽視。

政府最初設立這些諮詢委員會及法定機構，主要是吸納社會精英，令政策的制定能有較廣泛地參與，許多政治問題可以在政府設立的渠道中解決。此外，在公務員架構以外的法定機構提供服務，可達至更高的效率及靈活的管理。不過，時移勢易，今天香港市民的教育水平已普遍提高，再加上代議政制的發展，三級議會已全由市民投票選出，而政府施政亦講求公開、負責、交代，民眾參與的意識已大大提高，過往「精英共識」政治已經無法適應新的政治環境。如果這些諮

詢組織及法定機構仍像舊殖民地時代的封閉，將會淪為某些階層人士的「私人會所」，而令許多關心社會事務的市民不得不在建制外表達他們的意見，甚至以種種行動衝擊建制，以宣洩不滿。今天香港已走上民主化的道路，我們應意識到這是一個從「精英共識」轉化為「社會共識」的時代。容許社會上更多階級行業的代表進入這些組織，會有助政策的制定更為理性，更能照顧到社會不同人士的需要，對社會的穩定發展有積極的作用。

以下我將從代表性、問責性及透明度三方面去分析這些機構的問題，提出改善的方向：

一、代表性

現時這些諮詢委員會及法定機構的成員均由總督委任（勞工顧問委員會除外）。政府既然有「揀蟀」的權力，為了運作上的效率及方便，均傾向委任一些意見相近的人士加入這些機構。除非受到嚴峻的政治壓力，否則，一些跟政府意見相左的人士，大多會被拒諸門外，最近房屋督導小組便是一個例子。在這種情況下，機構內的意見難免有偏頗之嫌，大多意見會傾向政府的一方。「兼聽則明，偏信則暗」，這是良好管治的至理明言。政府要廣泛聽取各方面的意見，才可以保證所制定的政策合乎大眾的利益。但是現時諮詢委員會及法定機構的成員均偏向工商專業人士，而基層市民的意見則未得到適當的重視及反映。

民協上星期曾經就諮詢委員會及法定機構的代表性進行了一項問卷調查，成功訪問了五百多位 18 歲以上的市民。我們發現在聽過諮詢委員會而又願意表達意見的被訪者中，有 65% 的被訪者認為現時這些機構的代表性不足，有八成更認為應該加強這些機構的代表性。由此可見這些機構實在有檢討的必要。

二、問責性

這些諮詢委員會及法定機構的組成已決定了其問責的程度。既然是由政府委任，自然是向政府負責，不用向市民交代。立法局雖然可以代表市民監察政府的運作，但由於這些法定機構並非政府部門，在憲制上不受立法局的監察。雖然立法局可以透過審批撥款，對這些諮詢委員會及法定機構進行監察，但對於已經財政獨立的機構來說（例如房屋委員會），立法局亦無計可施。這些機構可以享有

的自由度，較處處受立法局監察的政府部門還要大，無怪乎有社會人士稱這些機構是「獨立王國」！

三、透明度

如果公眾沒有途徑知道這些諮詢委員會及法定機構正在討論的事項，亦未能夠查閱有關的資料及文件，那麼根本就不可能對這些機構進行監察。現時有近三百個諮詢委員會，只有一百四十多個進行全部或部分公開會議的；而公開會議的，佔大部分是分區委員會及區議會。至於公開資料供市民查閱的，只有約 190 個；而有發表年報的，只有寥寥 21 個。這種閉門造車、封閉作業的模式，無疑是剝奪了市民的知情權，違背了在民主社會中，人民可以自由參與及討論公眾事務這個原則。

既然諮詢委員會及法定機構有以上種種的缺憾，檢討及改革這些機構實在是刻不容緩的。對於加強這些機構的代表性、問責性及透明度，民協有以下的建議：

一、總督在委任這些機構的成員時，應適當地委任更多三級議會的議員及民間的基層代表，藉此加強這些機構的代表性；

二、除涉及機密及敏感的資料外，當局應規定這些機構公開會議及文件。此外，諮詢委員會亦應該編製年報，向市民交代其工作；

三、應加強立法局對這些機構的監察。

有人會憂慮，檢討及改革這些機構，會改變現時行政主導的政治架構，亦會令這些機構變得政治化，拖慢這些機構的運作。但民協認為，縱使這些機構實施以上改革，委任成員的權力仍然握在總督手中，而政府亦有權選擇是否採用這些機構所提出的意見及建議，行政主導不會有半分的動搖。

至於有關政治化的指斥，我卻要反問一句：難道工商界及專業人士本身就是完全政治中立，沒有代表任何利益嗎？既然工商界及專業人士可以有代表在這些機構內擔任重要的位置，為甚麼基層的市民就不可以有適當的代表反映他們的意見？我們實在無理由為了效率及行政上的方便，而犧牲了基層市民的利益。況且，在加強這些機構的代表性及透明度後，各種不同的意見能夠得到反映及考慮，制定政策時就更能以廣大市民的利益為依歸，這樣不單可以增加這些機構的

公信力，亦令政策推行時更順利。

對於公開這些機構的會議及文件，政府可能有相反的意見。政府會解釋，因為一些委員會及機構會接觸機密及敏感的文件；其次，公開會議後亦會妨礙成員坦率表達意見，但民協認為以上的理由並不充分。如果這些機構要處理機密或敏感資料，只要在那時舉行閉門會議便可，其他時間則可盡量公開會議。至於公開會議會令成員不可以暢所欲言，我覺得這個憂慮是不必要的。香港是一個言論自由的社會，各種不同的意見均可獲得表達的機會，而市民亦已經可以容納及尊重與自己相反的意見。三級議會的會議均公開進行，但未見得當中的議員因為會議公開進行而畏首畏尾，不敢表達自己的見解。我們仍可以在這些議會內看到百家爭鳴的情況，這是健康的情況。

面對民主的潮流，因時制宜是必需的。民協促請政府認真檢討現時諮詢委員會及法定機構的角色及功能，並採取有效的措施，加強這些機構的代表性及透明度，以配合現時政制上開放、向市民負責的發展。

葉國謙議員就廖成利議員的議案動議修正案：

「刪除『的主要』、『（例如勞工顧問委員會、交通諮詢委員會及社會福利諮詢委員會）』、『主要』及『（例如房屋委員會及醫院管理局）』；及刪除『並採取適當的措施，以』，並以『並針對明確的對象進行廣泛性的諮詢，制定行政機構設立諮詢組織的整體政策，從而』取代。」

（編者注：修正後的議案內容如下：

「本局促請政府全面檢討現有諮詢機構及法定機構的角色及功能，並針對明確的對象進行廣泛性的諮詢，制定行政機構設立諮詢組織的整體政策，從而加強這些機構的代表性、問責性及透明度。」）

葉國謙議員致辭：

目前香港有近三百個諮詢和法定機構，為政府在不同層面、不同領域上出謀

獻策，發揮著向政府反映和表達廣大市民利益及需求的功能，使政策的制定過程不致閉門造車，不致脫離廣大市民大眾。

基本法第六十五條訂明：「原由行政機關設立諮詢組織的制度繼續保留。」因此，九七年後，這行之有效的諮詢組織制度將繼續成為特區政府的組成部分。我們注意到這些諮詢機構的角色和功能在近年發生了一些變化，不少政府政策在未經諮詢和跟法定機構討論的情況下，已經提交立法局討論。民建聯認為面對這新局面和新發展，政府有需要在這時候，對目前各諮詢機構和法定機構進行檢討，使它們能更有效發揮其功能和作用。

主席先生，要令這檢討達至良好的成果，我們首先要認清楚諮詢機構和法定機構在政府憲制架構下所負責的「崗位」。按諮詢機構和法定機構一般可分的職能來看：（一）純粹收集民間對政府政策的意見；（二）為政府個別政策提供意見，作為個別政策科的「智囊團」；（三）代替政府行使部分管理權；（四）替政府履行仲裁和監察的職務。無論諮詢組織屬於何種職能，它都只是行政主導政府的一部分，組織設立及其成員的委任都應透過行政機關實施。

主席先生，本人今天要對廖成利議員的議案提出修正案，是由於廖議員動議要求進行檢討的範疇過於局限。民建聯認為進行檢討必須是整體和全面的，而針對諮詢機構和法定機構各自不同的職能，有些涉及全港性質的事務，而另一些卻涉及專責事務，故在檢討過程中，需要在相關事務範圍內針對明確的對象，作出廣泛的諮詢，以收納多方面的意見。近期，廖議員已提出了要求改組房屋委員會的私人條例草案，提出要在房屋委員會內加入更多立法局民選議員，民建聯對這建議有所保留。立法局的角色是監察政府的運作，當政府和這些諮詢機構在處事上出現偏差和不當時，立法局議員的責任是提出批評和建議，糾正錯誤，履行其監察政府的職責。故此，民建聯對有太多議員直接參與負責制定政策和執行具體工作的法定機構，持保留態度，因這將會使議員一身兼行政及監察兩職，角色混淆。

劉漢銓議員致辭：

主席先生，過往十年，香港已經建立起一個龐大的諮詢架構，針對不同政策

範圍，成立相應的諮詢委員會。成員除有關政府部門的官員外，還吸納了社會各界有志向政府提供專門及專業意見的有識之士。政府通過諮詢機構聽取各階層、各行業的專業精英意見，作為決策的參考。這制度多年來行之有效，成為了香港政治體系的一大特色。因此，基本法對諮詢委員會制度予以肯定，第六十五條規定：「原由行政機關設立諮詢組織的制度繼續保留。」不過，自從政府推行代議政制以來，諮詢組織制度受到頗大衝擊，政府明顯把代議政制的某些特色帶入了諮詢委員會制度之中，這在某種程度上形成了諮詢機構角色及功能的改變。對此，港進聯認為有必要從三方面釐清諮詢委員會的角色和功能。

第一，諮詢委員會的成員應以個人名義參加，還是應以團體或政黨的代表身份參與呢？從過往制度看，諮詢委員會成員大多是與該等委員會職權範圍有關的有代表性人士，他們貢獻自己的時間和專長，向政府負責提供意見，所以成員以個人名義參加是順理成章的事。

第二，諮詢委員會的性質是提供意見還是具有決策權力？政府原來設立諮詢委員會的目的，是希望聽取架構以外的意見，而諮詢委員會對政策的最後決定無權過問，但隨著代議政制的推行，一些主要諮詢機構的決定被傳媒廣泛報道後，儼如政府出台的政策。現在有人認為諮詢委員會不再是提供意見的機構，而應是擁有決策權力的組織。在一個行政主導的政制裏，諮詢組織顯然不應變為決策權力組織。

第三，諮詢委員會是向政府負責還是向市民交代？這涉及諮詢委員會的問責性和透明度問題。

在不影響諮詢委員會的有效運作及職能的大原則下，委員會應有足夠的透明度使市民瞭解它們的工作。至於問責性的問題，我們要考慮到決策權是在政府手裏，若政策出差錯，要負責任的是政府部門官員。因此，諮詢委員會成員只須向政府負責，而政府又向市民負責。若要求諮詢委員會成員向市民交代，要求加強這些機構的透明度，要求將諮詢委員會的討論及委員的意見公開，委員會成員便需要承受不必要的公眾壓力，以及來自各方的政治壓力，而未能以他們的專業和專門知識及經驗，不偏不倚，大公無私地暢所欲言。這將失卻諮詢委員會向政府提供寶貴意見的功能。

李鵬飛議員致辭：

主席先生，現今政府在釐定和修改各項政策時，都會向有關的諮詢機構索取意見；法定機構對各項政策更擁有決定和執行的權力。如果這些機構能夠在問責性、代表性和透明度等方面有所改善，當然能夠制定更有利於市民的政策，所以自由黨支持今天的辯論。

可惜，我發覺絕大部分諮詢和法定機構轄下的專責小組委員會，都是閉門舉行會議，而且不接受傳媒採訪，甚至連開會的議程也不公開，充其量只會在舉行會議後的發布新聞會，簡述會議的決定。這種做法，在今天開放的香港而言，顯然已經落後。現時立法局的會議是公開讓市民大眾列席的，但該等機構在討論一些與市民息息相關的題目時，竟然謝絕採訪，我相信這種做法是值得檢討和商榷的。

主席先生，我相信成立這些諮詢和法定機構的主要目的，是政府希望在制定各項政策時，有一個負責任、具專業知識，而且又有廣泛代表性的機構，據實諮詢和反映市民的意見，令制定的政策可以得到普羅大眾的認同。無論如何，我們希望所有委員是在一個公平、公開的情況下被委任，並以誠實和公正的態度向委員會反映意見。

至於葉國謙議員的修正案，我們認為行政主導是港府一貫治港的政策。試觀過去數十年，港府的穩定性，以及政府在推動各項政策時所得到的成效，這種策略是非常成功的。因此，自由黨支持港府維持這種運作模式。行政主導的好處是可以避免無謂的政治爭拗，而設立各諮詢組織的目的，主要是針對政府建議的各項政策，據實徵詢市民對政策的意見，迅速和直接反映香港的實際情況，加強政府和市民的溝通，從而制定合理的政策。這種行之有效而又有突出成績的治港策略，是值得保留的。

我明白到有些人誤以為增加一個機構的代表性，就一定要由選舉產生該機構的成員。這種錯誤是很容易理解的，因為很多人將選舉等同於代表性。我想指出，議會作為討論、商議及監察政府運作的架構，成員由選舉產生是合情合理的。但具行政權力的架構或釐定政策的諮詢組織由選舉產生，只會不必要地把政治的角力引入這些架構內，影響了它們的運作效率和客觀判斷。要避免這些架構

政治化，但同時又要增加它們的代表性的最可行方法，就是政府清楚交代以甚麼準則來考慮委任這些機構的成員，以及獲委任的人所具備的條件，由公眾作出評價。這些機構的會議亦應該盡可能公開進行，使公眾瞭解這些組織的運作。

主席先生，自由黨深信行政主導是香港社會穩定的基礎，而在這制度下所產生的諮詢機構和法定機構，在問責性上，應該清楚訂明其工作範圍；在代表性上，要廣泛吸納在該範疇內有代表性的組織團體和人物；在透明度上，必須以公開公平的準則，接受公眾的監察。我們相信這些都是這個社會進步的基礎。要使香港政府繼續成為世界最有效的行政機構之一，行政主導是必須保留的機制，其設立的諮詢組織亦必須從各方面加強與市民的溝通，積極改善各項政策，使香港繼續成為市民安居樂業之所。

李永達議員致辭：

主席先生，在過去一段日子，政府將部分政府部門決策及行政權力交由政府委任的法定機構執行，或在政策決定前，徵詢有關諮詢委員會的意見，美其名是尊重民意，或使法定機構有彈性及靈活運作，改善效率，但更重要的是政府利用法定機構及諮詢委員會的決定，化解有民意基礎的立法局的不同意見。法定機構及諮詢委員會往往成為政府抵擋立法局及民意的「金鐘罩」。

此外，政府無須為這些機構的決定負上責任，亦無須為政策的失誤向市民交代或負責。當然，上述批評並不表示法定機構和諮詢委員會沒有功能及不能扮演更積極角色，但成員缺乏平衡、閉門會議、發放資料不足及少向公眾交代，很容易令這些機構變成政府的「扯線傀儡」。

以機場管理局（「機管局」）、地鐵、九鐵和醫院管理局（「醫管局」）這四個法定機構為例，機管局及三鐵董事局完全沒有基層代表，醫管局的二十多名成員中，只有兩位病人組織代表。上述四個局的會議都是閉門進行，公眾可以索閱的就只有經該局挑選過的資料。政府時常說這些法定機構有平衡代表，這只是自欺欺人的說法。也許政府內部專用字典中，「平衡」的解釋就是由政府、工商界及上層人士所能控制的便是「平衡」。這些機構如將會議公開是邁向開放的第一步，遇有任何商業敏感議程便可安排在閉門會議中討論。兩個市政局都是法定機

構，它們在這方面的工作做得非常成功。它們的會議是公開進行的，只有在討論機密項目時才在機密會議內進行。我希望這些機構以後最少能在會後將文件發放給公眾參閱，並更頻密地舉行新聞發布。

主席先生，最近在房屋委員會（「房委會」）委任的新委員中，比以往有較多民意代表及基層人士。但過去數年，房委會的委任一直偏向保守，今年的改變明顯是因為要回應本人及廖成利議員要求改革房委會的私人草案。這種「閒時不燒香、臨急抱佛腳」的做法是不可取的。我們需要的是一種制度，而不是長官意志去保證這些機構的平衡組成。其實房委會這次「大動作」地增加各類委員，就恰恰證明我們的批評是對的。若房委會及房屋科認為房委會一直有平衡代表性，便無須在今年作出如此重大改變。房委會其實仍未能做到開放及向市民負責，本人對房委會進一步開放有以下具體意見：

ⅰ）將房委會屬下委員會會議公開，只有在涉及投標及敏感項目時才可把討論列入機密議程；避免將文件濫加分類為機密文件。

ⅱ）全面檢討房委會資料的分類，會議文件應在會議後全面公開。

ⅲ）房委會主席及委員應在重大房屋政策事項上，出席立法局房屋事務委員會會議，接受議員質詢。

當然，最徹底的改革，是將現時純由總督委任，改變為將委任名單須提交立法局通過。在權力制衡下，房委會才可以在制度上保證其組成是平衡的，並有各方面的代表。

主席先生，政府以及一些公眾人士和政黨批評將法定機構，例如房委會的委任名單交由立法局通過是政治性的做法，違反行政主導。其實，我覺得這些是找不到任何反對理由而「亂扣帽子」的說法。將公職名單交由立法局通過是否政治化，違反行政主導？基本法第九十條訂明，「特別行政區終審法院的法官和高等法院首席法官的任命或免職，還須由行政長官徵得立法會同意」下才可通過。現時大法官的任命是無須立法局通過的，但基本法卻規定九七年後終審法院的法官須得到立法會的同意才可任命。按現時的所謂批評者、反對者的邏輯，基本法是否將法官的任命政治化？基本法是否將行政主導反轉過來？我希望他們三思後才提出反對。

主席先生，我們支持葉國謙議員的修正案。其實，法定機構是與憲制有關的

組成部分，葉國謙議員這個建議是對這些機構作出重大檢討。當然，中方可能對任何憲制及有關部分的檢討提出反對，但在「港人治港」原則下，各政黨應該堅持，即使中方反對亦不應改變立場。我更希望民建聯能同意民主黨的建議，要求政府就這部分的憲制架構檢討出版綠皮書，廣泛徵詢市民意見。

鄭明訓議員致辭（譯文）：

主席先生，我贊成促請政府檢討本港法定及諮詢機構的角色及功能。本港社會將會由於這些機構增加了透明度和代表性而獲益。然而，在支持原議案及修正案的精神之餘，我還認為有一點是非常重要的，就是要認清法定機構和諮詢機構之間的分別，並且避免將兩者混為一談。

我認為要諮詢機構變得更具問責性是誤解了其目的和功能。這些機構就某些特別的範疇向政府提供意見，而政府對這些意見可以接受如儀或置諸不理。倘本局介入諮詢機構的設立及日常運作，將會弄巧反拙，其理由如下：

1. 這樣做會對這些機構加上不必要及累贅的新約束，因而削減其效能和價值；

2. 很多有能之士可能會對參與這些機構卻步，進一步削減其效能；及

3. 這樣做可能會帶入更多政治成分，令該等機構所提供的意見的效力和獨立性成為疑問。

我絕對贊成增加諮詢機構的工作的透明度，這樣我們便可以知道所作出的有關建議及其背後的理據，但我卻絕不贊成要這些機構直接向本局負責，使之受到約束。

雖然我對諮詢機構的意見是這樣，但我必須表明，香港的法定機構卻是另一回事。我認為立法局對有關法定機構的設立、運作，以及委任成員方面的事宜應有更大的參與。這些機構大多獲得大量公帑資助，並肩負就重要公共政策作決定的重任，因此必須向社會負責。本局參與其事，將可確保其問責性。

馮檢基議員致辭：

本人及民協認為勞顧會作為政府的諮詢架構，應當扮演重要的角色，而其地位亦不應被立法局所取代。政府應該重新檢討如勞顧會這類諮詢組織的運作、角色及代表性，例如勞顧會內的勞資雙方代表均應有權提出議程、減低政府官員在會內的主導性、增加勞資代表數目，讓其他不同看法的工會代表加入、提升勞顧會的角色及權責等，使一個勞資集體談判的機制能更成熟地運作。其次，政府在制定任何勞工政策前，均應充分諮詢勞資雙方及不同政黨的意見，加以掌握，例如經常安排勞顧會成員出席立法局人力事務委員會會議，使立法局與勞顧會能多加溝通。我相信透過以上改變能真的做到在決策前收到諮詢之效。

⋯⋯

房委會的另一個較為顯著的變動，是於上月將委任人數由 25 位增加至 32 位。不過，增加委任人數不等於令委員會在討論政策方面有均衡的發展，因為現時的委任制度始終是總督有絕對權力委任任何人選，但總督本身只是英廷的代表，沒有民意認授性，因此，除非未來行政長官由一人一票產生，其屬下委員會間接由市民監察，否則，我們認為立法局作為全部由選舉產生的議會，應該對政府各個委員會有某程度的監察權力。房委會便是一個極之明顯的例子，我希望我們這時能夠檢討這制度。

何俊仁議員致辭：

主席先生，我剛才很留心聽了本局數位同事的發言，他們分別代表了不同的政黨提出他們的立場。整體而言，我們有一些基本的共識，即大家都支持進行全面的檢討。我相信提出修正案的葉國謙議員也贊成在檢討後應製備報告，並進行公開諮詢。因此，在這種精神之下，我們會支持議案和修正案。

剛才數位同事似乎大體上贊成隨著現時社會的開放、制度漸趨民主化，這些掌握權力的法定機構和諮詢組織應增加工作的透明度、問責性和其組成的代表性。然而，我察覺到大家也有不同的地方。最大的分別是第一，在問責性方面，葉國謙議員的界線是不能衝擊行政主導；而在代表性方面，李鵬飛議員認為並非

只是由選舉產生的議員才有代表性。究竟甚麼才是代表性呢？這是一個值得爭議的問題。此外，也有議員提到不要將政治角力帶到法定機構。我相信就這幾個焦點，可以看到在今天的辯論中我們之間的分歧。

民主黨認為，掌握權力的諮詢組織和法定機構必須循我們剛才提到的增加透明度、問責性，以及成員代表性的方向進行改革。當然，我很同意剛才鄭明訓議員所提的一點，即如果有關機構純屬諮詢性質則情況可能不同。我剛才所說的主要是針對一些具有權力的機構。

首先，有關透明度方面，其實現時很多法定機構和諮詢組織的討論方式真會給人黑箱作業、閉門做車的印象。我們當然理解到，不同機構有不同角色，在某些情況下須閉門討論才會較有利。不過，我覺得大家都同意，在一般情況下，公開會議讓大眾、傳媒和有興趣的團體出席旁聽，從而產生監察作用，是應該走的方向，也值得這樣做。

我在此提出一些具體準則，述明法定機構和諮詢組織在下列情況下才可舉行閉門會議。第一，涉及一些商業性決定，會影響商業秘密的問題；第二，涉及人員的任免、調升或處罰的問題，即這些機構的行政管理問題；第三，涉及一些個案的申訴或上訴的處理。我們贊成在上述三種情況下，可以閉門舉行會議。但是如果在其他情況下要舉行閉門會議，則一定要令我們信服是基於公眾利益的考慮。因此，我們不應接受閉門會議作為一種通則。

第二，關於問責性方面，我們覺得所有擁有權力的團體，特別是它們的負責人，應如政府司級官員或署級官員般，在制定政策時，向本局有關的政策事務委員會提交文件，並出席會議接受質詢。據我理解，現時的法例或《會議常規》並無規定這些法定團體必須派代表出席本局會議；他們只是應邀出席，可自行酌情決定出席與否，但我希望這可以變成一種法律的責任。此外，它們在編制未來的計劃和預算時，亦應作公開諮詢，並提交本局討論。它們也應與其他政府部門一樣，受到行政申訴專員和核數署署長的監管。一般而言，《防止賄賂條例》也應適用於這些組織。政府應考慮要求個別機構公布每年所訂定的協議及服務承諾，並在年報內列出它們的服務以及能達到的指標，並須製備有關資料，供大眾參閱。

主席先生，最具爭議的是這些機構的代表性問題。民主黨認為法定機構的代表性很重要，應該准許一些有關團體提名代表加入，例如最近的《法律援助服

務局條例草案》就作出先例，讓有關團體提名代表，而最後名單應該獲得立法局通過。我覺得這樣才可體驗行政向立法負責，而並非立法機關衝擊行政主導。當然，諮詢機構可以較靈活的方法處理，但我覺得仍然應該盡量諮詢各有關服務團體，才能選出代表參與。

最後，我覺得政黨也應扮演一定的角色，不應以政黨衝擊行政機構為理由而拒絕政黨成員加入這些組織。

梁智鴻議員致辭（譯文）：

扮演橡皮圖章還是代罪羔羊

根據經驗所得，很多曾經擔任諮詢機構成員的本局議員經常感到，這類機構很多只不過是「橡皮圖章」。政府當局不但負責擬定會議議程，而且製備文件所投射的角度，也只不過是政府希望成員看到的角度。一些例子顯示，部分諮詢機構的主席甚至連議程也不能作出更改，更遑論自行擬定議程。

主席先生，多年以來，我個人一直呼籲為其中一些機構成立獨立的秘書處，以便收集資料和進行研究，使成員對當局為達到其目標而刻意或在無意間隱藏的另一面問題，能夠有更深入的瞭解。作為「橡皮圖章」組織的成員，這些一知半解的人在政府遭遇政治壓力時，便只能淪為代罪羔羊。政府會以慣常的口吻自辯說：「我們已徵詢社會各界人士的意見。」

很多法定機構都未能扮演適當的角色。其他得以擔任某個角色的機構，也只可以按著政府的需要、要求、（或說得淺白一點）喜好來訂定工作目標。

⋯⋯

代表市民的網不夠寬闊

讓我們看看政府制度的另一處不合理的地方。據報本港現時有超過三百個這類諮詢及法定機構。我不得不承認對市民和非公務員來說，這類機構全都是上佳的訓練場地，好讓他們有機會一窺政府某方面的制度，並且瞭解政府運作是何等的複雜。因此，這是培養「港人治港」概念的上佳場地。

然而，令人遺憾的是，獲委任為這類機構成員的人士，往往又會獲委任為另

一個這類機構的成員。這招攬人才的網實在不夠寬闊，以致社會上很多精英中的精英未能晉身這類機構。

本港未來的宗主國也犯了相同的毛病，把同一群人委任為全國人民代表大會成員、中國人民政治協商會議全國委員、港事顧問和其他諸如此類的職位。

監察問責性必須保持透明度

議案的第二部分要求採取措施，加強這些機構及其成員的問責性、代表性和透明度。

主席先生，這項要求的精神，是任何民主建制都不能否定的。因此，政府必須慎重前瞻，並且制定措施，以求達至這個目標。

以代表性為例，只要政府在委任每一名成員加入這些機構時，詳細闡釋委任的原因，便可以加強代表性。又例如政府可以從具代表性的專業團體提名的人中進行揀選，藉此加強代表性。有些人肯定會或已經要求進行透過選舉選出成員人選。然而，誰人應該成為這些選舉的候選人？他們應否是社會上經選舉產生的領袖，還是全港那些有興趣的候選人？

問題當然在於：獲選出任個別委員會成員的人是否具備專門知識？那些委員會又會否變為政治化而因此令工作進度受到阻礙？

因此，主席先生，雖然我贊同這些機構的成員基礎應更具代表性，但對於以選舉方式選出成員的建議，我卻有所保留。同樣，對於委任固定數目的直選立法局議員進入這類機構的建議，我亦有所保留。主席先生，在這政府開放的年代，除了以代表性為基礎外，每位市民都應該有權知道事情的發展，並有權監察這些諮詢機構和機構成員。為此，我促請這些機構舉行公開會議，讓市民知道內裏沒有甚麼不可告人的議程，同時亦讓市民得以監察每名機構成員的工作表現和問責能力，而不論這些成員如何取得成員資格。……

任善寧議員致辭：

關於這類諮詢機構的問題，蔡根培議員、李永達議員，及今天提出議案的廖成利議員等都非常關注。為甚麼那麼多議員及社會人士都關注這一問題呢？是否

意味著這類委員會運作不佳、透明度不高、代表性不夠呢？我想不用我多解釋，大家也可以猜想得到！過去的委任方式及政府官員憑主觀願望的委任手法，已與時代脫節，與民主潮流相違背。過去香港政府的精英式收集意見方法，只是適合於以前民意被遏抑，或未有足夠渠道表達意見的年代，需要有中間人去拉近民眾與行政主導殖民地政府的距離，但通常只做到「拉近」，而非「融合」雙方的意見。但今天的香港已不能不追隨世界的民主潮流，以市民為重，廣徵民意。當然，我們相信香港政府是有誠意廣納民意，多聽意見，但政府仍然藉著諮詢機構的運作，透過委任成員方式設下關卡，而力求行政單位的主觀意願可以比較容易凌駕於民意之上，所以我們強烈要求政府在委任成員時，考慮更多方面的意見，並且不要做假的表面工夫，虛應民意。就以勞工顧問委員會為例，政府表面上做得很公平，勞方與資方各有六名成員，但每方面的六名成員中，各有一名是由政府委任的，所以在開會時，勞方很可能只有十二分之五的票數；而勞方五位成員中，有兩名是公務員代表，公務員與政府有特別的僱用合約及條件，外界一般勞工權益對他們可能只有間接的影響，所以實際上勞方五票中只有直接票三票、間接票二票。這樣的組成成分，並不足以充分反映勞工的意見。這種組成的不平衡是政府有意造成，亦似乎有誤導民眾之嫌。

至於醫院管理局（「醫管局」）的成員，約四分之三為社會高收入的人士，他們是否瞭解民間疾苦？政府可能認為這些有主管大型工商機構經驗的富商或專業人士，可以令醫管局有較佳的行政效率、較佳的人事配編，及對資源作有效的運用，但事實如何？請看數日前，醫管局屬下員工的組織自掏腰包，用了萬多元在報章上刊登廣告作出指控：說「醫管局用人不當」、「浪費增多」、「管理不善」。其中最令人震驚的是，「醫管局的開支，超出從前醫務衛生署四倍有多」。而正是這個醫管局的設立，致令政府似乎由於要掩飾某些「呼之欲出」的事實而受到本局同事的譴責。這真是一個最好的例子，說明政府官員憑主觀願望去委任諮詢機構或法定機構成員，是有一定的危險性的。正如我們見到一些較為獨裁的國家，在經濟發展上有很好的成績，但人民仍然不會贊成獨裁的政體，大家始終覺得民主才是較佳的保證。如果香港政府委任更多民意代表加入這些機構，他們收集民意的途徑一定更廣泛，對民眾的需要能作出更快的反應，也接受更透徹的監督。

李家祥議員致辭：

……在這數年中，社會福利諮詢委員會的很多決定都與政府不同，我們作出修訂、表示保留，甚至不支持，政府都尊重我們的意見。當然，政府尊重我們的意見並不表示政府甚麼意見都接受。政府經常不接受我們的意見，也不會將我們的意見納入他們的決定。因此，如果說我們的權力很大，實在是言過其實。事實上，我們所作出的建議，政府常常不會聽取，也不會立即實行。但在議程方面，則並非完全沒有透明度或沒有參與。委員會歡迎任何一位委員提出議程，絕對不會全由政府控制。我們曾加插了很多議程，也曾與委員商量議程的內容，我覺得任何一位委員都具有自由度。

至於透明度，在制定議程後，我們清楚指示有關的新聞官員可予以公開發放。委員會作決定後不足五分鐘，我便會會見記者，詳細公布所有議程的內容，甚至將政府給我們的文件（除非列明是機密文件），詳細向新聞界介紹。

至於代表性方面，上屆的委員會有五位議員，包括數個主要當〔黨〕派：民主黨、當時的匯點、自由黨和民建聯等，現時也有三位議員，包括直選和間選議員，我們可說是相當支持議員的參與的。在上屆立法局的數次議案辯論上，我也鼓勵和邀請政府多委任本局議員參加一些重要的諮詢機構。

此外，大家也不用太擔心政治角力的問題。在社會福利諮詢委員會和其他我曾參與，甚至擔任主席的諮詢委員會，在運作上並無明顯的政治角力。各位委員說出自己的立場並沒有害處，也不是問題。我們的結論反更偏重於專業意見，因為這些專業意見對政府較為有用。但是否政黨議員因此而被我們封了口？實情是絕對不是的。楊森議員和羅致光議員都是社會福利諮詢委員會的委員，我們尊重他們自由發言的權利，他們在立法局的有關事務委員會上，可以發表他們個人或政黨的立場，諮詢委員會上所得的結論，是絕對不可以約束他們的。如果說諮詢委員會是一個「金鐘罩」，未免言過其實。

至於問責性方面，雖然我不是由市民選出，但差不多每次舉行諮詢委員會會議後，我都會接到信件或其他物件，也有很多團體與我接觸，如果時間許可，我也會接見他們。做得不對時，一些團體會公開向我質詢，我全都樂於接受，雖然有時會覺得被人罵得冤枉，但仍會接受。作為公眾人物，我覺得這些是無可厚

非的。

不過，如果諮詢委員會那些著重個人知識的專業意見全都變成政治意見，即一提到代表性，就要是投票選舉的那種代表性，又或要經過選舉投票才有問責性，以致政治意見較多，而說這就是進步，我則不敢苟同。我認為演進是應該的，但應達至那一種程度則屬見仁見智。現時諮詢委員會的角色肯定是行政架構的一部分，讓政府在制定政策前能有機會聽到不同專家的意見。這些專家有發言權，但無決定權。鄭明訓議員說得對，諮詢性質的委員會跟法定機構十分不同。法定機構很多時要受廉政公署、利益衝突、內部規則所限制，諮詢委員會卻不用受這些限制。

我贊成應該進行檢討。我相信在四百多個委員會中，未必每一個都達至社會福利諮詢委員會現時的階段，所以對外能有一個較連貫性的形象或一個較清楚的定位也是一件好事。不過，我不同意剛才發言的議員所提出的所有重要改革，特別是在憲制上行政要與立法局在這方面作為一個分權的地盤，或立法局派人到諮詢架構或政府內部進行監察。這樣的立法和行政重疊角色，我認為是不可取的。修正案比較保險，所以我會支持葉國謙議員的修正案。我不是反對原議案，但這不表示我支持所有發言議員提出的建議。

黃錢其濂議員致辭（譯文）：

我們都應承認一個事實：邁向民主的改革進程是可以和香港獨特的行政主導政府共存的，而且沒有支持者，政府便根本談不上「主導」。為了令到政策得到支持，亦為使港人能朝著共同目標和共同利益努力，便必須將諮詢機構及法定機構的現行組織結構合理化，因為這些組織結構全都沿自昔日，而當時一切都遠沒有現在般開放和講求問責。儘管一如李家祥議員剛才所說，這些機構的部分成員，例如李家祥議員本身和梁智鴻議員等，的確十分開明負責，但我們卻不可以依賴個別成員；我們關心的是制度，而須予審核的亦是制度。我們不是要討論出任成員的人，我們要討論的是制度。我們必須有一套可信賴的制度，而我認為全面檢討是很有用的。雖然全面檢討可能要花費好些時間才能完成，但這會是十分有用的。

不過，主席先生，容許我跟本局議員道出很多公務員向我所訴說的心聲；他們都屬於我所代表的功能組別。他們對我說，成立臨時立法會之說日來甚囂塵上，種種跡象顯示中國要本局議員在一九九七年（亦即明年）踏下立法列車，但下車之後會如何卻又無從知曉，故前景實在是空前的不明朗，而專橫獨斷和先發制人的作風亦無人能出其右，令人感到前所未有的壓迫。就正如一份報章所說，人們的神經已疲憊不堪，實在不想目前的制度有甚麼重大的改變。政府當局內彌漫著一種想法，就是各委員會若有太多改變，只會導致下一步不知應該怎辦的無助感。他們認為，既然這些情況並不在一般公務員的控制範圍內，改變便顯得無必要及不可取。因此我鄭重地建議，政府應作出全面檢討，但與此同時，亦應顧及公務員隊伍的想法。

主席先生，我絕無意就這問題煽動人們的情緒，或是要誇大其詞，但沉默的大多數既然本著香港最佳利益向我表達的意見，我認為我是有責任向本局反映的。

因此我謹重申，本港的行政主導政府，乃由出色的公務員組成，是我們香港人足以自豪的最佳特色之一。我們必須尊重公務員現時的感受。在考慮將來時，我希望公務員隊伍能有機會盡展所長來服務香港市民，不用由於一些突如其來但卻未有周詳計劃的行動，而背上突然而來的負擔。

在支持本議案以及當局計劃進行的檢討的同時，我希望無論誰人執持權力也好，都要認真考慮公務員的感受，尊重他們的意見。

吳靄儀議員致辭（譯文）：

正如我所說，過去多年來，無數這類機構不斷成長。在香港憲制發展初期，這些機構被歸類在一起，引以證明政府願意「諮詢」。

這些機構的性質、職能和組織迥〔迴〕異。許多機構都已扮演新的角色和有著新的重要性，而隨著時代轉變，這些機構也獲授予新的職能。由於許多機構的性質富有彈性，所以，能夠這樣做。其他機構則堅守原有的明確宗旨。可是，其他一些機構，卻已變得有點過時。

大致上，我可以把這些機構分為三大類：

（1）沒有決策權的諮詢委員會。這些可以是法定機構（即根據某項法規的特定條文而成立的），也可以是非法定機構。但法定與非法定的性質並不相對地代表這些機構就〔孰〕輕孰重。例如，勞工顧問委員會便是舉足輕重的非法定機構。

（2）具實質決策權的委員會或機構，雖然，理論上，他們只提出建議。一個非常重要的例子是司法人員敘用委員會，該委員會就委任法官事宜向總督提出建議。傳統上，總督會遵循委員會的建議。

（3）具全面行政權，包括支配財政資源的權力的決策機構。最突出的例子是房屋委員會及醫院管理局。

即使我們只集中於第一類，即純諮詢性質的委員會，也可以看出這個委員會和機構制度是複雜的。

其實，這些委員會和機構有多種職能：

（1）取得私人機構的專門知識，或可稱為免費專業意見。我亦把有才智的外行人的意見包括在這一點之內，他們會告訴政府公眾對擬議政策有甚麼反應。

（2）減少擬議政策可能遇到的阻力。政府通過先聽取反對意見，可以考慮進行修正，以避免最嚴厲的批評。

（3）與上述職能極有關係的職能，就是透過與最有直接關係的關注小組的代表，事先達成協議，以預先阻止政策遭反對。

（4）提供一個討價還價或洽商的場合。最明顯的例子，又是勞工顧問委員會。這個委員會促使勞資雙方進行和解，而政府則從中斡旋，以期達至雙方大致上可以接受的均勢。

以上所列職能固非詳盡，只是舉例說明這類機構可能需要行使的眾多職能。

除法例指定者，如當然委員外，所有成員均由總督委任。委任準則因應職能和角色而有所不同，亦隨時代而改變。以前，商界或專業人士，常因具備知識和經驗，以及樂意透過向政府提供意見為公眾服務而獲選。

但隨著更多參與及更具代表性的趨勢增長，以民主提名基礎委任已越來越顯著。選民的授權比專門知識更為重要。一個有趣的問題是：下一步，以選舉取代委任是否可行？

主席先生，這是一個需要仔細及徹底地探討的問題。我相信沒有一個模式是普遍適合的。例如，我們必須瞭解政府有權利，其實也有需要選擇可以在保密和

最少阻力的情況下諮詢的顧問。但若能如此，事情的另一面，就是政府必須單獨就所作決定負責，不能以顧問所提意見為藉口。

大體上，我們必須要求提高委員的代表性、向公眾的直接問責性，及要求更高的透明度。凡涉及權力，尤其是控制資源的權力時，就必須確保代表性和問責性，我請政府接受這一點。但是最終，我們必須成立一些能夠發揮作用而不僅是在文書上看來適合的委員會或機構。

主席先生，現在正是進行檢討的時機，好讓我們不會胡亂地改變，或只是因應壓力而改變，而是在完全認清方向的情形下進行改變。現在，我們首次有一個完全由選舉產生的立法局。議員和市民自然希望知道，這些機構在那個程度上直接向立法局負責，而立法局又在那個程度上有權控制其委員數目及運作方式。

我相信民主並非是將權力集中於任何一群人身上，不論是行政還是立法機構的人，而是總是設法讓權力得以分享，並在可行情況下提供自主權。我的朋友何俊仁議員上星期發言支持《法律援助服務局（第2號）條例草案》，給我非常深刻的印象。他說，即使立法局有權監察政府部門，若我們沒有時間或機制去適當地履行這項責任，我們仍必須將這項工作委託他人負責。我以尊敬的態度，對這觀點表示贊同。我期望像勞工顧問委員會這一類的機構可獲賦予更大自主權，並適當地以民主規程作其基礎，這樣，立法局將可經常尊重這些機構所作的決定，並對其決定加以維護。

羅叔清議員致辭：

主席先生，過往在殖民統治下，港英政府為彌補民意基礎不足，因此建立了一個龐大的諮詢架構，針對政府不同的部門及政策範疇，成立了相應的諮詢組織。通過這數百個諮詢委員會，政府吸納了各行業、各界別中具有代表性的人物及專業人士的意見。他們就政府釐定的不同政策，出謀獻策，並在一個程度上反映本港不同階層、不同利益集團的意見。當然，在這個「精英政治」的制度下，政府的決策部分難免較為偏袒工商界、專業界，以至某些特定利益團體。然而，政府得以高效率地運作，卻又不致過度脫離民意，因而諮詢政府成為了香港長期以來的一個政治特色。

　　隨著九七主權回歸，根據中英聯合聲明及基本法的預定目標，本港逐漸發展民主政治。從八十年代開始，政府積極推行代議政制；另一方面，根據「小政府主義」的理念，政府亦把一些涉及重大民生事務的政府部門私營化或企業化。一些公營的法定機構紛紛成立，而其領導權亦逐步由公職人員轉至非公職人員手裏。近年來，由於政治環境的轉變，這些諮詢機構或法定機構的角色與功能產生了一些微妙的變化。

　　原來委任這些諮詢或法定機構成員的準則是在與該機構任務相關的行業、界別中物色有代表性的人物或專業人士出任。但近年來的委任有政治化的傾向，政府委任有關成員時，出現考慮其政治立場及政治背景的傾向。如果這趨勢繼續發展的話，將有可能使這些諮詢架構傾向政治化，或使它們陷入無休止的政治紛爭中，使這些組織不能發揮應有的作用。

　　這些諮詢架構原屬於行政架構之內，向政府相應部門提供意見。目前有些政治組織卻企圖改變它們成為另類民意機構，過分強調這些機構成員組成的代表性；也有些政治組織企圖改變這些原屬於行政架構，其成員由行政機關委任，而向行政機關負責的運作模式。總括來說，他們意圖更改本港的決策，由目前的行政主導成為立法主導。例如，將有一項私人法案提交立法局，這法案目的是賦予立法局擁有任命房屋委員會成員的否決權。如果此例一開，一些法定及公營機構或目前為數數百的諮詢委員會，將產生極大的架構性改變。這將會基本上改變了目前行政主導的運作情況。這實在會破壞了行政、立法機構各司其責、互相制衡的運作方式。

　　主席先生，本人十分贊同加強諮詢機構及法定機構的代表性、問責性及透明度，尤以那些涉及重大民生事務的機構。過去在「精英政治」下偏袒工商界及一些利益集團的政策，應該予以矯正。然而，我們應該分清楚行政、立法機構各自擔當的角色，清楚明確界定行政架構下設立諮詢組織與民意代表機構兩者的分別。主席先生，本人贊成全面檢討行政機構設立諮詢組織的整體政策，並應進行廣泛性的諮詢。

顏錦全議員致辭：

主席先生，葉國謙議員剛才已提出諮詢機構及法定機構的設立應由行政機關負責，而非由立法局代勞。現在我想進一步指出，現時諮詢機構及法定機構的設立和運作基本上行之有效，但仍有可改善和加強的地方。

作為長遠的發展方向，民建聯贊成有關的諮詢組織及法定機構應納入更多民意代表，並容許廣泛的公眾參與，以配合近年的政制發展，但我認為當局須根據諮詢組織及法定機構的個別角色和功能規範它們的組成，不應以直選方式選出成員，而應保持由行政機關委任。

目前，本港共有三百多個諮詢組織，功能角色各有不同，涉及層面亦有大小之分，但簡單地可分為兩類，即專業性較強或民生性較強的諮詢組織。前者涉及層面較小，技術成分較高；後者的工作具廣泛的社會影響，例如交通諮詢委員會有權就多種公共交通機構的加價作出建議，而房屋委員會的決定更影響全港近半的人口，故應有更多民意代表。至於一些地區諮詢性組織，則應可廣納民意代表。

主席先生，有人認為諮詢組織滲入民意代表會令工作政治化，妨礙公正及專業的判斷。但在政治日趨開放的今天，這些諮詢組織因其組成上的缺憾而受到越來越大的政治壓力，酌量納入民意代表可紓緩這種壓力，更令其決定的公眾認受性提高。況且，加入民意成分並不表示要排拒專業人士，而專業人士當中亦可能具民選背景，兩者可互補不足。

不過，無論當局如何增強諮詢組織的代表性，最重要的原則還是由行政機關主導諮詢組織的組成，而不是由立法局作決定。

至於諮詢組織的問責性，由於諮詢組織由行政機關設立，它們順理成章須向行政當局負責，而立法局則可透過監督和質詢行政部門，以便向諮詢組織問責。

其實問責性包含多個方面及方向，有人認為提高問責性便須擴展立法局的監管權力，但其實諮詢組織亦可向「用者」直接負責。房屋委員會及醫院管理局可舉辦地區諮詢會或公聽會，直接聆聽「用者」的意見和質詢，而加強立法局的監管角色未必是唯一及最好的方法。

目前，政府架構內外亦有不同部門監察諮詢組織。核數署負責以衡工量值標

準評核諮詢架構的財政表現；行政事務申訴專員會監察執行決定是否公平，醫院管理局及房屋委員會目前都已納入專員的職權範圍內。

主席先生，我相信改善諮詢組織運作的透明度將有助強化問責性，可惜現在不足一半的諮詢組織會公開全部或部分會議。有人擔心會議太透明會影響成員發言的積極性，以及會洩露機密；另一方面，太封閉的會議亦不符合本港開放社會的需要。所以當局應制定清晰準則，決定那些諮詢組織可公開會議以及公開的程度。如會議因涉及敏感或機密資料而不能公開，當局亦須盡早公開會議議程，會後更須安排新聞發布交代會議結果。當局亦須提供方便，讓市民查閱諮詢組織的資料。至於一些高度專業性的諮詢組織，基於市民未必有興趣及需要，所以不一定要公開會議，只須定期發出報告，交代工作便可。

總括而言，民建聯贊成檢討現時諮詢組織的角色及功能，以決定是否須作出改善，但有關的改善方向不能違反由行政機關設立諮詢組織的原則。

政務司致辭（譯文）：

主席先生，現時這許多的諮詢及法定機構，都是因應社會的特色和不斷改變的需要，而陸續在這數十年間成立。這個制度歷經考驗，可見成效，在補足其他政府機構，包括三層代議政制的工作方面，擔當著重要的角色。我很高興能藉此機會，向各位闡釋這個制度是如何運作，並回應各位議員在這次議案辯論中所提各點。不過，我首先想向各位熱心於服務市民大眾的議員致敬，他們花了不少時間和精神，為各個諮詢機構及法定機構提供服務。

角色和功能

主席先生，現時約有三百個諮詢委員會和管理局。當中，約有八十個屬法定機構，餘下的都是以行政措施成立的。各個諮詢機構根據各自的職權範圍，就特定範疇的事宜向政府提供意見；由基本民生，如房屋、勞工、教育、社會福利、醫護及交通等，以至一些極專門和技術性的事宜，例如證券及期貨市場的運作和幅射防禦等，所涉範圍廣泛。此外，亦有一些委員會，諸如分區委員會及地區撲滅罪行委員會，專責就個別地區或鄰舍事務提供意見。

除了這些諮詢委員會外，還有許多法定機構，主要是為執行特定職能而成立。其中一些負責管理公共公司，例如九廣鐵路公司、地下鐵路公司等；另一些則負責提供公共設施，例如醫院管理局和機場管理局等。此外，有一些是法定的慈善機構，例如東華三院和保良局；另有一些法定機構，則根據不同法例審理各類上訴。

從以上的例子可見，各個委員會和管理局的角色和功能不盡相同，性質各異。這個制度的主要長處，正正在於能夠包含各種各樣的需要。

成員組合

在委任諮詢委員會和管理局的成員時，我們最重要的目標，是在可供甄選的人士中任命最佳的人選，以符合有關委員會或管理局的要求。每名成員都是由於所具備的長處而獲得委任；我們會考慮候選者的個人才能、專長、經驗、操守以及服務社會的熱誠，並會充分顧及個別委員會或管理局內，各成員在專長、經驗和背景方面取得合理的平衡。在適當情況下，我們會委任一些在地區事務方面具經驗的人士。

各決策科司級人員及部門首長，在考慮其工作範圍內的委員會和管理局的成員人選時，亦會顧及成員人選保持合理程度的流動性，而且會避免令個別委員的工作過於繁重。基於這些原因，我們會極力避免委任個別人士，在同一時間內擔任六個以上機構的成員，而且通常不會再委任已在某機構服務超過六年的人士。不過，這些都不是硬性的規定。為了保留某些專業特長或令委員會的工作維持連貫，某些委員會可能需要其中一些成員繼續留任。

代表性

此議案提到有需要加強管理局和委員會成員的代表性。多位議員辯稱：在委任過程中，本局若有較大的發言權，便可加強代表性。根據一般原則，政府管理局和委員會的成員組合，大致上應可反映社會人士的興趣和意見。不過，在作出委任時，亦須充分考慮到個別機構的職能，以及該機構所處理的事務類別。因此，如果管理局和委員會向政府所提出的意見，直接影響到一般社會福利事宜，政府自然會傾向於委任較多對社會事務有經驗和有興趣的人士。另一方面，如有

關機構所提供的都是專門問題，政府在委任成員時，便要偏重一些具有所需專門知識的人士。在有些情況下，我們邀請專業團體或其他組織提名適當人選，加入他們有直接關係的機構。對於某些法定機構，有關條例甚至訂明應以提名方式委任。

目前有人向本局建議，更改一個法定機構的現行委任制度。有關建議規定了委任事宜須經本局批准，並指定必須委任若干名代議政制三層議會的成員。政府強烈反對這些建議。現行制度運作妥善，因為政府是根據個人的長處而作出委任，以符合有關機構的需要。若賦予立法局權力去審查政府擬委任的人選，可能會令人覺得委任人選一事變得政治化，因而減少了一些獨立坦率的意見，而現行制度能夠妥善運作，主要就是聽取這些意見。代議政制三層議會以及諮詢和法定機構，各自擔任非常有效的職務，相輔相成。建議委任大量代議政制三層議會成員加入這些機構，定會削弱其相輔相成的特色，並使委任制度失去靈活變通的彈性。

問責性

此議案亦要求管理局和委員會制度承擔更大的責任。言下之意，現時問責方面有不足之處。然而，問責關乎確保有人必須對所作出的決定或採用的政策負責。香港的管治制度，已為此作出規定；特別是政府方面，必須向這個完全由選舉產生的立法機關全面負責。

諮詢委員會制度的目的，是政府在制訂政策的初期，向不同背景及專長的人士徵詢意見。諮詢機構的作用，有如初步的反射板或「智囊團」。這個階段不涉及問責的問題，因為其間並無作出決定。事實上，有關諮詢委員會對重要的政策措施作出提案和建議後，政府一律會審慎研究，然後才會跟進。在這個過程中，代議政制三層議會的成員在作出最終決定方面，亦擔當著十分重要的角色。一俟作出某項決定後，政府當然會全面負責。

負責執行工作的管理局及委員會所擔當的職責，與諮詢委員會的職責頗有分別。這些執行機構為市民提供服務，在管理方面享有高度自主。這些機構往往需要以審慎的商業手法經營，因為以這方式提供服務，是最具效率的方法。雖然當局賦予這類機構執行的權力，但制訂政策的責任，仍然操於有關決策科司級人員

手上。向本局負責的，正是決策科司級人員。

簡言之，我們政府的制度是全面負責的制度。歸根究柢，責任仍由當時制訂政策的人員承擔。問責制度並無不足之處需要填補。

透明度

隨著香港社會日益成熟，市民當然期望政府能採取更開誠布公的態度，公開決策過程。至於諮詢及法定機構，只要是負責與民生息息相關的事務，市民自然亦應要求該等機構提高透明度。事實上，我們近年曾採取多方措施，務求能達至這項要求。這些提高透明度的措施包括：公開舉行會議、編訂讓市民查閱的文件和報告、定期舉行新聞簡布會及發放新聞稿。現時：

（a）有一百三十多個已公開舉行所有或部分會議；

（b）約有 190 個所編訂的文件／報告，可公開讓市民查閱；

（c）差不多有 240 個在開會後，定期舉行新聞簡布會；及

（d）同樣約有 240 個諮詢委員會發放新聞稿，向市民公布其工作。

簡言之，我們一直致力提高透明度，以盡量符合市民的要求。

利益衝突

諮詢及法定機構成員，能以公正不阿的態度，來提出意見和處理份內事務，至為重要。為達到這個目的，廉政公署已制定指引，設立兩項申報利益制度。那些在政策及財經事務上具廣泛影響力的管理局及委員會，其主席及委員必須在初次就任時，申報金錢及個人利益，往後亦須定期重新申報，並且公開讓市民查閱。舉行會議時，如討論的事項與某成員的利益可能有所衝突，則該成員須披露其所有利益，及不得繼續參與討論該事項。至於其他管理局和委員會，指引訂明如會議所討論的事項涉及利益衝突，主席及委員均須聲明其中利益。各諮詢及法定機構，須因應本身需要及事務性質，從該兩種申報利益制度中，擇取其一。迄今，已有三百二十多個諮詢及法定機構遵行。

總結

主席先生：現行的諮詢和法定機構制度，運作良好，成為本港與時並進的政

制中，不可或缺的一部分。這些機構的角色和功能，不應與三層代議政制的混為一談。他們發揮著相輔相成的作用，而非互相排斥。由於諮詢委員會和法定機構一向靈活運作，所以效果良好。這些機構得以高度靈活，主要是因為政府能夠根據個人長處，委任社會上各階層人士，擔任成員。限制現時委任成員制度的自由度，會削弱了原來的靈活性，不但不得人心，並會帶來負面影響。

有關決策科司級人員和部門首長，會不時檢討其工作範圍內各諮詢及法定機構的運作情況，以確保能符合社會不斷轉變的需要和期望。有議員提議全面檢討各諮詢和法定委員會的角色和功能，這實在沒有必要。除非有充分理由相信這項制度須要作出根本改變，否則不宜進行全面檢討。我們反對此類建議，因為有關制度一直運作良好，無須作出全面改革。

我謹此陳辭，促請各位議員反對廖成利議員所動議的議案，和葉國謙議員所提出的修正案。

1996 年 7 月 3 日
議案辯論：修改基本法第七十四條和附件二

楊森議員動議議案：

「本局促請中國政府修改《基本法》如下：

（a）取消《基本法》第七十四條有關立法會議員提出的法律草案，若涉及政府政策時，必須得到行政長官書面同意的規定；及

（b）取消《基本法》附件（二）有關特區立法會對立法會議員個人提出的法案和議案分開兩組議員表決的規定，

以達至《聯合聲明》內訂明行政機關必須遵守法律，對立法機關負責的目標。」

楊森議員致辭：

主席先生，自起草基本法開始，香港民主派團體便積極參與制定基本法及其後的諮詢工作，希望透過九七年主權回歸，在脫離殖民地之後，實現「一國兩制、港人治港及高度自治」。

八十年代，香港民主派組成民主政制促進聯委會，致力爭取民主基本法，建立民主政制，當時，我們認為一份符合香港需要的基本法，必須能夠根據聯合聲明，落實下列四個基本原則：

1. 在體現中國主權下，要確立香港特區的「高度自治」的權力，使香港特區可以實現百分之百的「港人治港」。

2. 建立一個真正民主的政治制度，使政府建基於三權分立和互相制衡原則，而人民則享有普及和平等的政治權利。

3. 保障法治社會下的司法公正和獨立，以及人民的基本權利和自由。

4. 照顧順利平穩過渡。

基本法已於九〇年頒布，但我們仍然堅持上述立場，爭取中國政府盡快修改基本法，落實這些原則。

今次我提出這個議案辯論，要求修改基本法對將來特區立法會行使權力的限制，目的是落實聯合聲明內行政向立法機關負責的精神。

這是我們整套修改基本法建議的其中一部分，主要是針對議會職能及運作。

我的發言會圍繞香港代議政制在過渡期的角色及功能，分析議會緩和社會矛盾，促進政府開放及推動民主參與的重要性，從而指出基本法對特區立法會的規限，將如何削弱香港代議政制的功能；李柱銘議員會回顧基本法起草過程，指出附件二分組表決是「一會兩局」方案的「借屍還魂」，目的是遏制及削弱議會功能；張文光議員會對朱幼麟議員的修正案作出回應，說明我們民主黨對修改基本法的整體立場；何俊仁議員會對民協廖成利議員的修正案作回應，說明我們民主黨對修改基本法程序的立場。

主席先生，在殖民地憲制架構中，權力集中在行政機關。九一年立法局直選前，立法機關只是一個橡皮圖章，中、英、港政府過去一直認為這套所謂「行政主導」的體制必須維持。根據布政司在九六年三月回覆立法局議員質詢的表示，港府所理解的「行政主導」包括以下內容：

（一）在權力分立原則下，由政府作行政主導，行政、立法、司法各司其職，互相制衡而又相輔相成；

（二）行政機關負責及執行政策，為市民提供各項服務；

（三）總括而言，是政府提出建議，立法機關作主。

從香港政制發展歷史所見，其實「行政主導」體制在不同時代，是有不同體現。七十年代是行政獨裁的時代，權力分立根本沒有出現，當時只有為回應六七年暴動而推行諮詢政治；八十年代權力分立的原則也未確立，立法機關在「共識政治」的外衣下，受行政機關操縱；到九一年立法局引入直選後，立法局才正式走向獨立，真正的分權才出現。從政治發展角度而言，九七年主權回歸後，香港正式脫離殖民地，按常理應該進一步走向民主化，議會監督角色及功能應得進一步發展。

但從基本法可見，中方對未來特區政治發展，早已設下層層關卡。

第一重關卡是直選議席的限制，至第三屆特區立法會，直選議席仍只有三十

席。至二○○七年才可決定特區立法會產生辦法，而且要得到三分之二立法會議員通過及行政長官同意。如此看來，縱使當時的民意支持全部直選，相信都不容易通過。

第二重關卡是削弱議會權力，基本法第七十四條對立法會成員提案權，相對現在，加了很多新的限制。凡涉及政府政策的私人提案，要得到行政長官書面同意才可提出，這等如將議員提出私人法案的權力削去。因為大部分提案均與政府政策相關。

第三重關卡是「一會兩局」「借屍還魂」，除遏制直選議席增加外，按附件二表決方式，只要行政機關控制到兩組議員，即功能組或直選、選舉委員會組任何一組的一半，其數目等如整個立法會的四分之一（即 15 位）的議員，便足以否決任何議員提出的議案、法案及對政府的修正案。這些對行政方面的保障非常大，但立法監察行政的權力便被削去不少。

這表示即使議員可以提出不涉及政府政策的議案（當然這可能性十分低），但到最後分組點票時，仍然難逃被封殺的厄運。

九七年後，特區立法機關運作，整套遊戲規則的設計，根本無法體會到行政向立法機關負責的精神。這設計目的只有一個，就是通過削弱議會功能，來平衡議會增加選舉成分所帶來的影響。簡單來說，就是透過精心設計的制度來遏抑民意。

立法局自九一年引入直選議席後，我們看到議會政治日趨成熟，立法局代表民意，監督政府的功能逐步發揮，這是本局各黨派議員努力的成果，縱使我們很多政見並不相同。我們看到在不少重大的公共政策、民生問題上，議員提案及修訂都起著重要的監督作用。

以前胡紅玉議員提出三條有關平等機會的條例草案，法案雖然被否決，但最低限度迫使政府著手處理，主動提出《性別歧視條例草案》。

陸恭蕙議員草擬《資訊公開條例草案》，雖未能成功在立法局提出，但迫使政府九五年開始在九個政府部門實行《資訊公開守則》。

各位相信還記得劉千石議員提出《僱傭（修訂）條例草案》，二讀成功修訂後，政府撤回，劉千石議員憤而辭職，最終迫使政府重新調高長期服務金及遣散費的上限。

譚耀宗議員提出的《公職人員（更改服務條件）（暫時性規定）條例草案》獲得通過，政府最後放棄原來的轉制措施，與員方重新商討。

李卓人議員、何敏嘉議員草擬《人民入境（修訂）條例草案》，終止輸入外勞，成功迫使政府撤銷一般輸入勞工計劃，並將補充外勞的上限修訂至兩千五百名。

上述只是私人法案、修訂迫使政府改善政策的一些例子，但足以證明議員提案權對監督政府的重要性。這不是個別議員、政黨的專利，而是整個議會的成果，我們怎麼可以這樣容易放棄？

由於香港行政主導體制，權力集中在政府手中，行政部門對社會未必能作出回應，加上官僚架構拖慢工作效率，議員條例草案不但可以彌補政府不足，亦可以督促行政部門對重大社會政策作出適當的回應。

由九一年到現在，我們目睹議會在整個香港政治運作中轉變，總結而言，議會在香港社會中起著重要作用，當中包括：

（一）緩和社會矛盾和衝突

在十多年的過渡期內，香港面臨政治轉變、經濟結構轉型，期間香港社會竟然沒有出現動盪局面。我相信這個議會發揮了重要的調和角色，它使不同利益得到平衡，不同意見得到宣洩。就以輸入外勞為例，當失業情況嚴重，民怨沸騰時，我們這個議會成功迫使政府修訂政策，緩和了社會矛盾。

（二）促使政府走向開放

由於議會掌握部分實權，雖然不是太多，只有部分實權，政府不得不回應議會要求，同時要爭取公眾支持，與議員抗衡。在這過程中，行政部門的決策、資訊必須公開，而政府的透明度也大大增加。相信大家都同意這點。

但令人憂慮的是，九七前議會的地位、角色，在九七後將面臨危機。這些危機主要是由於中國政府對代議政制一直抱著懷疑態度，設下重重關卡，以此來削弱議會功能。

九七後特區立法會面對的危機包括：

（一）修改選舉制度，令這個議會四分五裂，黨派林立：中方一直意圖改變現行選舉制度，希望用比例代表制或多議席單票制取代，防止議會出現多數派聯盟，或一個黨能佔多數議席。在中方「度身訂做」的選舉制度下，我相信將來這

個議會將出現四分五裂。最得益的是行政機關，因為它會更容易操控立法會。

（二）基本法附件二的分組表決方式，配合一個四分五裂的議會，大家可以看到，將來的行政機關更橫行無忌，他們只要在黨派林立的議會中影響到四分之一的議員，便足以阻撓其他議員提出的議案。

（三）基本法第七十四條，對議員提出議員條例草案作更嚴苛的規限，這等如綁住議員一雙手。如果立法會不可以立法，這個還是甚麼立法會？

當九七後特區立法會權力受削弱，無法監督行政機關時，香港會面臨更大的危機。因為九七後行政、立法的權力將會此消彼長，當議會失去緩和社會矛盾的角色後，我相信香港社會衝突會變得更尖銳。

眾所周知，中方目前籌建特區政府時，主要拉攏工商界，他們的利益將來更容易左右政府的施政，甚至特區首長也可能由商人擔任，行政機關會比九七以前更偏重資本家利益。

另一方面，在籌建特區政府開始，中方已掌握了特區首長及過渡班子的任命權。行政機關九七年後能否維持自主性，不成為橡皮圖章或傀儡，實在成為疑問。

面對這樣的處境，立法機關權力又受到削弱，民意受遏制，當施政無法平衡社會不同利益時，議會又不能作出有效監督及制衡，社會矛盾便可能以更激進的社會行動方式出現。

最後，主席先生，我想再一次表明，取消基本法第七十四條對議員提案權的規限及附件二分組表決方式，是為了將來香港議會的發展，最終目的是達至行政向立法機關負責的原則，令社會穩定。

各位同事，今天我們所做的工作，都是推動著香港議會向前發展，我們政見或有不同，但我相信大家都不會希望香港的議會政治在九七年後變得無聲無息；議會作為香港代議政制發展象徵，變得黯淡無光，在市民心中逐漸衰落。

（編者注：原議案與各修正案一併辯論。）

廖成利議員致辭：

主席先生，民協基本上是接受基本法作為「一國兩制」之下香港特區的小憲

法，不過，民協對基本法的部分條文有所保留，也認為應該作出修訂，包括同意楊森議員提出對基本法的兩項修改。有關這點，會由民協的莫應帆議員稍後作出解釋。

民協同意基本法條文需要修改，但是基本法由九〇年公布至今，民協仍認為應該待九七年基本法生效後才提出修改基本法的建議。我們覺得這是一個重要原則。

第一，基本法第一百五十九條規定了修改基本法的程序，而基本法條文，包括修改程序，要到九七年七月一日才生效。故此，若要在一個有法可依、有既定步驟的情況下修改基本法，就必須等到九七後，按基本法的法定程序進行修訂。這做法符合法治原則，而法治亦正正是九七後「一國兩制，港人治港」得以成功的基礎。

第二，若要在九七前修改基本法，就無可能由香港特區提出，因為特區還未成立，唯一可能的方式就是在基本法未生效前，交由人大自行作出修改的提案。將主動權完全交給人大，這就等於在九七前邀請中央政府主動干預香港內部事務，這並不符合「高度自治、港人治港」的精神。若在九七前修改基本法，人大如何決定應修改那些條文呢？應如何在香港進行諮詢？在香港現時政治立場大分化的環境下，香港各界應如何形成主流意見呢？假如今天中國政府宣布，基本法將於九七年前進行修改，並且邀請港人提供建議，我相信，香港人及各個政黨會紛紛提出各自的「修改清單」，百家爭鳴，各說各話；而修改建議的數量，一定不會像今天的議案所述的兩項這麼少，最低限度民協就會提出修改基本法政制發展的時間表方案，加快香港的民主發展步伐。我亦相信現在距離九七不足一年時間，在香港社會現時意見這麼分歧的環境下，要達至修改基本法的共識，恐怕並不容易。

此外，民協認為修改基本法應在九七年後由特區提出，即是說行政權須由特區行使，這亦是一個重要原則和政治訴求。我會提出兩個理由：

第一，關於特區的內部事務的條文，若要進行修改，應由特區提出，這才更能符合「一國兩制、高度自治、港人治港」的精神。

上星期本局辯論「一國兩制」時，民主黨李柱銘議員要求中國政府不要干預特區的內部事務。這個呼籲，相信亦應該包括呼籲中國政府不要主動對基本法

中有關香港內部事務的條文提出修訂，但今天民主黨的楊森議員卻要求中國修改基本法，雖然沒有提及時間，但相信會包括由中國政府在九七年前修改基本法，那豈不是等於主動邀請中央干預香港特區的內部事務？這豈非自相矛盾，以今天的我打倒上星期的我？提出與「一國兩制、高度自治、港人治港」精神相違背的做法？

第二，由特區政府提出修改議案的做法，更能保證獲港人接受及支持。

根據基本法第一百五十九條的程序，若由香港特區行使提案權，修改議案須經特區立法會的三分之二多數，特區行政長官同意，特區全國人大三分之二多數通過；而修改議案在列入全國人大議程前，先由基本法委員會研究並提出意見。故此，這個由港人醞釀意見，並由港人提出修訂案的過程，相對由中央政府提出修訂案而言，更能符合港人文化及香港社會的民情，更能被香港人接受和支持。

假設將來有一天，中國人大或國務院突然單方面行使提案權，提出一個修改基本法第二十二條有關出入境政策及手續的議案，將中國國內市民進入特區的批准手續及程序，改由中央政府全權包辦，那將會是一個甚麼樣的世界呢？特區的出入境政策屬於特區內部事務，若要修改，應只由特區提出，不應由中央政府行使提案權。即使中國政府動機良善，提出的修訂對香港客觀上有利，港人也未必領情，還可能誤會中央政府只是偏聽了某些大財團的游說而提出修訂議案，好事變壞事。

總括而言，基本法中有關特區內部事務的條文，包括政制發展、港人權利及義務、特區經濟等條文，若要修改，應只由特區自行提出，中央政府不應該行使其提案權。這樣才能真正落實「一國兩制，港人治港」的精神。

朱幼麟議員致辭（譯文）：

主席先生，摩西當年在西乃山守候了四十天，接受上帝頒布的《十誡》；美國議員在費城用了五個月完成美國憲法；而基本法的制定卻超越前二者，用了五年時間，召開六十次會議，經過無數小時的討論及詳盡地諮詢了港人的意見才寫成。我實在看不到任何特別原因，需要在這份文件尚有不足一年便開始生效的時候作出任何修改。

基本法不是一份普通的法律文件，而是展示了最高立場原則的聲明。它闡明了三種基本關係：首先是市民與日後特區政府的關係；第二是特區政府與中央政府的關係，最後是香港人與國際社會的關係。

由於基本法規定了我們的公民權利和義務，它最直接地影響每一個人。事實上，基本法不單對位處深圳河以南的香港人有重要意義，對深圳河以北以及澳門和台灣亦有深遠的影響，因為特區政府的成立將成為這兩地回歸大陸的一個參考模式。

基本法的任何修改都會有廣泛而深遠的影響，所以絕不能輕率從事，或一時興之所至，或因黨派理由而進行修改。因此，我們應擁護基本法，就正如基督徒遵奉《十誡》、美國人尊重其國家的憲法一樣。

基本法不是一紙具文，而是一份有生命力的憲章，能隨社會進步而演變。美國憲法中首十項修訂，統稱為「人權法案」，都是要在憲法原文實施後四年，經過深入的研究磋商後提出的。由此可見我們亦應如此審慎。

連基本法的重要原則也想修改，我們還怎可以說是擁護基本法？如果我們還未讓基本法證明其實效就輕易把它修改，我們又如何防止宗主國日後也會如此？

我相信不用對基本法作任何基本的修改，因為我同意其原則：建立一個「高度自治」的香港特別行政區，除國防和外交事務屬國家管轄權外，《公民權利和政治權利國際公約》得以承認，而特區亦享有獨立的司法制度、維持平衡的行政和立法機關、穩健而絕不擾民的政府，讓香港人在一個自由、寬容的社會中，本著賴以成功的因素生活下去。

我們擔任公職的人士，須按照基本法的基本原則處事。但基本法不是一成不變的。我們可以透過自己的判斷，經過務實的立法來應用基本法，切合時代的需要。法官會公正不阿，以他們的經驗和智慧，按照社會標準及公眾的意識，去解釋我們通過的法律。現時在《英皇制誥》和《皇室訓令》生效的情況下，這些機制已經運作著。

基本法對香港的穩定是非常重要的。任何削弱基本法的企圖，都是對我們制度的基礎的直接挑戰。基本法及行政長官的權力是不容輕易妥協改變的。因此我認為今天的原議案是極為錯誤的，是完全不可接受的。

我希望本局同事能支持我的修正案，以表達大家對這份保證「高度自治」、

「港人治港」、「一國兩制」的基本法的支持。

倪少傑議員致辭：

主席先生，眾所周知，基本法是九七年後香港特別行政區的小憲法。「一國兩制」、「港人治港」的精神是否能夠真正得到落實，未來特區的安定繁榮是否獲得最佳保障，最重要的一個環節，是中港兩地要同時尊重和維護基本法，共同努力將之落實。

但是，場〔楊〕森議員及其民主黨一夥人，一直以來對基本法採取敵視和對立的態度。現在又公開鼓吹，叫囂要按他們的一己之見修改基本法。

首先，楊森議員的議案是故意曲解民情。還記否當年整個基本法的起草過程，前後歷時四年零八個月才全部完成，期間經過「三上三落」的討論、修改和完善等程序，全面吸納港人的不同意見，反映了廣大市民的要求，充分體現民主開放的原則。楊森議員假「民主」之名要修改基本法，完全無視當年港人參與草擬基本法的努力，也不尊重民意的訴求。這樣做不僅是無聊的政治取鬧，更是完全「不合情理」、亦「不合法規」。因為基本法還未實施，所謂民主派人士已經拿起刀劍，不分皂白，隨意砍殺。

只要大家還記得，在起草基本法的當時，條文一改再改，甚至數改，以達至符合港人意願的艱苦歷程，今次的議案便變得毫無道理，也毫無意義。民主革新派先驅人物梁啟超先生在其《論立法權》一文中說「國家之意志為何？立法是也」，清楚表示立法是國家主權的體現，是一極其嚴肅的事情。作為立法局議員，確保法律正確地得到實施，是我們應有的職責。可惜的是，現在基本法還未開始正式實施，其效果如何也有待觀察，楊森議員急不及待地用這種輕率的態度，置最基本嚴肅的立法程序於不顧，在市民的心坎裏胡亂投下不信任的陰影，除了顯露出其政治對抗的實質之外，實在找不到其他目的，令人覺得十分遺憾。

以事論事，無論用簡單的邏輯推論，或是從實際的角度來看，楊森議員的議案並無合理合法之處。誠然，無人可以說基本法的內容盡善盡美，但在這基本大法上，是符合了港人的整體利益和意志的。同時，在基本法條文內，為了要照顧到將來的實際需要，亦設有一個完善的修改機制，有關修改必須經過嚴格的程

序。但現在的現實是，基本法尚未正式開始實施，有港人參與的基本法委員會也未成立，楊議員便要中國政府修改基本法，這不是要中國政府單方面破壞基本法麼？究竟其所持的法律根據何在？背後目的是甚麼？確是耐人尋味。

回顧多年來，行政主導制度在香港一貫行之有效。政府根據社會的實際需要，以及在照顧社會不同階層的利益之下，按照緩急次序和政府資源，制訂施政政策，這完全是行政機構的職責；而立法機關則負責審議政府提交的法例，以及監督和質詢政府的施政。這種行政和立法分工合作的原則，才是基本法中行政機關向立法機關負責的真正意義。假如依照他們的邏輯，將來特區立法會議員可以沒有限制地，隨便提出任何涉及政府政策的私人法案，這樣只會干擾行政機關的政策制訂和打亂政府的施政步驟，使政府政策不能順利地推行。楊森議員錯誤地曲解基本法，擾亂民心，無非是欲「借屍還魂」，企圖讓他們鼓吹的立法主導惡魔復活。無怪乎近年來，就有人刻意企圖將立法機關權力急速膨脹，以達目的。

基本法的落實和實施，是未來特區民主、民生、法治的可靠保障，在過渡期餘下的日子裏，港人應該與內地同胞共同努力合作，好好學習認識基本法，將中港兩地的關係帶進一個更緊密、更高的層次。這樣才能符合香港的長遠利益，也符合市民要求永遠在香港安居樂業的願望。污衊和歪曲基本法，鼓吹「危機論」，只能在社會上製造混亂和不安，實在令人深惡痛絕。

劉皇發議員致辭：

主席先生，《香港特別行政區基本法》是一份體現聯合聲明、落實「一國兩制、港人治港」方針的莊嚴文件。基本法起草委員會在草擬基本法時，曾廣泛諮詢香港社會各界的意見，經反覆討論，歷時五載才完成草擬的工作。基本法裏的條文已具體和有力地保障香港的高度自治，以及原有制度和生活方式五十年不變。

當然，任何憲法和法律在有需要的情況下，都是可以修改的，基本法亦然。事實上，基本法裏已有詳細條文列明修改基本法的條件和程序。

基本法第一百五十九條規定：「香港特別行政區的修改議案，須經香港特別行政區的全國人民代表大會代表三分之二多數、香港特別行政區立法會全體議員

三分之二多數和香港特別行政區行政長官同意後，交由香港特別行政區出席全國人民代表大會的代表團向全國人民代表大會提出。」條文還規定基本法的修改議案在列入全國人民代表大會的議程前，先由香港特別行政區基本法委員會研究並提出意見。

顯而易見，在香港特別行政區成立前，根本不具備修改基本法的條件。況且，基本法尚未付諸實施，在現階段便說要修改基本法，實在於理不合。倘若基本法在實施前便可以被隨便修改，基本法的莊嚴性和完整性將會受到破壞。更有甚者的是，現時的立法局不屬於將來特別行政區的建制，根本無權促請中國政府修改基本法。因此，此時此刻提出修改基本法的議案，除了浪費時間外，並不能起到任何實際的效用。不過，我不打算在這裏評論原議案要求修改基本法的內容。正如我剛才所說，在現時不具備修改基本法條件的情況下，有關討論是毫無意義的。

李柱銘議員致辭：

主席先生，本人發言，主要集中在制定基本法時，有關「一會兩局」方案的爭論，因為現時基本法附件二對特區立法會表決程序的規定，其實是當時羅德丞於「六四」後提出「一會兩局」方案的「借屍還魂」。

在我出任基本法起草委員期間，在草擬第一稿及第二稿中，是沒有分開兩組議員表決的規定。基本法對特區立法會表決方式，第一稿及第二稿是寫入第七十四條內，內容是「除本法另有規定外，香港特別行政區立法會對法案和議案的表決，須經出席會議的過半數議員通過」。

但到九〇年基本法最後定稿時，當時司徒華議員與我已退出草委會，在第七十四條的條文亦已經消失，取而代之的是現時的附件二，即民主黨認為是用來遏制及削弱議會監督權力，「一會兩局」方案的「借屍還魂」版本。

各位局內同事相信大部分都記得，當羅德丞提出「一會兩局」方案後，香港社會輿論及港方草委都是一面倒地反對的。

八九年「六四」後，港方草委人數由 23 名減至 18 名，其中 11 名草委發出聯名信予中方，要求增加政制民主成分，及反對「一會兩局」方案。

中方面對這局面，進退不得，於是便繞過草委會，直接與英國政府商討基本法中唯一未定案的政制部分。這故事其後因彭定康總督政改方案引發中英爭論後，從雙方公布當時英國外相韓達德與中國外長錢其琛之間七封外交函件得到印證。

至於「一會兩局」方案，由於香港輿論反應激烈，中方便採取「明修棧道，暗度陳倉」的做法，將第七十四條內有關議案、法案取得過半數通過的表決方式刪除，然後在附件二第二段中「借屍還魂」，使「一會兩局」的精神，放進基本法之內，達到遏制及削弱特區立法會權力的目的。

新華社社長周南日前接受《時代》雜誌訪問，表示九七後香港居民的民主權利及自由權利會比九七前更多，而不是更少。他提出英國統治一百多年來，香港根本沒有任何民主可言。

各位同事，你們都是瞭解及熟悉本局議事程序的人，你們比一比，究竟在議會功能方面，我們現在享有的，是比基本法第七十四條及附件二所列出的更多還是更少？

我心中一直問，為何殖民地政府會賦予殖民地的議會更大的權力，反而香港回歸中國後，議會權力卻受閹割。每一次中方對外宣揚「一國兩制」和基本法時，都表示「明天會更好」。現在更設立了一個同名的基金。當年中國總理趙紫陽問：「你們香港人怕甚麼？」我想答案很清楚，「我們怕的是共產黨講一套，做一套，明天更離譜！」

主席先生，剛才有議員提到，基本法第一百五十九條所載的修改權，第三段載明：「本法的修改議案在列入全國人民代表大會的議程前，先由香港特別行政區基本法委員會研究並提出意見。」既然現在這個香港特別行政區基本法委員會尚未成立，又怎能於現時提出修改呢？這句說話，以前我也曾聽過，是魯平主任所說的。其實他也忘了第一百五十九條之前的一條，即第一百五十八條說明基本法解釋權時，最後一段是這樣的：「全國人民代表大會常務委員會在對基本法進行解釋前，徵詢其所屬的香港特別行政區基本法委員會的意見。」這裏也提及香港特別行政區基本法委員會。現在中國政府官員經常說，怎麼是合乎基本法；怎麼是不合乎基本法，如果他們不是在解釋基本法，又怎能說是合乎還是不合乎呢？既然香港特別行政區基本法委員會仍未成立，他們又何來解釋之權呢？又怎可作

出解釋呢？因此，我希望各位同事不要聽了魯平主任的說話後，便「照單全收」。請你們看看第一百五十八條。兩條條文都提及香港特別行政區基本法委員會，如果在一條條文所述，沒有該委員會便不能修改基本法，則在第二條條文，沒有該委員會也就不能作出解釋。因此，我希望大家不要人云亦云，那只會徒惹人嘲笑而已。

葉國謙議員致辭：

主席先生，香港社會能有今天的成功，是有賴市民凡事都依據法律行事，這亦正是總督彭定康經常強調法治，我們做任何事情亦應根據事情本身「規則」去辦事。

不知楊森議員是否接受基本法，還是像梁耀忠議員所說的，根本就不承認基本法，無論如何。楊議員現時提出要在九七年七月一日前修改基本法，民建聯是反對的。民建聯認為基本法在九七年七月一日後實施，可按照香港的實際情況和現實環境進行修改，但修改的程序必須嚴格地遵照基本法第一百五十九條內的規定辦事。

主席先生，基本法第一百五十九條清楚寫明基本法的修改提案權是屬於全國人大常務委員會、國務院和香港特別行政區三方擁有的。對於廖成利議員指修訂基本法應由香港特別行政區提出，似乎是漠視了其他兩個機構的權力，有違基本法的條文。

至於楊議員和廖成利議員同樣提出要求取消基本法第七十四條及附件二中有關議員議案要分組表決的條文，對此，我想首先向兩位議員提供一些數據資料。基本法是經過四年零八個月的起草及諮詢的，期間前後兩次諮詢工作，總共收到多達七萬二千多人次及六千多份意見書，這充分說明了基本法的制定過程是進行了廣泛諮詢和廣集民意的。所以這本香港特別行政區的小憲法，每一條文的制定過程都是非常嚴緊〔謹〕的，絕非閉門造車的。若兩位議員依然「堅持己見」，我亦嘗試從法理的角度表達民建聯的看法。

主席先生，九七年主權回歸前，總督是香港政府所有政策的最高負責人，九七年七月一日，特區行政長官是最高負責人，議員提出的法案，涉及政府政策

時，民建聯看不到有任何理據，不應在提出前須得到行政長官的書面同意。再者，當年基本法制定時，身為總督的仍然是立法局主席，議員提出的議案，亦須經立法局主席裁決才可以提出。此條文的制定精神，正是要確保議員提出涉及政府政策的議案是對社會市民大眾有利的，亦不影響公帑開支，相信這是一個以行政為主導的政府所必須擁有的權力。至於取消附件二議員議案須分組表決的規定，我必須再次強調，民建聯是同意在基本法於九七年實施以後，按社會發展和需要修訂，我們看不到甚麼理由基本法條文在九七年前尚未實施就要作出修改。

對於兩位議員指作出以上基本法有關的修改，是要達至聯合聲明內訂明行政機關必須遵守法律，對立法機關負責的目標。民建聯認為根本無須透過修改基本法，就可達至以上的目標。因為此目標在基本法第六十四條已清楚訂明，香港特別行政區政府必須遵守法律，對香港特別行政區立法會負責：執行立法會通過並已生效的法律；定期向立法會作施政報告；答覆立法會議員的質詢；徵稅和公共開支須經立法會批准。因此，對於兩位議員修改此兩條條文與行政機關向立法機關負責的事情並論，是令人難以明白箇中因由的。看來公民教育委員會亦應好好檢討一下自己對基本法推廣工作的實效。民建聯向來對推廣基本法是不遺餘力的，在這星期一，我們就在街頭向市民派發由民建聯印製的精裝基本法小冊子。我們亦承諾在未來一年的 52 個星期裏，舉行 52 次推廣基本法的居民大會，務求能加深市民對基本法的認識。

主席先生，尚有不足一年的時間，香港主權就回歸，這不是社會一小部分人的事，而是香港六百萬人整體的事。我們要順利跨進這新的歷史階段，成功地落實基本法，實現「一國兩制」，是要靠六百萬市民團結齊心，建立共識，加強和中國政府溝通和合作，共同維護香港和中國的長遠利益。民建聯呼籲全港市民，以積極、務實的態度迎接回歸。希望每一位市民，不論在社會上擔當甚麼角色，都在自己的崗位上為特別行政區的建立做一點積極的事。這是迎接回歸最有意義的做法。

吳靄儀議員致辭（譯文）：

主席先生，我們必須承認，基本法是一項妥協。我相信這樣說表達了很多人

的感受。在策略上來說，我們必須接受基本法；但在道德和理性方面，這情況卻令人深感不滿。這解釋了我們對基本法的根本矛盾態度。一方面，我們希望敦促盡早修改當中最強差人意的部分；另一方面，為使掌權者恪守基本法的規定和精神，並確保他們不會違反基本法，我們又不願干擾當中的信息。由於基本法是經過一場廣泛而且激昂的辯論後所得的決議，有人恐怕重新展開辯論未必對我們的一方有利。

主席先生，我認為上述的顧慮沒有任何一點足以令修改基本法成為禁忌。為了履行對公眾的責任，對已經頒布的法例加以檢視，特別是就有關法例實施後出現的轉變進行考慮，往往是恰當的做法。其目的在於：第一，糾正任何可見的弊處；第二，為更有效管治香港而作出絕對穩當和理想的改善。

基本法於一九九○年四月，即六年多前頒布。基於這六年的經驗，基本法中有部分條文顯得不合時宜，並不足為奇；而我們亦應考慮循法律上慣用的程序，謹慎和徹底地作出修訂。

主席先生，我認為楊森議員動議今天的議案，並無不對的地方。事實上，議案顯示了周詳的考慮和高度的克制。他並沒有肆意利用這個機會反覆嘮叨其民主信念。相反，他把重點規限於兩項會影響香港立法機關在一九九七年七月一日後的有效運作的規定。他所提建議的性質，若瞭解其真正的精神的話，是沒有黨派的分野的。能否提出議員條例草案及就該等條例草案表決的方法，不但影響民主派的議員，還影響所有立法局議員。

主席先生，我支持楊議員就基本法第七十四條提出的建議。該條的最後一句訂明：法律草案「凡涉及政府政策者，在提出前必須得到行政長官的書面同意。」

現時，議員條例草案並不會純粹因為涉及「政府政策」而受限制。原則上，社會的發展，應以體現更大的民主為目標；這實際上是基本法的整體精神。上述的限制並沒有理據支持。再者，一個行政主導的殖民地政府尚且無需加設此限制，那麼，有甚麼論據足以支持特別行政區政府有此需要？

特區立法機關的恰當職能，是積極監察政府政策的決定和執行。第七十三條十分明確地訂明這一點。議員條例草案是達至此目的的合法途徑，而且有時也是唯一的有效途徑。既要求立法機關履行職責，卻又禁止其採取合法和有效的途徑，這是完全不能令人信服的做法。

主席先生，其實第七十四條的第二句亦設有過大的限制。雖然我對於限制涉及公共開支的條例草案不提出異議，但對涉及「政府體制或政府運作」的條例草案施加限制則是另一回事。正如該條明文規定，議員不得提出涉及這些範疇的條例草案，不論議員是個別或聯名提出。

「政府體制」一詞含意相當廣泛，而且沒有明確的界定。「政府運作」的含意則更為廣泛。倘若立法局議員提出有關這些範疇的條例草案的權力都被剝奪，議員條例草案便幾乎形同虛設。

此舉實在欠缺充分的理據支持。特區的基本政治體制是受基本法約束的，故只可透過全國人民代表大會修改基本法才可作出改變。因此，香港本身以及議員條例草案均不能對政治體制作出任何重大的修改。假如擔憂的是議員條例草案的範圍若過寬，立法時間表可能會被擾亂，使行政工作不能有效進行的話，問題其實可以而且應該透過我們在有需要時就政府條例草案和議員條例草案兩者之間作出合理的時間分配而加以解決。

「政府運作」和「政府政策」兩詞含糊不清，因而兩者的含意均模棱兩可，引致很多重疊的情況可能出現。這必定引起混亂。有人可能辯稱，由於「政府政策」必會影響「政府運作」，因此，兩者均不應包括在議員條例草案的範圍之內。

很明顯，這種論斷大大削弱了立法機關在保障公眾利益方面的工作。撤銷香港立法機關的現有權力會打擊信心；而立法機關既然是由香港人選舉出來的，一如基本法所規定，那麼「香港高度自治」的原則亦同樣會受影響。第七十四條實在應該盡快予以修改。

即使議員條例草案獲准提出，附件二第三段仍進一步阻撓議員條例草案獲得通過。該段內容硬把立法機關劃分為兩組，分別為功能團體選舉中獲選的議員，以及在分區直接選舉中獲選和經推選委員會推選出來的議員。這項劃分假設了議員的立場取決於他們獲選的途徑；而就這一點來說，本局已證實是不能成立的。此限制同樣不能令人信服，累贅並缺乏理據，故應予撤銷。

主席先生，根據第一百五十九條訂明的機制，在一九九七年七月一日前在法律上就基本法作出修訂，是相當困難的。楊森議員的議案沒有具體列明時間；看來這是表示有商議的餘地。但很明顯，楊議員希望盡快進行，使特區立法機關在運作上不致受制，或不致長期受制於該些規限。不過，要修改任何具根本重要性

並涉及重大問題，如立法機關的權力等的法例，必須進行廣泛諮詢和加以慎重考慮；這一切是需要時間的。因此，現時展開有關討論，並不算過早。

基於以上原因，我認為廖成利議員的修正案雖然沒有必要，但仍算是公允的。因此，我會支持楊議員的議案以及廖議員的修正案。

劉漢銓議員致辭：

主席先生，關於修改基本法的問題，基本法第一百五十九條有明確規定，其中指明基本法的修改提案權屬於中國全國人民代表大會常務委員會、國務院和香港特別行政區；又指明基本法的修改議案在列入全國人民代表大會的議程前，先由香港特別行政區基本法委員會研究並提出意見。九七之前特區尚未成立，基本法委員會也未設立，並不存在修改基本法的可能性，而這種可能性只有在九七之後才存在，我們又何須「有路尋無路」呢？

主席先生，港進聯認為，基本法在特區成立正式實施之後，可按實際情況需要，依循基本法第一百五十九條所規定的修改程序進行。只要嚴格按法治精神辦事，一切需要解決的問題都是「莫道無門卻有門」，而此門便是法治之門，有著正確的路徑可尋。若是漠視法治，必然是走一條徒勞無益的踫〔碰〕壁之路。

主席先生，基本法體現了行政與立法互相制衡而又以行政為主導的原則，這是從香港的實際情況出發的，這比起九七之前的本局，基本法賦予了特區立法會更大的職權。例如基本法第五十二條規定，立法會在法定條件下可以迫使行政長官辭職，而現時港英政府的憲制中則沒有類似的規定，總督的去留完全由英國政府決定。又如基本法第七十三條第九項賦予立法會彈劾行政長官的權力，而現時的立法局卻無此權力。再如基本法第四十九條規定了行政長官對立法會只有相對的解散權，而現在總督卻對立法局有絕對的解散權。基本法的上述規定，便體現了立法對行政的制衡，因行政長官具有重要政治地位和權力，其行為舉足輕重，基本法賦予立法會制衡和監督行政長官的權力，是九七之前的立法局無可比擬的。九七前，在《皇室訓令》和《英皇制誥》之下，總督大權獨攬，高踞於行政、立法、司法三權之上。

主席先生，基本法既體現了立法對行政的制衡，又體現了行政對立法的制

約，兩者互相配合而又以行政為主導，便能夠使特區的行政機關和立法機關可依照法律正確行使各自的職權，有利於特區政治體制的運作。立法會制衡行政長官的權力，並不等於可以代替行政長官行使其權力。基本法第四十八條所規定的行政長官行使的 13 項職權中，其中第四項就是「決定政府政策和發布行政命令」，可見，決定政府政策的權力屬於行政長官，因此，基本法第七十四條規定，立法會議員根據基本法規定提出的法律草案，「凡涉及政府政策者，在提出前必須得到行政長官的書面同意」。此條規定完全符合行政長官的有關法定職權。若是立法會議員可不必得到行政長官同意而提出涉及政府政策的法律草案，那就意味著是立法會議員決定政府政策，而不是行政長官決定政府政策了。

主席先生，基本法作為未來特區的根本大法，其內容精深嚴謹、環環緊扣，如取消有關立法會議員提出涉及政府政策草案須行政長官同意的條款，那麼基本法第四章的整章「政治體制」亦要修改。因此，九七後在提出修改基本法的問題時，亦要切忌一葉障目、不見泰山。

主席先生，基本法附件二有關立法會對議員個人提出的法案和議案分開兩組議員表決的規定，是與基本法所規定的二〇〇七年以前立法會的組成辦法相配合的，其主旨是根據特區的實際情況和循序漸進的原則，體現各界的均衡參與和利益架構關係的和諧平衡。而按基本法規定，二〇〇七年之後，將由特區自行決定立法會的組成是否全由直選議員組成，若屆時立法會實行全部直選，立法會議員個人提出的法案和議案自然不必分開兩組議員表決。有關基本法的修改機制，是相當慎重的，這亦體現了這一部特區根本大法的莊嚴地位。因此，我們對待基本法的態度，也應像基本法本身一樣莊嚴嚴謹。

何俊仁議員致辭：

主席先生，我今天的發言主要是針對民協廖成利議員所提出的修正案。民協的修正案分為兩部分，第一部分是原則性的、立場性的，指出修改基本法的程序必須在九七年後才能生效，以及為體現「一國兩制、港人治港」的精神，所以對基本法的任何修訂，都應該在九七年後進行。修正案的第二部分是引申第一部分所陳述的立場，從而要求原議案所建議對基本法的具體修訂要在九七年後進行。

民主黨原議案集中辯論修改基本法第七十四條，刪除條文中「一會兩局」及削弱立法會獨立提案權的有關條款，因為這些都是違反了民主監察及行政向立法負責的原則。民協的修正案經廖成利議員的演繹後，表面上好像同意原議案的精神，但卻又要加上修改基本法的程序和時間性的問題，為原議案扣上基本法修訂機制的框框。其實民主黨提出這項原議案時，並沒有要求必須在九七年前就基本法該兩條條文作出修訂，因為這兩條條文與產生行政長官或立法會並不相同，行政長官或立法會產生後會有數年的任職時間，對日後的影響會很大，但對這兩條條文，我們可以考慮在九七年後才修訂，這並不是主要的問題。

我們最強烈反對的是民協第一部分的聲明，說基本法非在九七年之後修改不可，如果現在修改的話，就會違反法治，變成無法可依。我覺得民協的立論其實是把兩個問題混為一談，就是把基本法能否在九七年前修訂這法律問題，與應否在九七年前作出修訂這政治或政策問題混為一談。

先談法律方面，我亦順帶回應劉漢銓議員和葉國謙議員的意見。其實我們覺得很清楚，基本法在九七年前是可以進行修訂的。雖然現時基本法仍未生效，所以沒有一個修訂的機制，自然地，那修訂機制便沒有約束力，所以令很多人覺得人大可以對基本法，一如對一般全國性法律般作出修訂。當然，我覺得這個觀點可能會引起爭論，所以另一做法是可以將基本法第一百五十九條，有關修訂的條文，透過人大立法把生效期提前，從而引入修訂的機制，利用中方的提案權經人大作出修訂，所以絕對不是違反法治精神或無法可依的。這點在法律方面是能夠做到的，同樣地，基本法委員會也可以成立，提出意見。

但我們想強調一點，能夠這樣做，並非表示應該而自然地只有這個方法。民主黨強調，如果要在九七年修訂的話，必須基於香港人的民意基礎。怎樣才能取得香港人的民意基礎呢？民主黨認為現時由民選產生的立法局，可以反映香港人的意見，它可以代表香港人提出修訂，給中方參考；此外，我們亦完全接受，甚至建議任何修訂都應該經過全港合法選民全民投票的多數支持來提出。

民協在應否修訂基本法的問題上，卻認為現在意見分化，沒有主流的意見。事實上，這使我非常驚訝，作為民主派的代表，竟然說現時意見紛紜就要這樣做。究竟他們是否認為他們所提出的民主改革意見不代表市民，所以便不大要緊，可以慢慢留待日後再討論呢？我們覺得正正因為這個原因。他們覺得意見分

歧，所以最好留待九七年後才解決，因為九七年後可以體現所謂「一國兩制」，反映「港人治港」，同時意見也不會太分化。主席先生，這主要是因為九七年後的機制並不會反映各方不同的意見，而只會有一種意見。無獨有偶，我們正面對全民選的立法局將會被取締，將會產生一個臨時立法會的情況。日後我們怎可期望立法會三分之二的多數——即使不是臨時立法會，是第一屆或第二屆也好——這個沒有充分民主成分的立法會，再加上一個變相委任的行政長官會同意這些修訂呢？所以民協要求，甚至要依賴這個不民主的架構來提出修訂、反映港人意見、體現「一國兩制」，這是否一廂情願，甚至不切實際的期望？我個人覺得這些可能是愚昧的忠誠。

主席先生，在過往數次辯論中，民協對民主派的議員，包括梁耀忠議員及劉慧卿議員提出的議案均作出修正，同樣加上了基本法的框框。目的很簡單（修正案能否通過對他們並不重要，因為每次均不能通過），他們主要是找出一個藉口不支持我們的議案。今天我相信他們也會故技重施，不支持民主派的議案。我們覺得他們的做法是迴避了對政治問題的表態，亦藉此和民主派的議員在政治問題上劃清界線。這種「騎牆」及曖昧的立場，使我們對他們的誠信，特別是在支持民主方面的誠信，提出強烈的質疑。

李鵬飛議員致辭：

主席先生，今天楊森議員的原議案，要求現時修改基本法，取消第七十四條及附件二，特別是有關立法局議員提出的法律草案；而廖成利議員的修正案則要求在九七年後才作取消。

自由黨有以下五點基本立場：第一，基本法是經過很長時間，在香港徵詢各界的意見，經過三次來港和三次赴京，共同研究後才制定。當年制定基本法時，我還是行政局議員，我可以說英方在整個基本法的制定方面，曾有很積極的參與，並提出了很多意見，否則，也不會說基本法是如何為「直通車」而設計。今天不是辯論「直通車」問題，為何現時沒有了「直通車」，我也不想再提，我覺得再提也沒有意思。因此，基本法是經過如此漫長的諮詢過程和四年多差不多五年的工作而制定，現在本局一些議員說要修改，是否就可以如此輕率？這是第

一點。

我們的第二點基本立場是，基本法是香港一九九七年主權回歸後的香港憲法，在這份憲法還未實施之前，便說要由人大進行修改。不錯，根據基本法第一百五十九條，人大是唯一可以修改基本法的權力機構，但各位議員有否想清楚，現時要人大修改基本法的影響？如果人大提出另一些修改，本局會有甚麼反應？因此，不是可否修改的權力問題，而是對那些議員胃口的便可修改，但他們有否想過，如果是對中方胃口的意見，中方要修改時又如何？因此，我們堅決反對在基本法實施之前進行修改。

第三，其實基本法的條文已訂有修改機制。如果在基本法實施後，屆時的立法會發現有問題或在實施上不很順利的話，就可以根據第一百五十九條的機制提出修改，這程序十分清楚。因此，雖然基本法是香港的憲法，但在實施後如認為有問題，屆時的立法會議員認為須進行修改，這樣也是合乎基本法的。

第四，有關廖成利議員的修正案，廖議員可能好心，說現時提出來要人大修改並不妥當，所以我們不如為將來的立法會作決定，留待將來才討論，但這兩條條文是要作出修改的。不過，我們現時的議會為將來的議會作修訂基本法的決定，我覺得也不妥當。

最後，我認為香港人應該覺得基本法對香港非常重要。為甚麼要制定基本法？就是要實行「一國兩制」、「港人治港」和「高度自治」。由於中國大陸的制度與我們香港的制度有分別，而且是很大的分別，所以基本法很長，總共有 160 條條文以及一些附件。如果看看其他國家的憲法，並沒有這麼長，即訂立了公民權利，憲法基本上並非如此。為甚麼基本法這麼長，主要是因為基本上認為香港要實行「一國兩制」，而在基本法中規定了我們的制度及將來怎樣達成「港人治港」。我認為最重要的是要落實基本法，這種精神和做法是自由黨所支持的。

因此，自由黨今天會反對廖成利議員的修正案和楊森議員的原議案。

羅叔清議員致辭：

主席先生，楊森議員提出這次議案辯論，實使人覺得有點莫名其妙。不管我們是否贊同基本法第七十四條及附件二中有關條文，我們實在看不出這兩條條

文與行政機關必須遵守法律，對立法機關負責的目標有甚麼牴觸。附件二有關一會兩組表決的規定，是立法會關乎內部運作的議事規定，這與行政機關必須遵守法律有甚麼關係呢？與行政機關對立法機關負責有甚麼關係呢？規定議員提出議員條例草案須經行政長官同意，就表示行政機關不遵守法律，不向立法機關負責嗎？恰恰相反，基本法第六十四條訂明特區政府必須遵守法律，對特區立法會負責。聯合聲明所指的負責，於基本法以法定條文確定下來，包括了四個方面：（一）執行立法會通過並已生效的法律；（二）定期向立法會作施政報告；（三）答覆立法會議員的質詢；（四）徵稅和公共開支經立法會批准。

　　基本法基本上提供了一個立法、行政、司法機關三權分立，但又互相制衡的政治架構。雖然基本法體現了行政主導，但並不表示行政機關凌駕於立法機關之上，也沒有牴觸行政機關向立法機關負責的互相制衡機制。

　　主席先生，任何一條法律不可能永遠適用於不斷發展的社會，因而有些法律條文或許有需要進行修訂，甚至廢止。但這必須通過一個既定的法律程序，這是法治精神的基石所在。基本法亦規定了一個修改的法律程序。目前，香港特別行政區尚未成立，基本法尚未生效，根本不可能按這個既定的程序修改基本法。如果現在修改基本法，就只能由中國人大進行修改。這樣，是剝奪了港人參與的機會與權利。本港一些人士，包括本局的一些同事，口口聲聲強調「港人治港」、「高度自治」，恐怕中方干涉本港的內部事務，但又扼殺港人參與的權利，要求中國政府修改基本法，實在是一個諷刺〔剌〕。如果今天有人因為基本法不符合他們的立法與利益，就要求中國政府修改基本法，他日又有另外一些人基於他們的立場與利益，要求中國政府修改基本法，漠視港人，香港怎能實行「高度自治」呢？基本法作為香港的小憲法的地位，隨意受人漠視，基本法的尊嚴地位何在呢？

　　主席先生，基本法的起草及諮詢過程歷時四年零八個月之久，而且基本法諮詢委員會的成員來自不同的階層和界別，以集思廣益，這是十分具代表性的。這部基本法經過提出了兩個草案兩次諮詢期，修改了百多處，達成共識，其中亦接納了社會上不同團體及人士的四十多個民意調查，甚至部分吸納了英國政府的意見，可謂符合大部分港人的意願，協調了各方面的利益，也獲得世界社會的嘉許。因此，基本法是一部頗為完善的小憲法，本人呼籲大家擁護基本法，以便香港平穩過渡。

任善寧議員致辭：

主席先生，今天不斷有人重複提到基本法的制定，用了接近五年的時間，召開多次會議，在慢工出細貨的假設下，認為這件細貨不應隨便修改。但正如楊森議員今天所指出的基本法兩大缺點，顯示基本法表面上給香港人民主，實質上是要扼殺民主。大概那些民主修養低、奉承能力高的最後參與制定者，忘記了基本法將來會帶給台灣的參考作用。一本這樣的反民主之道而行的基本法，只會令台灣人民離心，阻延未來中國的統一。

本局的職責是制定法律、監察公共開支及政府政策，九七後既然要維持五十年不變，則立法會的功能也應該一樣，既然監察政府政策是立法會主要任務之一，只要立法會議員察覺到民意所在，有需要便應提出法律草案，行政長官不應該為了維護行政機關而持有否決權，他不應該讓行政機關由於懶惰、疏忽、或認知不足，而透過行政長官去阻撓立法會議員提出某些代表民意需求的法律草案，因為議員只是提出而已，草案尚需經過立法會議員發揮集體智慧反覆討論，才有可能通過，我們無理由相信立法會議員的集體智慧不及行政長官諮詢少數政策科官員，而又無民意基礎的決定，所以，本人支持楊森議員動議的第一項修改，以減少將來民意被扼殺的機會。

立法會議員對議員提交個人議案要經分組點票，如基本法附件二所規定者，則功能團體變相對直選及間選議員通過的議案擁有否決權，即是說，由民意基礎較薄弱的議員否決民意基礎較強的議員所通過的議案，我們知道共產國家有所謂「民主集中制」，上述分兩組議員計票的方式，或許可以說是「民主傾斜制」，不過是向民意較低的一方傾斜，這是我們不能接受的。所以，本人也支持楊森議員的第二項修改。

廖成利議員贊成楊森議員的修改，但希望按照中方的遊戲規則去辦，如果九七前可以先收集到民意，交給九七後的立法會去提出修改，理論上是不行的，不過，能夠修改的機會便更低了，但我們對民主的爭取，已不計其機會高低，只要強烈的爭取，長遠來說，對民主的進程還是有益的。

莫應帆議員致辭：

基本法第七十四條規定：立法會議員提出的法律草案，若涉及政府政策時，必須得到行政長官書面同意；附件二規定：特區立法會對議員個人提出的法案或議案，須分開兩組議員表決；該兩項規定，都嚴重地削弱了聯合聲明以及基本法第六十四條中所規定，行政機關對立法機關負責的原則。其中有兩點：

（1）立法會議員提交議員條例草案須經行政長官書面同意，無疑給予行政長官過大的酌情權，造成行政權力一面倒的局面，立法機構無法通過立法落實民意，制衡行政架構的權力，令「港人民主治港」難以落實。

（2）將立法會議員的私人法案或議案分開兩組表決。若任何一個組別支持的法案由於被另一組別否決而流產，失敗的一方會將責任歸咎於對方，令會內兩個組別的議員站在對立位置，令議會上的矛盾激化；而社會上不同利益集團若無法將本身訴求通過合法程序表達及落實的話，將被迫採取建制外激烈的街頭鬥爭的行動，對社會埋下定時的炸彈。

基本法的條文對立法會議員提案，相比現行的制度，是不適當地限制過大。所以，修改的方向應有兩個：

（1）以現行的制度，取代基本法第七十四條的安排；或

（2）進一步修改為，凡涉及公帑的議員條例草案，必須由不少於十分之一的立法會議員聯合提出。

至於分開兩組議員表決的制度，亦應以現時的全體議員簡單數票安排所取代。

總括而言，民協認為，若要落實「港人民主治港」，必須在九七後盡快修改基本法第七十四條以及基本法附件二的有關規定，令行政機關須向立法機關負責的原則充分得以落實。

張文光議員致辭：

⋯⋯朱幼麟是一個很有趣的議員，他今次的修正案，令我看到有一些黑色幽默的地方，就是他說基本法這份文件是一份充滿生命力的文件。

於是，我想一想甚麼叫做生命力呢？生命力應該是不斷進化的力量，而不是不斷倒退的力量。例如從生物的角度來說，生物是不斷進化的，而人就是進化的產物。我相信人的進化由爬行走向獨立，或者由有尾巴走向沒有尾巴，是一個很漫長的過程。但是在這個漫長的過程中，有人類的產生，並不表示人類、每一個人出世後就是永遠不變的，因為生物學內亦有一種倒退的現象，我們叫做「返祖」現象。例如在中國，很久以前有一個「毛孩」，全身好像猩猩一樣那麼多毛，為何呢？就是「返祖」，就是他本來是一個人，而到最後至一身毛，成為「返祖」，但是這一種生物學的「返祖」和倒退的現象是非常罕有的。在政治上，「返祖」的現象、倒退的現象就並不罕有，而且是經常發生的。

舉個例子，基本法內的私人提案，在現時我們的議會內，這個私人提案只要不涉及財政，只要不涉及主權國的一些外交的協議時，便可以進行。但是在基本法內，它肯定是一個倒退，因為基本法規定任何的私人提案要行政長官同意，即如果違反了政府的政策，要行政長官同意其實是很難的。在這樣的情況之下，我們怎能說基本法的條文是進步的條文、進化中的條文，怎能說它有生命力呢？其實它只是倒退力，是退化的力，這倒退的要害是甚麼呢？這倒退的要害是，由於任何的私人提案要首先得到行政長官書面同意，於是閹割了我們議會本來已經有的權力。第二，由於這些私人提案，即使提交了立法會，還要進行兩次表決的機制，於是令中方或未來特區的政府可以將我們民選的立法局，或變相委任的立法局，或一個已經四分五裂的立法局，分而治之，令議員條例草案的提交，在兩個投票中通過，根本是難於登天，民意亦因此而化為烏有。在這樣的情況之下，為何還要維護倒退的基本法條文呢？

今年有相當多的民選議員，包括民建聯的議員，民主黨、工盟等很多的議員都提出一些議員條例草案，他們是要改變政府的政策。其實，最早是誰提出議員條例草案？是民建聯的譚耀宗先生。他提出來的草案，就是要改變政府錯誤將外籍公務員轉制的政策，而得到立法局全面的支持。所以，若問議員條例草案是否一個好的做法，是否一個能夠真實反映民意的做法時，答案是肯定的。今年，我們反對殖民地政府時，我們就懂得用議員條例草案，但是，未來如果是反對特區政府一些不合理的政策，為何不可以用呢？為何作為一個議會，作為一個議員，作為一個政黨，是要同意如此閹割議員的權力，要令議員行使這項權力時，要過

五關，較〔斬〕六將，到最後仍要碰到銅牆鐵壁呢？我是不明白的。

有人說：不要隨便修改基本法，基本法用了四年作廣泛諮詢，怎可以隨便修改呢？但是請大家不要忘記，四年的諮詢內肯定是沒有包括羅德丞當時提出的一會兩局方案，因為一會兩局方案是在八九年八月時出現的，而在九〇年的四月，這個一會兩局方案已經變為正式基本法內容的附件二，就成為「一會兩投」的方案，在這樣的情況之下，又怎能夠說它經過四年的漫長諮詢呢？即使短短的幾個月，「一會兩局」方案當時都受到社會極力反對，又怎能夠說經過廣泛諮詢不要改呢？亦有說法是：只剩下一年時間，為何要改呢？其實它不是只剩一年，這不合理的「一會兩投」方案是已經凍結了六年，在這六年內，立法局已經發生很大的變化，無數議員條例草案出現通過，並且有效地影響社會政策。為何我們不可以在基本法內作出周詳的修訂，而最終對社會是有利的呢？朱幼麟議員說：上帝頒了十誡，教徒就要信十誡，但他沒有留意，解釋基本法的上帝，其實是不斷改變基本法十誡的解釋權，當上帝是不斷改變基本法十誡的解釋權時，同時又要香港的立法局不要觸摸這個基本法作任何改動，這是一個不公平的說法，這是一個不公平的權力的天秤。事實上，四年內基本法的解釋改變了很多。選舉的定義改了；言論自由的定義，因為基本法第二十三條有關「不准鼓吹」兩個中國的規定而又改了；人權或原有的法律不變，現在又改了；法治內「國家行為」的定義又改了。當中國政府用這麼多的解釋來修改的同時，而又要香港人千萬不要觸摸，千祈不要改，這是佔便宜，簡直是將香港人當做「阿斗」。

所以，在這種情況下，主席先生，朱幼麟議員的黑色幽默是不應該視為正常。……

陳鑑林議員致辭：

主席先生，《香港特別行政區基本法》於一九八五年開始草擬，在港人廣泛的參與下於一九九〇年終於大功告成。

基本法的起草工作歷時四年八個月，期間分別舉行了多次研討會，全體諮詢委員更分批對基本法的有關事宜發表意見，基本法諮詢委員會亦有會見市民計劃，蒐集港人意見，可見基本法的制定是有港人充分參與的。

主席先生，基本法作為一份憲制文件，本身亦提供了一項嚴謹的修訂機制，讓在實踐過程中因應需要，經廣泛討論及取得共識下作出適當的修訂。

今天，基本法還未付諸實施，但楊森議員就提出修訂基本法，我認為這顯然是操之過急！他的目的固然志不在於基本法第七十四條及附件二條款存在的問題，而是在於全面否定基本法，否則，當年所謂的民主派人士，火燒基本法又所為何事呢？難道就是為了不滿這兩條條款嗎？我相信某些人士當然須要向市民作出清晰的交代！

事實上，任何熟讀基本法的人士都清楚知道，基本法內已清楚訂明修改的程序，我相信今天原動議者都是熟讀基本法的。

基本法第一百五十九條已清楚列出修訂的程序，並說明在提出修改議案列入全國人大會議議程前，更須要先由香港特別行政區基本法委員會研究，並提出意見。

原動議者不理會已載於基本法內的程序，並要求本局促請中國政府修改基本法，我認為這是一項不尊重法律、不負責任的行為，更在原則上出現嚴重錯誤。

首先，本局明顯沒有任何憲制地位，直接要求中國政府在九七年前修改基本法；再者，議案措辭沒有提出修改基本法的時間性和方法。如果楊森議員覺得中國政府完全可以在任何時間自行修訂基本法的話，則我相信楊議員有需要清楚解釋，並說明「民主黨」對此全無異議。

不過，剛才何俊仁議員就提出了一個方法，並且認為不一定在九七後才可修改。何議員更表示修改基本法只要有民意基礎便可以。試想想，現在的民意基礎有時候已大為扭曲，甚至有時候連民主黨也不遵從，又怎可以此作為修改基本法的基礎？

楊森議員及張文光議員都列舉了本局過去議員條例草案得到支持，對政府所起的監察能力。但我認為他們可以放心，因為擔心是不必要的。不管在任何時刻，議員都需要相互尊重、相互信任及履行職責的能力，無論是政府或議員的條例草案，好的自然會獲得通過，不好的一定不會通過。本局過去也有不少例子，所以我相信他們是非常清楚的。

主席先生，民建聯堅決反對在九七前修改基本法，更何況在此時便邀請中國政府單方面修改這基本法呢！

任善寧議員說到基本法的條文扼殺民主，恐怕會影響統一台灣。但我認為他大可放心，因香港特別行政區的基本法是經四年八個月的草擬，經過無數次的諮詢港人才完成的。任議員大可將基本法的制定過程告知台灣同胞。我們完全樂於看到「一國兩制」將來同樣可作為解決台灣問題、統一中國的模式。將來中華人民共和國台灣省的基本法，一定會為台灣同胞所接受的。

主席先生，在過渡期的最後一年，民建聯呼籲港人在基本法已經敷設好的軌道上，用積極行動共同努力，建設未來香港特別行政區。

馮檢基議員致辭：

我覺得楊森議員的原議案有三矛盾，我不提他說修訂的那兩條，因為那兩條我們是同意的。三矛盾的地方是上星期李柱銘議員才提過一個議案，要我們捍衛香港的「一國兩制」，小心中國干預，但今次的議案實在是要中國人大修訂我們香港內部的一些法律條文，我真不明白為甚麼會有這個矛盾出現。

第二個矛盾是在很多民主黨議員的發言中，都表示不相信中國的執政黨——共產黨，認為中國的執政黨（共產黨）現在正製造一個傀儡行政長官，製造一個變相委任的立法會，但他們又相信中國會代其修改基本法，這個矛盾怎樣解決？你不信他，但又相信他會替你改。這個矛盾我很不明白。

第三個矛盾便是基本法的第一百五十九條，我記得這件事非今天才發生。我在以前的議案辯論中亦提過，何俊仁議員連事實也不知道。一九八八年時，有民主派的草委對我們民協說：「關於基本法，我們正要求提案權加入香港特區政府。」因為根據現在的憲法，修改中國憲法只有人大常委提案或國務院提案，我們現在要求加入特區政府提案，是一個很特別的例外，並且要爭取只可以讓特區政府提案，因為這會保證人大常委和國務院不會為我們修改基本法。

尚有第二個關卡，當年的民主派草委提醒我們民協，正如李柱銘議員所說第一百五十八條最後一段及一百五十九條所說的基本法委員會，即使真的有一天，人大常委或國務院要提案，也要經基本法委員會討論和諮詢，在討論和諮詢的過程中，香港人一定知道，香港人有機會發表意見，甚至反對一些我們覺得不合理的修訂或提案。當年兩位草委要求民協支持和堅持。民協在八八年通過支持，堅

持到今時今日。我並非因為楊森議員的提案而刻意去修改的，這個決定是民協八八年時通過的。何俊仁先生當時身為民促會的成員，我相信他知道當時曾經有過這些提議。即使現在沒有人承認曾有這些提議，我們民協是在八八年時已堅持基本法在九七前不可以修改，不是因為今天的議案而修正楊森議員的議案，不是為反對楊森議員而反對楊森議員。正如廖成利議員所說，這是一個原則問題。這是保證香港「港人治港」的兩條很重要的機制。

李卓人議員致辭：

……朱幼麟議員現在可能變成本局的「修正先生」，但是我相信他提出修正，是因為他有一條很清晰的政治路線，就是他一開始第一次提出議案時，我記得他已經表示了態度，就是要用合作來取替對抗，希望香港和中國政府合作，這是他一直所倡議的，所以他至今沒有改變，他今次的修正案亦很清楚表示他是要和中國政府合作。但是，我擔心這究竟是否一項無條件的合作，而這合作最終會否令其變成中國政府的「打手」，或者這合作最後會否變成其實是與中央政府合作來破壞香港的高度自治？這是合作背後的最大的問題。如果合作帶來的結果是破壞港人高度自治的話，這合作不是香港人所要看到的合作，而今次他的修正，就令人覺得他的合作是完全要充當中央政府的打手，或他的合作是會破壞香港的高度自治。為何我這樣說呢？因為他的字眼很清楚，要支持基本法的整體內容，完全支持的，一點兒也不可以批評。基本法是否神聖不可侵犯、是否全部條文都是全對的呢？

今天，楊森議員所提及的兩項條文，我就覺得是其中兩條是最不對的，最不對當然是基本法本身的民主進程並未尊重港人高度自治，根本沒有高度自治，因為如果沒有百分之百普選產生的立法會、百分之百普選產生的行政長官，根本就不是港人高度自治，而基本法在這方面一直是加以限制的，而即使最終於二〇〇七年由當時的立法會來決定，都要三分之二當時的立法會議員來通過。但當時的三分之二立法會議員，如果不是普選產生的話，我很難想像它會不依從中央政府的指令來做事，所以最後也是由中央決定、由中央控制。如果由中央控制，就不是高度自治了。剛才楊森議員提出關於議員條例草案的提案權，如果我們立法局

的議員沒有議員條例草案的話，我覺得我們完全不可以監察政府。九七之後，如果沒有了這項權力，最後，立法會就真會淪為一個橡皮圖章，監察政府的能力根本受到大大削弱。我覺得這是目前，九七之前立法局的實踐的一個結果。所以，我們覺得如果朱幼麟議員要其他人支持基本法整體內容的話，其實就是與中國政府合作來破壞香港的高度自治，亦令香港市民不可能有獨立的思考。我覺得香港市民自己去看基本法時，最重要是要有獨立的思考，而不是聽從朱幼麟議員說我們要完全支持，這就是最好的了。

另一個問題就是基本法的整個草擬過程，其實，總的來說，最後的落筆權也是由中央控制，港人的參與權非常有限，並且只限於中央欽定的港人，所以，其實不應該如此強調基本法是如何困難才產生；如何辛苦，最後都是由中央政府選定的港人才有份參與，不是香港人普通市民有份參與，至少就沒有公民投票。剛才陳鑑林議員說可以讓台灣人民知道整個基本法制定過程，我想屆時「雞飛狗走」也不定，會嚇怕他們。我覺得不告訴他們可能他們還會有點信心，說給他們知道則反而沒有信心了。

最後，我想講一點，就是朱幼麟議員亦說要包括其中條文關於修訂基本法的程序，但是基本法的修訂程序，總結是三個字：「難、難、難」，根本是很難修訂的，除了國務院或全國人大之外，香港特別行政區想修訂是很困難的，原因很清楚，大家剛才也可能有提及，我不再重複。基本法第一百五十九條很清楚說明，一定要三分之二的香港人大代表、三分之二的立法會議員、行政長官，三方面一齊提出，然後最後修改權仍然在全國人大。如何修改？很難修改，除非中央政府說要修改。所以，這樣困難才能修訂基本法，其中那麼多條文限制香港人的參與，如何還能說香港人有高度自治？所以，我覺得如果我們任何議員是支持朱幼麟議員的話，其實是支持香港不應有高度自治。……

楊森議員致辭：

……我們民主黨很抱歉不可以支持廖成利議員的修正案，因為我作為憲制發言人，也想得到他們四票的支持，不過想深一層也不行，主要有兩個原因。

主席先生，一是它嚴限所有基本法的修訂，它說「鑑於修改基本法的程序在

九七年才生效」，所以任何修訂一定要九七年後。主席先生，我想說一下我們民主黨為何不接受，因為民主黨一向希望第一屆的立法機關和行長政官要是由普選產生的，既然第一屆的立法會和行政長官要普選產生，有一個技術的問題就是基本法一定要九七年之前修改，本來我的議案也有這一部分，但主席先生的決定是因為上一次劉慧卿議員提及影子政府時已談及，我接受你的決定，所以我的動議沒有提普選立法機關和行政長官，但我相信各位議員也知道我們民主黨的立場是很清楚。既然我們要求第一屆的立法會和行政長官要普選產生，很明顯修改基本法一定是要在九七年之前，所以令〔今〕次如果要取得民協四票的支持，令我的議案有機會通過的話，我們就違反第一屆普選立法機關和行政長官的原則。大家都知道這件事很嚴重，即民主派放棄普選立法機關行政長官的原則，根本是不可以想像，所以，不可以。

另外一點不可以接受的，是因為廖成利議員和民協很強調修改一定要根據基本法的機制，剛才李卓人議員及李永達議員也提及，根據基本法第一百五十九條的修改機制是比較困難的，因為立法會的產生不民主，行政長官的產生又不民主，人大亦不是透過普選產生，所以我們希望中國政府在尊重香港民意的情況下，修改基本法。這是另闢途徑，可能民主黨老是希望在民主原則上另闢途徑，就令到我們和民協在中方的眼中是有所不同，這可能大家性格使然，或大家作風使然，或大家對原則的執著而使然。所以，解釋之後，我們是不可以支持廖成利議員的修正。

憲制事務司致辭：

議案主要內容涉及基本法第七十四條有關議員提案權的規限，以及附件二有關特別行政區立法會表決的規定。基本法第七十四條規定「香港特別行政區立法會議員根據本法規定並依照法定程序提出法律議案，凡不涉及公共開支或政治體制或政府運作者，可由立法會議員個別或聯名提出。凡涉及政府政策者，在提出前必須得到行政長官的書面同意」。至於附件二則訂明「立法會議員個人提出的議案、法案和對政府法案的修正案均須分別經功能團體選舉產生的議員和分區直接選舉、選舉委員會產生的議員兩部分出席會議議員各過半數通過」。我想指

出，實施或修訂基本法條文的工作，應該由中國政府和未來香港特別行政區政府負責。

基本法第八章對修改基本法程序已有明文規定。對於香港市民來說，任何修改基本法的建議，都與他們息息相關。至於如何具體諮詢香港市民的意見及處理修改基本法的建議，則應該由中國政府和未來香港特別行政區政府決定。

楊森議員的建議亦引出一個重要課題，就是行政機關和立法機關的關係。在此，我想強調兩點。第一，「行政主導」是香港政府一貫的運作模式，而多年來，這模式一直行之有效，為大眾所接受。第二，要有一個有效而負責任的政府，行政與立法機關既要互相制衡，亦須互相配合。中英聯合聲明附件一第四段有關「行政機關必須遵守法律，對立法機關負責」的規定，正好指出這項重要原則。香港政府行政機關一向奉行這原則，九七年前如是，九七年後亦會繼續如是，以貫徹中英聯合聲明的精神。

基本法為一九九七年後香港的生活方式勾劃了一個藍圖。香港每一個市民都期望現時的生活方式延續至九七年後；期望所享有的自由能夠得到保障；期望法治精神能夠保持不變；更期望經濟競爭力不斷提高。這些香港人的期望，正是中英聯合聲明和基本法所訂「一國兩制」、「港人治港」、「高度自治」這些原則的具體表現。我們當然希望在實施基本法的過程中，能夠落實這些重要原則。

1996年10月2日
總督施政報告

民主

51. 本港和海外人士大都認為，中英談判的一次重大挫折，在於雙方雖然已作出種種努力，可惜未能在一九九二至九三年度，就立法局、兩個市政局和區議會的選舉安排達成協議。很多人花了不少筆墨來討論這事。我不打算詳細談論選舉安排所引起的爭議，因為事實上有關的爭議已經按照程序，正正在這會議廳內解決了。今天，我只想對這次爭議和爭議背後的意義，提出一些概括的看法，並談談這次爭議帶來的影響。

52. 首先，有人把這次爭議描述為英國政府企圖在香港搞民主大躍進，這種說法不但粗率，而且並不正確。對這種說法嗤之以鼻的，不獨是李柱銘和劉慧卿兩位議員。追溯這次爭議的由來，其實是因為英國政府，而不僅是英國委派來港的總督，致力按照基本法規定的範圍，落實在一九八四年對香港人所作的承諾。當時我們這種自我約束的運作方式，遭受不少民主派人士批評；其實作出同樣批評的，還有其他人，只是到了今天，這些人的看法已有不同。當時他們聲稱，最重要的是做符合香港利益的事，即使這樣做有時可能會與中方的意見相左。

53. 其次，中英之間的爭議，自始至終都與違反聯合聲明或基本法的問題無關，雖然，連珠的言論大肆宣傳，提出了不同的看法。那些語氣肯定的言論，常令我想起美國一位年老的出庭律師的話，他在總結對陪審團的陳詞時這樣說過：「各位，以上是我的結論，而我就是基於這些結論而提出事實的。」我們所做的一切，完全符合中英兩國的莊嚴承諾。大家也不應以為，立法局選舉在一夜之間帶來了我們數十年來都沒有的民主制度。去年九月的立法局選舉，是中英雙方早在一九八四年同意舉行的，是一次公平的選舉。然而，問題的核心卻正正在此。對某些人來說，這次公平的選舉產生了錯誤的結果，那就是太多支持民主的人士當選立法局議員，以致有人說立法局已變得難以控制。當初要是我們同意進行一

次不公平的選舉，也許就會得到某些人的支持，但果真如此，我們又會否獲得香港市民的支持呢？

54. 我相信本局沒有一位議員會否認，每逢香港公正地考查民意，結果都顯示有接近三分之二的選民支持民主政制。這個現象多年來不曾改變，而我也完全不感意外。事實上，這與世界各地，尤其是亞洲的情況，並無二致。人們日趨富裕，遊歷見聞漸多，教育水準日益提高，自然希望參與本身政府的事務。在香港來說，還有一個原因，就是市民都希望目前的自主和生活方式得到充分保障。要確保「港人治港」，最佳方法莫如通過公平的選舉，選出管治香港的良才。

55. 儘管主權移交帶出了許多重大問題，但民主仍能在香港有秩序地發展，足以反映香港的特質，並再次印證一點，就是我們可以信任香港人是自重和負責的。香港人公道和明理，而香港一貫的管治方式，也鞏固和助長了這些特質。我認為這種管治方式，較諸那種違背承諾、意圖扼殺市民合理要求，並把名副其實代表民意的政界人士擯諸政府門外的管治方式，更能贏得市民的信任和支持。

56. 我最近從報章得悉，中國官員表示願意與民主派人士對話，我為此感到高興，並祝願雙方的會談能取得良好進展。我熱切希望他們能夠真正展開對話，倘真成事，相信香港人以至世界各地的人都會大感寬慰。

「臨時」立法會

57. 不過，我們快將面臨關鍵時刻。如果推翻上屆立法局所通過的選舉安排（這雖是下策，但可惜有言這個決定不會改變），那麼，用作替代的另一套安排，是否能夠容納民主意見和支持民主的立法局議員？我們清楚知道本港政制的運作情況。支持民主的立法局議員的主要實力，並非源於功能組別或選舉委員會。雖然這種選舉安排曾引起很大爭議，但所得結果卻清楚說明了事實。支持民主的立法局議員的主要實力，其實在於地方選區，而根據基本法的規定，經地方選區選舉產生的議員人數將會增加。因此，如要減少支持民主的立法局議員的人數，唯一方法是左右地方選區的選舉安排。我們會密切留意事態的發展，而國際社會對此也會同樣關注。

58. 我對這個問題還有最後一個論點。人們關注這場爭論，原因有兩個。首先，他們擔心選舉的涵義一經重新詮釋，其他範疇也可能會有新的詮釋。如果你

的行事方式使人懷疑你在某方面沒有誠信，那麼，你在其他方面的意圖受到質詢和懷疑，也是不足為奇的。人們的疑慮會逐漸擴大至更廣闊的層面，他們甚至會擔心多元政治和自由在香港是否還有前途，而立法局的角色、公信力和合法地位，就是這些疑慮的核心所在。如果你擔心立法機關誠信不足，你又怎能對法治的前景充滿信心？如果這個立法機關只容許某些人享有言論自由，你怎能確信日後會有言論自由？如果為了政治上的利便而限制了公開程度和對市民所承擔的責任，你又怎能完全相信政府日後是篤實可靠的？過去以至將來，這個立法局都是個鮮明的象徵，既標誌著香港社會當前的面貌，也預示了香港社會可有和應有的前景。

59. 英國曾多次向中國領導人表明，如果解散立法局，另以一個並非由選舉產生的議會取而代之，不但是錯誤的安排，而且會帶來不利的影響。我們對這事的立場一直堅定不移。立法局是通過選舉產生的，任期為四年，我們認為沒有任何理由不容許立法局完成這個四年的任期。英國部長級官員也把我們對成立所謂「臨時」立法會的看法，表達得非常清楚。

60. 他們指出，我們反對成立「臨時」立法會，除基於理由充分的原則外，還涉及一些我們所憂慮的問題。

61. 舉例來說，假如容許「臨時」立法會在一九九七年七月一日前運作，將會影響社會安定。我們已經列舉種種理由，詳細解釋為甚麼香港完全沒有成立「臨時」立法會的必要。那些據稱會由「臨時」立法會負責的工作，部分已經或正在通過其他途徑處理。其他範疇的事務，實在沒有必要在一九九七年七月一日前正式作出決定或展開工作。至於成立特區政府的大部分籌備工作，則大可依循我們行之已久的行政主導制度，交由候任行政長官和屬下的領導班子負責。基本法中已有若干條文清楚訂明特區政府在制訂政策，以及在提交、審議和通過法例時必須依循的程序。任何由「臨時」立法會頒布而未經上述程序制定的法例，在日後的法律訴訟中，必定會受到質疑。

62. 英國部長級官員並促請中國領導人留意聯合聲明第四款的條文。這項條文的內容是：

中華人民共和國政府和聯合王國政府聲明：自本聯合聲明生效之日起

至一九九七年六月三十日止的過渡時期內，聯合王國政府負責香港的行政管理，以維護和保持香港的經濟繁榮和社會穩定；對此，中華人民共和國政府將給予合作。

條文的含意是最清楚不過的。

63. 成立「臨時」立法會本來已是個壞主意，提出「臨時」立法會可與立法局同時運作，也就使這個壞主意變得更壞。我衷心希望，即使現在已到了較後的階段，有關方面仍會對這個壞主意加以三思。這主意不僅沒有必要，我重複，不僅沒有必要，而且惹人爭議。我們會劃清界線，既不會協助「臨時」立法會的成立和運作，也不會匡助這個組織應付法律的質疑。

候任行政長官

64. 不過，我們必會以同樣明確的立場和正面的態度，協助候任行政長官。我要強調這一點，同時也要澄清另一個問題。盡我所能協助我的接任人，是我的職責，也是我的意願。除了我剛才所說關於「臨時」立法會一事外，我說全力協助這句話是毫無保留的。至於怎樣協助，我暫時無法具體詳述。我的接任人定會有一套工作計劃，我無意越俎代庖。公務員將會為可見的大局籌備一切，例如安排辦公室和編配人手等。不管候任行政長官要求甚麼方式的協助，我們都會因應需要，恰如其分地作出適當安排，而不會有所逾越。只要候任行政長官提出要求，我們定會設法做到。我們理應如此，而這樣做也符合了香港市民的要求和期望。當然，我們已向中方轉達了這項保證。

65. 至於要澄清的問題是，間或有人說，假如我們屬意的人能夠排眾而出，擔當行政長官這個要職，那麼，我們便會多給一點幫忙。這是無稽之談。我們心目中並沒有人選，況且人選也不是由我們來定。我們不曾、不會、也無意干預推選過程。不論誰當選，我們都會全力給予支持。

1996 年 10 月 3 日
總督答問會：施政報告

蔡根培議員問：

總督先生，你在施政報告中多次引用外國革命思想家和民主鬥士的格言，包括法國的托克維爾、緬甸的昂山素〔姬〕和南非的曼德拉等。你是否想鼓勵香港市民在九七年後大攪抗爭和運動呢？

總督答（譯文）：

唔，這位議員提及的三位人士均致力維護端正的信念和自由價值，我認為他們是世界歷史上其中一些最值得敬佩的表表者。因此，倘若我真的要鼓勵別人尋找作榜樣的對象，我肯定沒有多少更好的榜樣。我的意思是，這位議員固然可提及偉大的宗教人物，但就政治人物而言，我想他似乎已提及了三位任何剛正的人都會敬仰的人士。

我從來沒有認為自己是革命分子。這位議員應聽聽我在英國的政敵從前怎樣說我。我是徹頭徹尾的保守黨人，完全不是革命分子。不過，我的確十分敬佩這位緬甸籍的諾貝爾得獎者，我認為她以無比的克制力和正確的信念，追求一些我相信的、而我希望這位議員也同樣相信的價值。正如我昨天所說，我認為托克維爾是最偉大的政治哲學家之一。我想沒有很多人會認為他是革命家；舉例來說，他的革命色彩遠較馬克斯〔思〕遜色。至於曼特拉，我想在過去數年，他的寬宏大量已給整個世界上了最寶貴的一課；事實上，重建南非社會的希望，在很大程度上是有賴他那驚人的海涵胸襟。

因此，若我們能以曼特拉的寬容精神，托克維爾的政治智慧和其對自由的見解，以及昂山素姬的勇氣和克制力，作為我們在未來數年的座右銘和指導方針，

我們將會有相當不俗的表現，而本港也將會成為一處極文明的居地。

李柱銘議員問（譯文）：

主席，總督先生，我正在翻看施政報告第 96 段引述傑克・倫敦（Jack London）的部分。我不知道你腦海中所想的是否現時的立法局，而這個立法局的任期可能會比你所預期的任期為短。不過，如果我把字眼稍為改動一下，那會否適用於你對臨時立法會的看法？——「寧伴寂寂朽木，默然同腐」，若非如此，那便是「寧它光芒不及流星耀目；我欲悠悠沉睡、冷眼旁觀、恝然置之」。

總督答（譯文）：

這位議員文思勃發，實在可喜可賀。我們期待有機會拜讀《野性的呼喚》（The Call of the Wild）和《白牙》（The White Fang）的李氏版本。我亦知道，李議員的同僚司徒華議員，定可在閱讀傑克・倫敦的著作方面助李議員一臂之力。

昨天，我花了不少時間詳述我對臨時立法會的看法，也提醒了大家，英國政府對這方面的看法。我實在仍然感到奇怪，我們居然須要當我跟首相、外相和英國政府對臨時立法會的意見真的有所分歧，而去對付這些聯合陣線的力量。任何人假如真的認為，在如此重要的問題上，我的意見和英國政府的立場會有半點口徑不一的話，那人實在對英國的政情或英國政壇內千絲萬縷的關係認識太少了。

然而，暫且擱下此事，我要再一次直截了當地告訴這位議員，英國政府相信，聯合聲明和基本法都沒有提及過臨時立法會。我們認為，解散現有的立法局和設立臨時立法會的建議（讓我引述外相的說話，他的用詞較我所用的措辭強烈得多）是「可譴責及缺乏理據的」。而且，我們相信在一九九七年六月三十日前設立臨時立法會，只會將一件做壞了，令一個壞主意更拙劣。英國各部長的看法是，此事一旦發生，難免叫人質疑中方是否會遵守聯合聲明。

我接觸過的律師可能為數不多，我承認我確曾聘用過一位外號「可能先生」的律師。然而，憑我的記憶所及，律師往往不願意在事情確實發生之前，評論這項或那項行動是否合法。我也相信，很多律師都認為，鼓勵別人不去做你認為是

愚蠢或不智的行為，總較假設他們已經這樣做來得明智。

我尚且記得錢其琛先生今春在海牙向英國外相保證，在一九九七年六月三十日之前，香港只會有一個立法局，就正如香港只會有一個總督和一個處理上訴個案的樞密院一樣。我還記得該項保證是，我們認為不應成立的臨時立法會一定不會在一九九七年六月三十日之前運作。因此，我必須向這位議員說明，我和英國政府的其中一項首要任務，就是確保中方官員所做的，與錢其琛先生所說的貫徹一致。除此之外，我們仍然堅守一個立場，那就是解散現有的立法局是極為不智的做法，而我們亦會繼續反對這個做法。

李柱銘議員問（譯文）：

主席，簡短地說，如果那天真的來臨，你會袖手旁觀，還是會做一些你現在不打算告訴我們的事情？

總督答（譯文）：

這位議員無論是否採用文學詞藻，均經常引導我回答假設性的質詢。我會請他留意首相於三月訪港時的說話，我相信很多人也認為那番話是有力捍衞英國政府、香港政府和香港市民立場的言論。每個人都寧可⋯⋯我說「每個人」——大部分人都寧可看到現有的立法局可以完成四年完整的任期。我不得不說，我實在很難想象當日草擬聯合聲明的人談論由選舉產生的立法機關的時候，他們的構思是一個由四百人選出來的立法機關，而這四百人自己也是基於不同的原因而被選出來的。我也不相信，前英國駐北京大使會對選舉有這樣的理解。

田北俊議員問（譯文）：

⋯⋯大部分或相當多的條例草案或條例很有可能不能在一九九七年七月一日之前獲得通過，倘真的如此，當局〔是〕否讓公務員於七月一日之後與臨時立法會合作，並說服臨時立法會，從而令還未完成的工作，即未能於明年之前通過的

法例，能盡快通過；又或是你認為這些由你開展的工作應留待一九九八年選出特別行政區第一屆立法會後才作定案？

總督答（譯文）：

我相信我的答覆已在這位議員的意料之中。我認為要通過本屆立法局第二個立法年度未能通過的法例，最好的方法是在一九九七年七月一日之後的第三個立法年內完成有關的工作。這其實是要求本屆立法局議員可順利過渡九七的有力論點，不過各位議員當然是需要通過一些客觀的測試，例如要宣誓效忠基本法和特別行政區。這將會是解決這項特別難題的最佳方法，而如果我們能得到這位議員的支持，相信我們均會衷心感激，驚喜萬分！（眾笑）

1996 年 10 月 16 日
致謝議案辯論

梁智鴻議員動議議案：

「本局感謝總督發表施政報告。」

梁智鴻議員致辭（譯文）：

主席，我謹代表本局全人動議通過以我名義提出並已載列於議事程序表內的議案。雖然如此，我很明白我的意見不一定代表所有議員的看法，但我肯定我們提出的其中一部分意見，代表所有議員的看法。據悉，今天（編者注：實則在 1996 年 10 月 17 日的恢復致謝議案辯論中）會有議員動議修正致謝議案，這在 150 年的英國統治期來說，還是破天荒第一遭。我們應該歡迎此著，因為這正好體現民主是甚麼的一回事。只可惜的是，民主來晚了。

……

立法局議員在憲制上有提交議員條例草案的權利

此外，政府當局也有不是之處，因為很多條例草案早在多年前時間比較充裕的時候提出。可是，政府卻選擇這麼晚才提出條例草案，並且把責任推卸在本局議員身上，這樣做實在不公平。總督和政府當局已不止一次，而是多次的批評本局議員提出議員條例草案，說他們「佔用政府當局的時間」、「防〔妨〕礙條例草案委員會的工作進程」等。

讓我告訴總督與政府當局，提出議員條例草案是憲制賦予本局議員的固有權利，還有，讓我代表本局告訴政府當局，議員是由於感到憤怒才提出議員條例草案。議員感到憤怒，是由於政府處事慢條斯理。此外，對於議員因回應市民意見

而提出的沒有立法效力的建議或要求，政府卻袖手旁觀。

主席，我們所有人都同坐一條船，被困在急流當中。要安全駛離急流，不單止有賴每個人的努力，而且有賴大家互相尊重、信任和合作。

李柱銘議員致辭：

有人說，如果不是彭定康總督來香港「搞搞震」，就不會有中英爭拗，不會有臨時立法會。

九一年立法局選舉，民主派大勝，取得大部分直選議席，這是民心所向。但中國官員亦因此提出「直通車」要驗票，要趕人落車。那時彭定康總督正忙於籌備保守黨大選工作。

稍後，中國官員叫香港學習澳門比例代表制選舉時，相信彭定康總督當時仍然苦思為何在巴庫的選舉會落敗。

就如今天中國政府主導的籌委會，其運作根本與英國，與彭定康總督無關，但我們卻見到整個運作方式，包括推選行政長官的方式，照搬內地一套，因為他們習慣地要事先知道選舉的結果，才安心進行選舉。

我相信如果沒有彭定康總督的政改方案，將沒有臨時立法會，但臨時立法會的工作，卻會由九五年產生的立法局去做。因為要九五年立法局可以過渡，英國政府就要接受驗票的要求，而九五年的選舉也會依照中國政府的構思去進行。當中國政府已控制了九五年的立法局，自然沒有成立臨時立法會的必要。但屆時的情況是：我和民主黨各人已無機會在這裏辯論施政報告，而下星期的立法局議事程序中，可能有一項是閹割《人權法》的修訂條例草案，再下一個星期三是修改選舉法的條例草案，因為九五年的立法局，就會像臨時立法會一樣，是一個由北京政府控制的橡皮圖章。如果在座各位不同意我的觀點，當你們加入了臨時立法會後，就請用行動否定我這番說話。

……

我在此要特別指出臨時立法會的破壞性。現在無論「愛國愛港」人士、中國官員和特區首長候選人都大力強調法治的重要性，但他們是否明白法治並不能單單依靠獨立的司法制度。

納粹德國的教訓，眾所周知。在二次大戰前，德國威瑪共和年代（Weimer Republic）有良好的司法制度，法官為人民維護公義。到希特拉領導的納粹黨主宰德國議會後，法官還是那些人，但他們再不能維護公義。道理很簡單，議會已被納粹黨操縱，不是通過良法來保障人民的權利，反而通過惡法去遏制人民，所以法官亦變成納粹黨遏制人民的工具。

我再重申，沒有民主，便沒有法治。成立臨時立法會，去閹割《人權法》，去還原惡法，去遏制人民的權利，是香港法治崩潰之始。無論你們是坐視不理、袖手旁觀，抑或見風轉舵，埋沒良心，到最後都要面對歷史嚴厲的審判。

殖民地行將結束，一個新時代將會降臨，但「一國兩制」不會從天而降，民主、自由、人權及法治不能靠當權者施予。千里之行，始於足下，「一國兩制」會否成功，有賴我們每一個人。

有人認為臨時立法會事〔勢〕在必行，米已成炊，所以我們要接受現實，但我要指出，只要我們繼續爭取，雖然我們尚未成功，但亦未失敗，當我們放棄之時，便是真正的失敗。當行政長官與立法會不是由全面普選產生，我們就會繼續鬥爭下去。爭取民主是一個漫長的鬥爭，我有信心民主、法治最終會在香港、在中國出現。我期望在座各位，當這一天來臨的時候，我們可以迎接掌聲，受之而無愧！

葉國謙議員致辭：

執迷不悟只會泥足深陷

主席，更令人難以理解其行事動機的是，彭定康總督在施政報告內以一些較過往每次抨擊臨時立法會更嚴厲、更富煽動性的言詞，反對臨時立法會的成立。

每樣事情的發生都有其前因後果的，相信香港市民記憶猶新，彭定康總督九二年來港後不久，就拋出了其「政改方案」，親手將「直通車」拆毀，使中英關係在過去一段日子遭到挫折。如今四年已過，彭定康總督不但沒有從錯誤中醒悟過來，反而是進一步為自己的錯誤而作種種解釋，把是非黑白顛倒，「強調中英之間的爭議，自始至終都與違反聯合聲明或基本法的問題無關」，甚麼「臨時立法會九七年七月一日前運作，將會影響社會安定」。其實，臨時立法會的成立

就是要避免在九七年主權移交後，香港出現立法真空，以維護香港的社會安定。
而國務院港澳辦公室主任魯平日前再次強調，臨時立法會不會跟現時立法局「唱
對台」。從魯平主任所說的臨時立法會三大重任來看：（一）處理國籍和選舉問
題；（二）制定居留權和入境條例；（三）解決終審法院法官任命問題，假如沒有
了臨時立法會，九七年後便會出現立法真空，那才是不可想像的。

然而，更叫人費煞思量的是彭定康總督將設立臨時立法會乃英方一力促成的
「果」，理解成是「因」，硬要將事實扭曲，誣衊中方提出解散立法局是因為不滿
選舉結果：有太多支持民主的人士當選，令立法局已變得難以控制，故中方才決
定解散立法局。香港市民都清楚知道，九四年 17 輪中英政制談判破裂後，中方
官員包括國務院港澳辦公室主任魯平和香港新華社分社社長周南，都一再表明在
「三違反」政改方案下選舉產生的立法局議員是不能過渡的。大家都十分清楚記
得，即使在選舉當日，新華社也發表聲明，清楚表明此立場。彭定康總督總不能
無視這現實，將成立臨時立法會的動機說成是中方要把民主黨人士拉下馬，不讓
他們過渡的陰謀。六十名現任立法局議員的「下車」，完全拜彭定康總督所賜。

彭定康總督在後渡期香港社會最需要穩定之時，卻不斷發表挑起爭端的言
論，誓與臨時立法會「搞對抗，拒合作」，干擾特區政府的籌組，惹事生非。如
果說有人在「影響社會安定」，此君非彭定康莫屬。

劉皇發議員致辭：

主席，總督對臨時立法會的立場是眾所周知的，因此他說要劃清界限，不會
協助臨時立法會的成立和運作，只不過是重申他一貫的立場；但施政報告一再提
出臨時立法會在香港回歸前與立法局同時運作的憂慮，是沒有必要的。中國政府
已經表明，臨時立法會在九七年七月一日前只會為香港特別行政區做立法準備的
工作，不會在此之前行使權力，因此不存在兩個立法機關同時運作的問題。還有
二百多天，英國便要結束對香港的管治，說中國要在這段日子甘冒違反聯合聲明
的大不諱〔韙〕，急不及待干預港英政府對香港的行政管理，是不合邏輯和難以
令人信服的。

另外，總督一方面要全面抗拒抵制臨時立法會，一方面卻又聲稱會全力支持

第一任行政長官。候任臨時立法會議員和候任第一任行政長官都是第一屆特區政府重要組成部分，行政立法機關有密切的工作關係，港英政府在全面反對臨時立法會的同時，是否能夠真的做到全面支持第一任行政長官，仍有待證明，我們且拭目以待。

主席，正如施政報告的題目已經點明，香港是在過渡當中，此時此刻對香港來說，最重要是做好過渡的工作，為香港特別行政區的成立運作，創造良好的條件。再糾纏於爭論香港為何成功，誰的功勞大，誰的功勞小，又或香港是否實踐「寧投熊熊烈火，光盡而滅」的信條，並無多大意義。近期中英關係已有轉機，我相信廣大香港市民，都期望兩國關係能夠持續改善，使香港的過渡工作做到更和諧順利。

劉慧卿議員致辭：

代理主席，總督在施政報告中提到，他自己感到最大的一件憾事是未能透過選舉，讓市民來肯定他的政策。我對此感到很奇怪，為何不可呢？我想進行直接選舉，但經過投票後，全因自由黨反對，以 21 票對 20 票擊敗了我，所以我未能得償所願，我當然可以憤怒地說無法進行直選。但彭定康總督為何不可以呢？所以我覺得他是在說「風涼話」，我想請他向我們解釋。他想將自己的政策讓市民透過投票箱來肯定，這有何不可呢？他甚至好像暗示如果真的這樣做，他可以獲得市民的支持。這我可不知道，因為他對自己的評價，是現時仍有超過 60% 的人支持他，這支持率十分高，就連馬卓安和美國總統等人也及不上他。但我仍不明白為何他不能那樣做？我希望彭定康總督或稍後發言的政府官員在作答時會解釋為何他不能這樣做，否則，我會覺得他是在「貓哭老鼠」，或在說「風涼話」。事實上，如果不在香港推行民主政策，我相信彭定康有責任，而英國政府多年來也有責任。到了最後還說這種話，我個人感到十分遺憾。

彭定康總督最後還說，但願他能有幸目睹這天來臨。代理主席，我今年 44 歲，彭定康總督比我年長幾歲。我已多次公開提到，我相信我不能目睹這天來臨，看見香港有民主，但他卻說希望「有幸」，真不知他是甚麼意思。問題的重點不是在於是否「有幸」，而是可以做些甚麼來達到這個目的。我們最少也曾提

出要求，並作出爭取，但他坐在那裏，明知可以做到的卻不肯做，現在只說「風涼話」，這令我們極之憤怒。

此外，他又說以往香港每逢有公正地考查民意時，三分之二的選民都會支持民主政策。這種說法是十分奇怪的。是否只是指過往的選舉，抑或所有民意調查都包括在內呢？由此可見，他說話真的甚有技巧。我假設他是說全部都包括在內，這樣他一句說話就否定了前總督衛奕信在八七年所進行的民意調查。因為那項由政府進行的調查顯示，只有 15% 的人支持八八直選。說到這裏，我又感到極之憤怒。如果當時是獲得支持的話，我們在八八年推行了直選，現時的情況可能不至這麼壞。

我當然不能罵彭定康總督，因為沒有八八直選是八七年決定的事，但他和他所代表的英國政府也要負上責任。在今次這份施政報告中，他好像是一名旁觀者、第三者，只識指手劃腳，罵這個，罵那個，這誰人不曉？但問題是他應該罵自己，檢討那些工作沒有做到，但他卻只懂得說東話西，彭定康和過往的總督都沒有做到，致令香港人現時陷於水深火熱中。這些公道說話為何他又不說呢？

⋯⋯

另一項也是有關推選行政長官的問題，我們在立法局一些委員會的會議上曾討論到這次推選是完全沒有任何法律或規條來作出限制的。現時鄉村選舉村代表，都有法例作出規定，但為何香港特別行政區選舉第一屆行政長官卻沒有任何法例規限？那些候選人怎樣「拉票」，即使貪污舞弊也沒有規限。英國人疊起雙手說已多次向中國政府表明選舉要公平、公開，但是否只是說說便可以？這是否算是「賣口乖」？

彭定康總督當然是發洩他內心的不滿，但說到底，英國人的國策已定，就是要與中國全面合作，毫無保留地合作。我們從每次副首相帶同數百人前往北京，爭取金錢利益及合約就可以看得很清楚。因此，我希望彭定康總督三思，說這樣的話並不能欺騙香港人。他不要以為被民建聯指摘，就可以遮掩過去。我相信最嚴重的，是我們民主派對他的大力譴責。

何承天議員致辭：

我無意在這裏將總督政改方案拿出來重新辯論一次。正如以往我多次提及一樣，我只想重申一點以防總督忘掉了，就是「直通車」的破壞和臨時立法會成立的因果都是他一手造成的。

事實上，彭定康先生的政改方案並不如他本人所說，獲立法局廣泛的接納。當時，本局議員曾對他的方案提出多方面的修正，修正的議案只以一票之差沒被通過。彭定康先生在本局的支持者中，包括有三名是必須贊成他立場的政府官員在內。假如這些修正案能成功的話，我們的歷史便得以重寫。我們不會見到今天社會上對於臨時立法會的分化現象和中英不和的光景，以致給順利過渡加上一個問號。相反，我們可能見到的，就是除了基本法某些規定下，全部六十席的立法局議員可以服務至一九九九年六月。

彭定康先生在他的言論中提到「中英之間的爭議，自始至終都與違反聯合聲明或基本法的問題無關」。他說：「當初要是我們同意進行一次不公平的選舉，也許就會得到某些人的支持」。他這方面的言論，正如前布政司先生在一九九二年在立法局總督施政報告時的言論一般。當時前布政司先生曾說：某些立法局議員提出「必須這樣釐定選舉委員會的成員結構，或者不客氣地說，這樣操縱成員結構，才能確保預先揀的候選人能獲這樣的一個委員會橡皮圖章式的循例通過」。我當天挑戰前布政司，同樣地，我今天挑戰彭定康，請問他可否公開那些提議這個不公平選舉的人的名單來？我的立場一向很清晰：我也曾在總督府親自告知總督，我贊成選舉要公開、公平和民主，而選舉安排要基於基本法的條文和精神。

主席，推選委員會的產生事在必行，繼而是香港特別行政區首長和臨時立法會的誕生，屆時香港人將要注意許多重要的事情。

劉千石議員致辭：

避免專制

老實說，今天我們憂慮的發展趨勢，就是原先「殖民地」一些專制的地方被留下一點不改，不專制的他們又要補充。我認為，當前最重要的是避免將殖民

地專制的部分保留，變成「原來由英國人專制統治，將來改由我們中國來實施專制」。換言之，「你今天英國人騎在香港人頭上，不如由我北京去騎在你們香港人頭上」。

「小圈子式委任制政治的制度」明顯是香港殖民地長期以來的特色，在這個過程中，大多數市民無從參與選舉他們的民意代表，甚至連對政府決策運作過程的知情權亦得不到保障，而在過去十多年間「小圈子制度」無疑是有所改善；但是，遺憾的是，現時「小圈子式委任制度」捲土重來，特區籌委全部委任產生、推委的參選資格由當權者制訂，選民由當權者決定。

「商人治港」是另一個活生生寫照。稍為認識西方資本主義發展的人都知道，資本主義社會之所以並沒有像馬克思預言般被無產階級推翻，一個非常重要的原因是西方國家日益發展民主、擴大民眾的政治參與，讓各階層可以透過和平、公平的民主選舉產生他們的政治代言人統治國家；因此，重要的根本不是維持「商人治港」抑或「甚麼人治港」，而是要用甚麼制度去產生甚麼人。

資本主義社會不致消亡的另一個重要因素就是社會福利制度的改善，但遺憾的是現在居然有人鼓吹要開「福利倒車」；「高舉經濟發展而漠視福利改善」如果成為特區政府及治港班子的施政哲學，則香港社會無疑將走向大倒退。

我認為，非殖化最重要的內容應該是「主權在民」！因此，任何專制的東西如果繼續保留甚至變本加厲，我懷疑究竟我們是不是真正走向非殖化還在走向變相的殖民統治呢？

田北俊議員致辭（譯文）：

總督曾一再抱怨臨時立法會的成立。我們認為這是於事無補的，因為無論總督怎樣譴責，成立臨時立法會一事已經落實。既然總督策劃的政改方案已導致不和，我不知道怎樣才能避免臨時立法會的產生。

無論如何，臨時立法會的運作會持續一年，為將來的選舉鋪路，而將來的選舉的規則將會符合基本法。這個立法會只會專注於有限的活動，並不會取代將於一九九八年經選舉產生的立法會。臨時立法會須規管財政預算、審批公共財政及制訂香港政權交接所必需的法例。因此，臨時立法會是一個守衛性質的立法會。

對總督來說，臨時立法會的問題是意識形態的問題；對我們來說這卻是個實際問題。本局正面對一大堆有待處理的條例草案，但我們的時間卻不夠。在上一個立法年度，我們通過了 65 條條例草案，並把其餘三十多條押後到本立法年度才處理。布政司表示，除了該 30 條條例草案之外，政府還會提交 80 至 90 條條例草案，當中有些條例草案對主權移交是十分重要的。由現在直至立法局壽命終結的一段時間內，我們必須完成任務，並繼續參與各個委員會的工作、審核公共財政及接受市民的請願文件。這樣，與上一個立法年度相比，我們的立法工作量增加了一倍，但我們可用的時間卻縮短了。

倘若本局不能完成本身的工作，由於臨時立法會會將棘手的問題留待首屆特別行政區（特區）立法會處理，我們必須將一些重要法例的審議，留待至一九九八年年底或甚至一九九九年年初為止。虛耗兩年光陰，才重新把立法機器全面啟動，是不負責任的做法。

鄭家富議員致辭：

代理主席，施政報告為臨時立法會和候任行政長官特闢一節，強調政府會悉力與籌委會和候任行政長官合作，而且表示有關的合作形式必須完全符合聯合聲明及基本法的規定，並切合香港利益。但我們不要忘記，臨時立法會是個怪胎。香港政府的立場，眾所周知，是認為臨時立法會的成立，乃違反基本法和不民主的；可是，籌委會任務之一，是籌組臨時立法會；而候任行政長官的工作，亦無可避免地會牽涉到臨時立法會。此外，臨時立法會的成立，令港人意見在議會上得不到充分和合理的表達，是香港民主發展路程上的一大倒退，這樣的一個臨時立法會，完全不是彭定康先生所說的「切合香港的利益」。因此，如果政府要與籌委會和候任行政長官合作，除必然會與它所公然反對的臨時立法會扯上關係外，亦與香港的利益唱對台戲。再者，政府的政策，也接著變成既反對臨時立法會，又轉折地與臨時立法會合作。由此可見總督自打咀巴，在臨時立法會問題上進退失據。

雖然我過去已多次申明我們反對臨時立法會的理據，但我亦想藉此機會，重申民主、法治是一個健全民主社會不可或缺的兩個元素，而民主更是法治的重

要基石。相信剛才李柱銘議員已經引用了希特拉時代的惡法舉出了一個很好的例子，顯示出沒有民主的政治體制，就不能保障公義的法治。在九七年以前，香港雖然是英國的殖民地，民主政制亦遲遲未得實現，但是，由於英國本身是一民主國家，有良好的法制，令香港也成為了法治社會，不論左中右的議員民眾，無不大聲疾呼要維持香港的法治制度。可是，大家試想，臨時立法會的組成是不民主，及由中方欽點的組織，亦缺乏堅實的法理基礎及民意基礎。所以如果在九七年後，臨時立法會真的出現，香港的法治制度便危在旦夕了！因此，懇請英國政府、香港政府與總督，必須改變其強而不硬的態度，轉而採取實際和有效的方法，禁止臨時立法會的出現。

最後，代理主席，雖然我不能像李柱銘議員一樣可以作詩，我只可以白居易的一首「陽詞三疊，一曲渭城」（編者注：實為王維《送元二使安西》）來送給總督：「渭城風雨泣輕塵，客舍清清柳色新，勸君更盡一杯酒，西出陽關無故人——西出陽關無故人——西出陽關無故人」。我的中文老師教我唸這首詩時，說最後一句必須要諗〔唸〕三次，因為是送走一位故人。我們今次是送走與我們因為不平等條約而拉上關係的總督。我深信港人仍然能夠繼續面對未來風雨飄搖的年代。謝謝代理主席。

1996 年 10 月 17 日
恢復致謝議案辯論

夏佳理議員致辭（譯文）：

各位同事都知道，導致要成立臨時立法會的原因，是中英雙方未能就選舉安排達成協議，而並非如政府所指，說是由於一九九五年的選舉結果所引致。大家不要忘記，該二十個按地區劃分的議席完全沒有引起任何基本的爭議，這一點是很重要的。至於單議席單票制的安排，容或有過爭議，但那還不是主要的障礙。九個新的功能組別和選舉委員會才是真正的障礙。任何一個思想公正、頭腦開明的人都會認為那九個所謂新的功能組別，就是「走後門」的直選。英國政府若決意要有超過二十個按地區劃分的議席，為何不在一九九〇年時堅持這持做？為何要等至一九九五年？

主席，我亦要提醒各位同事，外交及聯邦事務大臣與中國外交部長交換的七封函件，對基本法有顯著的影響，但這七封函件卻對選舉安排的爭議發揮不到任何任〔作〕用。同樣，歷史甚至英國政府的檔案室文件或會有另一套說法。

總督亦提到去年九月發生的事情，是中英雙方原已同意應在一九八四年出現的，他所指的是公平的選舉。他繼而指出現時的反對聲音，是由於公平選舉的結果不容於中方而產生的。這真是與事實距離甚遠。總督既是經驗老到的政客，理應曉得香港特別行政區的立法會，以及一些其他的重要事宜，皆屬主權範疇之事。易地而處，難道英國政府會接受一個由中方指揮按一項不為英方接納的選舉安排所選出的立法會嗎？當然不會！

儘管我們反對彭定康的憲制方案和選舉結果，自由黨一直鼓勵中國政府與民主人士對話，而其中當然包括民主黨。我們所能做的，只限於此。眾所周知，民主黨決定既不加入推選委員會，也不加入臨時立法會。我仍相信民主黨的做法令其支持者失望，但那是該黨選擇的道路。

這使我要轉談臨時立法會的問題。政府當局與總督對臨時立法會的立場十

分清楚，就是堅決不合作。且看當局如何一面與候任行政長官和他的候任班子合作，另一面則堅決拒絕協助臨時立法會。或許財政司可以回答該項庫務司迴避答覆的問題，就是臨時立法會的經費會否成為一九九七至一九九八年度財政預算的一部分？若然不會，原因為何？

過去四年來，總督在本局內外都不斷重複告訴我們，那些預言香港會完蛋的人注定要失敗。如今，觀乎總督的言行，我有點懷疑他是否已在一夜之間失卻了他對香港的信心，還是他對聯合聲明指明香港將有五十年高度自治的承諾開始信心動搖？犬儒的人或會把信心消失歸咎於英國推卸責任的行徑。換句話說，英國已經盡其所能，為政權移交後香港如何更上一層樓奠下基石。這真是一個既聰明又陰險的說法：倘香港成功，那便是英國的成功；倘我們不幸未能取得成功，那只是我們的失敗，與英國無關。英國總不會用這手段來光榮撤退吧！

羅叔清議員致辭：

立法局的法理根據

主席，總督在施政報告又再喋喋不休地為其政改方案辯護，他又一再誤導市民，認為今屆立法局任期為四年，認為沒有任何理由不容許立法局完成這個四年任期。

眾所周知，港英政治架構下的立法局是根據《英皇制誥》及《皇室訓令》兩份憲制文件而存在的，而這兩份文件的法律地位是凌駕本地任何法律，包括選舉法。這些憲制文件的法律效力，將隨殖民地統治結束而終止。立法局的任期也像香港總督的任期一樣，將於屆時自動終止。十分諷刺的是，口口聲聲高唱法治精神的政客，刻意地無視這個法理根據，一再蒙騙市民。作為港英政府的最高負責人，他有甚麼公信力呢？更奇怪的是，聲稱以捍衞法治為己任的法律專業團體，似乎迄今沒有那一個挺身而出，指出其法理上荒謬之處。

臨時立法會

根據基本法規定，香港特別行政區成立時，便應有行政、立法和司法機關。既然英國單方面撕毀了七封外交函件所達成的協議，拆毀了「直通車」車軌，特區便不得不成立臨時立法會，以確保香港特別行政區能夠按照基本法順利運作。若我們基於政治的理由，認為特區成立初期，不必設立立法機關，行政機關不必

向立法機關負責，香港日後又如何能夠維持法治制度呢？

大家也會同意，候任行政長官及其屬下的領導班子，不可能於九七年七月一日特區成立時才開始運作。同樣理由，特別行政區的立法機關，也不能於七月一日才開始運作。不少立法的前期及預備工作是需要在特區成立前開始的，以利順利過渡。當然，這些前期工作應不影響、更不應取代目前立法局的任務。香港並不會、亦不應在同一時期存在著兩個立法機關。

李卓人議員就梁智鴻議員的議案動議修正案：

「〔在致謝議案末尾增加〕『但由於英國政府長期以來在本港實施殖民統治及拒絕在本港推行全面民主，令港人的民主權利長久以來遭到無理剝奪，對此，本局深表遺憾。』」

（編者注：修正後的議案內容如下：

「本局感謝總督發表施政報告。但由於英國政府長期以來在本港實施殖民統治及拒絕在本港推行全面民主，令港人的民主權利長久以來遭到無理剝奪，對此，本局深表遺憾。）

李卓人議員致辭：

今天我也要以「七大恨」向百多年殖民統治提出控訴：

第一恨，是英國政府出賣香港民主，現在讓我們算一算這筆「反民主賬」。

遠在一八五五年，總督寶寧提出開放立法局給英人選舉，而香港市民不分種族，只要捐出十鎊便有投票權，提議遭英國政府否決。一九二六年，周恩來在背後支持的省港大罷工，罷工代表向港府要求一人一票選舉，又遭反對，換來只是首位華人入行政局。

等到一九四六年，總督楊慕琦提出設立市議會，其中三分之二議席由直選產生，不過，所謂「有其子必有其父」，今天捍衞精英統治及反對直選的大旗手羅德丞，其父親羅文錦便是反對楊慕琦推進民主的旗手，最後建議胎死腹中，一切

原地踏步。

從四六年至八二年，當全世界殖民地紛紛獨立而民主化時，香港民主化卻仍未開步。只是當中英開始展開九七談判時，港英政府才在八三年構思憲制政革。我想像如果沒有九七，英國政府根本不會起步。對於這段長時間剝奪港人民主權利，彭定康總督你不為英國覺得羞愧嗎？英國到九二年才在民主方面表現堅挺，你覺得是否太遲，而所推行的民主改革是否太少呢？

但最可恨的是英國政府在八四年中英談判聯合聲明時的虛偽表現。聯合聲明最困難達成協議的部分在於有關政制安排的協議。中方要求立法會內由選舉和推選產生，特區行政首長則由協商產生；英方要求立法會及特區首長由選舉產生。後來，賀維訪京與吳學謙會面，吳學謙接受立法會由選舉產生，但並沒有為「選舉」訂立清楚定義，而賀維覺得已足夠可以「收貨」。但究竟「選舉」如何定義卻不是當時英方的關注，他們只希望能夠含混過關，得到國會支持，而有「選舉」二字便可以誤導全世界說香港將會有民主。另外，更可恥的是在中英正在談判時，英方已用行動將「選舉」的意思歪曲。

港英政府在未達成協議前推出了《代議政制綠皮書》，建議「功能組別」選舉方法。根據《世界人權宣言》第 21 條 3 段的解釋，「選舉」一詞包含「普及與平等的選舉」的意思，這是西式民主的基礎。但港英的「選舉」方法建議卻有違《人權宣言》。因此，總督彭定康，你沒有資格提出 16 個基準中的民主選舉基準；你更不應埋沒良心說九五年選舉是一個公平選舉。以《人權宣言》的標準，功能組別選舉絕不能稱得上是「公平」選舉。聯合聲明中「選舉」二字便被港英政府的功能組別選舉所污染；民主就是這樣被再次出賣。當英國國會在辯論中英聯合聲明時，Richard Luce 代表英國政府回應國會時表示：「我們完全接受我們是應該由現在至九七期間建立一個建基於民主的政府。」英國國會通過了聯合聲明，但大家都有意無意遺漏了選舉定義被歪曲的問題，而 Luce 所說的建基於民主的政府則從未出現過。

總督先生在施政報告中嘗試借南非總統曼德拉去擦英國議會民主的鞋，但他卻有意遺漏了曼德拉更主要的一句。曼德拉說：「雖然英國是議會民主的祖家，正是這民主將有毒的制度強加於我國人民身上而造成了傷害。」英國國會在香港民主化的過程所扮演的角色，同樣不光彩，也是損害我們香港人民的福祉。

八四年出賣一次民主，八七年再賣一次，港英政府本來承諾的八八直選沒有實現而將之延至九一年。相信大家都記得當時港英搞了個「諮詢秀」。但原來在諮詢未有結果前，行政局已通過九一才有直選。另外，在中英聯合聯絡小組會議中，衞奕信已代表英方同意延後所有主要的憲政改革。我們坐在這議事廳曾支持八八直選的戰友，相信都會如我一樣感到被騙。*The Fall of Hong Kong* 一書說當時李柱銘與賀維會面，堅持要八八直選，原來他被騙仍懵然不知，因為根本在聯合聯絡小組中已說明沒有八八直選，而行政局已予以通過，然後才做那場「諮詢秀」。那場「諮詢秀」，正如總督在施政報告引述美國律師對陪審團所說：「這就是我的結論，而我就是基於這些結論而提出事實的。」

中英聯合聲明中立法會由選舉產生最近又有新的闡釋，四百人選出來的臨時立法會也算是選舉。總督彭定康雖然代表英方反對臨時立法會，但卻沒有表示臨時立法會這怪胎違反中英聯合聲明及基本法。

中國民運先鋒徐文立說：「民主普選的關鍵在於候選人的篩選是否掌握在廣大選民手中。」這是一九八〇年徐文立庚申變法的首要主張。到一九九七年，香港人竟無資格篩選候選人，這民主的倒退，實在令港人心寒。

陸恭蕙議員致辭（譯文）：

主席，我支持李議員的修正案。我想對他的創意表示欽佩，因為他給了我們一個機會，在這最後一次的致謝議案辯論中，明確地告訴英國，今天香港政制的代表性沒有得到提高，是因為英國在過去 155 年的殖民統治期間，對此缺乏承擔。

我曾多次聽見總督說，到最後，歷史會對英國作出評價。我覺得，在這方面，我們不須要追溯過往才能前瞻未來，因為目前的一切已經清楚不過。香港並沒有代議政制。

為甚麼？在五十年代，英國給自己的借口是香港並沒有提出改變的要求。然而，自一九六七年起，英國藉著強調中國因素以求開脫。在那一年，專責香港事務的外交及聯邦事務國務大臣 Judith Hart 在英國國會一次休會辯論中指出：

> 香港跟我們其他殖民地的地位截然不同。要按計劃以循序漸進的慣常方

式邁向自我管治，單單考慮到國際因素，便已經出現問題。基於香港跟中國的特殊關係，要想給予香港一般的自我管治是不能的，亦因此不能考慮一個由選舉產生的立法局。

中國因素自此成為香港不能進行民主改革的背後理念。一九七二年，中國向聯合國非殖民化聲明特別委員會提出要求，將香港和澳門從其非殖民化議程中刪除。英國當時立即作出回應，在官方的演講中，棄用「殖民地」一詞而以「屬土」一詞代替。

為了代替真正的代議政制，香港政府製造了整個諮詢委員會架構的網絡，又委任這些團體、立法局和行政局的成員。這些架構和委任本地人的做法，目的是要令殖民統治看來具認受性。

很可惜，十年前，政府仍在積極勸阻學校進行政治教育。英國殖民化的公務員自有一套他們認為有利於香港人的見解。他們相信強而有力的行政管治——他們當然是這樣想，難道他們不是這樣想？同時，主席，他們相信只有政府當局才最適合為人民作出決定。

倫敦部分人士所抱的這種態度更為惡劣。一些已經退休的英國外交家告訴香港人不要對中國作出過分嚴厲的批評，否則，中國作出的本能反應，可能導致令香港人遺憾的結果時，我們對他們所抱的這種態度，也可見一斑。當他們告訴其殖民地子民，默許和諧媚是有利的做法時，他們是何等看不起這些殖民地子民？

那麼殖民主義留下了甚麼給我們？在殖民地文化當中，統治者視自己天生便高人一等。因此，對於那些前來香港卻甚麼也不說給我們聽的英國部長，我們實在膩透了。他們已記不起對於被他們統治的人來說，這樣可以造成極大侮辱。這樣的文化製造了一群極為清楚權力來源的本地精英。對於受這種文化影響最深的人來說，他們因害怕失寵而更不願意公開批評權力來源。對於英國來說，這正是以往出現的情況，但時至今天，權力當然來自北京。

曾健成議員致辭：

彭定康先生雖強調英國對香港具「道義及政治」責任，並五十年不變。但現

實上，在中英聯合聲明生效以來，英國何曾對香港人盡過道義及政治責任，何曾在面對中方的強硬姿態時，說過一個「不」字，又何曾單純為香港人的長遠利益而挺身而出呢？

香港的民主化如是，居英權的安排更甚，全都顯示英方在所謂道義及政治責任上，只有「口惠而實不至」的。我們只看到英國在面對中方強權高壓的情況時，不斷退縮及讓步，以中方的喜惡為依歸，以自身的政治經濟利益為考慮，「背棄港人、出賣港人」已成為英國慣常的技倆。

可能彭定康會不以為然，因為他上任後似乎擺出強硬的姿態，向中方說「不」，但這是否已經太遲呢？是否應在聯合聲明及基本法制定後，差不多十年的時間，才說「不」呢？而總督於終審庭的問題上，出賣了港人，對於臨時立法會的組成，由始至終沒有膽量說一句「乃是非法組織」。這不是再一次顯示「天下烏鴉一樣黑」嗎？

說穿了，是英國國策的轉向，較過往重視「光榮撤退」，以及對過往港人的錯失作補償。但這「遲來的春天」對港人有何幫助呢？正如彭定康先生結尾時提醒港人日後要努力「捍衞自由、爭取民主」，但彭定康有否反省英國政府曾為這班殖民地子民做過甚麼呢？是否面臨撤退的時候，只揮一揮衣袖，將球拋回港人就是了？還是只讓我們自生自滅呢？

在過去的殖民地統治歲月，港英政府為保障其統治的合法性，導致「權力、財富及社會地位」不平等現象，容讓「有錢人」在香港「話晒事」，以維護其既得利益，吃免費政治及經濟午餐。當年，資本家大力反對香港民主化，反對八八直選，支持保守、不民主的基本法，正正是由於既已輕易地取得權力，便無謂冒不必要風險的心態。

　　……

彭定康先生，英國政府對於中英聯合聲明、「一國兩制」、「五十年不變」從沒盡過任何責任，更沒有膽量向中方說一個「不」字，雖然清楚知道很多事情在基本法是沒有寫下來的。

到目前為止，港英政府沒有膽量就臨時立法會說一個「不」字，而且還要為未來特區去籌組。面對這種情況，我希望，我很盼望，未來七月一日的特區班子、臨時立法會班子能站在此，像今天一樣高談闊論，批評國家，批評領導人的

不是，這將會是中國人的福祉，亦是香港人的福祉。但是錢其琛先生指出，你們不可以批評領導人，因此，我看不出特區首長、特區臨時立法會的成員在將來面對困難時，除了敢怒而不敢言之外，還可以做些甚麼。

一直以來，香港人、中國人，都很希望那些人大代表和籌委會成員能為香港人表達意見。可是，魏京生入獄，王丹快將被判罪，王希哲被迫出走，籌委諸君又做過甚麼呢？我曾健成九七年雖然要下車，但我可以坦然入睡，因為我並無做過對不住良心的事。我深信香港人大諸君，未來立法會諸君，特區首長，你很怕有人夜半敲門，因為你們不知何時犯錯，不知何時開罪領導人，不知何時會被拘捕。你可感到得意嗎？

說到這裏，中國人、香港人，如果你們沒有膽量開腔，中國就是死寂一片了。

陳鑑林議員致辭：

有人稱讚彭督能言善辯，不過，在報告裏他就顯得很多點自相矛盾和一派胡言！他一方面說可惜九二至九三年度中英就選舉安排所引起的爭議未能達成協議，隨即又說有關的爭議已經按照程序在立法局內解決了；一方面說中英爭議的由來是因為按照基本法規定範圍，落實承諾，但另一方面又辯稱中英之間的爭議與違反聯合聲明或基本法無關；彭定康先生一直在為自己一手造成的困局開脫：為甚麼中英兩國未能達成的協議，可以在香港立法局內解決？為甚麼基本法規定的民主發展的承諾，一定要由英國政府和英國委派來的總督去落實？

彭定康先生的政改方案，具有違反中英聯合聲明，違反基本法，違反中英兩國外長所達成的協議，為甚麼可以說成是與違反聯合聲明或基本法無關呢？彭定康先生說：「我們所做的一切，完全符合中英兩國的莊嚴承諾」，我想問彭定康先生，你有沒有看過中英兩國外長就選舉安排交換的七封外交函件？英國政府的莊嚴承諾和外交信用那裏去了？彭定康先生又說：「去年九月的立法局選舉，是中英雙方早在一九八四年同意舉行的」，我想問彭定康先生，八四年中英簽署的聯合聲明，那一段，那一句有他的三違反的立法局選舉方案？如果彭定康先生無看過聯合聲明，我可以告訴他，聯合聲明的附件一：中華人民共和國政府對香港的

基本方針政策的具體說明的第一節，只是提到：「香港特別行政區立法機關由選舉產生」！彭定康先生又說：「當初要是我們同意進行一次不公平的選舉，也許就會得到某些人的支持」，請問一下彭定康先生，九二至九三年中英談判期間，爭拗的是公平與不公平的選舉嗎？世界上的選舉模式千種百樣，莫非就只有今天彭定康先生設計的三違反方案才是最公平的嗎？

不是，彭定康先生是一位喜歡先有結論才提出事實的人，所以他也以預知選舉的方法去制訂他的政改方案！他否定過渡期事務需要磋商，他否定九七政制需要銜接；因此，到了今天，他開始擔憂，他亦懷疑：用作替代的另一套選舉安排是否能夠按他預定的結果行事？彭定康先生明知自己對九七後的事務已經無能為力，但仍然要口硬說：「我們會密切留意事態的發展」，還要國際社會也來指手畫腳一番！

今屆立法局開始的時候，人們就大談四年任期的問題，彭定康先生亦因為曾經一次在本局答問大會上說過：「臨時立法會可能在中國的憲法裏找到法理基礎」，他的說話給人印象港府對臨時立法會的態度可能已經改邪歸正。可惜到了今天，彭定康先生仍一再說無理由不容許立法局完成這四年的任期；事實上，今天坐在本局的議員都不會相信彭督有關四年任期的講法。

彭定康先生繼續堅持錯誤立場，反對成立臨時立法會，已經成為今天中英關係的障礙。臨時立法會是在彭定康先生破壞中英合作基礎下被迫產生的，彭定康以為可以繼續採取不合作的態度來阻止臨時立法會的運作，這是妄想的，臨時立法會將會按照法定的程序產生，將會按照法定的程序運作，這已不是彭定康先生及其追隨者可以改變的事實；任何試圖以各種各樣的手法挑戰特區籌組工作和臨時立法會運作的做法都必然要失敗的。

香港還有 260 日就要回歸祖國，不管以前曾經享有過英國殖民地統治者恩惠的人或是現在受到英國殖民地統治者吹捧的人，只要認同香港回歸祖國，擁護基本法，都可以積極為香港繁榮穩定作出貢獻。彭定康先生如果真的肯定為香港的長期利益著想而鞠躬盡粹〔瘁〕，就應盡自己的能力保證政權的順利交接，而不是製造困難和障礙，挑撥離間，分化港人，為特區埋下不穩定的種子。

1996 年 10 月 23 日
恢復致謝議案辯論

憲制事務司致辭：

香港的民主發展

首先，我想談談民主發展這個課題，李卓人議員提出的修正案斷言，政府在促進香港的民主發展步伐方面，所做的工作並不足夠。這其實是毫無根據的。讓我們從基本的概念談一談。

究竟我們的目標是甚麼？究竟我們要達到甚麼目的？一直以來，我們都致力謀求循序發展代議政制，令代議架構更開放，更廣受支持。這裏的關鍵字眼是「循序發展」。市民要求對本身的事務有較大的決定權，並且希望積極參與其事，這點是不爭的事實，而這種要求亦是合理的；不過，同樣明顯的是他們希望一切是循序漸進發展，逐步展開的。當然，自中英聯合聲明簽署和基本法頒布後，我們必須按這兩份文件的既定準則行事。我們審慎調校進度，按部就班發展代議政制，正是為了達到此目標。

在座各位都會記得，一九八四年立法局的議席還是全部由委任產生，其中沒有任何選舉成分。不過，我們後來便逐步開展民主進程。讓我簡述在這過程中的一些重要發展。

一九八五年立法局舉行首次選舉，選出 24 個議席，而當時的選民範圍是不太廣泛的。一九八八年，民選議席的數目增至 26 個。接著，在一九九一年，首次有立法局議席透過分區選舉，以普選形式產生。該屆立法局的 60 個議席中，共有 39 席經選舉產生，開創民選議席佔多數的歷史先河。

去年的立法局選舉更是另一個重要的里程碑。我們多年來不斷努力發展代議架構，最終令該次選舉達至成功。社會人士對該次選舉的廣泛支持，從破紀錄的參選及投票人數，可見一斑。我們現有的，是一個完全經由選舉產生的立法局，

而所採用的選舉制度亦是公平、公開，為大眾所信任和尊重的。

有言論認為，我們推動民主進程的步伐，應該比基本法所訂的更快。對此，我的回應非常簡單。倘若香港政府依從這些言論，便是毫不負責的政府。我們多年來的工作，正是根據循序漸進這一個行之有效的原則，為香港民主進程奠下良好基礎，讓香港的民主能一如基本法所保證，進一步發展。正如基本法已清楚列明，最終目標是達至全部立法會議員由普選產生。我們會朝著這方向邁進。我們會為達至這最終目標繼續努力。

臨時立法會

很自然，這便帶到臨時立法會的問題。在這問題上，英國政府和香港政府的整體立場是明確一致的。香港現時的立法局是經由廣大市民認為公平公開的選舉方法產生，因此實在無理據成立臨時立法會。同樣，也沒有理由現屆立法局，一個獲明確授權的立法機構，不能完成慣常的四年任期。不論何時，香港只能有一個符合憲法的立法局，這點亦是顯而易見。

我們的立場是毋庸置疑的。首相、外相和英國政府其他部長級官員，已在不同場合向中方一再明確表達此立場。外相最近在紐約與中國副總理錢其琛會面時，亦重申此立場。在未來的日子，我們會繼續把握一切機會，促請中方再三考慮他們的立場。我們期望他們三思，避免採取與香港利益不相符的行動。

與候任行政長官合作

有數位議員的演辭提及香港政府與候任特區行政長官合作的承諾。我不認為這方面的承諾有任何值得懷疑之處。我們已多次指出，我們會盡可能向候任行政長官提供一切協助，而公務員隊伍亦會以積極和專業的態度處理任何合作要求。除了關於臨時立法會一事外，我們的承諾是毫無保留的。總督在發表施政報告，以及與立法局和公眾人士會面時，已一再確認此承諾。我們隨時可以與中方和候任行政長官商討具體安排，以便適時提供有效的協助。

接著下來，我想將話題轉到過渡安排的事宜。眾所周知，我們在聯合聲明簽署後，已為過渡做了大量的準備工作。我們已確保香港司法制度繼續獨立自主，而法治亦可延續。我們已確保目前的公務員隊伍符合預見中特別行政區政府的留

用條件。我們已在鈔票、郵票、旅行證件、身份證等事宜上，作出過渡安排。我們已採取措施執行聯合聲明中有關人權的條文。我們正安排防務責任有秩序移交。我們已確保香港在經濟和財經事務上，繼續自主。我們亦已確保將有一流的基礎建設，作為香港未來發展的支柱。

當然，這並非意味我們已完成所有的工作。事實上，還有數項重要的問題尚待解決。不過，我可以肯定地說，大部分工作已經完成。我深信只要中英雙方抱著友好的態度加強合作，餘下的問題在一九九七年七月一日前必獲解決，為特區政府良好的開始奠下穩固的基礎。

1996 年 11 月 13 日
議案辯論：行政長官候選人政綱迴避香港民主發展及人權保障

李卓人議員動議議案：

「參與由中國政府策劃的香港特別行政區行政長官推選的候選人，其中幾名的政綱內容對本港民主發展及人權保障加以迴避，顯示他們沒有決心捍衛『一國兩制、高度自治』的概念，亦反映在中國政府所操縱的『小圈子』推選制度下，只容許出現政治上以中國政府意願為依歸的政綱；對此，本局深表失望，並強調只有經由香港市民以一人一票選舉產生的行政長官，才能有效保障港人權益。」

李卓人議員致辭：

上期美國《時代週刊》封面以大標題寫著：「香港賽馬」。這實在是香港之恥，150 年由英國委任總督的殖民地時代終結後，換來的特區首長選舉卻是貌似一場賽馬。

九五年司徒華議員與杜葉錫恩女士競逐一個立法局議席，坊間稱為世紀之戰，今次的特區首長選舉卻是「世紀造馬案」，因為雖然表面上近期參選人的競選活動如「真的一樣」，參選人四出拜票，除出入推委背後的社團外，還去籠屋，連乘搭地鐵也成為體察民情的活動。再加上民意調查及新聞媒介發掘新聞，這場選舉就做到「假戲真做」的地步，而候選人也盡力做到「戲假情真」。

不過，這始終是一場假的選舉戲，是「世紀造馬案」。在這場賽事中，港人就好像馬迷一樣，只有押注的份兒，對賽果沒有任何影響力。不過，港人今次押的注碼相當大，我們押上的是香港的「高度自治」。但看來港人今次是輸「硬」，因為這場造馬賽的規條是：「不論黑馬白馬，肯聽話的就是好馬」，而只有「好

馬」才可入閘出賽。那隻馬能勝出，是大熱倒灶爆冷門？還是大熱勝出？那只要看「練馬師」如何造馬而已。如今整個賽事都是在中方操控下進行，正如一國兩制經濟研究中心的邵善波曾在《時代週刊》所說：「這是一個有中國特色的選舉。」

選舉中的另一個中國特色，就是「鳥籠政綱」。任何人仔細讀完四大熱門候選人的政綱及所發表的政見言論後，都發現他們的政綱基本上都是緊跟中央走，不敢偏離中國政府的意願，自動地將自己置身於鳥籠中。在「鳥籠政綱」下，四位大熱門候選人在民主、人權問題上都是採取保守立場或迴避態度。在民主發展方面，四大熱門角逐者都贊成成立臨時立法會，恢復區議會、兩個市政局的委任議席，堅持行政主導及民主步伐要循序漸進。不過，他們從不表示自己對政制的個人意見，對此一律迴避。四人全部都一致地保守，不敢批評基本法，不對政制的進一步發展發表任何意見，迴避復迴避。這就是我們的四大熱門候選人。

董建華，是被《時代週刊》選為封面人物的大熱門，我們在電視熒光幕看到他信誓旦旦地表示，民主是很重要的……民主是很重要的……民主是很重要的，他在政綱記者招待會上講了三次；維護港人利益……維護港人利益……也講了兩次。是不是講得多就可以令人信服？當他講民主很重要時，所指的民主為何物？是中國特色的一黨專政下的民主，還是一人一票普選式的民主？如果民主對他來說是那麼重要的話，為何會贊成恢復區議會委任制？又為何會贊成令民主倒退的臨時立法會？為何要他的政綱裏有不少反民主的含意？例如，他批評立法過程政治化會減低公務員的工作效率。很明顯，他這樣說表示出他還是眷戀著舊殖民地委任制時代。在那個時代，立法過程只是一個橡皮圖章，毫不政治化，只是純粹的維護私利。

在政綱上他亦標榜要建立一個行政主導而以全體市民利益為依歸的特區政府。這是要市民相信人治，相信有一個愛護老百姓的好皇帝。但是，一個不是民主產生的政府又怎可以保證能以全體市民利益為依歸？是否董建華敲檯重申，市民的利益就會得到維護？香港市民已不再是「政治盲」，我們相信的是制度上的保障而不是個人的保證。

……

從以上可見四大熱門候選人在人權、民主問題方面都緊隨中國政府意願，只是程度不同而已。從現時可見資料看到，其中最保守的應首推董建華，而亦以他

最為危險。因為他不但是保守，他亦最是「甜言蜜語」，最懂得利用市民擔憂前途的心理，向市民灌輸一套「接受長官意志」、「甘做順民」的意識。在其政綱中有一段是關於「價值觀」的，其中有一個中心思想，他這樣說：「我們力求社會秩序井然，並珍惜安定」。他又說「中國傳統觀念都會教導我們克盡義務，少講權利，因此，我們重視協商，盡量避免不必要的對立」。市民如何能做到少講權利、避免對立、力求穩定呢？就是服從！！就是聽話！！就是做順民！！這就是董建華中國傳統價值觀的精髓。他要鼓吹的是封建文化的復辟，以中國傳統文化中最劣根的封建思想作為治港理念。封建思想有幾個特色：

第一，對當權者絕對服從：農民要服從地主，人臣就要聽命於天子。

第二，不容納不同意見者，因為不同意見者就是「搞搞震」，就是破壞安定。

第三，排斥異己的對立面，就是論功行賞。誰有功就可獲加官晉爵。在英國統治下叫做 OBE、MBE，或封爵。在未來特區政府下，就是臨時立法會、行政會議成員、地區議會的委任制度等。而在現時的推委會小圈子選舉下，講的不是誰最適合做特區首長，而是誰做能令該黨、政團、團體或個人將來得到最多的權力位置。

論功行賞就是製造一個特權階級。特權階級就可以「盡享權利，少講義務」，但港人卻要「克盡義務，少講權利」。這是剝奪了港人的權利後，然後要港人閉口，少講權利。本來，「克盡義務」是偉大的情操，正如被弒的已故美國總統甘迺迪的名言：「不要問國家能為你做甚麼，而要問你能為國家做甚麼。」這是呼籲人民克盡義務，但他沒有叫人民少計權利。港人少計權利，只會助長特權階級的巧取豪奪。

九七後的香港，將是進步與落伍、文明與封建的鬥爭。在四大熱門候選人政綱出爐後，令我感到他們已將「一國兩制」變質。潮流現正流行「一魚兩煮」，將來特區就變成「特區兩制」，政治上奉行有中國特色的民主制，經濟上奉行自由經濟體制。

今次推委會推選行政特區首長便是中國特色的民主制，基本上是一個欽選過程，由欽定了的推委去提名及選舉特區首長。因此，即使中方極力否認有欽點，但其實制度上已保證了是中方欽選的人能出任特區首長。今次實行了這個推選方法，預示了將來的八百人推選制度也將會是同樣的欽選制。

我會預計，九七後「特區兩制」是有難以協調的矛盾，這勢將影響香港社會

的繁榮及成功。如果我們要維持繁榮和成功，使回歸後的香港能有進一步的成功發展，我們必須捍衞「一國兩制，高度自治」，使香港本身的制度在政治和經濟上都能維持「高度自治」。而「高度自治」的唯一保證，並不能靠任何候選人的承諾，而是要依靠制度。只有一人一票普選特區首長和全部立法會議員，才能落實「高度自治」。我們必須摒棄中國傳統的人治、封建觀念及「拍馬屁」行為，而建立全面民主的制度，防範封建的復辟。

葉國謙議員就李卓人議員的議案動議修正案：

「刪除『參與由中國政府策劃的』，並以『鑑於』代替；刪除『推選的候選人，其中幾名的政綱內容對本港民主發展及人權保障加以迴避，顯示他們沒有決心捍衞「一國兩制、高度自治」的概念，亦反映在中國政府所操縱的「小圈子」推選制度下，只容許出現政治上以中國政府意願為依歸的政綱；對此』，並以『的選舉是按《基本法》所訂定的程序進行，而本港民主發展的步伐和保障人權的問題，在《基本法》中亦有明確的條文規定』代替；及刪除『深表失望，並重申只有經由香港市民以一人一票選舉產生的行政長官，才能有效保障港人權益』，並以『支持特區行政長官按基本法規定產生，以利平穩過渡』代替。」

（編者注：修正後的議案內容如下：

「鑑於香港特別行政區行政長官的選舉是按《基本法》所訂定的程序進行，而本港民主發展的步伐和保障人權的問題，在《基本法》中亦有明確的條文規定，本局支持特區行政長官按基本法規定產生，以利平穩過渡。」）

葉國謙議員致辭：

主席，未來香港特別行政區籌組工作已到白熱化階段，隨著推選委員會的產生，標誌著按照全國人大有關決議和基本法進行籌組工作，正按部就班地展開，首任特區行政首長及臨時立法會將由四百人組成的推委會選舉產生。「一國兩制」逐步成為現實、「港人治港」得以體現、「高度自治」邁向關鍵一步。

香港長期受英國的殖民地統治，一直以來「總督」是由英皇委任，150 年來香港從沒有過「總督選舉」，提名總督人選更是「痴人說夢話」。本月十五日籌委會根據基本法成立推選委員會，十二月十一日四百名推委會的成員以不記名投票選出首屆特區行政長官人選，這是香港人行使民主權利的具體表現。

現時有聲音提出香港要像歐美等西方國家以一人一票方式選出其領導人。不過在現階段而言，民建聯對此方案是有所保留。民建聯是支持民主發展，但民主並不等於「即食麵」，可以即煮即食，而是要按本港的現況，按〔按〕按部就班地發展。以歐美等西方民主國家為例，她們是經歷數以百年計的發展，才建立現今的選舉制度，相反香港的選舉制度只有短短十多年，而且很多地方，如使用何種選舉方式及如何加強市民參與選舉的公民意識等問題仍在摸索階段，故硬要將西方國家的制度搬到香港使用，試問現時是否是適當時機？

故此，將現時按照基本法實行的特區行政首長選舉抹黑為受中國政府操控的「小圈子」選舉，絕對是曲解基本法。而且基本法亦訂明在二〇〇七年時在有需要及經過特定的程序，可對現行選舉特區行政首長的方式作出修改，所以基本法已對香港的民主發展步伐作出了安排。

主席，李卓人議員在議案措辭中指「參與由中國政府策劃的香港特別行政區長官推選的候選人，其中幾名的政綱，對本港民主發展及人權保障加以迴避，顯示他們沒有決心捍衛『一國兩制，高度自治』的概念。」對此，我們必須指出李卓人議員的錯誤。首先，現時特區行政長官並未出現真正的候選人，因為所有符合資格的參選人要得到最少五十位推委提名，才能成為行政長官候選人。故此，現階段八位符合資格的報名人士，只可稱為參選者而非候選人。

姑且勿論李卓人議員是否對特區行政長官的產生方法不太瞭解，還是另有其他原因，不過，各位特區行政首長參選者的政綱中有沒有刻意迴避民主發展及人權保障，相信李議員若有機會能客觀地省覽各參選者的政綱，自會找到答案。

主席，鄧小平曾經在構思「一國兩制」的過程中提出「中國有香港，台灣問題，解決這一問題的出路何在呢？是社會主義吞掉台灣，還是台灣宣揚『三民主義』吞掉大陸？誰也不好吞掉誰。……我們採取『一個國家，兩種制度』的辦法解決香港問題，不是一時的感情衝動……完全是從實際出發的，是充分照顧到香港的歷史和現實情況的。」正因如此，由鄧小平構思這個原則開始，到現時江澤

民一再重申捍衛「一國兩制，高度自治」，就是希望香港保持現有資本主義政治、社會、經濟制度不會因主權回歸而有所影響。而基本法正正是這原則的延伸，再配合香港現狀制定而成。故此，問題是某些人對參選者的政綱不合心意，就反過來抹黑為受中國政府的意願而編定的政綱。此說法是毫無事實根據，及對「一國兩制」概念一知半解的表現。若要硬說各參選者的政綱是以中國為依歸，那麼中國政府的意願就是落實基本法，以「一國兩制，高度自治」的概念管治香港。

難道李卓人議員認為落實基本法，堅持「一國兩制，高度自治」的概念是錯誤？還是李議員對基本法不太熟悉才會提出今次的議案辯論？

主席，未來特區行政長官的政綱應涉及多方面範圍，民建聯認為廖成利議員的議案不夠全面，故民建聯對此修正案有所保留。

廖成利議員就葉國謙議員的修正案動議修正案：

「在『支持特區行政長官按基本法規定產生』之後，加上下列字句：

『，並呼籲推選委員會充分尊重香港市民的意願，選出一位有抱負有能力落實「一國兩制，高度自治，港人治港」，捍衛基本法賦予港人的權利及自由，改善基層市民民生的香港特別行政區行政長官』。」

（編者注：修正後的議案內容如下：

「鑑於香港特別行政區行政長官的選舉是按《基本法》所訂定的程序進行，而本港民主發展的步伐和保障人權的問題，在《基本法》中亦有明確的條文規定，本局支持特區行政長官按基本法規定產生，並呼籲推選委員會充分尊重香港市民的意願，選出一位有抱負有能力落實『一國兩制，高度自治，港人治港』，捍衛基本法賦予港人的權利及自由，改善基層市民民生的香港特別行政區行政長官，以利平穩過渡。」）

廖成利議員致辭：

「橫眉冷對千夫指，俯首甘為孺子牛。」魯迅先生這兩句詩，應該是未來香

港特區行政長官的治港座右銘。

在今天的香港，「千夫」是指那些對特區首長候選人及其政綱提出各種各樣批評意見的市民及傳媒，當然亦包括了今天提出原議案的李卓人議員及本局的其他議員。

未來特區首長應有廣闊的民主胸襟，冷靜地在批評中吸取意見，修改及完善其政綱，不需也不應冷眼橫眉地對待所有批評意見。

特區首長是香港市民的公僕，是香港的「孺子牛」。香港市民都希望能夠選出一個有抱負、有能力落實「一國兩制」的特區首長。故此，香港市民對今次特區首長的選舉，特別是整個競選過程及特區首長的治港理念，都表現得非常關注。

主席，香港特區首長將會由推選委員會選舉產生。事實上，特區首長的產生，就好像婦人即將分娩一樣，預產期是十二月十一日，距離今天只餘 28 天。因此，在今天還繼續要求特區首長由「一人一票」式選舉產生，否定由推選委員會選舉產生，並無助於特區首長的順產，亦不是一個務實的態度，更有可能錯過了對特區首長政綱提出有益有建設性意見的機會。

主席，我對葉國謙議員議案進一步提出修正，是希望提出對特區首長三項要求：

第一，希望選舉能夠選出一位有抱負、有能力落實「一國兩制、高度自治、港人治港」方針的特區首長。

特區首長是落實「一國兩制」的火車頭。既然基本法已將「一國兩制」所構想的化為條文，特區首長在政綱中就應更具體地承諾他如何落實「一國兩制」的構想。在中港關係方面，特區首長是香港人的代言人，所以應該為香港人的利益說話，據理力爭。在出現損害香港利益的情況時，特區首長更要有向北京說「不」的勇氣。

無論在捍衛香港高度自治，或在落實「港人治港」方面，特區首長都不應「打斧頭」，要全心全意去為香港服務。

第二，要捍衛港人的權利及自由。

基本法中詳細列出了特區市民所擁有的權利及義務，問題是這些權利如何可以得到充分保障；而中國憲法也詳細列出了中國公民所享有的權利及義務，但為何中國的人民未能充分享受到憲法中賦予的權利及人權保障呢？

我認為，分別是因為制度的問題。雖然香港的人權保障仍有待改善之處，但在過去，香港市民的權利得到保障，是因為香港擁有一個尊重人權的法治制度。故此，各特區首長候選人都一定要堅持「以法治港」，不應推行任何破壞香港法治的措施。

第三，要實質改善市民的生活質素。

普羅市民是熱切期望特區首長能夠實質地改善他們的生活質素。市民討厭那些「假、大、空」的承諾。故此，未來特區首長要有遠大的目光，提出長遠的治港理念及切實可行的改善民生方法。在促進香港繼續繁榮之餘，使基層市民能實質地分享到經濟繁榮的成果。

主席，踏入二十一世紀，隨著亞太區域經濟的發展，香港將進入一個新的經濟競爭時期，而領導香港政府及市民締造一個安定繁榮、民主自由、保障人權的社會，將會是第一屆特區行政長官的主要職責。正正因為行政長官的責任如此重大，所以行政長官必須為港人所接受、向港人負責，以及尊重港人的意願。

現階段的特區首長選舉方法雖然並不理想，但基於基本法所限，同時亦為了維護本港的法治精神及傳統，所以在基本法還未有修訂前，民協的立場很清楚，就是第一屆特區首長應按基本法的規定進行，但選舉過程應盡量公開及得到監察。

主席，最近世界拳壇的盛事，是現任拳王泰臣大熱倒灶，被荷里菲特擊敗。民協不關心特區首長候選人所謂「大熱倒灶」的情況，只希望那候選人在選舉的台上，全力以赴，讓市民充分瞭解和批評候選人的治港理念，「大熱倒灶」又何妨？只要全心全意捍衞香港人的利益，落實「一國兩制，港人治港」的原則，即使競選落敗，也會得到歷史的尊重。

最後，民協呼籲推選委員會成員充分尊重香港市民的意願，選出一位符合剛才我代表民協提出的「特區首長三條」的行政長官，以利平穩過渡。

李鵬飛議員致辭：

主席，身為立法局議員，對法律的遵守和尊敬，我相信不但是我們的職責，也是我們為人之道。李卓人議員所提出來的議案，顯示出要麼他沒有看過基本

法；要麼他視基本法如無物；要麼他看後並不理解。基本法在一九九〇年已經規定特區首長的選舉方式，是由四百人組成的推選委員會選出。今天以「扣帽子」的形式說是小圈子，但改變不了選舉特區首長的事實。

我覺得更可怕的是，李卓人議員以「扣帽子」的形式，對四位特區首長的參選者大力批評，作出人身攻擊。很不幸地，董建華先生就是因為曾當《時代週刊》的封面人物，李議員更以四分之三的時間大力攻擊和批評董建華先生和他的政綱。可能是董先生說的話他不滿意，而在本局批評或彈劾任何人都不會受到法律的制裁，是可以這樣做的。不過，身為立法局議員，我相信要負上一個很大的責任。

特區首長選舉在即，我們希望看見選出一位特區首長，是會維護香港人利益的。很多人問我，今次選舉特區首長是否欽點、欽定？如果是欽點、欽定，你們以為那四位參選者是傻的嗎？他們會這樣來進行競選工作嗎？我看見他們四位都很辛苦。他們其中有些已經一把年紀，但也競選特區行政首長。我相信他們四位都有一個志願，就是想幹好治港的工作。今天被李卓人議員這樣彈劾，我覺得很遺憾。

我也覺得李卓人議員想誤導香港人，因為 75% 的香港人都沒有看過基本法，他們根本不知道基本法是甚麼一回事。這就有關我們的教育及推動基本法的推廣工作。香港政府不肯在政權移交前在教科書中告知香港人基本法究竟是甚麼一回事，是怎樣寫成的，所以市民沒有受到這種教育。因此，當提及一人一票選舉，他們沒有覺得不妥，但他們是否知道這是違憲的；是不根據法律做事的呢？他們不知道如不根據法律做事有何不妥。

第二，他可能認為這樣彈劾別人，會令香港人覺得「動聽」，但對於整個選舉特區首長的過程，有沒有貢獻呢？他沒有說出他認為那一位的意見合他意思，他認為四位都不合意。合他意思的人應該怎樣做呢？如果是這樣的話，某些人更應競選作參選人。能否得到五十票提名，已是另一回事。

現時那四位較為熱門的參選人在港各處四出宣揚他們的抱負、他們的政綱、他們對香港的看法和他們治港的理念，但居然被人說「做戲」。我覺得這樣的「扣帽子」形式，與紅衞兵搞文革有何分別呢？為何要這樣做呢？為何要「扣帽子」呢？今天我在這裏說，非他莫屬，李卓人議員是「扣帽子」的冠軍。

楊森議員致辭：

主席，李卓人議員動議提出批評特區行政長官候選人的政綱逃避民主和人權，故要重申普選立法機關和行政長官的要求，但葉國謙議員的修正案卻著重特區行政長官的選舉是根據基本法，故支持特區行政長官的選舉，以利平穩過渡。主席，很明顯葉國謙議員的修正案與原議案在性質方面是有分歧的。但很奇怪，這項修正案卻被接納成今天的辯論議題。由於這項修正案與原議案在性質上有很大分歧，故民主黨不會支持修正案。民主黨在民主原則上，是支持原議案。

主席，葉國謙議員代表民建聯動議的修正案是想轉移辯論的重點，對特區行政長官候選人的政綱提供護航的作用。現時，整個親中陣營都企圖就特區行政長官的選舉造勢，務求製造出一個歌舞昇平的現象，以安定民心。

但事實上，主席，民心真是可以在巧言令色的手法下，就可以安定下來嗎？我想未必，因為群眾的眼睛是雪亮的。本港民主和人權是否真正受到基本法保障呢？相信市民早已心裏有數。

在民主方面，臨時立法會的設立，眾所周知，是民主大倒退的做法。九五年立法局議席已經全部透過選舉產生，但臨時立法會竟然是經變相委任產生，完全剝奪了絕大部分市民選舉的權利。

此外，臨時立法會亦缺乏法理依據，違反了中英聯合聲明和基本法。民主黨在民主和法治的原則上，是全力反對臨時立法會的成立。民主黨的成員不會參與臨時立法會的運作。

主席，基本法對本港民主步伐的控制得異常保守，完全漠視了本港社會的條件和港人對民主的訴求。第一屆立法會只有 20 席直選議席，第二屆則有 24 席，而到第三屆才有 30 席，是立法局議席的一半。經過三屆立法會，加上臨時立法會的期限，本港社會於九七年七月一日之後，在 13 年內仍未有普選立法會。其實在以後的日子，也未必有普選立法會，因為當時的政制檢討是條件多多，要通過普選是困難重重。這種蝸牛式的民主發展，是完全與本港社會脫節，完全違反了港人對民主的訴求。這還說甚麼民主的保障！可以說，基本法是限制了港人對民主的訴求，將中國政府的長官意志強加於港人身上。

至於行政長官，根據基本法，第一屆至第三屆的行政長官，每屆任期五年，

都是經推選委員會產生。這種不民主的選舉方法，其種種弊端已經在今次選舉中表露無遺。主席，你是否見過先有候選人後有選民的局面嗎？你又是否見過候選人去定出選民來支持本身的參選嗎？主席，本港社會經濟發展和民主基礎，都有良好條件，香港是有足夠條件在特區盡快推行普選立法機關和行政長官的；這樣，才可確保「一國兩制，高度自治」的落實。

主席，無可否認，現時特區行政長官候選人的政綱，事實上是迴避了港人對民主的訴求。一方面他們接受基本法的民主步伐；另一方面他們都支持成立臨時立法會和恢復區議會和兩個市政局的委任議席。可見，這些候選人完全漠視港人對民主的訴求，而只會開民主的倒車；無怪乎這些熱門候選人，都是中國政府可以接受的。

　　……

其實，主席，中國政府可以主動安定港人的信心，例如取消設立臨時立法會，放棄削弱《人權法》的企圖和同意修改基本法，特區第一屆立法會和行政長官均以普選產生。不過，在中國政府「以我為主」和穩定壓倒一切的方針下，以上都是遙不可及的事。

主席，民主黨一向重視民主的選舉制度。四百人組成的推選委員會是小圈子選舉，是不民主、不開放的選舉。在這種小圈子、不民主的選舉制度下，行政長官候選人只會面向四百人的推選委員會，及影響這四百人的中國政府，而不會面向港人。

鄭明訓議員致辭（譯文）：

四位最引人注意的行政長官候選人近日馬不停蹄，四出與香港各團體會面，而傳媒亦追隨左右，爭相報道的情況，跟四年前香港最後一任英國總督剛來港履新時的情形很相似。

不過，最顯著的不同，是由總督彭定康所創，而且十分成功的「親民」活動，卻是之後（即他當了總督後）才進行的。而這個人選確是由一人一票的「選舉」決定的，這一人就是英國首相馬卓安，而他那一票是給了總督彭定康。就如我們過往歷屆的總督一樣，他們獲委任前並沒有諮詢港人，港人亦無從投票。

今天的情況卻是大為不同，單是選舉前參加競選的候選人便有八名，而參與投票的亦有四百名來自香港各行各業的人，他們都能選出心目中的人選。

雖然就西方觀點來看，這種推選辦法可能不夠民主，但已足以反映香港現階段的憲制發展，確實令人鼓舞。這肯定較香港過往的任何情況更接近「港人治港」的原則。

說（如本議案所提出的）「只有經由香港市民以一人一票選舉產生的行政長官，才能有效保障港人權益」，不單侮辱了所有投身參選行政長官的候選人以及那些決心為服務社會而作出重大犧牲的人士，亦侮辱了在過去一個半世紀盡心為港人服務的多位總督。

期望香港可以並且應該由委任總督一下子轉而由普選選出行政長官，是既不切實際又魯莽的想法。香港正處於一個急劇轉變、史無前例的過渡時期。

要成功達至平穩過渡，香港在其他方面，差不多都要求越少轉變、轉變的步伐越慢越好。可是對於民主政制發展，卻有人想撕毀這張藍圖。我不相信他們是代表香港大部分人的意願，而我則肯定大部分香港人都寧願選擇基本法所勾劃的循序漸進方式，包括逐步擴大推選特區行政長官的選民基礎。我們亦應記住，基本法第四十五條已規定了「最終達至」行政長官由「普選產生的目標」。

雖然基本法沒有提及，但我覺得在近幾星期出現了一個令人鼓舞的現象，那便是行政長官候選人在公開整個推選過程和問題上所發揮的作用。他們都意識到，在一個封閉的推選過程中遴選一些鮮為人知的候選人，對提高公眾信心並無益處。就這一點，他們的表現是值得稱許的。因此，他們的拉票活動不單止針對將在下月投票的四百名推選委員會成員，他們亦盡了很大努力，向公眾解釋他們對一些主要問題的看法和立場，希望藉此獲得更多港人接受。

關於這一點，或許我們應該感謝總督彭定康先生，他的「親民」行動為香港帶來了一個新時代、一個更為開放的政府，亦提高了港人對政府領袖的期望，認為他們應更容易接觸、加強問責性。同時，我們亦應感謝傳媒，他們在這件事上發揮了重大作用，令候選人更廣為人知，其政綱更為港人瞭解。作為推選委員會的成員，我覺得這點在我對各候選人評分時，幫助甚大。

李卓人議員聲稱某些候選人對本港民主發展及人權保障刻意迴避，但依我所見，候選人對這些問題的立場頗為清晰。我所得的印象是，他們擁護基本法及基

本法的各項規定，關於對民主發展及個人自由權利的種種條文，基本法其實早已一一訂明。

議案中更令人擔心的地方，是議案暗示我們應開始修改一下基本法，想法子改變首任行政長官的推選方式。倘若我們予以認真考慮，便會建立危險的先例。

因此，我感謝葉國謙議員及廖成利議員提出修正案，嘗試令這次討論稍為合乎情理。

不過，這次辯論頂多只不過是一項學術活動，以及讓某些人撈點政治積分的工具而已。我們應否在這個時刻將重點放在這兒呢？

香港人是非常務實的，我肯定他們會期望立法局議員多花些時間在有意義、具建設性的工作上。他們寧願我們集中精力解決民生問題，諸如增加就業、改善培訓及再培訓計劃、援助有需要者、改善工作安全等市民更為關切的事情。

作為推選委員會的成員，我可以向各位保證，我會完全尊重港人的意願，投票選出的行政長官，會符合廖成利議員在修正案中列出的各項條件。這些條件亦是我作為香港人所希望在行政長官身上找到的。

我懇請廣大香港市民，在下月候任行政長官選出以後全力支持他，使香港能繼續保持繁榮。

司徒華議員致辭：

不管是誰當選行政長官，都不能迴避一個這樣的問題：他會提出一個怎麼樣的方案，去修正現行的立法局選舉法呢？但是，現在每一個參選人的政綱，都迴避了這個問題。因為，他們都怯於冒天下之大不韙，而且，也沒有多少可以自作主張的，體現「高度自治」的權力和膽量。不過，可以預測，無論是誰的方案，怎麼樣的方案，都會萬變不離其宗，都要達到一個必須達到的目的，那就是：盡一切方法，去限制、削弱、打擊、消滅立法機關內代表民主正義的力量。

根據那個萬變不離其宗的「宗」，我在這裏，對現行的選舉法將會被怎樣修正，作一個預測，立此存照，同時希望其不會應驗：

直選 20 席，現行單議席單票制，這將會修正為雙議席單票制，因為這

樣會比多議席票制和比例代表制，更能限制代表民主正義力量的當選席數。

選舉團 10 席，現由區議員組成，這將會被修訂為類似現在的推選委員會，甚至直截了當以現在的推選委員會取代。

新 9 組功能組別，現以行業劃分，選民約有 10 萬至 30 萬，將會修訂為類似現有舊 21 組功能組別中，自有選舉以來，都是自動當選的組別。

舊 21 組功能組別，九五年的選舉，是略為增加了一些以團體作為投票單位的投票人的，將會倒退回九一年選舉的方法。

在這樣的新的選舉法限制下，代表民主正義力量的當選席數，最多只有十席左右。再加上那時候採取的，是分兩組投票，立法會將會受到有絕對保險係數的控制。那時候，將會極少點名投票，更沒有漫長激烈的辯論，議員們都可以「早抖」——很早就回家睡覺去。

羅叔清議員致辭：

主席，還有不到一個月，首任特區行政長官便將誕生，每一個香港人，都希望他能夠代表港人意願，帶領港人貫徹「一國兩制，高度自治」的模式，使香港繼續保持繁榮安定。事實上，「一國兩制」的構想是中方按照香港的實際情況提出的，至於如何落實，基本法已有明確的條文列明，只要行政長官遵照實施便行了。然而，當人心思定，希望平穩過渡之際，一些空喊「民主」口號的人企圖製造混亂，離間香港同胞的關係，這實在是十分遺憾的。

基本法第四章第一節列明：「香港特別行政區行政長官在當地通過選舉或協商產生，由中央人民政府任命。行政長官的產生辦法根據香港特別行政區的實際情況和循序漸進的原則而規定，最終達至由一個有廣泛代表性的提名委員會按民主程序提名後普選產生的目標」。而在《全國人民代表大會關於香港特別行政區第一屆政府和立法會產生辦法的決定》，亦清楚列明首屆行政長官是由四百個香港人組成的推選委員會產生。如有人想攪甚麼違反基本法規定的活動，就是漠視基本法，踐踏香港特區地位崇高的小憲法。有云：「修身、齊家、治國、而平天下」，試問一個不尊重法律的人，又怎能追求民主、維護法治呢？

「一人有一個夢想」，相信每個人心中對民主發展、人權保障的理解有所不同，問題是我們需要追求大同。基本法經過四年零八個月的起草及諮詢，集思廣益，協調了各方面的意願，在民主、人權等範圍已有清楚的詮釋，對維持繁榮安定是一個不可或缺的元素；而在特首選舉的政綱中，施政重點各有不同，也許沒有刻意強調民主、人權，但亦沒有認同某些意見或看法，就被指摘為迴避民主、人權，實在是過於武斷，而因此被推斷為沒有決心捍衛「一國兩制，高度自治」，則更屬過分，不知這是甚麼邏輯？

香港在殖民管治期間，港人一直只能在毫無選擇餘地下，接受英女皇委任的英國人作為香港總督，而且完全無諮詢港人意見，但竟然一直以來這些所謂民主捍衛者，卻不那麼大聲疾呼，提出反對。相反地，推選委員會是每一個符合資格的港人也可參選，廣集各界別的人士，完全是公平、公正及代表港人利益的。但這些所謂民主捍衛者卻反對。他們的目的為何？事實上，相對地來說，推選委員會有相當廣泛代表性，他們來自不同界別，可平衡各方利益，由他們推選行政長官，較能保證能夠推選出符合港人利益的理想人選。

最近有一項調查發現，只有 25% 市民認識第一屆特首候選人為八人，及只有 40% 知道參選特首的最低年齡資格是四十歲。若在這個背景下推行一人一票普選，恐怕最後未必選出一個能夠真正符合港人整體利益及貫徹「一國兩制，高度自治」的行政長官。民主進程應該是循序漸進的，需要配合社會發展。在基本法中已列明二○○七年後將會檢討行政長官的產生辦法，並不排除屆時有可能實行全面普選。在港人仍未有實際經驗前，應該逐步汲取經驗，才是切實的做法。

主席，最後本人想喚起一點關注。近日一項調查顯示，超過 80% 被訪者表示對基本法「全無認識」或「認識有限」。當有人想批評基本法前，請他們先去讀一讀、想一想，因為這是每一個公民應盡的責任，否則，怎樣要求「港人治港」，也是不切實際。

鄭家富議員致辭：

有關臨時立法會的成立方面，幾位參選人的表現均令人失望，吳光正「擦鞋擦到上心口」；李福善擺出無奈的態度；董建華就落力為中共中央護航；楊鐵

樑則將法理拋諸腦後。他們的言論都是一派胡言。例如吳光正說成立臨時立法會在特殊情況下是有需要的，而且是一個務實的做法；李福善認為在「直通車」方案無法實現的情況下，需要成立臨時立法會，而他只會向臨時立法會提交特區運作當時不能缺少的法案；董建華根本不認為臨時立法會的法定地位存有問題，並且呼籲港府與臨時立法會合作；楊鐵樑的意見更令人驚訝，他認為臨時立法會的設立是有需要的，而且，更確定現時一般中方人士以為成立臨時立法會的法理依據，這些依據來自中國人大常委會於九〇年四月所作出的「特區籌委會可籌組第一屆立法會和有關事宜」的決議，他說如以中國法律觀念衡量，可以解得通，但他又表示這決議的用字比較寬鬆、鬆散，如交由香港法庭解釋，則可能出現問題。他們這樣的胡言，委實令嚮往民主法治的港人失望！

　　主席，吳光正、李福善與董建華依中方口徑，一貫強調臨時立法會是填補主權移交後初期的「立法真空」而不得已的辦法；但直至目前為止，他們似乎完全沒有考慮，亦未試圖解答中國法律專家和大律師公會所提出有關臨時立法會的種種疑問。再者，主席，他們三人亦身為籌委會要員，負責籌組特區事宜，應老早知道及意識到在九七年七月一日後會出現「立法真空」，他們應該一早尋求中英合作，務求在九七年七月一日之前，可以根據基本法的規定，行第一屆立法會的選舉，但他們在這方面作過甚麼努力呢？現在他們成為特首候選人了，他們必須向港人交代他們為防止臨時立法會的出現，他們做過甚麼呢！先前不為延續香港的民主進程而努力，落實「高度自治，港人治港」的理想，現在卻唯唯諾諾，說甚麼臨時立法會是必需的、接受現實的、是務實的，實在是將香港過去十數年積累下來的民主精神，毀於一旦，這又何來「平穩過渡」呢？

　　至於楊鐵樑，貴為司法界的重量級人物，他既然認為用香港法律精神去看，臨時立法會的設立可能有疑點，為何他不加以澄清呢？在疑團未解之前，為何他便義無反顧地支持臨時立法會的成立呢？很明顯，楊鐵樑是要取悅中方和已經誕生的推委，為了被推委的成員「推選」成特首，於是唯有把法律精神、他所熟悉的法律原則拋諸腦後，進而落力地為臨時立法會大說好話。

詹培忠議員致辭：

……我們早已說過，包括中國政府在內，誰都會說自己絕對民主，更加尊重人權。在解放之前，中國很多地方還是奴隸社會，包括西藏很多地區，有何人權可言？李卓人議員所指的究竟是那一類人權？那一類的民主？大家對歐美的人權狀況，瞭解有多深呢？大家體會有多少呢？即使認為西方的月亮是漂亮的、西方的民主、人權更好，我們要趕上，也要拿出個標準來，否則只是自我膨脹，徒讓別人利用人權和民主作為武器，攻擊其他國家或迫使別人就範。諸如新加坡、馬來西亞等相當進步的國家，他們對人權和民主都有不同的理解。

以「人權民主」四個字批評別人，你以甚麼專家身份或資格去批評別人？美國作為最自由、有人權、有民主的國家，常去別人的國家，拘捕別人的總統，判別人的總統要給予多少賠償等，你又為何不加以批評呢？反過來卻要針對中國政府。若謂我們身為中國人，希望中國好，故此提出批評，希望它接受，但既然它不願接受，為何還要去煽動香港市民犯難呢？居心何在？目的何在？在一九九二年，曾有所謂「直通車」（見昨天在《當年今日》片段），我當時說希望大家坐「直通車」順利過渡，在九五年當選，能夠在最後一屆的立法局共同過渡，共同為未來的香港創造更好明天。為何當時大家又反對，提出「紅色豬籠車」等的論調？好了，現在沒有「直通車」了。中國政府作為一個主權國，作為未來的宗主國，那有理由束手待斃，任由你們為所欲為？奉承英國政府的時代已經過去，身為中國人，為何要看扁自己的國家？所以，中國政府迫不得已，才有這個所謂臨時立法會的出現，既然出現了，反對聲音也大，批評說不合規矩。為甚麼英國人做的便說正確？人家何時確認你？

剛才有些議員說到，幾年前，「親中」是個不好聽的名詞，大家絕對可以承認。但是今時今日，中國已經逐漸強大，足以面對世界的挑戰。為何「親中」還是不好呢？說別人「親中」，但為自己定位時，要說自己「親英」的話，又不好承認，「反中」又不承認，台灣稱你為共匪，你又不承認，別人稱你為原始的「左仔」，你又不承認。究竟是甚麼呢？既然有膽量說別人親中，給別人扣了帽子，自己也要戴上帽子表明立場，好像在文化大革命遊街一樣，有些人三起三落，現在還有資格坐在這裏。

因此，主席，香港出現不同政見，是絕對可以理解的，但是政治也是隨著社會的進步轉變。作為一個中國人，始終中國的大門已經開放了，大家應該盡力表達不同的見解或主見，多對話、多協商、多協調，而不是拿著民主人權作為政治本錢。香港人口佔中國人口只是 0.5%，你看自己是甚麼呢？太過高漲的政治思想，對自己的政黨、對香港全體市民都是不利的。目前是最好的機會，大家縱有不同的政治見解，亦應透過不同的途徑多些對話，而不是只是藉著立法局的特權，作謾罵式的批評，以便別人對你更特殊看待。當然，可能現時指摘多些，九七年後便有資格移民，但此舉對普羅香港市民其實是絕對不利的。

黃錢其濂議員致辭（譯文）：

此時此刻，我不知道民主是甚麼意思，但我卻有一個非常簡單的個人的定義。在一個民主國家，當政府犯錯，人民有機會把政府趕下台。但在一個沒有民主的國家，當政府犯錯，是政府有機會把人民逐出國境，或監禁起來。這就是我非常簡單的個人的定義。而我認為最可惜的是，香港廣大市民在這嚴寒天氣中被冷落一旁，只能站在外圍，冷眼旁觀，就像在外圍投注站投注賽馬一樣。而我們中，有人甚至可能押錯賭注，那就更為可惜了。

我亦永遠也弄不清循序漸進式民主的概念是甚麼。這概念就好像對一個女人說，你將會一丁點兒懷孕。這點就更為可惜。

本來臨近主權移交，我們應該有最佳時機擺脫殖民地的一切殘餘痕跡。我們從未曾推選過香港總督。兩星期前，我曾在本局表示這點遺憾。但現在最低限度，我們將有機會選舉自己的領袖。在主權移交前，我們只有這次時機，這個獨一無二的機會，撥亂反正。至為可惜的，是我們對未來的憧憬，像注入混凝土一樣牢牢地繫於我們的過去。原因是，我的意見認為我們現已錯失推選自己的領袖的機會，選出一位名實相符真正代表香港人，而在人們眼中亦是真正代表香港人的領袖，他是能夠有效地在中國主權下，按照「一國兩制」的原則，維護港人利益，而在人們眼中，他亦是能夠如此的。

主席，由於我們沒有機會參與選舉，因此，我們未來的領袖的合法性、其代表港人的認受性，令人質疑，而更為可惜的，是因為他沒有獲得人民授權。由

於在人們眼中，他並不代表港人，他的工作亦變得更為艱巨。這點亦是極為可惜的。我認為我們應祝福香港未來特別行政區的行政長官，因為假如他甚麼都沒有的話，就需要鴻福齊天了。

主席，我謹此陳辭，表達我極度的失望，原因是我們已捨棄了這次選舉自己領袖的難得機會，讓別人看到我們在中國主權下是有自決權的。對於這種可哀的處境，我深表遺憾。⋯⋯

張文光議員致辭：

⋯⋯今天在辯論這項議案時，葉國謙議員說，「民主不是即食麵」，因為現時已有四百個推委在行使民主權利去選特區的行政長官。與殖民地相比較，150年沒有機會選總督，這已是一個進步。

但我想回應葉國謙議員，民主更不是特權的長壽麵，可以長食長有。殖民地時代的特權現以變相委任的方式，轉移到一個親近權力、親近中方為中心的新時代中，給很多親中的老人家，或一些忽然親中的人士、或一些吃慣「政治免費午餐」的富商巨賈、「擦鞋跟班」，全面去委任及接班，去接管這些政治的特權。他們正在吃的，是特權的長壽麵，忽視了六百萬市民。後者當然沒有即食麵可吃，他們吃的是政治西北風，我認為此做法是不道德的，那是枉自稱為一個基層政黨所說的話。

民協的廖成利議員說，如果現在仍要求行政長官經選舉產生是不務實的。何謂「務實」？中國有句諺語：「識時務者為俊傑」。所謂「務實」，是指識時務，懂得「跟風轉軚」而忘記原則。如果一個政黨經常忘記自己的原則，這是可恥的！是政治失憶。

我還記得馮檢基議員曾在籌委會會議中，對臨時立法會投了唯一的一張反對票，也曾因此而贏得民心。現在就堂堂正正，民協要轉鈦〔軚〕，決定加入臨時立法會。原因何在？正是「識時務的俊傑」。但當他們赤裸裸地去「務實」時，卻忘記了自己對選民或對民主的承諾，忘記了自己曾贏得民心的反對票，而甘心做一個政治花瓶。儘管這是民協的選擇，我卻認為這是曾支持他們的市民的悲哀。因為他們曾打著民主的旗幟，但今天在「務實」的名義下，踐踏了民主和欺

騙了他們的選民。務實、務實，多少的惡行是假其名而行。

李鵬飛議員說，競選特首不是做戲，是很艱辛的，要跑遍全港、九。當然，跑遍全香港、九龍、新界是很辛苦的事。且問一個根本的問題，為誰辛苦為誰忙呢？為的只不過是四百個推委的票。即使有人是第一次入籠屋、第一次乘地鐵、第一次吃盤菜、第一次登上漁船，說穿了，其實也不過是一場戲，做給那些有票的推委看。至於市民，由於沒有票，只能看戲，而且是在外圍看戲，在外圍看一場小圈子的大戲。望梅又豈能止渴？大戲又豈能當真？李鵬飛議員是有同情心，但此同情心只是憐惜一些做大戲的老倌的辛苦，卻沒有憐惜到沒有投票權的市民的無奈。

劉漢銓議員致辭：

主席，香港回歸中國，在「一國兩制」方針下實行「港人治港，高度自治」，這在香港歷史上乃至世界歷史上，都是史無前例的創舉。由四百名香港永久性居民組成的推選委員會，推舉由香港永久性居民中的中國公民擔任特區行政長官。這是「港人治港，高度自治」最重要的體現之一。本人相信絕大多數的港人，對行政長官的參選者及推選委員會的工作，都會持關心、愛護和支持的態度。

主席，在英國統治香港的一百五十多年之中，先後委任過 28 任總督，從來都沒有諮詢過港人意見，更遑論讓港人自己來推選。但是，當香港回歸中國，由港人組成的推選委員會推舉自己的行政長官之時，我們應當承認這是香港民主發展史上一個穩健的開端。一個由四百名有廣泛代表性的港人所組成的推選委員會的選舉辦法並不等同「小圈子選舉」。香港是我們生活和工作的地方，香港人如何管理好香港，保持其繁榮、法治、自由及其更大的活力，關乎我們及全體港人的福祉。從這意義上，我們對行政長官參選人的政綱，應滿懷熱情地肯定其服務港人的信念。若有雅博之士見其有考慮未周之處，亦可善意地提出見解，以供參選人完善其政綱時取集思廣益之效。但是，對行政長官參選人政綱橫加挑剔，或是攻其一點不及其餘，這樣的做法，我認為只有負面作用而無積極意義。

主席，九七後本港的民主發展及人權保障，基本法已作出了全面而細緻的規定。特區行政長官應該能夠貫徹落實「一國兩制」，全面而忠實地執行基本法，

並清楚認識和掌握保持香港繁榮穩定的重要因素。而這些重要因素之一，便是香港的民主發展應體現基本法中所規定的循序漸進、均衡參與的原則。只有這樣，九七後香港社會才能保持穩定及各階層利益架構關係的和諧。而行政長官的產生辦法，也必須嚴格按基本法規定的發展程序，這樣才能有效保障社會的穩定和港人的權益。

涂謹申議員致辭：

剛才張漢忠議員和其他幾位議員都提到他們也是推委，但並沒有人跟他們說過或指示他們怎樣去投票，他們是真誠和誠懇地希望為香港人在有限的選擇範圍內找出一位最好的行政長官。我自己的看法是，有關李卓人議員所說的「世紀造馬案」，其實「造馬」有很多種方法，比較拙劣的是中方明確地指示某人選某候選人。不過，坦白說，直至現在是否「造馬」呢？李卓人議員其實是作出一個政治預測，因為即使「造馬」的話，也未必一定會劣拙到現在就開始進行，其實可以留待至投票的最後一刻才進行，無須現時就做。

至於有議員說：我是推委，我是很誠懇的。即使有人給我指示，我也不會照著做！我的看法是，一個人誠懇、兩個人誠懇，甚至部分推委很誠懇地按照他們自己認為是最好的，或甚至是按香港人的意願投票，其實也是不足夠的。我們要看整個組合，因為如果「造馬」，在四百人當中，只要中國有信心在稍後時間能影響超過二百人，甚至不需要二百人，已經可以「造馬」。因為各個熱門參選人，例如現時的四名熱門參選人，各自都擁有一定的實力。雖然有人說其中一個參選人可能得不到五十票，但無論如何，他沒有五十票，也會有數十票，將來即使只有三個或兩個參選人，他們各自都會有一定的支持者。在這樣的情況下，中國只要能夠微妙地控制和影響百多票，甚至可能更少，例如八、九十票，便已能「造馬」，或控制整個結果。因此，這並不排除有部分推委是真心誠意地希望在這不完整、不民主的制度下，按照自己的意願來選出最好的特區首長。

張文光議員剛才提及民協誤導甚至欺騙選民，廖成利議員很緊張。我不得不說出自己的看法，如果廖成利議員說要求一人一票選舉是不務實的話，那其實他們有很多政策和爭取的許多事情，在短期內都未必可以實現。但如果說因為不

務實就不做，只做實際上能做到的，雖然民協內有很多人的政治信念和民主信念很強，但整體來說，我對這民主派的一度戰友感到很失望。我暫時看不到委曲求全可以表現出那種真誠的信念，處處「又傾又砌」，只會變成了不是去「傾」去「砌」，而是「傾」向於左，「傾」向於共產黨，然後「砌」詞作出解釋和事後追補。他們這樣做，我覺得很失望。

就剛才羅叔清議員所說的其中一個論點，我自己有不同的意見。他說很多市民都沒有讀過基本法，因此，如果現在實行一人一票選舉的話，就會很「大件事」，因為基本法是基本的法律。我認為這個觀點有值得商榷之處。實際上，市民選擇行政首長時，如果那人持有外國居留權或未曾居港滿二十年，他根本不能成為候選人，所以法律上的選舉步驟已為市民做了剔除工作；市民要選的，只是候選人的政策立場，他們的民主信念和對法治人權的要求，市民無須讀過全本基本法，也可以做到。同樣，在現行的香港制度下，未必每個市民都讀過整本的《英皇制誥》和《皇室訓令》，但事實上，由八幾年開始推行有限度的功能團體選舉至九一及九五年的直接選舉，市民的參與以及對候選人的認識和關心程度，都很值得我們自豪。我認為不可將連基本法也不熟悉作為理由，來為沒有辦法以一人一票選舉行政首長作狡辯。

曾健成議員致辭：

……主席，有關推委會的產生，大家都可以看到，以民協為例，它同時有四名立法局議員參選，為何偏偏只選了兩位呢？我的解釋是很簡單的。廖成利議員好像街頭戰士，整天提出反對；羅祥國議員亂說話、舉錯手。只有馮檢基議員和莫應帆議員可以入選，因為莫應帆議員沿途默不作聲……

……

我不是討論民協，我討論的是推委會的誕生過程，那就是願意聽話者、不會反駁者，才可以加入推委會。

同樣，剛才張漢忠議員說沒有人收買他。實際上，他欠了我一個人情。就有關王丹的議案辯論，他曾說他會離開不作表決，但最後也被迫作反對表決。這純粹是因為要持甚麼態度是由黨決定，由共產黨決定。事實上，推委會的產生並

不是六百萬人的光彩，它並不是經六百萬人投票選出來的。他為何可以當選推委呢？為何在五千七百多人之中，人人都不選，會選中他？為何不選廖成利議員？他有報名參加，為何不獲選中呢？理由很簡單，共產黨一定要全部都是聽話的人。

同樣，在九七年七月一日後，根據基本法第二十三條立例的那些臨時立法會成員是怎樣產生的？全部都是由不民主、小圈子和黑箱作業的選舉所產生的。他們可以閉門造車，製造一些惡法。特區首長又是怎樣產生的呢？為何一下子就可以從三十多人之中選出八人？為何傳媒只報道「四大天王」，把他們當作劉德華、張學友般報道？為何不報道另外四位參選人的活動？傳媒討論選舉是否公正，但傳媒本身也不公正，把另外四位參選人置諸不理。

我只想說一句，如果倚靠這樣的推委去組成臨時立法會，選出特區首長，就真的會「推毀」香港的前途、「推毀」香港的希望、「推毀」香港的穩定繁榮。

田北俊議員致辭：

主席，今天李卓人議員在他的議案發言中，以「跑馬」作為一個例子，我也想引用類似的比喻。

事實上，九五年彭定康總督的政改方案也可說是一場賽馬，其中新功能團體內的九個議席，我試舉一個我較為熟悉的例子，在製衣紡織界別中，將業內人士的票變成了工人的票，而這樣梁耀忠議員就當選了。大家也見到，最近為了與美國爭拗紡織問題，梁議員一點也不曉得，根本不能代表紡織界。由此可見，政改方案新九組其中一、兩個界別所產生的議員，根本不能達到功能團體的目的。在那場賽馬中，彭定康總督令民主黨 19 位議員入選，加上與民主黨友好的議員，數目超過 30 人。在那場賽馬中，民主黨和他們的同僚勝出。不過，民主黨可能下錯了注，在那一場賽馬中，它贏了，但在接著的臨時立法會，甚或第一屆特區政府的立法會選舉中，選民的基礎可能會有所轉變。

……

主席，我在法律方面的看法是，任何經過立法局辯論而通過的法例，一經通過，就一定是合理的法律。可能對李卓人議員來說，中聽的就是善法；不中聽的

就是惡法，但我認為這種看法是錯的。如果以這兩年來所通過的勞工法例來說，很多工商界人士可能很不滿意，但沒有人批評說這些是惡法。既然法例獲得通過，我們只有支持。因此，我認為在法例之中，並沒有善法惡法之分。

主席，李卓人議員又提到變相委任。當然，李卓人議員未曾當過立法局委任議員。想當年，我在八八年獲衞奕信爵士委任加入立法局，真的只是跟他會面半小時，給他問了一些問題，我說肯為香港服務便成了。不過，今次有四百位推委，就在工商界那組別內，也有很多人是我不認識的。我想即使是進行過寫信、打電話這些行動，也要競選一番。這個所謂「變相委任」似乎不是那麼簡單，不是說一句話就可以當選為臨時立法會議員。

主席，最後我想談談港人的需求。很多民主派議員都提到這點，似乎香港人的需求最重要是一人一票選舉行政首長。但情況是否如此呢？最近多項調查都顯示，香港市民最關注的，第一是房屋問題，第二是就業問題。人權、民主當然可能也是市民較為關注的問題，但原議案所說的一人一票選舉行政首長，我相信絕對不是香港人的需求中最重要的。

馮檢基議員致辭：

其實在辯論議案的過程中，相當富爭論性的其中一個問題是推委會選出臨時立法會，以及我們對臨時立法會的態度和立場。我已多次在局內和局外重申，對於推委會和臨時立法會的成立，我們至今仍持有原先的立場和態度，我們的態度和立場並沒有改變。可是在一些事情成為事實後，我們須如何面對和處理這問題上，不同人和不同政黨可能有不同的判斷和處理方法。有人參加、有人不參加、有人杯葛、有人抗議、有人抵抗、有人革命。不同政黨在不同的層次上會作出他們的決定和選擇。

我仍然記得，在一九八八年，我也曾參與爭取八八直選，當年局內一些我稱之為「老民主派」的議員亦爭取八八直選，民協也有成員在碼頭與他們一同進行絕食行動，支持八八直選。我們也反對功能團體選舉及委任制度，但在八八年的選舉中，我們看到一些「老民主派」人士沿功能團體選舉晉身立法局。至九一年直選時……

……

我覺得在如何處理現時的推委會和臨時立法會問題上，問題不單止在於選舉的過程是大型選舉方式還是小圈子選舉方式，而是在於組成後，我們參與與否對香港人是有利還是不利。我始終覺得，有基層人士，有民主派人士的參與，對香港是有利的。如果不參與的話，另類聲音就無法在局內表達。……

陳鑑林議員致辭：

首先，李卓人議員說，幾名行政長官參選人的政綱對本港民主發展和人權保障加以迴避，就等於沒有決心捍衛「一國兩制」和「高度自治」，這種說法其實是犯了嚴重的政治謬誤；因為「一國兩制」和「高度自治」是中國政府對香港的基本國策，絕對不會因為行政長官參選人的政綱如何表述而有所轉移；況且，參選人發表的只是政綱而已，並不是施政報告，更不是政策文件，因此，只能夠提出一些原則性的問題，而不可能要求做到包羅萬有。政綱沒有提及的不等於行政長官不會做，正如政綱不會提及行政長官要吃飯，難道我們可以說行政長官無須吃飯嗎？

其次，李卓人議員和民主黨的議員，極力強調行政長官的選舉是黑箱作業的「小圈子選舉」，但民主黨的同事，希望你們不要太快患上失憶症，記得在幾個月之前，當中國副總理錢其琛公開表示，希望香港不同界別和政見的人士可以求大同、存小異，並希望民主黨的成員積極參與推委會和籌組特區的工作時，你們的核心成員說過，由於推委會要負責推選行政長官和臨時立法會的工作，雖然民主黨認同按照基本法由推委會選舉行政長官，但因為反對成立臨時立法會而拒絕參加推委會。這邊廂言猶在耳，那邊廂又開始鞭韃行政長官選舉黑箱作業而大搞甚麼民間特區首長選舉，這算是甚麼態度呢？

在前一段時間內，我們經常聽到有人大肆抨擊九七年後的特區政府是傀儡政府，選舉特區行政長官是選傀儡。我不知道這些說話是甚麼意思。

再說，行政長官的選舉雖然不會是全民直選，但從推委會的產生過程，由公開報名，以至由五千多人中選出來自社會上各階層和各界別的四百名推選委員，可以說是具有相當大的透明度和代表性。相反，民主黨的所謂民間特區首長選

舉，其實只是他們自編自導自演的一齣鬧劇。

至於李卓人議員說只有經一人一票選舉產生的行政長官才能有效保障港人權益，就更不知道是那裏來的邏輯！行政長官能否保障港人權益，並不在乎其產生方式，最重要的是，他當選後能否合理地照顧各方面的要求，平衡各階層的利益，履行競選政綱的諾言。那有行政長官還未選出，就已經帶著有色眼鏡，確定他不會履行他的責任，為香港人爭取應有的利益？這樣的說法有何民主可言，與順我者昌，逆我者亡的獨裁者又有何分別呢？

主席，總括來說，香港由殖民地管治走向特別行政區的「港人治港」，是跨進了一大步，但不能要求「未學行，先學走」。由港人選舉行政長官，就已經充分體現「港人治港，高度自治」的一大民主進步。否則，一步登天的魯莽做法，只會得不償失！

李永達議員致辭：

……民主黨對推委會的立場很鮮明，我們是不會加入推委會的，因為第一，它會推選出臨時立法會；第二，基本法載明推委會要有廣泛代表性，但現在中國政府或籌委會的做法，根本不能產生有廣泛代表性的推委會。因此，即使它只選舉行政長官，我們也不會參加，因為它並不符合基本法的規定。我們當然希望能盡快修訂基本法，落實一人一票的選舉方式。

我不大明白陳鑑林議員的政治邏輯，為何政治代表和人民代表能否捍衛人民的利益跟他們的產生方法沒有關係呢？當然，有些人並不是由人民選舉出來的，例如王丹和王希哲，但他們都曾為中國人民作出貢獻。但在制度上，怎樣才能夠令那些說自己是人民代表的人，真正捍衛人民的利益呢？在現今世界上所有民主制度內，我們都找不到較在普及而平等的基礎上進行選舉更好的方法，但現時推委會並非如此。我們並不是說這方式一定可以選出一個長時期都能捍衛人民利益的人，但如果我們發現那人不能這樣做時，我們在下一次選舉時，可以不投他一票，這便是唯一的方法。主席也曾說過，選舉並不是要選一個好人，而是減少選一個壞人、一個壞政府，如果他做得不好的話，下次便不可以再繼續下去，因為他不能連任。為何擁有那麼多黨員的中國共產黨會如此壞，出現了文化大革命和

四人幫等局面呢？那就是因為它不是由選舉產生。如果是的話，犯了一次錯誤後，便不會再有第二次。陳鑑林議員連這麼簡單的政治學 ABC 都不懂得，實在使我感到非常遺憾。

田北俊議員剛才說法律是不分善惡的，但我認為法律其實是分善惡的。那條界限不是由梁耀忠議員或田北俊議員界定。我認為界限有兩條，第一，是否符合基本人權。如果立法局制定一項法律，是不准田北俊議員吃飯，這是絕對不可能的，因為這違反了基本人權。第二，那項法律在社會上是否為大多數人接受。田北俊議員當然不高興，因為我們實在修改了太多的勞工法例，我也能體會到你的感受，但這並不代表是違反了人權，這只是令僱主少賺了一些錢⋯⋯

⋯⋯

主席，我的意思是，這法律本身並沒有剝奪工商界人士的人權，沒有人要「吊死」或「劏除」工商界，而只是令它的利潤稍減而已。其次，市民雖有不同意見，但普遍都是接受的。因此，我不認為法律是沒有界限的，其實是應該有界限的。

甚麼是惡法呢？就是那些違反基本人權，違反世界上公認的人權公約內所載的集會和言論等自由的法例。如果我們把那六條惡法還原的話，這些自由便會被全部剝奪，所以我們堅決反對。因此，界限就是在於此，而並不是由我們自己界定的。

主席，我還有兩點要提出。第一，是關於「馬」的問題，這跟選舉有關。為何我們說是「造馬」呢？我們並不是說在過程中沒有自由選擇權，似乎是可以自由選擇的。不過，譬如有四個馬房：「親中馬房」、「工商馬房」、「專業馬房」，但卻獨缺了「民主馬房」。因此，只有三個馬房可供選擇，是有馬、有騎師的，但卻沒有了第四個馬房。這三個馬房的馬和騎師能夠自由競賽，但一個由人民授權的馬房卻不准加入競賽。這就是「造馬」，就是剝奪了「人民授權馬房」的競賽權，這是一個不合理的做法。

主席，我想提出一個有趣而其他同事甚少提出的問題。中國共產黨經常把民族主義掛在咀邊，它覺得英國政府的所作所為很要不得。在兩三年前，如果民主派在《城市論壇》節目中罵共產黨，有些人便會說我們是為了移民，就像剛才詹培忠議員罵我們一樣。可是直至現時為止，我們都沒有人移民！民主黨被人罵了

那麼多年，說我們擁有外國護照，但經多次調查後，發現只有很少人擁有外國護照，而這問題就沒有人再提起。

很奇怪，今次推委會內很多人都可能擁有外國護照。那麼強調民族主義的共產黨，那麼強調民族主義的親中派朋友，在這問題上卻不發一言。為何在推選自己國家地區行政長官的推選委員會內，可能會有很多，甚至超過半數的推委擁有外國護照，而他們是有選舉權的呢？為何在這問題上，民建聯的朋友、推委、籌委、人大、政協都避而不談民族主義呢？這真是一個奇恥大辱。這個推選——我強調是推選，不是選舉——自己國家地區首任行政長官的委員會，為何容許擁有外國護照的人出任委員呢？雖然我對這問題不一定有意見，但為何沒有人注視到這問題呢？

這反映出有些人如果喜歡以這問題作為政治量度方法，就覺得它重要，例如民主黨批評中國政府時，就被指為逢中必反、沒有民族感情；但當他們有投票選舉權時，卻不再提出這問題。我覺得一直以來，某些人只用自己的政治標準，去衡量我們認為是合理的市民的訴求。

剛才羅叔清議員問，為何基本法已規定了做法，即行政長官是由四百名推委選出，我們卻要提出一人一票，這是否不尊重基本法呢？我有時想，難道連人民最簡單的訴求也不能表達嗎？我對法例有意見，所以提出修改，希望用一個更好的選舉方法，這有甚麼問題呢？難道這就是大逆不道嗎？難道發現法例不正確也不能提出嗎？我希望各位同事在這問題上好好想一想，我們現在的做法是否真的符合廣大香港市民的利益。

李卓人議員致辭：

主席，其實「臭坑出臭草」的另一個意思是物必先腐而後蟲生。腐敗的制度令人腐敗；得到特權後，很容易便會想盡辦法保著特權。推委便是特權的新貴，他們的權力來源是基本法，因此，要捍衛特權，便要先捍衛賜予這項特權的基本法。

剛才，我聽過葉國謙議員和廖成利議員的發言後，覺得他們的中心思想其實是要對基本法跳「忠字舞」，高舉基本法。不過，我們不要忘記最重要的是甚麼，

最重要的是「高度自治」。剛才陳鑑林議員補充時說，「一國兩制，高度自治」這承諾是國策，是國家的政策。問題是，有沒有人問過，基本法本身是否真的符合這項國策呢？何謂「高度自治」呢？在大家心目中，「高度自治」的定義是甚麼呢？

我記得在中國歷史上，以前曾經有人提出要「湘人治湘」，但毛澤東當時卻反對「湘人治湘」。毛澤東說他反對的原因是，「湘人治湘」的意思是可以隨便找任何一個湘人，去當該地區的省長。這樣便可稱為「湘人治湘」嗎？毛澤東說，他不要「湘人治湘」……

……

毛澤東說他反對「湘人治湘」，他說要「湘人自治」。怎樣才能「湘人自治」呢？他說不是隨便找一個湘人去統治，而是要選舉出來。要選舉出來的湘人來治理地方，才可以稱為「湘人自治」。其實這跟現時我們的邏輯相同。我們要「高度自治」，但怎樣才能「高度自治」呢？就是要在制度上有一個保證。我的議案說出甚麼是制度保證，那就是一如毛澤東所說，如要「高度自治」，就要由一人一票選舉產生行政長官，這是一個基本概念。有些人經常提及基本法，但大家不要忘記，最重要的是「高度自治」。

有些人也提到，民主不是「即食麵」，要按部就班。我覺得這對香港市民是一個侮辱。這就等於簡單地說，香港人現在未能也不懂選舉。香港社會已經這麼富裕，已經擁有龐大的中產階級，市民普遍的教育水平也非常高，到了這地步還說我們未可以進行選舉？當然，你們可以像鄭明訓議員所說，在舊殖民地時代，「一人一票」就是只有馬卓安的一票。現在我們就是要掃除殖民地的弊處，但卻只得四百人有權投票，即是由一個人演變成四百人，由一個英國人變成四百個人，其中有英國人、美國人、甚至不知在何處的南美小島的人，就是由這四百人推選行政長官。這稱得上是進步嗎？我覺得在整個觀念上，我們要向前看，不應還眷戀著舊的東西。

對於廖成利議員所做的，我也很失望，他其實是為這小圈子選舉塗脂抹粉，因為他呼籲推委去選出一個好人。我們就是不相信這個推選的制度，但廖議員卻令市民有一個假象，說只要推委憑良心投票，便可以成功。但問題是，選擇是有限的，例如我很想選廖議員，但他連推委也當選不到，何況要參選當候選人？我

覺得像他這麼好的人也沒有機會出來參選，更沒有可能成為候選人，我們又怎能期望有一個公平的選舉呢？

憲制事務司致辭：

主席，香港特別行政區的候任行政長官將於下月選出。眾所周知，行政長官的推選工作，是由中國政府及特區籌備委員會負責和主理，而行政長官人選經推舉後，會按基本法規定，報中央人民政府任命。

由於首任行政長官在成立特區及特區政府的過程中，擔當重要的角色，因此公眾關注行政長官的推選工作和各候選人的競選政綱，是自然不過的事。香港政府當然不適宜評論推選的安排，但我們與普羅大眾一樣，期望推選工作以公開、公平及具有高透明度的方式進行，而且希望選出的候任行政長官能得到本港市民和國際社會的信任和尊重。我們會繼續把握所有機會，向中方反映公眾的期望。中國官員亦多次指出：行政長官應能貫徹「一國兩制」的方針，並且為各方面所接受。

李卓人議員的議案倡議採用一人一票方式選出行政長官。行政長官的產生辦法和程序，已在基本法和一九九〇年四月四日全國人民代表大會所通過的決定中訂明。實施這些規定的工作，是由中國政府及未來香港特別行政區政府負責。在此，我只想指出，基本法第四十五條載明：「最終達至由一個有廣泛代表性的提名委員會按民主程序提名後普選產生的目標」。

未來的八個月，對香港來說，是十分重要的時刻。香港政府將致力繼續以高效率的方式和負責任的態度管治香港，並與籌委會和候任行政長官通力合作，以期達至成功過渡。

我相信香港市民也期望候任行政長官能實現聯合聲明及基本法給香港人所許下「高度自治」、「港人治港」及「一國兩制」的承諾，為香港締造美好的將來。

1996 年 11 月 27 日
議案辯論：行政長官因非經普選產生而未能制訂全面民生政策

李華明議員動議議案：

「由於行政長官並非透過普選產生，候選人不必回應普羅市民對民生的訴求，亦未能制訂全面的九七後新香港民生政策，對此本局深表遺憾。」

李華明議員致辭：

之前幾次議案辯論已討論過特區行政長官選舉怎樣不民主了，我不想再在這裏重複談論這個問題。今天我想說的，就是在這種小圈子選舉之下會產生一些甚麼的民生政策。

在現代的政治理論中，「選舉」是一種最大的「政治投入」。候選人要得到市民的支持，必先要仔細研究市民有甚麼需要，從而訂立切中時弊的政綱，博得選民的支持；而普羅市民的需要，亦會透過選舉機制，變成了政府具體的施政方針，這就是現代民主政制的精髓。

沒有了這種民主選舉機制，政府單憑官員的意願而施政，必然會訂出脫離社會現實的政策，未能照顧市民的需要。浪費人力物力不在話下，嚴重者，更可能因而加深社會矛盾，製造更多社會問題。

今次所謂「世紀造馬」的「特區行政長官」，完全是由一個小圈子選出，而這個小圈子裏面，卻又全是工商界的天下，四百名推選委員之中，「工商、金融」及「專業」兩個界別合共二百人，當然全部都是大商家、大財團的代表；那些所謂「勞工、基層及宗教界」，一百人之中又有 35 個商人、11 個中華廠商會成員、只有 23 個全部來自左派工會的「工會工作者」。

我們再看看那些特區首長候選人，就更是名副其實的有錢人：楊鐵樑曾經是位高權重的大法官，原來楊先生從未乘搭過地鐵；吳光正是龐大商業集團的董事，所以大條道理不知米價；而董建華更是大航運集團的大老闆，自然無機會行過窮街窄巷。

固然，有錢人也可以做行政長官，不認識基層問題也可以慢慢學習，但最大的問題是現時的所謂「選舉」，使他們根本不必回應普羅市民的需要；所謂「選舉制度」，就是指有錢人加小圈子加中方壓力，只要候選人取信於中方，「搞掂」推委，已可以登上行政長官的寶座。香港社會現正面對甚麼問題、市民有甚麼需要，根本不在行政長官候選人考慮之列，即使候選人的建議違背市民的意願亦不會令他落選。

就正如推委會舉行提名行政長官候選人的會議前，有多個民間組織都對候選人支持程度進行民意調查，但很可惜，候選人需要爭取的並不是這些接受訪問的市民，而是那些在小圈子內的「真正選民」。大家試回想三位候選人所取得的提名票數，再比對之前各項民意調查，就可以理解到期望候選人會依循民意，只會是一種虛幻的空想，自欺欺人。

全港市民的民生訴求，就憑那一小撮四百人的推委可以充分反映出來嗎？答案絕對是個「不」字。再加上四百人中根本絕少有基層代表，難怪三位候選人的民生政策如此不濟！

......

我提出的問題，不是在於「商人治港」，也不是因為候選人對民生問題認識不深，基本問題是候選人根本不必面對廣大市民，自然不必對具敏感性質的問題表態，所以提出一些不著邊際的政策原則，說一些不會惹起爭議的東西，例如：教育、家庭等。

面對一九九七這個香港新紀元，其實我們本可以利用這個機會擺脫殖民地政府那種短視、割裂的政策制訂方法，重新思考香港社會的未來路向。這本需要有魄力的人站出來締造新香港的社會政策，但在我們面前的三位候選人，就連以往港英政府的水平也遠及不上，我們如何期望由他們來創造新香港呢？

當然，這樣子的選舉制度，對這些人抱以過高的要求和期望，是不切實際的。但這三位候選人既然要當行政長官，卻沒有行政長官應有的氣魄；天天站出

來推銷自己，但面對真正問題時卻又閃閃縮縮，實在令人覺得太過分。對此，本人對三位候選人感到非常失望。

周梁淑怡議員致辭：

主席，李華明議員今天的議案，不但邏輯上出現嚴重謬誤，並且與事實完全不符，實在不值得大家支持。

首先，議案第一部分說，由於行政長官並非透過普選產生，候選人不必回應普羅市民對民生的訴求。這個假設，不知論據何在。香港一向由總督主政，而總督從來不是由普選產生，但平心而論，歷任總督都必須回應普羅市民對民生的訴求。雖然他們在這方面的成就未必能盡如人意，但回想在香港很特殊的發展和社會渴求下，歷屆總督帶領的政府也有努力回應，亦有一定的成績。事實上，任何主政的人都不能忽視人民對各方面的訴求。試想如果生活條件長期下降或不獲改善，政府又怎能在天怒人怨，民憤不斷上漲的環境中治理一個地方？

從另一個角度去看這問題，在一些西方民主國家，行政長官也不一定由普選產生，英國就正是一個例子。首相馬卓安是保守黨的黨魁，而他是乘著保守黨贏得國會多數議席而坐上首相寶座，並非由普選產生。那麼他又是否不必回應普羅市民對民生的訴求呢？所以我說原議案的邏輯上有不妥之處。

主席，一點不可不提的事實是，在特區首長的選舉過程中，有人因為不獲民意支持而不敢落實前些時表達過的參選意願，更有想參選人士因民望顯示不被接受而未能出線成為候選人，所以我認為如果說普羅市民對特區首長的競選沒有影響是錯誤的。

至於議案的第二個論點，即「亦未能制訂全面的九七後新香港民生政策」，充分顯示了李議員沒看過這三位候選人的政綱，或注意他們三位在近期的公開活動和發表的言論；更沒有看他們三位今早向推委會發表的治港藍圖及理念（據我所知，今早的會議由電視台現場直播，所以市民都可以看到），因為如果他有心注意的話，就絕對不會作出議案中的批評。事實上，三位不單止制訂了九七後的民生政策，其中連如何去鞏固香港的經濟以改善我們最關心的房屋、教育和老人福利等問題，也有很清晰的勾劃。如果候選人無心聽取這些意見，就無須探訪這

麼多團體，包括民主黨在內。我希望他們在發表意見時，能反映他們透過這些探訪所得知的種種問題。我敬請李華明議員以事論事，以積極的態度去評論三位候選人的政綱，以協助他們能更瞭解問題，以求策劃更完善的對策。

主席，以上是我對議案的看法和反對的原因。雖然剛才李華明議員說不想再提本局前些時進行的辯論的種種要點，但其實今天的議案跟其他辯論一樣，有更重大的含意，就是對行政長官並非由普選產生表示遺憾，亦即是說對基本法中所詳列的行政長官產生辦法加以否定。奇怪的是，當民主黨的中堅分子當年在民主黨未成立之前，參與基本法草擬工作時，在這方面從未要求以普選產生行政長官。何解近月紛紛「出橋」、又要舉辦民間特區首長選舉、又突然提出私人條例草案、又要動議今天的議案呢？無他，就是要不斷希望為特區首長選舉冠以負面的形象。這種種做法，究竟是帶領香港人積極面對將來，抑或是用種種的謬論、假設和手段去倡議反對特區首長的選舉；對最終產生的特區首長表示不信任，藉以描繪一個灰暗無望的未來？

劉千石議員致辭：

主席，可以預見，九七後本港的民生政策將會逐步倒退，政府將會更漠視基層市民的權益。我並不是「無的放矢」，因為「商人治港」的局面已經形成——我不是預測誰會成為特區首長，而是，從中方欽點籌委以及推委的組成來看，工商界亦佔了非常重要的位置，包括籌委港方委員超過三分之一是工商界人士，推委會四百人中更有一半是商人，而推委會內所謂「四個界別」中，「基層勞工界」內亦居然有 40% 的人有商界背景。因此，可以清楚看到，無論誰人是特區首長、誰人當臨時立法會議員，九七後的特區政府政策以及立法都只會以商界利益為前提，而以犧牲普羅市民利益為手段！

「商人治港」的核心問題不單止表現於由工商界人士主導特區政府和立法機關，更重要的內涵是日後政府的政策將會更傾向維護、強化和加重商界的利益；結果，改善民生的措施不單止會被遏抑，甚至近十多年來的「點滴改善」都有可能被「還原」！不過，我一定要提出警告，如果普羅市民的民生出現任何倒退，社會危機早晚會爆發的！

獨立工會爭取「打工仔」權益的立場並不會退縮，九七後，我們仍然會透過團結建制外的力量，爭取勞工及基層市民的合理權益，並且對任何不利基層市民的「倒行逆施」政策抗爭到底！

主席，其實以上我講的有關普羅市民的心聲不應該向你發表，而是應該向特區首長候選人講出；不過，正因為特區首長不是由市民一人一票選出，因此，他們只需要面對中方、面對四百名推委，而完全不需要理會這個由一百萬名選民選出來的立法局的意見。

我們不時都聽到有人說「寧要飯票，不要選票」。不過，過去近十年的香港民主政制發展令我們清楚看到，假如基層市民手上沒有「選票」，大家的「飯票」亦不保！同樣，九七後要捍衛「打工仔」的「飯票」，我們同樣要爭取自己手上要有「選票」，以一人一票選出特區首長及立法機關。民主政制雖然不能夠保證必然選出最好的人，但卻能夠令損害市民權益的人下台；只有「選票」，才能夠長遠保障我們的「飯票」。

李永達議員致辭：

一直以來，很多人都說商人治港會成為一個很大的問題。當然，如果商人是透過公平選舉，在普選中得到市民的信任而參與政府事務，這絕不為奇。但很可惜，正如剛才很多同事所說，現時選舉行政長官的方式並不是由普選產生，所以他是否得到普羅市民的接受，仍是未知之數。多項調查顯示，很多香港市民對商人治港和金權政治仍有很多憂慮。

當我們提及金權政治時，不單止是指在選舉中以金錢買票，以及行政會議內充滿了商界的人；其實金權政治也指在整個決策和制訂政策的過程中，行政長官如何將他一己或他所瞭解的利益，反映或顯示在政府的社會政策上。當他的看法或他所瞭解的社會利益，等同於保障工商界為主的利益時，這就是間接將金權政治反映在社會政策上。

除此之外，一名不是由普選產生，沒有接受選舉洗禮的人上任後，他在工作方面的利益關係也不大清楚。最大的問題是，對於執行政府各種決策的委員會和諮詢委員會的組成和委任，行政首長擁有很大控制權。市民有所懷疑，也是由於

候選人沒有透過選舉產生，沒有經過信任的投票。

金權政治第三項令人擔心的問題是政治利益的交換。由於選民數目那麼少，可以透過一些明顯或暗示方式的政治利益交換，以達到影響選舉結果的目的。反過來說，曾經給予利益的集團可能會尋求各種委員會內政治位置的保證。這樣社會的公眾利益會在這種利益交換之中被侵蝕和磨損。

鄭明訓議員致辭（譯文）：

我反對議案是因為若要行政長官候選人在現階段制訂有關民生或任何其他方面的全面政策，是既不公平又不切實際的事。

我們要知道的，是候選人的為人怎樣，他們的政見如何。我們是否願意見到他們在未獲選而又從未與政府當局合作過之前，且還未完成現時的全面公眾諮詢之前，已先就重大的政策下了定論？我相信不會吧。

在我看來，本議案很明顯是本末倒置。候任行政長官一經委任，便要有充分時間去組成工作班子，並與他們共同策劃未來特區政府各個範疇的全面政策。

與其批評尚未上任的人，我們如果關心某些事項，不如現時就向行政長官候選人提交詳細的意見，或在下月中候任行政長官被委任時向他提意見，這種做法是否較有建設性呢？這當然比現時的辯論更為實際。

李華明議員在本議案中指出，行政長官並非由普選產生。他說得對。但基本法規定逐漸擴大推選特區行政長官的選民範圍，以最後由普選產生為最終目的。

李議員因此便簡單地認為「行政長官候選人不必回應普羅市民對民生的訴求」，這點我不能苟同。這種說法大概也可以用來形容香港以往所有的總督，他們沒有一個是由普選產生的，但歷年來他們中不少在改善港人的生活水準和質素方面均作出了重大的貢獻。

我們為甚麼會以為一個從自己香港人中選出來的會比別人更不關心香港市民的訴求呢？如果我們真的認為是這樣的話，便是侮辱了那些為服務市民而作出極大個人犧牲的行政長官候選人。

我相信三位候選人中無論那一位獲選，都會竭誠為香港及港人服務。從近日報章上大量的報道所知，三位候選人已悉心聆聽社會各階層人士的意見，而我相

信最後選出那一位將來亦會繼續這樣做。

還有兩個星期我們便會確實知道候任行政長官一職誰屬。我促請本局及廣大香港市民在未來數月內，全力支持候任行政長官及其工作班子，以維持本港的成就、繁榮和穩定。

我相信大部分香港人都會同意，這是保障及改善民生較務實和有效的方法。

陳鑑林議員致辭：

對於今天的議案，我認為最主要的問題在於：行政長官雖然並非由全民直選產生，但這並不代表候選人不必回應普羅市民對民生的訴求。我無意在這裏為任何一位候選人作出護航，或重複他們的民生政策，但我希望提出這樣的指控的議員，先睜開眼睛，仔細讀一下三位行政長官候選人的政綱再說。

再者，民主黨的同事寧願閉門造車，自動放棄加入推選委員會的機會，今天自然沒有機會直接聽到三位行政長官候選人介紹他們的政綱。不過，如果他們是有心要參與這事務的話，他們大可收看電視台的直接轉播。

自從上月多位行政長官參選人公布他們的參選意向後，已相繼陸續公開他們草擬的政綱，以及他們治港的藍圖。事實上，三位行政長官的候選人今早分別向推選委員會介紹他們的政綱時，都不約而同地用了相當長的時間就民生問題作出闡釋，並提出了對房屋、教育、福利、老人的事務及經濟發展等民生政策的見解，同時亦有著重如何進一步鞏固香港的經濟，提供更佳的就業環境。由此可見，並不是要由普選產生的行政長官才會重視民生的事務。相反，有不少由普選產生的議員，他們所關注的，就只是個人的政治前途，將普羅市民的生活置諸不顧。

李華明議員在演辭中說某位候選人只用了 110 字談論社會福利，以為這樣便可以否定候選人在民生事務上的關注。我認為這是一個嚴重的謬誤。我相信李華明議員也不會同意社會福利就等同於民生事務。

從民主黨近期的行動和言論看來，我並不覺得民主黨的同事重視民生問題，因為如果這些同事認為九七後的民生政策是如此重要，在他們有機會和兩位行政長官候選人會面時，就應該把握機會提出一些普羅大眾的訴求，向他們提出質詢或作出一些建設性的建議。

可惜，我們從報章的報道得知，民主黨的議員在會見董建華時提出了 12 項問題，其中只有三項問題涉及民生，其餘的問題不但與普羅市民的民生訴求無關，相反，他們所關心的，只是一己的私利。因此，對著行政長官的候選人，只關心自己的政治前途，包括支聯會主席司徒華會否被綁架返大陸？中國法律將如何處理司徒華？會否以行政命令解散支聯會？支聯會對香港的民主人權發展是否有正面作用？如何處理九七後中國異見人士逃亡到港？九七後能否在香港舉行「六四」集會？在 12 項問題中，與他們自己前途直接相關，而與民生無關的問題，竟然佔了七至八項，這又如何稱得上是關注民生呢？在會晤行政長官候選人時不重視民生事務，而在本局內卻提出質疑行政長官候選人的民生政策，我想問這又是甚麼政治道德呢？

我對這些議員可說是非常失望。我只希望他們在這兩天多看電視直播，多瞭解候選人的政綱，少一點閉門造車；少一點提出一些「無厘頭」的指控；少一點坐井觀天。不要以他們「逢中必反」的心態，看待香港的回歸；利用抗爭的手段處理過渡時期的所有事務，刻意製造事端，肆意無理攻擊行政長官候選人，肆意攻擊推選委員會，以為這樣就可以抹黑整個行政長官的推選工作。

主席，我曾多次說過，只有在香港九七回歸祖國後，香港才會出現真正民主。我們今天舉行的推選委員會第二次會議又一次給我們同樣的感覺。香港被英國殖民統治了 150 年，每當委派總督，香港政府從未徵詢過港人的意見，更不會將候選人的政綱羅列給我們知道。

中國政府承諾在香港回歸後，不派京官治港，確立了香港的民主進程，為「港人治港，高度自治」具備有利的條件。我認為香港市民應加以稱頌。

香港特別行政區第一任行政長官還有兩星期便要投票選出，我建議所有關心香港事務，願意在九七後繼續留港建港，為香港長遠利益而奮鬥的人士，重新調整他們那僵化死硬的錯誤立場，回到合理、合作的局面，為二十一世紀的新香港共同努力。

任善寧議員致辭：

主席，自八十年代初期以來，中方一直以「商人治港」為其九七後治港的主

導思想，其背景因素有三：

第一，香港商人於一九七八年開始積極投資中國內地，中共官員在感情上及實質上覺得香港商人較為愛國，再加上很多機會在把盞言歡的場合，聽到歌功頌德的溢美之詞，「香港商人愛國」的印象，就「深入官心」（而非「深入民心」），利用香港所謂最愛國的一群人去治理香港，當然是順理成章的。

第二，香港商界為了自身的利益，不約而同地強調「香港靠經濟，經濟靠商人」為主調的理論。由於其他階層人士直接進言的機會甚少，所以並沒有出現「百花齊放，百鳥齊鳴」的局面，因此，中方從諮委、草委，以至預委、籌委、推委均出現商人佔多數的現象。有工聯會的人士也曾為此而憤憤不平。

第三，工商界人士是識時務的俊傑，明知中方不喜歡民主，就閉口不談大多數人對民主的要求。當權者既不喜歡聽逆耳的忠言，自然就樂得用人唯「財」，即「財產」的財。

在這種背景下出現的候選人，都是「民意不足，財氣有餘」，又面對財氣縱橫的人物所組成的小圈子，三位候選人基本上是不必回應普羅市民對民生的訴求。但「不必」不代表「不會」，所以我們仍然看到候選人在民生問題上「小做文章」（而非「大做文章」）。三位候選人對民生問題隔靴搔癢，已有其他議員作出批評，本人只想指出一點。今早我在電視上看到及聽到一位候選人表示，香港政府不應採取遏抑樓價的措施，說這是弊多於利，令人又再想起他與其地產大亨的關係。見微知著，可以預見普羅市民的民生問題能否得到公平而妥善的照顧，是問號重重的。因此，行政長官由商界力量所主導而產生，而只以應付式的態度去處理民生問題，本局是應該表示遺憾的。

陳婉嫻議員致辭：

代理主席，眾所周知，香港歷任總督的產生，只是由英國任命，無須經過任何香港人的同意或確認。每位總督的工作成績是好是壞，港人能夠作出批評的機會亦不算很多，更莫說直接諮詢、直接參與或直接否決；但是，香港自從推行代議政制以來，三級議會的席位逐步開放，引入民主選舉，普羅大眾的訴求，可以透過議員在各級議會裏面反映和爭取權益。這些改變無疑是令人感到欣慰的，而

如果香港能夠有全民普選的三級議會、最高行政長官的話，則更是無與倫比了。

這一次的首屆特區行政長官的選舉，是一件史無前例的事情。行政長官的誕生，標誌著新的時代的開始，這包括行政長官本身要由中國籍人士擔任、他要經由推選委員會的四百名推選委員選舉、在北京中央政府確認之後籌組特區政府等。這些都是按照基本法的規定而進行的，也是香港擺脫殖民地身份、邁向「一國兩制，港人治港」的第一步，有著巨大而深遠的歷史意義。

代理主席，無可否認，「一人一票、全民普選」是選舉活動的最理想的境界；但是現在的第一屆特區行政長官由四百人推選委員會投票選出的方法，是在八十年代，社會討論基本法時，集思廣益，按功能組別模式的理念而設計的，是合乎情、合乎理的方法。如果說這次特區首長選舉並非按最高理想而選出，因而否定推選委員會的代表性，以及假設即將誕生的行政長官，不會理會香港市民的民生訴求等，我認為其邏輯推論過於簡單，並不可取。

代理主席，所謂「水滾茶靚」，想飲「靚茶」當然是要等「水滾」，而且還要有好的茶葉。以往我們為基層市民和勞苦大眾爭取權益的時候，都是利用各種可行而實際的方法，來達至目的。我一直以為維護民生的方法並非只得一種，亦都是不單止在議會上才可以作出訴求和問責，亦須要在建制內和建制外共同爭取的。

代理主席，談到現時幾位行政長官候選人的民生理念，如果各位同事今晨有聽到我們有分參與的推選委員會諮詢會，幾位特區首長候選人亦提出了在前階段之後改善民生的政策，而就這些內容來說，當然，我並不同意他們的一些觀點，但明顯可以看到，他們在過去這段競選期間，由於聽到民間基層團體和勞工的意見，在這些問題上，也有逐一加上一些新的觀點，而不是像李議員所說候選人不必回應普羅市民對民生的訴求。不過，我想強調一點，他們所發表的選舉政綱，我們還可以有機會、有時間去看看，等待正式的行政長官產生後，再就香港今後整體的問題，包括各種民生政策問題等，作積極的討論，亦未為晚也！

曾健成議員致辭：

主席，今天辯論的議題是有關民主與民生的關係，沒有民主，市民的民生得

不到保障。反之，一個沒有照顧民生的社會，亦可以說是一個不民主的社會。兩者是相關連的。

從過往殖民地制度「專政及獨裁」所衍生的商人治港，由資本家壟斷政治及經濟特權，導致基層的需要被忽略，實在顯示社會潛在的社會矛盾、貧富差距日漸擴大、政治上不穩定。

因此，一個缺乏威信、沒有民意基礎、沒有市民認可的政府它所推行的政策，根本是得不到市民的信心，而有關的政策亦遇到重重障礙。

誠然，惟有「一人一票」選舉行政長官，政府的認受性、代表性及合法性才不會受到群眾的質疑。唯有普選制度，才可確保行政長官制訂的政策，合乎市民大眾的利益及意願，得到市民的支持和監察。

若否，幾十個或幾百個自稱代表不同界別的人，私相授受，交換利益、黑箱作業，以「假選舉」選出行政長官及立法機關，無疑是出賣港人民主，爭名奪利。

有人認為今天是香港真民主的開始，因為過去百多年來香港的總督都是無機會由人民選出來，全部由英國政府委任的。但現在行政長官的選舉是透過甚麼方式選出來？是否一人一票呢？都是由北京欽點出來的推委、籌委，變成現在的推委委員，變成現在的特區首長，亦變成未來臨時立法會的委員，所以這些人在全沒有民意的基礎上扮演民主的角色，可謂「五十步笑百步」。

主席，可惜，現今所有的政團無不以「民主」及「民生」作口號，來號召群眾的支持，但入了推委，入了籌委那些所謂披著「民主」外衣的政團，其民生、民主訴求往那裏去呢？此乃欺騙選民的做法。

主席，剛才民建聯的陳鑑林議員叫民主黨的人睜開眼睛。他說三位候選人的政綱寫得娓娓動聽。政綱寫得好是沒有用的，要加上他的行為。同樣，民建聯三大頭頭——曾鈺成先生、譚耀宗先生、程介南先生——九五年參選時，都說不會加入臨時立法會，那是他們當時的政綱。轉過頭來，「有奶便是娘」，要進入權力中心，就要加入臨時立法會。所以，政綱和言行要一致才可以的，看一個人的行為才可以代表政綱有否落實。民協的朋友說到他們會就李華明議員的議案作棄權表決，如果真是這樣做法，我希望民主民生協進會要改名，「民主民生協進」，甚麼叫做「民主民生協進」？他可以解釋，如果沒有民主，何來有民生？如果他作棄權表決的話，他必定是認為現在的特區首長選舉，現在臨立會的選舉是十分

民主，所以民生已受到照顧，如果不是的話，請民協的朋友將棄權表決變成支持李華明議員的表決。

剛才陳鑑林議員說到民主黨、支聯會會見特區首長候選人時，只是說政治的問題；我身為支聯會的常委，亦是民主黨的黨員，我見「董黑馬」時，我第一件事就跟他說保釣，第二件事跟他說勞工、房屋、交通、老人、醫療、籠屋，種種問題也提及了，我沒有說過未來的政制發展，因為這場馬一定造到他贏。陳鑑林議員若不相信，可以回去問一下那隻肥馬。

說到吳光正先生的政綱，亦娓娓動聽，我簡單舉例一件事。知其行，知其言，知其公司所做的事，他怎樣為勞工？怎樣為基層？電車司機今時今日還要坐在電車內駕著電車吃飯，這是怎樣的基層利益呢？

說到楊官，更好笑，心大心細選舉，臨報名時，還要先行休息一個月，休息一個星期大假，這是怎樣的選舉呢？

主席，其實今場的造馬遊戲，大家都清楚知道，沒有民主，根本就沒有民生，肥馬也可以跑出來，因為「上面」欽點，老馬一定跑不了，馬不用跑，終於造馬；這場國際大假馬，六百萬人看著這場造馬，大家是有口難言。選票在那四百名推委手上，那四百名推委是由誰欽點出來的呢？是北京人大欽點出來的，不是選民選出來的。大家都是既得利益者，你是推委的身份，你當然說民主，你試試如果將程序改由全港市民投票決定今次的選舉是否民主？一定是「否」。是贊成一人一票，還是今次的推委選舉呢？一定否定推委選舉。

田北俊議員致辭：

主席，今天議案的議題說行政首長因非由普選產生，所以候選人無須回應普羅市民的民生訴求，因在民生政策方面沒甚麼可觀之處，故本局表示遺憾云云。

如果說行政首長不是由普選產生，這是不民主，不是西方的民主，那還說得過去。為何不是由普選產生就一定對民生的訴求沒有認識？為何他一定不會去制訂全面的民生政策呢？他們有否制訂經濟政策呢？他們所說的全部都差不多。如果大家想辯論這個議題，當然可以辯論。但當我聽了一半，我發覺今天的辯論根本並非辯論行政首長的產生，而是在清算工商界或商界。民主派根本正在分化香

港的社會。外國有很多選舉，為了種族問題：黑人、白人之分；有些為了宗教問題，香港則沒有。香港大部分是中國人，中國人之中自然也有「貧富」之分，當然，任何社會中，經濟上「貧」的也較「富」的為多。

剛才發言中，有些議員提到的「字眼」比六十年代在中國的文革口號還要恐怖，反大地主、反商界等，幸好在這裏只得空談而無實效。

主席，現任總督未來港之前，他對本港民生瞭解有多少？但他到港後，大家覺得他做得很好。我相信行政首長產生後，對所有具體的民生事項一定會做到。為何我會如此說呢？香港政府的理財哲學是看看收入有多少，按通脹加 5%（所謂的實質增長），每年便會支出若干的數額。例如今年，我們的財政收入有一千九百多億元，支出也是一千九百多億元。各位應該辯論的，是你們民主派認為那方面的民生，如社會福利、老人金、教育、醫療、房屋應如何將那千多億元用掉。

反過來說，若工商界賺到金錢，大家便有分使用。若香港的工商界賺不到錢，量入為出的概念是沒有錢便不能花費。故現時香港的經濟發展好，香港賺到錢，我相信我們在民生方面所關注的一切項目，是可以落實的。

今天，我有機會在推委諮詢會中問了董建華先生一個問題，是李永達議員剛才「逢中必反」的那一段，我向董建華先生說，民主黨雖然在很多政策上對中國是「逢中必反」，事實上我擔心他們在立法局內是「逢商必反」。我很擔心，不過我曾嘗試為民主黨說句好說話，我說在董建華先生今晨提出的五個他們認為須急切正視的問題中，其中包括公屋、醫療、社會福利、教育和老人問題，我認為民主黨除了有代表性外，他們在這方面亦有認識。我甚至說有他們的參與對平穩過渡是好的。我又問他如何與民主黨溝通。李永達議員只說了「逢中必反」而不提其他。

我深信三位候選人──兩位是商界、一位是官，無論誰當選，也必須就香港整體利益行事。剛才數位民主派議員說，整體利益是商界利益。我想問，香港的商界包括些甚麼？大企業包括地產、銀行、運輸、電訊，任何生意都做。試問若他們要賺錢而普羅大眾沒有錢時，他們賺甚麼？莫非李嘉誠先生要住進他興建的所有樓宇。我們製成衣的要穿上我們製的所有衣服嗎？要整個社會富有，人人富有，經濟發展才會好。

我較為擔心的是今天我們這些議案辯論；在香港這些根本是不會造成新聞的，大部分市民都知道我們只在空談。我擔心的是外國的報章會以大標題報道。外國報章以大標題報道是基於民主、人權等概念，可能進而引伸至我們的行政首長。如果大家反對這個所謂「商人治港」的概念，是否會令外國投資對香港沒有信心？如果我們的經濟增長不再膨脹，我們所謂的 GDP 人均增長不從二萬三千多美元再繼續上升的話，那麼我們的收入便被夾在現時這層面中。若沒有 5% 的增長，意味著將來我們沒有多些金錢可使用。在此情況下，各位所關注的民生改善工作，反而不能落實。我自己對民生的事務不太熟悉，但對於製造財富，我覺得我有我的見解。如何去將這筆金錢用在恰當的地方，民主黨和其他派別的議員，都可以提供寶貴的意見。

我相信這幾位行政首長候選人如果當選的話，由於他們不熟悉這方面的民生政策，他們更會與民主派或其他熟悉民生問題的人士，如民建聯和民協等溝通，以期可更務實地管治香港。

蔡根培議員致辭：

主席，香港由英國殖民統治至今一百五十多年來，歷屆總督都是由英國欽點，從沒有徵詢過港人意見，更遑論由港人投票決定呢。如今實現中國主權下的香港第一屆特別行政長官選舉，雖不是由全港市民一人一票選出，但卻是由四百人組成的推選委員會選舉產生，這四百名推委在香港社會是具有充分的代表性，由香港人自己選出的特區行政首長，不正是體現了民主的起步嗎？民主政制是須要循序漸進的。

主席，行政首長尚未產生，其領導班子還未組成，李議員卻基於特首不是普選產生，便斷言行政長官候選人就不必回應市民的民生訴求，因而想當然，他就未能制訂全面的民生政策，這是否言之過早，過於武斷呢？像這樣先入為主，帶著有色眼鏡般態度來看問題，如果本局真的通過這樣的議案，本局的公信力何在？

目前三位行政長官候選人馬不停蹄地走訪各階層、各界別，甚至有些候選人還到訪一些基層、公屋、臨屋區，他們以積極、務實的態度與各界人士接觸、溝

通，並向他們介紹自己的治港理念，初步政綱，爭取市民支持，難道這不是實實在在地面對港人嗎？

主席，英國統治香港百多年來，總督從來不是一人一票選舉產生，為甚麼各同事從來沒有在立法局提出議案，以類似今天議案辯論的措辭，向歷任總督表示遺憾呢？很明顯，今天的辯題只是借題發揮而矣，是借關心民生政策為題，擾亂推選委員會選舉首屆特區行政長官為實。目的在於打擊特區首長的公信力及認受性。如果真正為普羅市民著想，我們便應好好地就改善香港民生提出一些有益而又有建設性的意見，供特區首長在制訂民生政策時參考。

其實，現在大局已定，為甚麼還老是圍繞著「甚麼普選」、「甚麼代表性」、「小圈子」的問題喋喋不休呢？這不但無補於事，亦有害無益。本人深信各推選委員都一定會肩負起這個歷史重任和使命，會以香港整體利益為依歸，審慎地選出一位有政治家風範，光明磊落，對港人、對國家有高度責任，又能為大眾所接受的歷史上首位香港特區行政區行政長官。

陳偉業議員致辭：

……我想澄清一點，民主黨反對的不是商人治港，我們並沒有反對一個經過民主程序選舉的商界人士代表我們去作出決策，正如我們並沒有質疑李鵬飛議員代表大埔區居民一樣。我們反對的是一個不民主的制度。

剛才陳鑑林議員以很高昂的姿態抨擊民主派，使我聯想到六七年暴動時，有些人拿著小紅書衝擊總督府或在香港製造許多騷亂的行為。他說民主派許多工作沒有做實際的研究，而肆意抨擊……

……

主席，希望議員知道自己的權利在那裏，不要在未清楚自己的權利之前便胡亂地提出要求。議員應該知道自己的權限在那裏，這是很重要的。他提到許多關於特區首長的一些表現和許多關注民生政策的問題，以及對民主黨作出強烈的抨擊，使人感覺如「皇帝唔急太監急」，因為幾位特首候選人在接見民主黨代表時的姿態，也沒有一些打手型的人士這般高昂。

關於回歸問題，民主派由八十年代開始堅定地支持主權回歸，我們沒有提過

主權換治權，現時在推委內，那些人當年提過主權換治權呢？民建聯有沒有批評過這些人？

主席，陳鑑林議員剛才提到九七回歸後便有真正民主，使我想到一九四九年的政權轉變時，曾使幾億人民感到人民真的可當家作主，可是其後的情況又如何？我們不是質疑中國收回香港主權的理據，我們是堅決支持的，可是在收回主權同時，我們也爭取民主制度。民建聯的朋友，請不要跟我說你們不支持民主制度。至於「逢中必反」這種亂扣帽子的說話，我在此不屑回應。剛才陳鑑林議員也曾呼籲我們民主派人士留港建港。我想大家拭目以待，看看日後在座有多少人仍會留下。

……

主席，民生和民主問題是有直接關係的。如果你可以說服我，沒有民主也可以有好的民生的話，我就不再發言。所以，民生好還是不好……

……

謝謝主席，我以為有些事已是眾所周知，所以無須再提出那麼多理據，若提到建立論據的話，我想我應該說一些理論會較為適合。談到制度及民生問題——即唯物辯證，主席，若我的理論是錯的話，希望你能指點我。馬克思提到認知論時很清楚地提到存在是先於本質的，怎樣的政治經濟制度下，就會有怎樣的社會文化制度，就有怎樣的意識形態。同樣，要在某一種的選舉制度才會產生某一個形式的候選人，正如要有雞蛋才能孵出雞來；要有龜蛋才可生出龜來，對嗎？這即是說制度和產品是有直接關係，所以沒有一個民主制度，就不能照顧此制度下市民的利益，這是很明顯的。所以，主席，我說了這麼多，希望大家不要只看現實政治利益的問題，而應考慮這個制度對市民的影響，以及考慮大家多年來所說過的話，然後由歷史去辯證究竟是誰違背了自己的立場，違背了過去所作的承諾。

憲制事務司致辭：

主席，在兩星期前，即十一月十三日立法局辯論李卓人議員動議的議案時，我已闡明香港政府對第一屆特別行政區行政長官選舉的立場，所以不打算在此詳

細複述。不過，我希望重申一兩項要點。

首先，李華明議員的議案提及行政長官透過普選產生這一個課題。第一任和其後各任行政長官的產生辦法，已在基本法和一九九○年四月四日全國人民代表大會所通過的決定中訂明。實施這些規定的工作，是由中方和未來特別行政區政府負責。因此，我在這裏只想向各位議員指出一點，就是基本法第四十五條載明：「行政長官的產生辦法根據香港特別行政區的實際情況和循序漸進的原則而規定，最終達至由一個有廣泛代表性的提名委員會按民主程序提名後普選產生的目標」。

其次，由於第一任行政長官在成立特別行政區和特別行政區政府的過程中，擔當非常重要的角色，所以公眾關注候選人的競選政綱，是自然不過的事。我們與普羅大眾一樣，期望行政長官能夠得到本港市民和國際社會的尊重和信任，並且為香港人所接受。我們誠意希望，行政長官在制訂特別行政區政府的政策路向時，會充分考慮社會人士的意見和期望。

李華明議員致辭：

首先，很多謝有 19 位議員就這議案辯論發言。周梁淑怡議員與陳鑑林議員一樣，說我本人或民主黨沒有看清楚三位候選人的政綱。我想指出，三位候選人的政綱已輸入了我們的電腦。我們剛才就各範疇的政策的發言，全部已熟讀各政策的建議，我相信認識絕對不會比陳鑑林議員或周梁淑怡議員少，我反而挑戰他們兩位的認識可能還比我少，為何呢？因為我的演辭內提到照顧老人、醫療，我引述了三位候選人政綱內的有關部分，提出我的論據、批評，但陳鑑林議員及周梁淑怡議員只用一些反論據駁斥我的指摘，純粹說我沒看過、沒讀過，又說我今晨沒看電視。當然我沒看電視，今晨我要出席人事編制委員會會議，怎可以看諮詢直播呢？我今晨不看電視，並不等於我不認識三位候選人的政綱。

此外，周梁淑怡議員提到我們黨鞭司徒華議員在草委內可能沒提到爭取普選行政長官，我想指出一個事實，當年有一個「一九○方案」，我不知周梁淑怡議員是否還記得，司徒華議員是其中一名成員，那「一九○方案」是爭取普選行政長官的，而司徒華議員在草委內是反映了此點。周梁淑怡議員並非草委，我不知

她為何會提出這些指控。我要特別指出此點。

我覺得始終要回應陳鑑林議員的發言。因為我聽完後，覺得他整篇演辭好像《文匯報》的來論，肆意攻擊。如果是要引起紛爭，促成文革式的辯論的話，我相信陳議員也是數一數二的高手。他又說九七後香港就有真正的民主。但九七後便立即成立這臨時立法會，那臨時立法會由四百人選出，而我們在座的六十位議員，卻是由一百萬人選出來的，那個較為民主呢？那個是真正的民主開始呢？說出來，我相信沒有人會相信臨時立法會比現在坐在這裏、由市民選出來的立法局更民主。為何真正的民主在九七年後才開始呢？

也有很多反對我這項議案的議員，包括民建聯、商界的朋友說，香港現在第一次由香港人選舉行政長官，是史無前例，以往的全是英國人派來，我們不能反對，不可說是我們挑選他；既沒有諮詢、亦沒有參與。這全都是事實，我亦不會反對。但問題是要「港人治港」，落實「一國兩制，高度自治」，現在我們是否說要走前一小步，還是希望多走兩步呢？香港是否無能力多走兩步呢？我們是否很滿足現在這一小步呢？剛才發言的議員是否很滿意英國政府派人來，所以我們便接受，現在我們往前走一小步便很開心，是否這樣呢？我覺得不是。以現在香港市民的教育程度、通訊的發達程度，根本不應該走一小步，而我們民主黨提出來，希望更迎合到落實「一國兩制，高度自治」，我想是這分歧，而你們卻很開心，只要是香港人選出來便可以了，不理會那些香港人是如何找出來的，可能是欽點，可能是小圈子，只要是香港人選出來，香港人做行政長官，這樣便很開心，很滿足了。我們亦並不反對商人治港。我們要再強調一次，因為田北俊議員沒有聽到我第一次發言。我在第一次發言已經很強調我們不介意商人做行政長官，問題是如何選出來，如果他是普選出來的話，真的是一件好事，亦很佩服，我們一定會覺得他很好。但現在不是，是由四百人選出來，而這四百人內有大部分是工商界人士，換言之，他要向工商界這選舉委員會交代，爭取選票，自然會講求多一些他們的利益，提出多一些他們的問題。這是很自然的事。設身處地，田議員由商界選舉出來，由工業界選出來，由商會選出來，自然要向商會的會員交代，等於行政長官由四百人選出來，自然要爭取那四百人的支持，而那四百人大部分是工商界人士。他說我們作為較關注民主、民生問題的議員，是否會擔心，這正是我們的憂慮。我希望各位議員投下良心的一票。謝謝。

1996 年 12 月 4 日
議案辯論：反對成立臨時立法會

鄭家富議員動議議案：

「本局反對成立臨時立法會。」

鄭家富議員致辭：

⋯⋯今天，部分同事準備參選一個無法理基礎，無民意基礎，及代表著民主大倒退的臨時立法會。除此之外，很多以前曾經是港英委任制度下的政治機會主義者及在九五年選舉中落敗，而他們在政綱中曾經誓言不加入委任的臨立會的親中人士，現在均紛紛背信棄義，報名參選臨立會。有這麼多人參選，理由很簡單，凡事聽命中方，及以各種有形及無形方法取悅四百名推委，總比上樓家訪及直接面對市民開放的質詢來得容易。

主席，相信你不會反對，代議政制的優點是將權力交托於人民，由市民選擇誰能代表他們，誰會給他們唾棄。但臨立會的設立，則與民主的代議政制背道而馳。

有言論說英國統治香港 150 年，港人無權選總督，立法局亦只是九一年才引入部分直選，對於現時行政長官及臨立會的推選方法，港人應該接受，因為這是民主回歸的開始。可是，抱有這種信念的人卻忽略一個重點，現時總督聽命的，是一個遠在八千哩之外，由英國人民選出來的政府及國會，而在一九七六年，英國亦已簽署《國際人權公約》；換言之，一切英國政府對香港事務的政策均由一個民選政府及聯合國監察。反觀北京政府，始終是一黨專政管治下的政府，一個永無辯論及百分百橡皮圖章的人民代表大會，試問我們怎能夠對未來一群由這樣的政權委任出來的臨立會政客有信心？

主席，細看臨立會，參加者要先得到十名推選委員會委員提名，再由全體四百名推委投票選出，而無論是籌委、推委都可以參加。推委會本身是小圈子的產物，現在推委們已公開聲稱互相提名、互相支持，可見幕後的拉票、分位和分贓的活動，想必更激烈，而且其中沒有任何法例與指引監管，只求當事人自律，買票、賣票及交換利益的情況，自然必會出現。很多人一直為預委會、籌委會、推委會與即將成立的臨立會的代表性辯解，說這些代表會包括商家、專業人士、社會賢達，以及曾參選立法局，選到或選不到的人，他們代表了很大部分香港人的意見。但是，我們試想，如果經過一個公開的民主程序，由港人直接選出他們的代表，不是更有代表性和公信力嗎？百萬港人的選擇，難道比不上一小撮人的指指點點？當權力來自市民，我們現時立法局就要向市民交代；當權力來自極權的北京政府，未來的臨立會就只向「北大人」交代。

主席，其次，基本法規定立法會的產生，要按循序漸進的原則，最終達至全面普選的目標。在九一年開始，立法局已引入了直選成分，為這最終目標鋪路；在九五年的選舉安排中，雖然對於新增功能組別的選舉是否符合基本法，中英雙方有不同的理解，但九五選舉的普選成分大增，亦越接近基本法所嚮往的理想目標，卻是不爭的事實。因此，特區第一屆立法會的組成，中英雙方應商議在符合基本法的規定下，如何盡量保留九五年選舉的普選成分，而中方不應該單單執著九五年選舉是「三違反」，便推倒重來，成立非法和「循序漸退」的臨立會。臨立會的成立，只會違反循序漸進達至普選的基本法規定。

再者，人大決議已清楚規定第一屆立法會的組成方式，無中生有的臨立會，根本違反人大決議，這個問題已有許多法律專家提出，不用多言。不過，中方自己違反自己最高權力機關的決定，肯定是國際大笑話。

日前更有意見認為籌委及推委均可互選組成臨立會，這種意見更令人感到臨立會是小圈子玩意，這批依附權勢的政客勢將成為「京官治港」的工具。

主席，本來，臨立會缺乏法理基礎，不能代表普羅民意，其工作實不值一提。但是，據悉臨立會的主要任務，包括制定特別行政區的正常運作所不可少的法律，並根據需要修改或廢除法律，以及同意終審法院法官和高等法院首席法官的任命等。事關重大，妨礙「港人治港」和平穩過渡，故有必要指出其中禍害，以顯示臨立會絕對不應成立。

主席，有關重要法律的制定和修改，大概會有《駐軍法》、《選舉法》、基本法第二十三條等。對於解放軍，鑑於流傳著很多關於解放軍的負面消息，令香港市民對他們印象欠佳，對於如何規範解放軍日後在港的活動，港人十分關注和憂慮，因此，希望解放軍如有牽涉及刑事和民事的侵權行為，都可以由香港法院，以普通法精神來審理。但是，想唯中方馬首是瞻的臨立會慎重考慮港人的意見，實在是奢望。

有關《選舉法》，香港的選舉由區議會選舉開始，行之經年，沒有多大爭議。可是，推委會、臨立會的所謂選舉一出籠，就惹來各方批評，而究竟由小圈子推出的臨立會成員，為了延續他們經欽點而得的位置，必定會左計右度，裁剪出一套有利自己的選舉制度。那麼，由臨立會制定的《選舉法》，何來有公平公正可言？廣大市民通過這樣的《選舉法》，根本不可能選出最多及最有代表性的議員。

有關法官的任命，已有資深法律界人士指出，一旦臨立會被判定違憲，則終審法院法官和高等法院首席法官的任命亦隨之不合法，反而其他法官的任命則為合法，這確是一個國際司法界的大笑話。

主席，香港百多年來蒸蒸日上的經濟成就，在很大程度上有賴於司法制度的完善和獨立，這是左中右人士都一致贊同的。但是，我們不可忘記，司法機關所執行的法律，要得到立法機關不斷因應時代加以增刪、修訂。因此，立法和司法兩權的地位同樣重要。現在，香港人往往只關注到在九七年後司法獨立能否持續，而輕視立法會對於司法運作的重要性，這是我今天必須加以糾正的。臨立會有權和有時間去修改既定的法律，以及新增法律；而臨時立法會的組成、代表性和認受性都甚低，因此，臨立會的結構已決定它不可能有效地代表普遍市民的意願去增刪修訂法例；加上我在上文屢屢指出，特區首長和臨立會的成員都會唯中方馬首是瞻，那麼，臨立會的立法工作，很可能偏離香港普遍市民的看法。例如，最近港府推出《刑事罪行（修訂）條例草案》，對於顛覆和分裂國家等罪行，作出寬鬆的解釋。從報章、電台的輿論，可知這做法受到廣大市民的歡迎，而立法局內大多數的直選和民選議員，都支持這條例草案的內容。可是不幸地，一些已報名參選臨立會的同事及其他同事，都對這條例草案有保留，有的還明言日後中方在這方面的政策會因此更嚴苛。由此可見，這些參選臨立會者的意見，遠離普遍民意，而且在他們心目中，中方在特區的立法過程中，有主導性的作用。香

港市民由這件事可看清楚臨立會日後不會順應民意，而只會做中方的橡皮圖章！臨立會制定出不能反映民意、遏制人民的惡法，則司法制度如何獨立、完善，司法部門亦只會成為助紂為虐的工具。我們不要被那些「司法完善，香港就會繼續繁榮」的口號所蒙蔽，立法會的民主成分也是極關鍵的因素。這也是我，以及民主派人士為何堅決反對成立臨立會一個重要原因。

主席，今天兩位同事對於我的議案提出修正案，雖然稍後我會作出評論，但我首先希望提出，他們的修正案與最近董建華批評民主黨「逢中必反」，更要求我們接受臨立會的立場是一致的。但我要在此強調，民主黨的政綱開宗明義說明要捍衛中英聯合聲明，我們就是要求中英雙方落實選舉立法機關，我們只希望中英雙方能落實聲明。其實變的不是我們，變的是共產黨。我們反對是因為現時中國政府已經跟他們在一九八四年時所訂明的立場有變。我們民主黨絕對不會像今天兩位議員一樣，認為別無選擇就要接受現實，甘願做中方控制特區的工具。

立法機關是要訂立良法，不是立惡法；立法機關是由議員代表市民去監察政府工作，為大眾市民謀幸福，而不是為政府工作，只為一小撮人鞏固政治權力而工作。

中英聯合聲明表明，港人能擁有「高度自治」，但臨立會的成立，港人將只會被「高度管治」；中英聯合聲明又指出，將會有「一國兩制」，但未見「一國兩制」之利，卻已先見「一地兩立法機關」之弊。

主席，我希望港英政府不要再以假設和臨立會未正式成立為理由，迴避臨立會的問題。英國政府的態度只是強而不硬，完全沒有實質行動去阻止臨立會的產生和工作。為此，我強烈要求港英政府立刻採取法律行動，例如禁制臨立會的工作，並要求中方履行中英聯合聲明這份國際條約，不要使中方這麼輕易便破壞了這國際條約，並藉此防止臨立會未來的工作變本加厲，作出不利香港人的利益的事情。

朱幼麟議員就鄭家富議員的議案動議修正案：

「在『本局』之前，加上『鑑於中英就香港政制的談判未能達成共識，以致九七前後本港立法機關選舉模式沒有了銜接，成立臨時立法會是別無選擇；』；

刪除『反對成立』，並以『呼籲各參選』代替；及在『臨時立法會』之後，加上『人士應以落實「一國兩制、港人治港、高度自治」為參政目標』。」

（編者注：修正後的議案內容如下：

「鑑於中英就香港政制的談判未能達成共識，以致九七前後本港立法機關選舉模式沒有了銜接，成立臨時立法會是別無選擇；本局呼籲各參選臨時立法會人士應以落實『一國兩制、港人治港、高度自治』為參政目標。」）

朱幼麟議員致辭（譯文）：

主席，立法局將於一九九七年六月三十日停止運作，這並不是因為中國本身、全國人民代表大會或推選委員會的緣故，而是因為我們在一九九四年六月三十日表決的結果。當天，我們以一票之差，通過選舉改革；而這結果卻是因為三位政府官員所投的票而造成的。

立法局的工作之所以要終止，而且必須由臨時立法會取代其位置，共有六個原因，就是：

（a）立法局的組成並不符合基本法的規定，而基本法將於明年七月一日起生效。這是因為（i）選舉委員會其實不應該包括所有區議員，及（ii）九個新成立的功能組別與基本法的精神相牴觸，因為基本法不容許出現這種變相的直選議席。

（b）在憲制上，立法局是以《英皇制誥》為依歸的，而《英皇制誥》將於六月三十日起無效。立法局只有在中國政府的同意下才可以繼續運作，然而由於種種對立，此種同意現已不能存在，所以立法局在六月三十日以後的存在是無法律基礎的。

（c）臨時立法會需要為特別行政區通過一些必要的法律，例如是關於入境事務、護照、居留身份、終審法院的各項任命等。

（d）特別行政區在過渡期的最後一年是不可能進行立法會選舉的。當香港仍然是受外國政府所統治，而保持穩定是首要的任務時，中國政府是不能夠在香港舉行這些選舉的。

（e）臨時立法會的職責範圍將不會太大，它只會處理緊急和必須處理的事宜。

（f）臨時立法會將會按照基本法，為第一屆特別行政區立法會制定選舉法；沒有這些法規，立法會便不能夠成立。

現在我想談一談包容性的問題。臨時立法會無意孤立任何人。籌備委員會曾邀請所有人參加推選委員會和臨時立法會的工作。

中國、籌備委員會和推選委員會已準備與所有政黨和個別人士合作，而不論他們曾經如何表決，致令立法局不能繼續存在，亦不管他們曾向我們提出那些指控，甚至提出今天這個議案。我們會繼續準備與所有人在特別行政區共事，我希望所有人會與我們聯手，共創新的未來。我們都應該對我們的行動負責，並須承擔後果，正如立法局現在必須承擔起一九九四年六月三十日投票表決的後果一樣。

莫應帆議員就朱幼麟議員的修正案動議修正案：

「在『沒有了銜接，』之後，加上『在現階段』。」

（編者注：修正後的議案內容如下：

「鑑於中英就香港政制的談判未能達成共識，以致九七前後本港立法機關選舉模式沒有了銜接，在現階段成立臨時立法會是別無選擇；本局呼籲各參選臨時立法會人士應以落實『一國兩制、港人治港、高度自治』為參政目標。」）

莫應帆議員致辭：

相信大家都知道，由於中英談判失敗，導致現時的立法局無法過渡九七，為免出現立法真空，中國政府提出成立臨時立法會（「臨立會」）來解決立法真空問題。對港人來說，臨立會並非解決立法真空的最佳選擇，當時除了臨立會外，亦有其他可行的有效辦法解決立法真空問題，所以中方剛提出成立臨立會的建議時，民協立即提出以「另類直通車」方案解決立法真空，而無需成立臨時立法會。可惜民協的建議仿如空谷足音，未獲接納。

現時距離九七回歸還有二百多天，臨立會的成立已屬必然，我們作為參政者，應該怎樣與香港市民共同面對臨立會呢？有些政界朋友說要以退出建制方式來全面杯葛臨立會，但無論我們杯葛臨立會與否，臨立會都必然出現，臨立會制定的法律都會影響到九七後香港市民的生活及權利。如果我們杯葛臨立會，我們是否在九七後全面杯葛由臨立會制定出來的法律，包括九八年第一屆特區立法會選舉法，因此連第一屆特區立法會選舉都不參加？如果真是這樣，九七後政壇將少了很多熱心人為市民爭取權益，此絕非香港六百萬市民的希望。因此，我希望提出杯葛的朋友再三考慮。我從來都尊重每個人自己的決定，但作為參政者，作出任何政治決定前，除了要動機純正外，最重要的考慮是決定後果是否有利於香港六百萬市民。

事實上，九七後香港六百萬市民大部分都要留在香港，港人對臨立會所做的一切決定無論喜歡與否，香港人的生活都會受其影響，不能置身事外。若港人對臨立會採不聞不問、不參與的消極態度，令臨立會的運作缺乏市民的監察，最終受害的是香港市民。如果港人希望在九七後自己的合理權益得到維護；希望現時行之有效的制度、法律和生活方式在九七後得以延續，港人就必須面對臨立會必然出現這個客觀事實，而面對臨立會的最有效方法，莫過於承擔歷史責任，在「不失原則」的情況下參與臨立會，透過參與去影響臨立會的決定；透過參與去促使臨立會只做好分內的事；透過參與來監察臨立會以及特區政府的運作，確保沒有違背港人的利益。這是我們香港人或參政者十多年來在香港議會實行的有效方法。

我所謂的「不失原則」是指兩方面：第一，要站穩港人立場、落實「一國兩制」、維護「港人治港」。面對有違反「港人治港、高度自治」的情況出現時，必須在建制內挺身而出，加以制止，避免有人將國內那套政治文化及行事方式加諸於香港身上。

第二，在議會內加強民主聲音、維護市民權益。香港是一個多元社會，社會上有代表不同階層的利益及意見，若要香港繁榮安定，最有效的方法就是將社會上不同階層的聲音帶進議會內，促使政府在制訂政策時能充分考慮市民的意願，平衡各階層的利益。

我剛才提到臨立會只應做好分內事，因為臨立會是由於中英政制談判失敗、

沒有「直通車」這種歷史背景下的產物。因此，臨立會成立的目的，只是為了處理首屆特區立法會未成立前所必須進行的立法工作，例如批准稅收和公共開支、落實永久性居民定義、制定首屆立法會選舉法等，在上述範圍以外的工作應由首屆立法會處理。

主席，無可否認，在感性上要香港人完全接受臨立會相信很難，所以現時有部分港人對臨立會持懷疑及保留態度，我覺得是可以理解的。因此，我在此呼籲參選臨立會的人士應以身作則，以真誠行事，以「落實一國兩制、捍衛港人治港、維護高度自治」作為參政目標，以實際行動來建立市民的信心。我們贊成朱幼麟議員呼籲參選臨立會人士以「一國兩制、港人治港、高度自治」作為參政目標。但民協認為過去是有機會，也有辦法以香港人更可接受的辦法來解決立法真空。問題是臨立會在現階段已成必然，它不會因為我們反對，而令地球明天便停下來，或時光倒流至一九八四年。因此，港人必須以理性態度通過積極參與來影響臨立會。

李鵬飛議員致辭：

……我相信鄭家富議員也很清楚成立臨時立法會的原因。我曾經跟彭定康總督說過不下十次，他的政改方案是沒有前途的，會搞亂香港，會令九五年選舉產生的議員無法「直通」，而「直通車」是本局多位議員和社會人士經過十年努力想要爭取的目標。提到「直通車」，相信本局很多議員都記得，民主黨的議員曾說「直通車」是「紅色豬籠車」，要來何用？今天鄭家富議員的意思好像是希望九五年選舉產生的議員能「直通」。鄭議員，這又是否「紅色豬籠車」呢？

他說民選立法機構一定會立良法。我以民主黨黨魁李柱銘議員經常在公眾場合與我辯論時所引用的納粹德國為例。他常說納粹德國立惡法，危害德國人民，但他忘了納粹黨是德國人民的選擇，是選舉出來的，而希特拉則是納粹黨的黨魁，他立的惡法危害了德國人民。納粹黨是否民選的機構呢？它是透過民選選舉產生的。因此，從歷史來看，民主選舉不一定會選出一個受每個人民支持和歡迎的政府。那個政府更發動了第二次世界大戰，危害了千千萬萬世界上的人民。

有關選舉這回事，當然，香港一定要走民主路線。為何會有臨時立法會？我

認為不但彭定康一人要負責，本局很多議員也要負上這個責任。我記得當初推動「直通車」時，幾經辛苦，希望達成協議，而「直通車」是為了香港的將來。現時距主權移交還有七個月，有人在說風涼話。誰不懂說呢？你們為何不想想當初你們所發表的意見和行動？

......

接著我想談談鄭議員所說關於破壞國際條約協議這問題。我也曾多次與彭定康說中英雙方有基本協議，但他不聽。誰破壞協議，令今天要成立臨時立法會呢？我相信大家都知道。我希望不要有人強辭奪理。臨時立法會是一定會成立的。我以前在本局也說過，如果推動政改方案，日後就會沒有了銜接，是本港政制發展的一大憾事。彭定康卸任後，六月三十日返英，他會說他的那一套，解釋他這樣做的原因。但誰是受害者？我認為不單止是本局議員，而是整個香港。今天即使他們怎樣反對臨時立法會，臨時立法會也會在十二月二十一日透過四百人的選舉產生，將來成為特區政府的立法機構。它所立的香港法例，如果日後的立法機構不同意，可以隨時作出修訂。這就是立法會的功能，以往如是，將來也如是。因此，今天對臨時立法會作出彈劾，或贊成有「直通車」，已經於事無補，再辯論下去也沒有意思。本來我認為自由黨此時無聲勝有聲，但我不能不說清楚我們的立場。

楊森議員致辭：

主席，臨時立法會將於本月二十一日產生，這個日子將會是本港民主的黑色日子。民主黨認為臨時立法會是「三違反」的組織。

首先，臨時立法會違反中英聯合聲明。根據中英聯合聲明，九七年後立法機關經選舉產生，而這個選舉是指民主選舉，而非經四百人組成的推選委員會推選產生。

其二，九〇年頒布的基本法設有臨時立法會的設計和規範。根據基本法，九七年後的立法會亦是經選舉產生，而非經四百人組成的推選委員會推選產生。故此臨時立法會亦違反了基本法。

其三，根據多項民意調查及九五年立法局的選舉結果，港人是期望九七年後

立法會經民主選舉產生，而非經小圈子的推選委員會產生，故臨時立法會亦違反了港人對民主的訴求。

主席，基於上述民主和法治原則，民主黨堅決反對臨時立法會的成立，和反對民主黨成員加入臨時立法會。

主席，特區行政長官和臨時立法會的產生方法，都是不民主的小圈子選舉，完全剝奪了市民的選舉權利。由這種方式產生的臨時立法會將會出現以下種種嚴重的毛病：

（一）檯底交易，私相授受

由於部分推選委員也會參與臨時立法會選舉，因此很容易產生換票和互相支持的情況，於是出現「自己人選自己人」的嚴重過失。這種以交易為手段的選舉，根本與公平和開放的選舉原則，完全違背。

（二）黑箱作業，難以向市民交代

由四百人推選產生的臨時立法會，其過程根本是缺乏透明度和交代性。參選人無需提出政綱和接受市民的質詢。候選人只要向四百人組成的推選委員會籌夠足夠的票數，便可當選。其過程，是黑箱作業式的選舉。

（三）以親中力量和工商界為主導

由於四百人組成的推選委員會，在中方篩選下，基本上是以親中和工商界人士居多，故此，經這個小圈子推選出的臨時立法會成員，相信亦會以這類人為主導，完全不能代表社會各階層的意見和利益。

主席，綜合來說，臨時立法會出現「三違反」和「三種毛病」的問題。由於臨時立法會面臨上述的問題，推選出來的成員，根本缺乏公信力、認受性和代表性。

對於中國政府恢復行使本港主權，臨時立法會是一種嚴重的污點，亦對本港民主和法治造成嚴重的打擊，這是無可置疑的。民主黨會堅持民主和法治的原則，繼續反對成立臨時立法會。

對於那些奉行務實主義的人士，我只想指出，若只圖出任臨時立法會職務，

而不理會基本的原則，將會加劇本港民主和法治的倒退情況，對「港人治港，高度自治」造成無可修補的嚴重傷害。參政只是手段，目的應該是藉著參政來保障港人的人權、自由、民主和法治。參政者不應只圖贏取議席，而放棄參政的基本目的。

葉國謙議員致辭：

主席，正所謂「一樣米養百樣人」，有些人總會以一種「自欺欺人」的態度處事，以為一些他們不想發生的事情只要講上十次、一百次就真的不會發生。主席，對於成立臨時立法會的討論，在我當選為立法局議員後短短一年內，在立法局會議廳內已討論超過三次。每次的發言，我都詳細闡述了成立臨時立法會的前因後果、法理依據、具體的工作和時限。既然依然有些同事不明所以，我身為教師，覺得應該本著「有教無類」的教育理念，不厭其煩地再說一遍。

主席，當初制定基本法政制的銜接，議員可以順利過渡的有關決議時，是完全建基於中英合作的基礎上。現屆立法局議員可經籌委會確認符合基本法有關規限和條件，即可以成為特區的首屆立法會成員，但現在這些安排全部不能落實，責任誰負？

總督彭定康來港已經超過四年，給香港市民最深印象的，除了是其親民形象之外，相信不會有市民忘記他接任總督後拋出政改方案，一手促成過去數年中英關係一直陷於困局的「豐功偉績」。17輪政制談判，中英雙方依然無法達成政制銜接的共識，中方宣布九五選舉產生的立法局議員無法順利過渡。儘管剛才鄭家富議員歇斯底里地攻擊謾罵，但立法局將會在九七年六月三十日終結，已是無可改變的事實。反對成立臨時立法會的同事應該認清楚，造成今天如此局面，是誰帶給他們的？立法機關的議員無法過渡，要避免九七年主權回歸後，香港出現立法真空的情況，中方已多次作出聲明，指出成立臨時立法會是別無選擇。

從籌委會第二次大會通過的臨時立法會職權範圍和國務院港澳辦公室主任魯平先生近日所提到的臨時立法會工作：包括有關特區護照的申請、簽發辦法的法律；有關區旗、區徽製作和使用辦法的法律；依據基本法第二十四條具體界定香港特別行政區永久性居民的法律；香港原有法律中有些規定在全國人大常委會宣

布為與基本法相牴觸後，也需由特別行政區立法機關及時作出處理；此外，同意終審法院法官和高等法院首席法官的任免。由此可見，臨時立法會負責制定的法律，是保證香港平穩過渡和將來香港特區有效運作所必不可少的法律。

主席，臨時立法會的提名在下星期一正式截止，到目前為止已有接近二百人索取提名表格。在本月二十一日，就會由四百人所組成的推選委員會選出六十名候任臨時立法會議員。

雖然臨時立法會的工作時限已訂明不會超越九八年六月三十日，議員任期短促，但其肩負的每項工作的責任都是非常重大的。行政長官和臨時立法會的議員其實都應以服務市民，建設特區為目標，要為落實「一國兩制，港人治港，高度自治」共同努力，使香港未來更繁榮穩定，以證明香港是由我們香港人一起去建做的。

司徒華議員致辭：

主席，特區籌委會主任錢其琛先生，在談到臨時立法會的時候，用了「米已成炊」這一個成語。這是眾所周知，耳熟能詳的事。這一個成語，是一個貶詞，比喻把某一件事做錯了，做壞了，成為了不可挽救的事實。錢其琛先生為甚麼用了這一個貶詞呢？大抵他是不至於不瞭解這個成語的貶意的，恐怕是潛意識的反映。倘若這樣的估計沒有錯的話，他內心是感覺到，成立臨時立法會的決定，是一件做錯了、做壞了的事。

其實，即使在今天，「米」並未「成炊」，如果知錯能改，懸崖勒馬，現在還是可以挽救的。但看來，這是一個非常虛無縹緲的幻想而已。

「米已成炊」這個含有貶意的成語，較通常在這樣的情況下使用：一對異性，還沒有真正的感情和深入瞭解，但因為發生了婚前的越軌行為，不能不「奉子成婚」。這樣的婚姻，大多終於變成怨偶，更不幸的是遺害下一代，這下一代是無辜的。

成立臨時立法會，也將會遺害無窮。

第一，由於它沒有法理根據，違反中英聯合聲明和基本法，由它制定通過的法律，因而缺乏認受性，將會永遠受到港人和國際的挑戰。經它修改的《選舉

法》，據此《選舉法》而產生的立法會，也將會受到同樣的挑戰，這有如母體把愛滋病遺傳給嬰孩一樣。

第二，行政長官和臨時立法會，都是由間接委任的推委會，同樣以不民主，以小圈子的程序產生，好像一個鼻子的兩個鼻孔。一出血，兩個鼻孔都出血；一流鼻涕，兩個鼻孔都流鼻涕；一鼻塞，兩個都鼻塞——行政和立法，完全失去了制衡的作用。難怪行政長官還沒有正式產生，現在已經有人胸有成竹地強調行政主導和自己是一個強勢的領導了。

第三，一百五十名籌委由中國委任；四百名推委由籌委產生；六十名臨時立法會議員由推委產生。這是一個間接委任和近親繁殖的過程。這樣的一個議會，怎能夠成為一個多元化社會的民意機構呢？它只會是「隱形黑手」的長官意志的縮影。「萬馬齊喑究可哀」的局面，不是把社會矛盾解決了，只是掩蓋了，埋伏下深化激化的危機。基本法關於立法會組成的規定，已是不民主的，臨時立法會的成立，變本加厲，變得既無法理根據，而且更不民主。

第四，根據基本法的規定，特區終審法院的法官和高等法院首席法官的任命或免職，須由行政長官徵得立法會同意。臨時立法會，使行政立法失去制衡，更由於臨時立法會缺乏認受性，必使未來特區司法的獨立和尊嚴，蒙受陰影，受到質疑。

從效果檢查動機。「米已成炊」，為甚麼一定要製造出這樣的效果呢？那動機是甚麼呢？

倪少傑議員致辭：

主席，眾所周知，由於彭定康總督單方面提出政改方案，以致九七前後本港立法機關失去了銜接，造成特區政府要面對立法中斷的惡劣情況，不利香港平穩過渡。因此，籌委會在人大常委會授權之下，在眾多「另起爐灶」的建議中，選擇了由港人自行組成臨時立法會去處理立法工作，以避免出現全國人大代替特區立法或由行政長官立法的情況。自然，這種務實的做法並不符合某些人的胃口。

誠然，本局同事對民主發展的步伐持有不同意見，有些追尋急劇發展的「快餐式」民主，更有一些奢言有如「即食麵」的普選，當然還有大部分本局同事以

社會整體福祉為重，提倡循序漸進的民主發展。在民主發展的大方向而言，本局同事的意見基本上是一致的；但在民主發展的步伐方面，局內意見確實呈現分歧。本來，在方向一致的情況下，民主派人士本著「求大同、存小異」的宗旨，繼續在建制內同心協力建設香港，是合理的抉擇。可是，這些所謂民主派人士卻選擇了拒絕參與臨時立法會，而民主黨議員更在本局提出「反對成立臨時立法會」的議案，令人感到十分遺憾。

主席，政改方案拆毀了舊爐灶，在沒有新爐灶的情況下，又怎可以煮成「快餐」或「即食麵」呢？這樣看來，民主黨的選擇確是欠缺情理，難怪有黨員被迫自起爐灶，參與臨時立法會選舉，準備在特區的建制內繼續參與建設社會的工作。事實上，反對成立臨時立法會，自然就不可能參與臨時立法會的工作，也就放棄了在議會中直接提出不同意見的機會，包括了可能制定特區第一屆立法會的選舉法規。按照梁耀忠議員的格言，「乜乜乜出乜乜乜」的邏輯思維⋯⋯

⋯⋯

這樣的邏輯思維推演下來，民主黨豈不是又要拒絕參與特區第一屆立法會的選舉？民主黨如何去為港人謀取福利呢？又如何去落實「港人治港、高度自治」的目標呢？這樣一來，不就是提早預告了他們將會自絕於特區政府的議會建制嗎？民主黨如何向他們的選民作出交代呢？民主黨人士應該三思。

主席，香港已進入過渡期的關鍵時刻，我們需要積極務實的行動來建設社會。為了全港市民的利益著想，奉勸民主派人士應以大局為重，不要再胡亂吹奏魔笛，把廣大市民引到大海裏去，正如司徒華議員所說，遺害無辜。

吳靄儀議員致辭（譯文）：

主席，籌委會建議成立的臨時立法會，違反中英聯合聲明、不符合基本法、違反憲法，因此並不合法，無論在道義上或政治上都是錯誤的，必須加以反對。臨時立法會違反民主、缺乏合法性、沒有必要、沒有任何成立理由。它違反香港的長遠利益，損害法治精神，使香港的法制的整個基礎面臨挑戰。

聯合聲明列明「香港特別行政區立法機關由選舉產生」，基本法亦重申這一點。然而，臨立會只由四百名推委提名、推舉。這種產生程序，無論如何也不能

算是「選舉」。

只有合乎基本法，由選舉產生的立法會才可以合法地行使特別行政區的立法權。籌委會無權創立一個非選舉產生，事實上是特別行政區第一屆立法會的機關，而賦予其立法權力。

說來說去，有關臨時立法會的法理根據只有一個，也就是朱幼麟議員今天在他的修正案再次提出的一個；就是所謂「三違反」。即一九九四年經現任總督提出、由本局通過的政改方案，違反中英聯合聲明、違反基本法、違反中英兩國某些外交函件所達成的協議。

首先必須指出，不論以上的說法是否合符事實，也不能賦予臨立會任何法理依據，除非中方辯稱已經摒棄了聯合聲明，故此可以無視協議中任何承諾，為所欲為。但中方從未作過類似聲明。

亦有人說，因為沒有了「直通車」，中方才迫不得已成立臨時立法會。這也是說不通的。即使中方絕對有權不同意有「直通車」，它亦不能藉此作出任何違反中英聯合聲明、違反基本法的安排。因為聯合聲明是個有約束力的國際協議，而基本法正是中方履行協議內的承諾而頒布的法律。

一九九〇年四月四日全國人大的決定清楚不過：籌委會的工作是要成立經由選舉產生的首屆立法會。「直通車」的條件不能體現，籌委會就應馬上展開籌組首屆立法局的選舉。

另外有些人說時間緊迫，實際上不能進行選舉。這更說不通。人大的決定由開始已經規定選舉產生立法會，到了一九九四年八月，人大更明確決定不會有「直通車」。

主席，我並不是單從法律角度反對臨時立法會。技術性的法律問題，或可用法律方式解決。我反對臨時立法會的最重要的理由，是在主權移交的前夕，未來宗主國竟然撤回它對香港發展民主的承諾，這在道義上和政治上都絕對是錯誤的。

在一九八四年發表中英聯合聲明的時候，中方作出「港人治港」的承諾，特區首長要對經由選舉產生的立法會負責，並遵守立法會通過的法律。基於這個承諾，港人接受、支持聯合聲明。以任何方式背棄諾言，無論如何都是不義之舉。將分明不是選舉的程序硬說成「選舉」、成立實際上是首屆立法會，卻又不依基

本法行事，均非一個宗主國的所為，就是封建時代的帝王，也恥於言而無信。

臨立會不民主，這是無須置疑的事實。有甚麼理由要作出民主倒退？現行制度並非不可行或損害香港，相反，它運作優良，沒有引起混亂，提高問責性和透明度，激厲〔勵〕政府作出更佳表現。社會亦因為各階層的聲音和需要受到重視，更趨穩定，經濟並未有因此受損。

現行制度受到香港人歡迎，去年就有過百萬人投票選出現屆立法局。連反對這個選舉制度的人亦有不少以參選形式，實質支持選舉，而且其中當選者大不乏人。不論怎樣批評，如果他們當時認為這些選舉違反基本法的話，我相信他們是絕不會參選的，因為我絕不相信他們會做任何與基本法條文或精神不符的事情。

主席，本局得到市民支持，國際認可和尊重。如果本局由一個合法、經民主選舉產生的立法會取代，這是一回事，但被一個沒有法理依據、非經選舉產生的臨立會取代，卻是另一回事。成立臨立會的唯一目的昭然若揭，就是排斥那些敢於批判中國當局的人，代之以情願合作的人。這必然打擊信心，同時會削弱，甚至全面摧毀只有由普選產生的立法機關才可以維繫的權力制衡。

強行成立一個缺乏法理依據的臨立會只會令市民感到無法接受。缺乏法理基礎，會令它的所有行為受到質疑，產生信心問題。將反對聲音排斥在政府架構之外，只會迫使持反對立場的人走上街頭。

基於上述及其他同事已提出的多方理由，我反對修訂並支持原議案。

楊孝華議員致辭：

主席，本周立法局又再討論臨時立法會。本人認為，臨時立法會是既成事實，下周一截止報名，本月二十一日進行選舉，六十名候任議員名單即將公布。

其實，越多現任立法局議員加入臨時立法會，就越有利於平穩過渡。臨時立法會存在的時間雖然比較短，但是須為特區處理的條例和法案卻十分重要。故此，現任立法局議員參加臨時立法會，以他們的經驗一定會有助特區的平穩過渡，有助政府運作的延續性。

再者，立法局議員參選臨時立法會亦合乎他們選民的意願，因為選民原本期望他們的任期是四年的。既然立法局將會隨《英皇制誥》及《皇室訓令》於九七

年七月一日消失於香港而告終，參加臨時立法會就可以繼續在立法機構內為港人做事。

剛才鄭家富議員提到，他是由選舉產生的。我相信立法局內所有六十位議員都是由選舉產生的。無論是通過兩個市政局以數十票當選，或通過選舉委員會以百多票當選，或通過功能組別以數百票當選，又或通過地區直選以數萬票當選，我相信在局內我們是平等的。若說到選民意願，我曾與鄭家富議員說，我是由旅遊界選出的。當年競選時，旅遊界兩位候選人都被選民問及如果有臨時立法會，我們認為應否參加。當時兩位候選人都認為應該參加，而選民也覺得我們說得對。因此，反過來說，如果我不報名參加臨時立法會，反會被我的選民質疑為何不按他們的意願做事。我甚至提出，如果鄭家富議員或任何議員能夠在旅遊界別內找到 50% 以上選民反對我參加臨時立法會，我願意重新考慮。我留意到有些報道，或民主黨一位黨員曾進行民意調查，（我不知是否屬實）說他的選民希望他們加入臨時立法會，繼續為市民服務。

立法會是立法機關，同時也是民意機構，需要有不同的意見。那些常常批評當局不容納不同聲音的人，若拒絕參選臨時立法會，正是自己放棄了在建制內反映不同意見的合法機會。

現任立法局議員加入臨時立法會並不會引起角色衝突，反而可以有利於避免混亂和衝突。身兼兩職，自己可以更清楚分辨那些是九七前應該由本局完成討論的事務，那些是九七後應該留待臨時立法會討論的事。

剛才有些議員提到中英聯合聲明沒有說明會成立臨時立法會，甚至在基本法中也沒有提到。但我可以反問，近期引起大家討論的居英權計劃，中英聯合聲明內有提到嗎？是沒有的，該方案甚至是違反了第三備忘錄，但從來沒有本局議員說中英聯合聲明內沒有提到居英權而不能實施。英國照樣進行，而本局很多人都作出呼應，但在基本法內是沒有這方案的。彭定康提出一個由二三百名區議員組成的選舉委員會，而不是按照基本法組成選舉委員會，他還不是照樣進行，而本局很多議員也投票贊成。

剛才有些議員說在投票時會有換票、私相授受等情況出現，但我在上星期報名時，已把我的十位提名人公開。他們來自四個界別，但沒有一位是自由黨的。昨晚我們自由黨的議員開會時曾進行統計，十名自由黨議員的提名人有多少是自

由黨黨員的，結果是差點兒一個也找不到。我的提名人當中有另一個政黨的成員，與我是在同一個界別的。因此，我覺得換票的情況是不存在的。我們其實是打破了黨的界限，去爭取香港的平穩過渡。當然，我們不能質疑民主黨的立場，我們要尊重他們黨的立場，但我希望民主黨考慮給黨員一些自由度。時常罵共產黨是獨裁的人，自己又是否民主呢？請你們看看中國歷史，中國共產黨也曾准許毛澤東和周恩來以個人身份加入國民黨，這是歷史事實。你們罵別人獨裁，你們自己的表現又如何呢？

故此，本人呼籲現任立法局議員，包括主席報名參加臨時立法會，並展開競選活動，為香港的平穩過渡作出貢獻。

任善寧議員致辭：

主席，請容許我先作一首現代詩去談談臨時立法會：

> 成立反臨立，
> 反成立臨立，
> 臨成立也反，
> 臨反也成立。

本局當然應該反對成立臨時立法會，正如有人要廢我們的武功，我們當然反對。但自認可以再上車的議員，又當然持相反的意見。因此，這是一個原則與功利的問題。我預測將來的臨時立法會有「五低」：

（一）自主性低

由於九七年後香港將會由「行政主導」變為「行政主宰」，並且有人「垂簾聽政」，臨時立法會必須緊跟中方的政策，所以自主性一定低。

（二）出席率低

由於自主性低，開不開會分別不很大，一些事務繁忙的議員自然懶於出席，

或遲到早退等。

（三）發言率低

由於一切要體仰主子的意思，所有題目都缺乏爭議性，發言的意義不大，所以大部分議員都不會太花精神去準備資料發言，所以發言率一定低。

（四）代表性低

雖然支持臨時立法會的人說它會有代表性，但相對於現時有民意基礎的立法局，一定有相當的距離。

（五）公信力低

由於有前面的四個因素，臨立會的公信力想高也難。

目前看來，可能有一半人落車，一半人可以再上車，但所上的可能是矮了一截、玩具型的遊樂場火車，反而落車的議員，退一步海闊天空，可以為個人的成長和發展，或社會的公義和期許做一些有意義的工作。剛才有議員提到納粹黨，我記得在一部電影中，有納粹將軍問自己的同袍，究竟上帝是否站在我們這一方？其實，觀眾心裏面，都有一個答案。

張文光議員致辭：

過去，有太多的人，從法理的基礎去批評臨立會，今天，在它即將產生的前夜，我希望從臨立會對香港政治文化和人民權力的角度，去描繪臨立會黑暗的第二頁。

首先，是香港選舉文化的一個倒退。臨立會剝奪的，不但是六百萬市民的投票權，更深遠的影響，是臨立會重新塑造了交易和分贓的政治文化。請看看臨立會的選舉，只強調親中的政治背景和關係，沒有任何面向港人的政綱；只懂得拉幫結派，壟斷票源，沒有任何一點一滴的公眾利益和民主權利。堂堂立法會選舉，竟然變成一場赤裸裸的政治權力幕後交易。關心的不是市民大眾的福祉，而是政團間的互相支持，互相提名，共同交易，共同分贓，集政治污穢於一身。港

人只能看在眼裏，恨在心裏，無可奈何，無言以對。

其次，是香港制衡力量的倒退。九一年以來，立法局自從引入民選議席之後，已成功地建立一個監察和制衡政府的政治文化。香港政府雖仍然強調行政主導，但在任何行政決策之前，或多或少都曾諮詢民意；司級官員甚至總督到立法局接受質詢和解釋政策，已是司空見慣。立法局的辯論、提問、私人條例草案和法例修訂，民意已經成為推動香港前進的動力。如今，臨立會一旦確立，由於它的權力來源是建基於與行政長官一致的中央政府；由於它的產生方法是建基於近親繁殖的分贓政治；由於它在政治上完全不需要向六百萬市民負責，因此，它根本不會也不敢去挑戰特區政府和背後的中央政府，偶爾只有分贓不勻的吵鬧和像花瓶一樣的小罵大幫忙。可以想像，行政長官的強勢管治，政府官僚的行政主導，跟〔根〕紅頂白的立法議會，將使市民的權利壓縮到中英聯合聲明之前狀態。民主政治，辛辛苦苦走了 11 年，現在竟然面對獨裁和保守的大回潮，實在令人感到唏噓嘆息。

最後，是香港人民力量的倒退。民選議會制度，是香港人自七十年代以來，奮鬥了 25 年的產物。在這民選議會裏，逐步建立了一個尊重民主，重視人權的價值。《人權法》的提出，以及隨之而來的法例修訂，使香港的街頭政治成為一個有法可依的和平政治，局部轉化成為一個有理可說的議會政治。如今，民選議會落車，民眾的不滿由於缺乏表達和宣洩的渠道，而被迫重返街頭。當臨立會咬牙切齒地要根據基本法第二十三條還原《人權法》時；當臨立會為了分贓集團的私利而制訂遏抑民主選舉的制度時，無可避免地，必然會出現街頭政治與無能議會和強權政府的衝突，香港因此而變得更激烈和更沉默。激烈的全力反抗，沉默的早已死心，這是一個我們所期望的局面嗎？這是一個穩定的香港嗎？遏迫的泥土不能填平待爆的火山口，獨裁的法例不能阻擋憤怒的人心。即使絕大部分人，由於哀莫大於心死而鴉雀無聲，難道這就是我們所追求的香港，五十年的香港嗎？

過去，市民認為立法議會、司法機關和傳播媒介是制衡政府濫權的力量。但是，當臨立會不斷制定惡法時，司法機關也只能依法辦事，傳播媒介也恐懼誤觸地雷，犯了天條，違反基本法第二十三條，因而變得謹慎和自律。人民將失去權力。這樣的日子，恐怕不遠了，因為臨時立法會，正如我開始時所說，這黑暗的一頁，即將開始。

黃錢其濂議員致辭（譯文）：

主席，在世界各地，參與公眾事務均被視作基本人權。全世界的人民越來越珍惜這項權利。這項權利已在《公民權利和政治權利國際公約》（「《國際公約》」）中載明，而且獲得保證。很多條約和宣言也承認這項權利的存在，中英聯合聲明和基本法亦然。

此外，公民參與公眾事務的權利，特別是透過選舉參與的權利，要在有意義的情況下行使，因為選舉在社會民主化的過程是十分重要而且必需的。所有此等權利必須沒有任何形式的區分和歧視，並在確保有公平而不受限制的選舉的情況下，讓所有人參與其事。公平而不受限制的選舉，是讓人民全面享有一系列人權的要素。

主席，我不打算重複那些反對成立臨時立法會的雄辯論點，其中包括以打油詩形式表達的反對意見。我只打算從另一個角度看問題。

本局各位議員或想重溫《國際公約》第 25 條。其部分內容如下：

> 每位市民都應有權利和機會，在不受無理限制的情況下：
> 「(a) 直接地或透過自願方式選出的代表參與公眾事務，和
> (c) 以平等的條件在自己的國家擔任公職。」

眾所周知，《國際公約》適用於香港部分的條文已列入中英聯合聲明第一五六條和基本法第三十九條。顯然，這兩條條文維護《國際公約》內適用於香港的有關部分，因而令這些部分得以在香港特別行政區繼續有效，並透過香港特別行政區的法律施行。

臨時立法會將由一小撮代表性成疑、但由北京欽點的人選出，必然違反人權的基本原則，亦公然違反中英聯合聲明與基本法的有關條文。雖不是才智之士，亦可以明白其中道理。換言之，臨時立法會將會置基本法條文於不顧，違反一份已提交聯合國備案的國際條約，並且會築起阻撓政制發展的圍牆，遏制港人的民主訴求。我認為任何人都不願意看到這樣的事情發生。彭定康的政改方案，無論是否真有問題，難道單單因為中國意欲如此便要香港人受懲罰，特別是要港人在

九七年英國撤出香港後承擔這個苦果？我就是不明白。

踏入二十一世紀，我們將不是向前邁開一大步，反而是向後倒退了一大步。政治上如此這般的倒退，無可避免會令港人感到受騙。在我而言，很難想像以中國這麼一個堂堂大國，會因為成立臨時立法會，而不可避免地背棄中英聯合聲明與基本法訂明的各項原則。

信任易破難立。信任只有一次機會。即使是這個唯一的機會，也要經過驗證。

當然，我認為今天的辯論主要還是圍繞一項假設而進行的。臨時立法會還未成立，它還未做過會做的壞事。

依我看來，即使有了臨時立法會，仍然是馬照跑、舞照跳。但是，主席，大概不會有人在街頭載歌載舞了。縱使臨時立法會成立了，也不表示一切都要完蛋。它的成立，大概表示法治和在法治精神下承諾給予香港的高度自治完蛋了。這對商業沒有好處，對香港沒有好處，對中國沒有好處，而對將來世界和平是不吉之兆。

主席，我認為政治無分對錯；只有好壞之分。因此，我支持原議案，並要向當權者進一言：宜於改變政制之前臨崖勒馬，以免葬身在食言的黑暗深淵。

詹培忠議員致辭：

我是第一位報名參選臨時立法會的現任立法局議員，當時傳媒問我是否想藉此爭取曝光，我答不是。那我為甚麼要第一時間參選呢？因為我的立場一向都是絕對支持臨時立法會的。從九四年六月二十九日的政改方案，一直追溯至九二年十月十一日的議案辯論所提及的銜接問題，都表現出我的立場是絕對堅定的。

從過去至今，有 13 位立法局議員，包括主席（我又再次提及你）及田北俊議員在內，都曾經是九一年的委任或民選議員。這 13 位目前仍在座的議員都非常清楚和瞭解究竟發生了甚麼事。很可惜，當時鄭家富議員並不在座，因此並不知道當時的情形；不幸地，民主黨的黨友亦沒有把事實告訴他，令他不知道臨時立法會成立的原因。

因此，大家不應把責任推給中國政府、籌委會及推委會，其實這是英國的政

策，由彭定康總督來港後執行。所謂民主派雖然意願一致，但大家都知道今時今日其實甚麼也沒有了，你們還不知道被騙了嗎？我在四年前已提醒各位，要瞭解香港未來的政制情形，但大家全都忘記了，現在連席位也不保。不過，我認為失去席位一年並不要緊，就當作是你們支持彭定康總督政改方案的懲罰吧！你們必須接受這個現實，為甚麼卻硬要說別人不對呢？

每個人都有自己的選擇權，你們當時僅以 29 比 28 票一票勝出。我不斷向人游說，甚至喝了很多酒，自己醉了，但別人卻沒有醉，以為能夠博得多一票，豈料還是以一票之差輸了。我們必須接受這個事實，要瞭解中國收回香港已是無可改變的事實。剛才民主黨的同事所說的亦有道理，但最大的理由是這是英國的政策。在座各位請照一照鏡子，就知道我們都是黃皮膚，難道還要繼續受騙？我們還不醒覺？今天英國駐港商務專員已宣布透過居英權計劃所取得的英國護照將會成為有問題的居留證件，其實何用他多說，大家都知道如非原國家的國民，例如中國人仍然居住在中國的地方，是絕對不能享有外交保護權的。為甚麼要提出這事呢？由此可見英國政府，包括首相和所有官員一向在任何事情上都以英國的利益為首，這是無可否認的事實。因此，我們要知道，香港的利益已被英國政府踢走了！難道民主派還想繼續領導市民作這些幻想？現在距離回歸不到七個月，為甚麼還不醒覺呢？各位都是有識之士，受過教育，千萬不要再為面子而為自己辯護和拉票。請各位醒覺，參考我的意見，不要再看輕自己中國人。

無可否認，目前香港無論在科技或其他方面都稍為落後於某些國家，但我們必須站起來，承擔歷史的責任，特別是中國開放了只有十多年，因此，在政制和民主等各方面均較那些自認為進步的西歐國家落後。我們應設法協助中國瞭解世界，也令世界瞭解中國；還是應持敵對和針對的態度呢？這點請各位回家問一問你們的先生或太太。

因此，我認為民主黨未來有三種選擇，我亦鼓勵特區首長的候選人，無論誰當選後，都應該和民主黨多作溝通，為建設香港的未來而努力，而並非互相對抗。民主黨亦不要以為民心全是向著你們的，因為參與投票的人數最多只佔全港市民的 30%，大多數市民仍然是沉默的一群，你們不要以為勝券在握。你們必須瞭解到，特別在九五年的選舉中，如果 18 至 21 歲年齡界別的人士可以投票，會有利那個黨派。你們以為自己真的很偉大嗎？因此，你們現在有三條路可行，一

是反對，但反對有何好處呢？一是默許；一是支持。相信你們現在還未到支持的級數，因此，我個人建議你們最好是默許、默認。如果你們認為自己實力雄厚，大可等到九八年時捲土重來。

我們要從政治上追溯事實，我再次強調，這個事實就是英國政府的政策由彭定康總督執行所造成的。大家如果認為有責任把它推翻，26 位議員明天應該遊行至總督府，要求總督履行他在九二年七月九日來港時所作的承諾。事實上，是因為九四年六月二十九日你們支持的那個方案，而導致現在的後果。

因此，如要再次批評臨時立法會或任何組織架構，我認為是絕不公平的。現時四百位推委已經盡力代表各界的聲音，在今次特區首長的推選中，他們每一位都珍惜自己所投的一票。因此，你們不喜歡的話，可以不做，但卻不應把其他人所做的事批評得一文不值。

曾健成議員致辭：

主席，可以用幾個字來簡單形容臨時立法會。「和尚打傘，無法無天」。臨時立法會誕生之日，是香港沒有民主之日。一個由四百人組成的推選委員會，不單止缺乏代表性、認受性，更剝奪了香港六百萬市民的平等、政治的權利。姑勿論九五年的選舉制度是否絕對民主，但總比四百個推委民主得多。現在那群推委成員用專制獨裁、推倒重來，以中方的意旨代替民意；變相欽點代替香港的民選議員；私相授受代替公平選舉。這些就是臨時立法會所造成的現象。毫無疑問，臨時立法會這個怪胎，是中英兩國爭拗的產品，也是衝著彭督的政改方案而來的。但是有甚麼理由要香港六百萬市民去承受後果呢？

看看整個選舉產生的程序是先有預委、後有籌委、繼而推委、立委，這個變化、進化的過程，是由中方一手一腳欽點的，這做法正好像由一個舊的獨裁走向新的獨裁。無可否認，詹議員的立場是堅定的，應受人尊敬。但是，假如我沒有記錯的話，民建聯的三位成員，程介南、曾鈺成、譚耀宗；民協的成員廖成利在選舉論壇說過，沒有民意的基礎，不加入臨立會。但現在他們卻報了名參選。主席，如果今次那個推選委員會是由六百萬市民推選出來的，六百萬市民會否投票支持那班「擦鞋仔」、「乞兒」政客呢？

......

關於我所提那群「說謊話」的人，現在香港的選民基本上沒有辦法用他們的選票，去決定他們是否能夠加入臨時立法會。這不單止這一群人，還有之前的一群人，如公然向香港廣大市民說政治黑暗的范徐麗泰議員；在科大超支問題上，在吳明欽未逝世之前，「裝死」的鍾士元，他們加入了推委，但選民、香港市民沒有選擇讓他們加入的。香港有六百萬的選民，眼巴巴看著他們。如何解決呢？

主席，還有 17 天，就是臨時立法會催生的日子。我亦查過許多通勝，為何那麼奇怪，今年的「冬至」在十二月二十一日，過往是二十二日，豈非時移世易？另外，在特首選舉之中，鐵面無私的楊鐵樑大法官也不敢說臨時立法會可以在香港開會、在香港誕生。這是鐵一般的事實，證明臨時立法會是一個非法組織。它敢膽在香港土地生長，就有人會票控它，有人會告它。這樣一個不敢面對港人的組織，要組織出來，還說要代表港人，那麼香港六百萬市民，是否真的要由這群「擦鞋仔」去代表呢？所以，一九九六年十二月二十一日是一個黑暗的日子，亦是在我有知識以來，冬至會改變的日子，我不知以前改過多少次，我希望不要改那麼多次了；亦希望不要有那麼多臨立會，因為提起「臨時」，大家都會驚，臨時街市一臨十多年，臨屋政策一臨 17 年，一臨時便臨時下去。為何不敢面對群眾，一人一票再選過呢？為何要抬椅子佔頭位呢？主席，其實，我想問問，如果某人吹噓成功爭取某事，但實際並沒有爭取過，這屬於欺騙；如果作出承諾，但後來又「說謊話」，不知廉政公署可否根據選舉法例提出起訴？意思是指當時聲稱不加入臨時立法會的人，今時今日又加入臨時立法會的話，我希望能透過主席，問一問廉政專員可否進行起訴。謝謝主席。

梁耀忠議員致辭：

主席，正所謂「崩口人忌崩口碗」，相信今天的辯論又會觸動到某些人的神經了。不過，無論那些人是神經過敏也好、是神經痛也好，也不及全港市民切膚之痛。因為曾經有一百萬人投票產生的立法局，將會壽終正寢；曾經被喻為神聖的一票，將會變成一張廢紙。代之而起的，將會是由四百人組成的推委，以爭位方式成立的臨時立法會；將來的立法和監察政府的工作，將會由一批香港政府過

去的忠實擁護者和選舉落敗者作為代理人管治香港；一些因應《人權法》而修訂的法例，將會被還原，顯示未來特區政府可透過惡法，肆意侵犯港人的人權。面對這種情況，不單止全港市民感到悲痛，更令香港回歸的歷史蒙上永遠不能褪減的污點。

主席，或許有人會辯稱，臨時立法會並不是由「委任」產生。對於這點，我某程度上同意。因為目前臨時立法會的產生方法，比「委任」制度更差！因為從報章報道得知，部分推委採取互相掛鉤、交換支持的策略，以求在臨時立法會內加強本身陣營的影響力。基於個人的善良願望，我當然不希望在這過程中會出現檯底交易、私相授受的情況。不過，正如鄧小平同志所說：「客觀現實不為主觀意願所轉移」，因此，關鍵的問題，在於產生臨時立法會的客觀制度。其實眾所周知，任何小圈子的遊戲，都很容易造成近親繁殖、排拒異己的情況，令各利益集團各據山頭，將整體利益化為各陣營的私有特權。小圈子的遊戲比委任制度更差的地方，正正就是將近親繁殖的漏弊，說成是理所當然的事情。

主席，朱幼麟議員提出修正，認為由於中英兩國未能就九五年選舉安排達成協議，故此成立臨時立法會是無可避免的事情。本人對這種邏輯不表認同。成立臨時立法會，純粹是中英兩國的外交糾紛，亦是中方在「你做初一，我做十五」的「對著幹」心態下的產物。在整個政制爭議的過程中，香港市民的意願從來沒有受到尊重，香港市民的利益，成為中英雙方意氣之爭的犧牲品。如果真的要做到「港人治港、高度自治」的話，我們應該反對中、英雙方繞過香港市民，作出犧牲港人利益的安排！基於此，我們應反對成立臨時立法會，爭取大部分港人支持的全面普選所有立法會議員的制度。

有人可能會認為，成立臨時立法會已是「米已成炊」，現階段仍然提出反對只是不顧政治現實，並建議反對者應該向前看。我希望在此指出，反對成立臨時立法會的人士，正正就是向前看，走在最前線，朝向建立更民主的香港的前路進發。相反，如果我們贊成依照北京的旨意，違背港人意願，支持成立臨時立法會，將會與「港人治港、高度自治」背道而馳，跟香港「成功過渡」的目標越走越遠。所以，反對成立臨時立法會是香港市民的民心所向，我們不可以在這時刻走回頭路支持臨時立法會，支持一個完全沒有民意基礎，不獲香港市民認受的機構。

劉漢銓議員致辭：

主席，有關成立臨時立法會的必要性與合理性，是一件已經被反覆闡述清楚的事情，但有人仍固執己見，反對臨時立法會。對於此間是非，正如宋代哲學家指出：「理不在人皆在物。」我認為要辯清臨時立法會的是非問題，切忌以為道理、法理只在人之主觀意念，而應從事物的前因後果去尋求正確結論，而且要從眾多事物的道理中尋求。

主席，之所以成立臨時立法會的前因後果，大家都有目共睹，無須我再重複。天下之事物，有因必有果，因由於「直通車」安排被破壞而導致設立臨時立法會之果。因為若無臨時立法會的安排，特區政府成立時就會出現「立法真空」，影響社會的整體運作及市民的利益。

主席，英國國會在一九八五年二月七日通過的《香港法案》，明確宣布《英皇制誥》和《皇室訓令》在九七年六月三十日午夜失效，因此根據這兩部憲制文件所產生的立法局屆時便會要終止。對於英國政府未能遵守中英兩國外長在九○年的七封外交信函中達成的諒解，從而使本局議員未能依照「直通車」安排過渡九七，導致本局的命運又回復《香港法案》定下的限期，本人深表遺憾。

主席，我國哲人指出若要明白事理須參酌眾理，於此，我再舉一個例子，去年六月九日，中英兩國達成了香港終審法院協議，其中寫明「英方同意以香港特別行政區籌備委員會預備工作委員會政務專題小組一九九五年五月十六日發表的八點建議為基礎修訂《終審法院條例草案》。」而預委會政務小組的八點建議中，其中第四點「法官的任命及程序」及第八點「組建終審法院的程序」，均明確規定「終審法院法官在徵得臨時立法會的同意後任命」。可見，英國政府在去年六月九日已正式承認臨立會的合理性與必要性，所以，無論是英國政府官員或是總督，或是本局，都無謂再糾纏此一問題。

我們更不應再固執己見，而應尊重「理不在人皆在物」的客觀規律，對成立臨時立法會一事持正面的支持態度。負面的反對不僅無補於事，而且將影響香港的平穩過渡，對市民的利益並無好處。

主席，本人同意朱幼麟議員的修正動議。而且，我認為我們不但要呼籲各參選臨時立法會人士應以落實「一國兩制、港人治港、高度自治」為參政目標，我

們還應呼籲更多的人士以此為目標參選臨時立法會，以便使特區第一屆政府推選委員會有更多的選擇，推選產生出一個能體現均衡參與原則、能充分反映香港各階層、各界別利益和要求的臨時立法會。

李卓人議員致辭：

主席，一九九一年，緬甸軍政府拒絕承認選舉結果，將昂山素姬拘捕，實行軍法統治。其實，北大人成立臨時立法會與緬甸軍政府顛覆人民選舉有甚麼分別呢？臨時立法會就是中方陰謀顛覆民主的工具，摧毀一百萬選民選出來的立法局，其實與緬甸軍政府所做的一模一樣，分別只不過在於緬甸軍政府在選舉結果公布之後，便立即摧毀了整個民主選舉。但今次還可以有一年半的時間，然後就由中方操刀。分別就在這裏，但性質卻一模一樣，就是要摧毀由人民選舉出來的代表。

其實，北大人的部署，很明顯現在已開始令香港人非常「心寒」，因為我們實在可以看到整個部署是要將「一國兩制」變為「一港兩制」，政治上香港會實行一黨專政制，經濟上會奉行自由經濟制度，這個一黨專政制的特式就是兩個字──「控制」。首先控制籌委，然後由籌委控制誰做推委，然後由推委去控制誰做特區首長、誰做臨時立法會，控制了臨時立法會，接著就可以控制到很重要的立法。

剛才朱幼麟議員用的措辭不是「重要的立法」，而是「溫和的立法」。但其實根本就不溫和，是很重要的立法。第一就是選舉法，因為如果控制了選舉法，就等如控制了第一屆立法會。第二，根據董建華先生所說，他希望臨時立法會就基本法第二十三條進行立法工作。這是加諸港人自由的金鋼箍。臨時立法會就是要為基本法第二十三條立法。根據董建華先生所說，臨時立法會還有另一個任務，就是在那六條根據《人權法》而修訂的法例中，最少要還原兩條，一條是《公安條例》，另一條就是《社團條例》。如此在控制了臨立會之後，就控制重要的立法，控制了重要的立法，尤其是選舉法之後，以後就可以控制整個香港的政治發展。這是至為明顯的。

剛才劉漢銓議員說一切都有因。現在有很多議員都說那個因是甚麼，就是彭

定康總督的政改方案。我覺得那個因不是彭定康總督方案這麼簡單，這只是表面的。那個因是兩個字，就是「控制」。如果中方不是要控制九七之後政局的發展，政治權力的發展，它無須成立這個臨時立法會。如果彭定康當時不是製造了新九組出來，令到這一屆的立法局看來好像不受控制的話，中方亦都不會成立這個臨時立法會。其實整個因不是彭定康總督方案，整個因是要控制，即使沒有彭定康總督方案，也可以直通。為何可以直通呢？就是因為它計算過認為可以控制得住便讓你直通，控制不到就不可以讓你直通，就是這麼簡單。所以，不要說那麼多前因後果。那個因很簡單，就是中方完全不肯給予香港真正享受「高度自治」。

　　剛才另一個令我很反感的說法，就是莫應帆議員的意見。他說市民都想我們參與，大家參與吧！市民都想我們加入臨立會做些事情，代香港人爭取。但他這種說法，我覺得其實是將市民視作政治「白痴」。市民是看得很清楚，很清楚知道根本不是說參與就可以參與。舉一個我經常說的例子，廖成利議員也說要參與推委，但參與到嗎？不是你說參與就可以參與。整件事是出於控制的意慾。不要說得這麼輕描淡寫，不要視市民為「白痴」，有些市民可能說也應該參與一下。事情並非這麼簡單，不要提出這種說法誤導市民以為真的那麼容易參與這件事情。我很希望市民很清楚知道整件事不是這麼容易參與。整個設計是要剔除那些爭取「高度自治」，不願做北京的橡皮圖章，可以獨立思考的議員。這是整個計劃的目的，整個控制的布局就是要這樣。

　　最後，我想勸「亞牛」不用這麼「勞氣」，亦不用說那些人是甚麼「乞兒政客」那一類的說話，因為我覺得市民最後是會還你一個公道的。我深信臨時立法會將來即使成立了，它所做的一切，對香港所作的破壞，市民是會記著的。他們亦會記著今天在座的所有議員所說的一切。他們會知道誰站在市民那一邊，誰站在廣大六百萬市民的對立面。謝謝主席。

田北俊議員致辭（譯文）：

　　主席，我首先要提出一個問題。為何一些同事明明是始作俑者，如今卻譴責臨時立法會？今天支持議案的人，很清楚為何會有臨立會的出現。若他們忘記了，我可提醒他們。

　　首先，無論中國或今天發言反對議案的議員，都從來不希望成立臨立會。為了保持穩定，我們本希望會過渡，坐「直通車」，越少改變越好。但在一九九二年十月，總督違反聯合聲明訂明應該緊密合作的規定，在未諮詢中國的情況下提出改革方案。該等改革違反基本法，也違反兩國外長之間七封外交函件的協議。

　　在一九九三年，中英兩國談判未有成果，而在談判期間，民主黨為了本身的政治目的，向英國施壓，要求貫徹違反聯合聲明的立場。

　　我們自由黨曾企圖說服其他團體不要破壞「直通車」，但徒勞無功。我們向他們解釋，如果一意孤行，與我們未來宗主國作無謂的對抗，那並不能推動民主，而只會令民主倒退。

　　到一九九四年六月，本局以一票之微通過改革方案。這些沒有前途的改革，僅由於本局三位政府官員不投棄權票而獲得採納。結果，在總督一手策劃，以及在民主黨的協助下，這些團體獲得勝利。

　　多位當天破壞「直通車」的議員今天也在此。他們不顧中國的警告和我們的勸告，以為中方不敢阻攔必須獲它首肯的「直通車」。他們估計錯誤，如今就要付出代價。一九九四年八月，全國人大常務委員會通過有關臨時立法會的決議，以後的事已成為歷史。

　　事實是，當天表決贊成政制不銜接的，就是臨立會的始創人。他們挖空心思破壞中英雙方的合作，他們得逞了。他們結果可在本局成為多數派兩年，在本局耀武揚威，但他們時日無多了。

　　民主黨在彭定康的選舉改革上孤注一擲，以為會獲勝。他們的確勝出了，但只能維持短短兩年。

　　很可惜，他們錯把賭注押在總督身上，他們輸了，現在就要付出代價。

　　只是，他們輸得毫無風度，反而像娃兒般大吵大鬧，怨氣沖天。

　　主席，反對臨立會的人還說它缺乏代表性，但以前的立法局也一樣缺乏代表性。今天的立法局被工會領袖和民主派所控制，然而，今天議案的提倡者，卻接受他們的決定為法律。主席，儘管這些臨立會反對者於一九九四年錯把賭注押在彭定康身上，他們仍獲得機會參加新的立法會。他們拒絕了邀請，這顯然是他們自己的選擇。他們必須對自己的選擇負責，不能責怪別人。

　　主席，我會投票支持修正案而反對原議案。我希望他日學者與史家翻看立法

局會議過程正式記錄來探討殖民地末日境況時，會較易掌握立法局要在一九九七年六月三十日壽終正寢的原因，並會相應地作出評價。

劉慧卿議員致辭：

主席，我發言支持鄭家富議員的議案。我亦想提醒像田北俊議員的那些人士，我和他們一樣是反對彭定康方案的。

主席，我自己亦不覺得，因為我身為最後一屆的殖民地議會的成員，明年七月應該繼續坐在這個議會內的。如果沒有「直通車」——「直通車」也不是我的首選（我當時是支持六十席直選），我亦希望盡快有六十席直選，但是為了平穩過渡，我自己覺得如果快要走的主權國和新來的主權國能夠達成一個協議、有「直通車」，我相信很多市民，包括現在本局絕大部分的議員都贊成。但若兩個主權國沒有協議、沒有「直通車」，這亦非世界末日，天是不會塌下來的。但我覺得如果沒有「直通車」，便只有一個方法可以讓議員重返這個議會，便是透過選舉。

我本人和「前綫」是支持六十席全面直選，即使退一萬步，依著中國政府的口風，基本法亦寫得很清楚，第一屆立法機關是應該怎樣產生的。但有些人又不按基本法，又不按聯合聲明，而製造這些事情出來，我相信我和廣大市民和我的選民，絕大部分是不可以接受的，亦不會接受的。但是，現在「大石壓死蟹」，強行要這樣做，而香港人是愛和平的，我相信我們亦不會用暴力來抗拒。但大家的心情很沉重，感到極度無奈和悲哀、痛恨、忿恨，我們不贊成成立一個這樣的臨時立法會。議員已說過了很多論據，加上現在亦太晚了，我亦不會重複的。不過，我想告訴一些人知道，他們叫我們實際點，加入去便會有影響力，二百多天後，我們便會看到這些這樣實際加入去的人，可否發揮到影響力。我並不很相信這些人加入後便可以發揮些甚麼的影響力。不過，我們不會這麼早便死亡的，我們是會看得到的。我們要看看那些人到時發揮到甚麼的影響力。

此外，我相信中共現在亦已有了腹稿，正如好像有腹稿要董建華以高票數當選行政長官一樣，亦會有腹稿誰會做臨時立法會，怎會輪到那四百人去推選呢？真是笑話。所以，我覺得你說要爭進去，莫非真的全讓你們進去嗎？六十個立法局議員報名參選，是否六十個也可以當選呢？全是騙人的。還不是它所喜愛的便

當選，你們只是去當點綴品而已。所以，我覺得那個要我們實際點加入去的說法，儘管很多人都以為是很有說服力的論據，但我卻覺得簡直是荒謬，將邏輯倒轉了。不要說這謊話來騙人了。

再實際一點，主席，我再想說一件事，我以前也說過，就是公務員方面。臨時立法會於二十一日成立了之後，這群人必定會大吹大擂，一定要發揮影響力，這便不妥了。屆時有兩個立法機關，想想吳榮奎先生和他的同事會怎樣處理呢？要聽立法局，又要聽臨時立法會，這個說要這樣立法，那個說要那樣廢除。不消幾個星期，公務員體系便會癱瘓。他們怎樣工作呢？各有各的意見，最好便是甚麼也不幹。現在有些人已開始不幹了，這是否為香港的穩定、繁榮帶來很大的貢獻呢？商界人人拍手歡呼，他們有否想過，撇開政治、法理不說，對我們公務員體系有甚麼衝擊呢？

最後，主席，我想談談總督彭定康昨天說了一些很驚人的話。他說如果他們要在這裏選舉，便會派警察去維持秩序，他似乎是說會有人前往示威。這當然說得對，我不知道會有多少千、多少萬人，亦未可料。但他說會維持秩序。聽罷，我感到十分奇怪，因為顯然中國亦自感理虧，說要搬回中國舉行。有些人說審慎點好，不要在香港舉行了，他們人人也十分害怕。但彭定康竟然站出來為他們「撐腰」，像是叫他們不要害怕，會派一些警察來維持秩序，看似是香港政府默許似的，他維持秩序不是要拘控他們，只是叫那些示威的群眾，不要擲雞蛋等。我不知此舉是甚麼意思，但後來我和任何人談起，人人也說不用這麼說，英國人全部投了降，必定如此的，這樣是示好罷了。我請吳榮奎先生稍後告訴我們是怎樣示好、政府立場如何？他必定不願說臨立會選舉是非法的，但我相信過往大家都希望給他們最大的壓力，逼他們不要在香港舉行，搞亂香港，影響穩定繁榮等。但現在卻特別的邀請他們在香港選舉，不如更邀請他們到甚麼地方給他們一個大會場開會吧！我覺得英國政府此舉真太過分了。我覺得香港市民對英國真的忍無可忍了，英國政府是徹頭徹尾的「縮頭龜」，似乎說現在不如合作吧，那赫塞爾廷連續兩年帶大軍到北京簽合約、賺錢，現在彭定康又站出來。

廖成利議員致辭：

主席，反對臨時立法會的人士今天提出了兩個我覺得是非常危險的論點。其實我們在這裏應該說說道理，因為這兩個論點有很嚴重的後果。

第一個反對臨立會的理由是臨立會是一個非法組織，甚至是一個黑社會，可以簡稱為「黑社會論」。

這個講法的含意是既然臨立會是個非法組織（黑社會），非法及無效的，由黑社會通過的法律究竟是不是法律？其實它應該不是法律，是不具法律效力的。為甚麼它不能夠立法呢？就是因為一個黑社會沒有立法權，正因如此，即使這個黑社會依照基本法的規定去制定及通過九八年第一屆立法會的選舉法，很符合基本法的選舉法都是無效的，不是法律。這個選舉法無效或不是法律的原因就是因為黑社會根本沒有立法權。那麼持這個黑社會論的同事，如果要言行一致，堅持臨立會是非法組織，在九八年時，他只有一個可能性，就是不應及不會參加九八年的第一屆立法會選舉。這其實是相當危險的。

相反而言，他們一方面指臨立會是非法的、是黑社會，大聲疾呼它沒有立法權，另一方面又大聲疾呼說一定會參加九八年的立法會選舉，在此情況下，他是用他的行為去承認一個黑社會所通過的選舉法。

持「黑社會論」的人士，他們只得兩個可能性。（一）他們言行不一，口不對心，不是真心真意。（二）其實根本就不認為臨立會是非法組織，只不過是用這個論點來攻擊要加入臨時立法會的人士，這並不是一個政治原則的堅持，只不過是採取一種政治手段，以顯示自己是堅持原則去打擊其他人，指其他人都是喪失原則的，是政治「乞兒」。其實，骨子裏他亦是以「政治現實」作考慮。

第二個反對臨時立法會的理由是「臨立會是偽滿洲政權的傀儡」，這可以簡稱為「傀儡論」。

持「傀儡論」的人士將臨立會說成一個傀儡，是個出賣香港人利益的劊子手，將中國政府亦等同於偽滿洲政權。以「一支竹竿打一船人」，將所有參加臨立會的人說成是沒有政治原則的傀儡，是「扯線公仔」，一些沒有原則的政客，甚至是「乞兒」政客。

可是持「傀儡論」的人士，如果要言行一致，他們的選擇其實很有限。

例如：既然這個臨立會演變成一個偽滿洲政權，其傀儡將會制定許多法律，包括選舉法，身份、居留權、稅制等，他們要不是離開香港或離開香港政壇，就是要在香港搞革命，盡力推翻偽滿洲政權及其傀儡。但若持「傀儡論」者，既不離開香港，仍留在香港政壇，又不敢去搞革命，那麼，如果他不是言行不一的話，就是他們根本就是信口開河，或者是根本不理解其言論的嚴重後果。

主席，我認為臨時立法會組成是很具爭議性的，它是中英兩個政府在沒有協議、沒有「直通車」之下的產物，由兩國政府造成的。而我們作為香港人，站於這樣的處境下，我們可以作的抉擇非常有限。其實有兩個可行的方法：一是全面杯葛臨時立法會指它是一個非法組織，要全面杯葛九八年的選舉。其實這是不好的，這是把所有健康力量都排於建制之外。其實我對這種論點是有保留的。第二就是繼續爭取留在建制內為香港服務。無論選誰也好，我不希望持這兩個抉擇的人互相攻擊，我無意在此呼籲那些堅持全面杯葛的人加入臨時立法會，但我也希望他們不要全面去攻擊那些希望留在建制內、有決心和願意盡力服務香港人的議員。

黃震遐議員致辭：

主席，香港百多年來一直實行殖民地政制，到了九一年才開始有直接選舉，人民才有少許的民主。到了九五年時，民主又有少許進步，市民得到更多民主，儘管依然是一個殖民地的政制。現在一群欽點出來的籌委，挑選出一群推委，然後由一個小圈子選出來的小圈子，又再選出一個更小的圈子的臨立會。主席，這是民主的大倒退，這是殖民地主義借屍還魂。

有些議員以為支持臨立會其實是幫中國的忙；他們錯了，他們不是在幫中國的忙，他們是抹黑中國，他們正在送一頂「綠帽」予中國。九七年平穩過渡，對中國、對香港都會是非常好的事，會令人感覺到，別人是錯的，英國辦得到的，中國也辦得到，在中國的旗幟下，香港應該是更繁榮、更好，香港人是應該能夠享受到更多民主，自由和人權，而不僅是在殖民地制度下的小許民主、自由和人權。但近幾個星期以來，我們看得推委的小圈子醜態畢露，連《防止賄賂條例》也會反對，這充分暴露了他們的無法無天的心態，這只會損害中國的國格和國際

形象，亦會打擊香港人對香港前途的信心，以及香港人對中國的信心。這是算幫中國的忙嗎？這只是損害了中國。

支持臨立會的議員，只提及中英之爭，為甚麼他們不提臨立會剝削了香港市民的民主和權益呢？主席，英國殖民地最成功的地方，便是培養出一群殖民地心態的人，那些人在奴才心態下，在大英帝國下，絕對不敢爭取民主，不敢提香港的中國人是有權管自己的。所以他們從來也不敢向英國爭取民主，為市民爭取民主，多年來只會幫英國反對香港人享有外國人在外國地方可以享受得到的民主。因此，主席，這些人永遠看不起自己的同胞。

有人說，我們應該尊重自己。說得對。若尊重自己的話，便要尊重香港的中國人。港人和世界其他的人一樣，像美國人、英國人、歐洲人一樣都有權享有民主。為何香港的經濟這麼好，教育這麼好，文化這麼好，踞於世界前列，而香港人偏偏沒有資格有民主呢？我們是否頭腦較別人差，比別人蠢，道德較別人差，所以沒有資格享有民主呢？是否一定要繼續殖民地式的政制呢？這些支持臨立會的朋友，從來不敢討論這個問題。他們說民主黨支持彭定康方案。錯了，民主黨向來只是支持一件事——我們支持香港人有民主，我們支持香港的中國人有資格享有任何一個人應該有的權〔利〕，僅此而已。我希望支持臨立會的朋友敢站起來，說同樣的話。

但我們知道，十幾年來他們的紀錄是怎樣的紀錄。他們長期幫助殖民地統治者遏抑自己的同胞，今時今日，反而在這裏反對民主，又藉中國的旗幟來遏抑自己的人民，這便是他們的紀錄。支持臨立會，即意味著所有西方殖民者所說的話都是對的，他們是幫西方人抹黑自己的同胞，說自己中國人其實是不值得看高的，只有資格做奴才，沒有資格做自己國土上自己的主人翁。這便是支持臨立會會向全世界發表的信息。我相信人是有人格的，國有國格。香港的中國人是有資格推行全面直選。任何民主的倒退，都是不應該的。支持臨立會的人，是否敢說同樣的話呢？我相信他們是不敢的，在議會裏不敢，在議會外仍然不敢。他們敢說香港人像歐洲人、英國人、美國人一樣有民主嗎？他們不敢的，為甚麼不敢呢？因為他們中了殖民地的毒，以為自己不及別人，所以便這樣想。所以，在殖民地統治下得益的人，得寵的人，上京進言誤導中國政府，令中國政府以為民主對中國是不好的，對香港人不好，所以令到中國政府在香港推行錯誤的政策，令

到香港丟臉，中國丟臉，令全世界覺得中國人是窩囊的。像最近澳洲有一個議員說中國人是窩囊，為甚麼要讓他們移民來這裏呢？便是因為他們發出這些信息，令全世界的人也看不起中國人。所以他們是正在誤導中國，令中國對香港採取了錯誤的政策。

陳鑑林議員致辭：

主席，聽了多位議員的發言後，我發覺反對臨時立法會的同事的論據不外乎三數點：民主大倒退，基本法內沒有訂明，臨時立法會沒有代表性，不合乎法理，以及一些謾罵性質的攻擊言論等。可惜，有益而又有建設性的意見就一概欠奉。

主席，問題就在這裏，如果不成立臨時立法會，應該怎樣做？這麼一個理性的問題，其實立法局應該提出討論。當然，有些議員會說現在的立法局議員經由民主選舉，可以原班過渡呢？鄭家富議員言下之意亦如此，這只不過是誤導市民的說話，記得九二年十一月十一日，本局的議員曾大聲疾呼「直通車」是「紅色豬籠車」，我們不要「紅色豬籠車」，即是說，縱使有「直通車」安排，他們也不會上車，又怎可能原班過渡呢？這些議員正是今天在本局內大力反對臨時立法會的議員，試問，我們在這個議會內又怎可能期望他們提出理性的建議呢？固然，今天已不是討論如何產生臨時立法會的時候了。

很遺憾，在九三年彭定康先生和他的追隨者，抱著不在乎天長地久，但願曾經擁有的心態，以為中國政府強烈反對一會之後就會默默接受。事到今天，彭定康和他的追隨者終於意識到他的方案末日已近，而且一切已成定局。現在歇斯底里地反對臨時立法會的人，反對、反對、再反對，用百般的理由千般的歪曲，一定要罵臭臨立會。說到底，目的在推卸當天支持彭定康方案導致政制不能銜接的責任，而且還要全面抹黑一切與成立特區政府有關的安排，包括特區行政長官的產生，我意想不到的，是這種顛倒黑白的行為竟然已經達到瘋狂的地步。

楊森議員提出臨時立法會「三違反」，我很奇怪，為甚麼他會用三違反，他覺得不應支持。固然，我很同意如果有違反就不應該支持，但很明顯，彭定康方案在九三年時卻得到楊森議員及民主黨毫無保留的支持，試問楊森議員的標準是

否有些混亂呢？民主黨黨綱開宗明義說支持中英聯合聲明，這不是很清晰的「逢中必反」的態度嗎？鄭家富議員口口聲聲要港英政府立刻採取行動禁制臨時立法會，我相信鄭家富議員的夢想永遠不會成真，因為港英政府亦自知彭定康方案必定在九七隨《英皇制誥》終結而終結，而司徒華議員更說過九七後臨時立法會制定的選舉法，將「有如母體將愛滋病遺傳給嬰兒」，我希望同事不要總把說話說得太絕，否則當日後想回頭就相當困難。

黃震遐議員的慷慨發言，套在民主黨身上十分恰當，不過，民主黨當日支持彭定康的錯誤政策，因而導致今天的結果，是沒有人可以否定的。

彭定康先生曾經表示臨時立法會的成立會帶來社會不穩，而他的追隨者亦大放厥辭說要給臨時立法會一些麻煩。九七後彭定康先生回到英國之後，可以日夜大罵反對臨時立法會，我們大可不管，也管不了，他的追隨者如真的要給臨時立法會麻煩就得拭目以待了。上星期三，我曾經勸諭一些願意在九七後繼續留港建港的人士回到理性合作的立場，為組建特區政府貢獻力量，竟然被斥為紅衛兵。大概他們也深知他們今天的行徑就像土豪劣紳、反動派一樣不得民心。他們害怕臨時立法會，自己不參與，也不准別人參與，對我的勸解說話反應如斯激烈，一方面宣示他們堅決不「轉鈦〔軚〕」，另一方面就想封殺其他可能參與的同事或同路人。不過，陳財喜先生的揭竿起義，已經足以說明民主黨內存在非常強烈不滿現時逢中必反的僵化錯誤立場。所以，我希望民主黨能夠重新調整他們的立場，回到理性合作的地步。

李永達議員致辭：

第一，我想澄清有幾位同事說關於邏輯的問題。這個邏輯就是既然你們反對臨時立法會，那麼臨時立法會所定的法律，所定的九八年選舉規則，你們會否參加呢？其實不單止我們要面對這個邏輯，民建聯也要面對，許多政黨都要面對。有幾多個自由黨同事反對那個政改方案呢？有幾多我們在座的同事的政黨，包括民建聯，反對九五政改方案呢？他們究竟用甚麼方法加入立法局呢？葉國謙議員經選舉委員會，那些人全都是區議員，違反基本法的，他是違反基本法的產品。陳鑑林議員亦是違反基本法的產品，而我並不是，我是直選的。九一年有、

九五年有、或九八年也有。在這問題上，我是最純正的。那些透過擴大功能組別所選的人，如劉健儀議員，如果你不喜歡彭督的方案而又參選，那究竟是甚麼邏輯？他們為何不談自己在九五年選舉時厚著面皮，現在卻去罵人？為何不談這個問題？

民主黨的邏輯很簡單，就是九八年選舉必須按基本法進行。基本法規定特區立法會由選舉產生，意思就是根據二十席直選、三十席功能組別以及十席選舉團產生。所以按照一個符合基本法產生九八年選舉的立法會，我們是可以參選的。這個就是對法律、對法治的尊重，而不是一方面罵人，一方面於九五年已厚著面皮進入立法局。

第二，我又不明白陳鑑林議員的邏輯，他說一個陳財喜在黨內揭竿起義代表了黨的大多數，我真的十分不明白，一個人就當作大多數，難怪共產黨看到香港有些人支持他們就是大多數，一百萬、二百萬選民卻是少數。主席，我真不知這是甚麼數學邏輯？既然他舉了手，我就讓他先講。

……

我時常都說，有些人以為我們不參加臨時立法局就會失去民心，我們怎樣失去民心？九八年再選舉，你和我角逐吧！直選我並不怕，從來有民主選舉，民主黨就不怕。那些人現在靠甚麼？有些以前靠委任，飲英國人的奶水長大，現在卻大罵英國人。有些人靠欽點的小圈子選舉，還說自己代表民意，面皮竟如此厚，真不知塗了甚麼「面懵膏」？這叫代表民意嗎？他們把人民智慧踐踏到像地底泥般，難道不覺得每個人的智慧都是同樣的好嗎？為甚麼那四百個人才是最好的。假若你的黨是這麼有誠意為香港服務的話，那麼有信心的話，何不九八年再選多一次？何須害怕？那時民意在普選內便會顯示出誰受市民歡迎。民主黨從來不怕選舉，有普選我們便參與。有廣泛選民支持的選舉我們便參加。

剛才有一些同事說民主黨入不到臨時立法會是很可惜，我們從來都沒有憐惜過。因為民主黨從來視政治是長遠的，只是那些跳樑小丑，為一己利益，以為佔一席位便可以掌握政治權利的人才去憐惜一年半載的席位。假如你相信──我們相信──政治是長遠的話，一兩年的席位有何重要？民主黨包括港同盟以及匯點以前許多人，從來都不是議員，許多這些人以前是在街頭的，難道我們就覺得他們做不到事。戀棧權力，毫無原則，出賣自己的人，在政治及歷史上會遭人唾

棄。民主黨堅持該原則的原因是我們不會為了短期利益而犧牲我們長遠的立場。民主黨會繼續在特區政府內為市民服務。

我們的原則很簡單，就是臨時立法會為市民做的任何事，只要是好事，民主黨不會針對它說它不好。如果臨時立法會修訂了基本法，九八年推行全面普選的話，我，甚至包括劉慧卿議員，都可能會站起來拍手。我們是針對事。你夠勇氣便做出來，你夠勇氣便建議臨時立法會修訂基本法，九八年全部普選產生，接著人大常委、行政長官也同意。一起做吧，有甚麼困難呢？人民利益永遠在民主黨的頭上，不是臨時立法會做甚麼，不做甚麼的問題。如果你做的事情是好的話，我們會舉手，拍掌歡迎，要是你做的事情是不好的話，我們便會罵你、批判你，甚至與你鬥爭。鬥爭有甚麼奇怪呢？香港從來都是多元化社會，和平請願集會永遠都有。只有一些常常強調甚麼行政主導太強、臨時立法會代表民意的人才會害怕群眾。我代表民主黨對大家說，九八年我們會捲土重來，我們會在直選內參加，我們會在廣泛選民基礎上參加選舉。謝謝主席。

憲制事務司致辭（譯文）：

主席，英國政府和香港政府對於立法機構延續性的總體立場，是眾所周知的，亦是確定不變的。英國首相最近與中國副總理李嵐清會面時，已重申立場，而上月外相在下議院辯論時，亦已再次申明這點。

立法局部分議員曾出席該次辯論，相信他們對於外相那番既全面又毫不含糊的聲明，記憶猶新。其中幾點相關之處值得在此處重提。對於一九九四年和一九九五年的連串選舉，外相發表評論，我引述如下：「這些選舉的投票人數，是香港歷年選舉之冠，而所產生的代議機構，均能克盡厥職，並以穩健見稱。從各代議機構的表現看來，我們已按照聯合聲明和基本法既定準則，循序發展民主政制，進度完全不足以令人憂慮。」

外相明確指出，我們看不見有何理據成立臨時立法會。聯合聲明和基本法都沒有提及這個機構。中方必須向香港和世界各國解釋，為何以一個由四百名經甄選的人士推選產生的臨時立法會取代一個由超過一百萬名市民選出的立法局。

外相並且表示，我引述如下：「我們會繼續在公開場合和私底下向中方各級官

員清楚指出，他們計劃成立的臨時立法會，是既不必要、也不可取的。不必要的原因，是臨時立法會在主權移交前可以處理的工作，沒有一項不應該由比較適合的人士或機構處理。不可取的原因有兩項，其一是香港已有依法產生的立法局，應該讓它繼續工作。第二，如果任由臨時立法會與符合憲法的立法局並行運作，可能產生混亂和不明朗局面，而在這時候，這種局面是最不宜出現。臨時立法會在主權移交前成立，並與現時的立法局並行運作，會令人嚴重質疑中方就履行聯合聲明既定義務的承諾。」

不過，這不只是法律爭拗點，因為這會引發更多基本的政治問題，質疑中方是否願意恪守聯合聲明和基本法訂定的「港人治港」原則。

主席，英國政府和香港政府的立場，早已眾所周知，而且我們會堅定不移地固守立場。

1996年12月11日
議案辯論：不相信第一任行政長官有決心維護香港高度自治

劉慧卿議員動議議案：

「本局不相信今日並非透過普選產生的第一任香港特別行政區（『特區』）行政長官有決心維護高度自治並抗拒中國政府對特區的干預。」

劉慧卿議員致辭：

主席，今天是一個歷史性的時刻，香港特別行政區第一屆行政長官剛剛產生。可惜，這個候任行政長官是由中共欽點，香港人無分參與挑選。我今天代表「前線」動議這項議案，是要指出由中共欽點的行政長官必定會按北京的意思辦事，正如總督對英國政府唯命是從一樣。雖然董建華仍未上任，但根據他近來的言論，我們可以預見他將來可能會怎樣管治香港。

最近數個月，董建華由沒有人認識，至人氣急升，全靠新聞界的大力吹捧。各大報章和電子傳媒將他包裝成為飽經磨練、沉實穩重的人，又說在這重大的轉變期，最適合由這種人領導香港。有些機構更不斷進行所謂民意調查，製造假象，令董建華的當選好像眾望所歸。不過，這些宣傳技倆並不可以掩蓋香港人無奈和無助的心態，因為大部分香港人都知道，行政長官是由中共欽點，進行推選只不過是「整色整水」在做戲而已。香港人是不會那麼容易受騙的，因此，「搵笨」請行遠些。連最近訪港的美國助理國務卿也只是要求會見董建華一名特區首長候選人，就可以知道國際社會也看穿了中共的把戲。

主席，中國政府官員說，過去百多年來的總督都是由英國政府委任，為何我們沒有作出強烈的反應，直至九七年才說要求普選行政長官？答案當然很簡單，

香港人終於可以擺脫殖民地管治，當然不想香港由英國殖民地變成中國殖民地！中英聯合聲明指出，行政長官是由選舉產生，因此，我們期望可以透過以一人一票普選，選出行政長官，來體現「高度自治，港人治港」。

雖然在形式上，推選行政長官的方法是按照基本法的規定，但基本法亦訂明推選委員會要有「廣泛代表性」。不過，現時的推委會是由北京欽點，根本無代表性可言，所以這個推選方式並不可以接受。

主席，我們現在看看為何中國政府要欽點董建華。對中共來說，行政長官最重要是要信得過、靠得住。在八十年代中期，董家的東方海外航運集團陷入財政危機，頻臨崩潰邊緣，親中商人霍英東及中國政府注資 1.25 億美金，幫助東方海外度過難關。為何中共要幫董建華呢？當時的中共並不如現時那麼資本主義化。主席，我相信你和我以及整個社會永遠都不會知道董建華和中共之間的淵源，但即使從表面看，他們兩方面的關係也是絕對不簡單的。

董建華在數星期前大力推崇以儒家哲學治港，口口聲聲強調「中國人要自強不息」、「中國人要自己當家作主」以及「中國人要多講責任」等觀念，這些都反映出他的思想封建，作風保守，偏重人治，因此，我們擔心在董建華帶領的特區政府管治下的香港，法治可能會受到損害，而社會亦會傾向更封閉、更保守。

此外，董建華又扣民主黨帽子，說他們「逢中必反」，沒有建設性，一定要改。其實連中國外長錢其琛也沒有這樣罵過民主黨。錢其琛較早前更說要「求大同，存小異」，給人一個印象是中國政府願意聽取反對聲音。因此，我不禁要問，董建華說出這樣的話，他究竟是甚麼人，有甚麼資格罵民主黨「逢中必反」？

此外，主席，亦有一些香港政府高級官員公開表示支持董建華，說董建華最能穩定港府高層。不過，只要留心董建華的言論，就知道這些公務員很快就可能要從美夢中驚醒。我們的布政司一心以為自己是公務員隊伍之首，可以做董建華的「盲公竹」，而董建華要靠她穩定大局。誰不知董建華卻指布政司因為曾經支持彭定康的政改方案，反對臨時立法會，因而公信力受損；因此，日後陳方安生和其他司級官員的職位能否保住，反而要靠董建華。此外，董華建也指出，他要做強勢的領導人，因此，如果他在短期內委派親信出任政府的要職，我們也覺得不足為奇。

基於輿論製造的假象，說如果董建華當選會對社會有利，因此一些香港市

民可能會有幻想。但如果我們留心董建華的言論，相信市民很快就會拋開這些幻想。雖然中國政府說收回香港後會實行「一國兩制，高度自治」，但董建華說會將中國的利益放在第一位。當有人問他一些敏感問題時，例如「六四」大屠殺和席揚被捕，他就答非所問，更用一些「高大空」的原則來兜圈。他亦從來沒有批評中國政府半句。他說民主黨「逢中必反」，我想問一問董建華，他是否「逢中必啱」？

董建華亦經常強調「要以大局為重，以整體利益作打算」，又說如果外國要用政治手段制裁中國，香港絕對不會袖手旁觀，必要時香港要作出犧牲。因此，我們可以預料，當特區跟中央政府有利益衝突時，董建華大有可能不會站在香港人這邊。有關這方面，主席，香港人其實現在也見得很多這些例子。如果香港和倫敦出現利益衝突時，總督是不會站在我們這一邊的，因為他代表英國政府。如果將來的特區行政長官是由中共欽點，我相信只會歷史重演，因為如果出現利益衝突時，他也會站在欽點他的人的那一邊。因此，這是一個制度上的問題，是一個極大的缺憾。我們感到很遺憾，因為在「高度自治」的特區中，我們也不可以選出自己的行政長官，令他向我們直接負責。

最後，主席，對於民主人權的概念，董建華的思想亦十分保守。他說要恢復委任制，又說要還原惡法，以及日後不可以鼓吹台灣及西藏獨立。他的說話與中方官員一致，十足中方喉舌，令人擔心將來的言論自由和新聞自由不會得到保障。至於民生問題方面，他並沒有具體的答案，只不斷強調「中國人要自強不息」，又說要「少講權利，多盡義務」。

主席，我們「前綫」今天動議這項議案，就是因為我們看到挑選董建華的這個制度有基本的缺憾，令這個人不會站在我們香港人的立場講說話；而董先生近數星期的言論也引起我們很大憂慮。我希望今天被中國欽點的董建華在很快的將來，能以言行告訴我們，「前綫」的擔憂是錯的，他一定會挺起胸膛，站在我們香港人的一邊。我不是挑撥董建華與中國的關係，但如果中國政府作出一些不對的事情時，我希望董建華和那些被中國欽點提供意見的人，能有膽量站出來說話，令我們對將來有多些信心，不會認為我們很珍惜的自由和法治會在他領導的政府下受到摧殘。

鄭明訓議員就劉慧卿議員的議案動議修正案：

「刪除『不相信』，並以『祝賀』代替；刪除『並非透過普選產生的第一任』，並以『由具代表性的四百人推選委員會選出的』代替；在『（特區）』之後，加上『候任』；刪除『有決心』，並以『，並希望他能堅決按照基本法規定，致力』代替；在『維護』之後，加上『特區的』；及刪除『並抗拒中國政府對特區的干預』，並以『，藉以促進香港的繁榮〔和〕穩定』代替。」

（編者注：修正後的議案內容如下：

「本局祝賀今日由具代表性的 400 人推選委員會選出的香港特別行政區（『特區』）候任行政長官，並希望他能堅決按照《基本法》規定，致力特區的高度自治，藉以促進香港的繁榮〔和〕穩定。」）

鄭明訓議員致辭（譯文）：

今天是香港歷史上一個重要的日子。今天，經由四百人組成的推選委員會已按照基本法的規定，推選出第一任香港特別行政區行政長官；這位候任行政長官將會帶領香港進入一個嶄新的紀元，這紀元充滿挑戰，也充滿機會。

今天極具歷史意義，也在於這是港人首次可參與決定政府首長的人選。因此，我們已朝著落實「港人治港」的承諾，邁開了重要的一大步；而這個承諾，正是中英聯合聲明及基本法的基礎。

對於很多香港人來說，今天是值得驕傲的，我們為自己，也同時為未來引以為傲。對於一小撮人，這卻是另一次可作批評、挑剔的機會。但對於這些人，除非我們把部分聯合聲明及基本法改寫，否則恐怕難以滿足他們。在香港歷史中這個敏感而又極其重要的時刻，改寫聯合聲明及基本法實非明智之舉，亦不能發揮穩定作用。

以純理想主義的理由去批評每事每物，可能會吸引到本港及海外傳媒的大肆報道，但這種做法是否有建設性？最終，這些情緒化的舉動，又是否真的會幫助香港和港人？我認為不會。他們只會令大家，特別是那些不熟悉香港實際情況的

海外人士，產生懷疑和不信任。這不單止破壞香港的形象，對於海外來港的投資亦帶來負面影響，結果只會損害港人的生計。

我相信，在像今天這個歷史時刻，我們應抱著積極的態度。正因為這樣，使我不得不提出修正劉慧卿議員的議案——她的議案，我很抱歉地說，實在極端負面。

就表面來看，我動議的修正案好像與原議案大相逕庭，但是否真的那麼不同？肯定而言，歸根究柢，我們同樣希望有一個有決心、有魄力，能維護中國承諾給香港的高度自治的行政長官；一個有高尚情操，盡心盡力服務香港，以為港人謀求最佳利益為己任的行政長官。

劉慧卿議員與我不同之處，是她作出了最壞的假設，她懷疑候任行政長官是否具備所需的魄力與決心；而我卻不想先下判斷，我情願給他一個公平機會，讓他實現他最近在那廣受注視的競選時所作的承諾。我這位同事已經認定，只有透過普選產生的行政長官才是好行政長官。但說實在的，縱觀今日世界，我肯定理想主義者也得承認，即使透過普選，也未必能確保選出來的是好領袖。

香港正開始經歷一個急劇轉變、史無前例的過渡期，我們首要的工作是要保持香港繼續穩定繁榮。在很多方面，不管是本港的經濟體系、法律架構或我們的生活方式，都可說應「越少改變越好」。不過，在民主發展方面，基本法，即我們未來的憲法，已確認並已規定了逐步轉變的需要。我強調，要「逐步」轉變，而我相信絕大部分香港市民都會同意，「循序漸進」是較有助於保持香港穩定的方式。

推選委員會今天就行政長官人選投票，是這轉變過程中重要的一步。按照基本法第四十五條，最終要達至「行政長官由普選產生」的目標，而我們正朝著這最終將會令所有人高興的方向進發。

在香港，過往從來沒有人徵詢過我們的意見，便硬塞一個領袖給我們；現在，我們終於有機會自行決定誰作領袖了。不過，本議案卻在候任行政長官還未有機會履新之前，提出中傷的言論。雖然本局絕對有理由提點候任行政長官有關我們以至港人對他的期望，但為何我們要用這種負面帶貶意的言詞？

最低限度，楊森議員提出的進一步修正案，是呼籲候任行政長官積極行動，而不是對他的人格進行失敗主義式的攻擊。

雖然我樂於見到民主派採取較為正面的觀點，可是我仍覺得這種要阻止本局祝賀候任行政長官的行徑，實在小器。

倘若我們是衷心要保持香港繼續繁榮，真的希望繼續改善社會各階層市民的生活，我們便須通力合作。現在是我們要團結一致的時刻，是要結合本局、香港政府及所有港人的力量支持候任行政長官，共同為香港謀求福祉的時刻。

楊森議員就鄭明訓議員的修正案動議修正案：

「刪除『祝賀』，並以『認為』代替；刪除『具代表性的』並以『只有』代替；在『四百人』之後，加上『組成之』；在『候任行政長官』之後，加上『欠缺代表性，並強烈要求候任行政長官』；刪除『，並希望他能堅決按照基本法規定，』；在『致力』之前，加上『能』；在『藉以促進』之前，加上『敢於向中國政府爭取特區的民主、人權、自由及法治，』；在『繁榮和』中刪除『和』，並以『、』代替；及在『穩定』之後，加上『和進步』。」

（編者注：修正後的議案內容如下：

「本局認為今日由祇有 400 人組成之推選委員會選出的香港特別行政區（『特區』）候任行政長官欠缺代表性，並強烈要求候任行政長官能致力特區的高度自治，敢於向中國政府爭取特區的民主、人權、自由及法治，藉以促進香港的繁榮、穩定和進步。」）

楊森議員致辭：

主席，今天是特別行政區行政長官產生的日子。行政長官的產生是有特殊意義的，因其出現象徵著殖民地管治的結束。但很可惜，殖民地管治的結束，並非意味著香港人得到民主，可以藉著一人一票普選的方式，直接選出行政長官，並藉此而使行政長官要向港人負責和交代，落實「港人治港，高度自治」的原則。

主席，鄭明訓議員要祝賀行政長官經「有代表性的四百人推選委員會」選出，這實在是誇大其詞的修正案。試問經中方欽點的四百人推選委員會何來代表

性呢？成員之中根本以親中和工商界人士佔主導，試問又豈能代表各界人士呢？最關鍵的，是這個四百人組成的推選委員會，並非經普選產生，故此，根本就缺乏認受性和代表性。民主黨反對鄭明訓議員的修正案。

主席，原則上，民主黨支持劉慧卿議員的議案，所以如果我就鄭明訓議員的議案所動議的修正案被否決，民主黨即會支持劉慧卿議員的議案。我認為，由於行政長官是由四百人組成的推選委員會產生，其產生方式是不民主的小圈子選舉，故此，產生的行政長官是缺乏認受性、公信力和代表性的。

主席，由於行政長官缺乏認受性和代表性，有三個問題將會出現，嚴重打擊「港人治港、高度自治」。

首先，是金權政治的出現。由於中方欽點的推選委員會將產生臨時立法會，於是，這個缺乏代表性的行政長官，將進一步缺乏民意代表的監察和制衡；加上行政長官本身與工商界的關係密切，我相信將來會出現官商勾結，以及一些有政治聯繫的人士在經濟活動方面，會較其他人佔較優的競爭位置。於是，「走後門」、貪污、以權謀私、唯利是圖、經濟利益和政治關係結合的局面，將會在特區出現。這種趨勢的出現和加劇，會嚴重破壞本港公平競爭的環境，妨礙本港的自由經濟運作，打擊海外投資者的信心。

董建華先生曾經指出，香港日後不會出現金權政治，因為本港有法治制度。但我認為，缺乏有民意授意，經民主選舉產生的立法會，去監察和制衡行政機關的運作，金權政治的出現是大有可能的。

其二，社會公義難以促進，民生不易改善。由於候任行政長官與工商界關係密切，而其社會政策和財政方針亦較為保守，可以預見香港中、下階層的生活質素將不容易得到改善，香港市民的民生問題亦會漸趨惡化，例如，公共房屋短缺、樓價高企、老人福利的提供追不上需求、教育質素問題的持續、新移民難以融入社會、經濟結構轉型產生的就業和再培訓，以及醫療收費要收回成本等問題，將會進一步惡化。香港貧富懸殊亦會因此而加劇，影響社會的穩定。這社會危機，肯定不能靠儒家思想的推動來加以改善。

其三，香港民主、自由、人權和法治的發展前景不容樂觀。由於行政長官非經民主選舉方式產生，不用向大多數港人負責和交代，因此，港人對民主、人權、自由和法治的訴求，與行政長官的施政並無必然的關係。換句話說，經中方

欽點的行政長官會緊隨中央對香港的政治路線，加上缺乏民意授意的立法會發揮監察和制衡的作用，我相信特區的民主、人權、自由和法治的前景，是令人憂慮的。單以行政長官支持臨時立法會，並同意經臨時立法會還原惡法和支持增加兩個市政局和區議會的委任議席，就足以證明香港的候任行政長官對本港民主、人權、自由和法治，是何等的輕視了。

主席，就上述三個問題，本局作為民意代表，總不能掉以輕心。坦白說，由於候任行政長官並非由民主選舉產生，因此不用向廣大市民負責和交代，再加上本身的政治保守，所以很難期望他能向中國政府說「不」，為香港人爭取「一國兩制，高度自治」的落實。

從過往的接觸，候任行政長官是多從「一國」看本港發展，而較輕視「兩制」其中「一制」的「高度自治」，這「一制」就是香港。說甚麼重視義務，輕言權利；說甚麼強勢領導，不應搞對抗等，都顯示他追隨中方對香港的政策路線。

故此，我特別動議修正案，表示本局強烈要求候任行政長官能為港人敢於向中國政府爭取民主、人權、自由和法治，以促進社會繁榮、穩定及進步。我加上「進步」一詞，而不是只說穩定。候任行政長官雖非經民主選舉產生，本局作為民意代表，也應積極地強烈要求他能敢於向中國政府說「不」，爭取本港「高度自治」，以發揮本局的監察作用。

葉國謙議員致辭：

主席，在近幾個星期的議案辯論，許多同事的發言當中，都喜歡用上甚麼「黑箱作業」、「小圈子選舉」和「欽點」等一類負面的形容詞去形容推選委員會和行政長官的選舉。今天，劉慧卿議員更提出一個直接對候任行政長官投以不信任票的議案，實在是令人感到驚訝。我覺得本局部分同事現時已習慣戴上「有色眼鏡」去看特區籌建工作，認為由預委會開始到籌委會、推委會所有工作都是與港人利益相違背的，盲目地以一種「唔啱心水」就反對，加以抹黑，甚至歪曲的態度看事情。他們有否為香港市民的真正利益設想過？作為一個市民代表，尚且如此不理性地分析問題，這實在是令人感到十分可惜的。

主席，在香港的歷史當中，除了明年主權移交的七月一日是一個值得紀念的

日子外，今天，一九九六年十二月十一日，在香港歷史來說，亦是一個非常重要的日子。一個首次由香港人透過選舉產生，負責九七年後香港管治的特區行政長官人選，根據基本法制訂的程序，由四百名推選委員會成員經不記名投票選舉正式誕生了。

香港特別行政區行政長官人選誕生過程的三個程序，包括由五十名推選委員聯署提名，確定成為候選人；候選人宣布政綱並接受推選委員質詢及作最後投票，整個選舉過程，有許多傳媒報道，電視也有直播，市民可以透過觀看電視，間接參加大會的全部過程。在候選人的政綱諮詢大會上，推選委員和香港市民，都可以透過候選人介紹政綱和回答提問，瞭解到他日後的施政主張，對如何落實「一國兩制」、執行基本法和保持香港長期繁榮穩定的構想。我們可以說，選舉行政長官的工作具透明度，亦是面向港人的。而在過往各團體、傳媒所進行的民意調查當中，每次都反映出特區行政長官人選董建華先生受市民支持的程度逐步增加，認識程度亦與日俱增。日前由嶺南學院進行的最新一次民意調查顯示，特區行政長官人選所獲的支持最高，而且較一直自稱「民間特區首長候選人」的司徒華還高出 16.6%。以上種種足以證明，特區行政長官人選是根據港人意願選出的，事實勝於雄辯，對那些經常批評特區行政長官人選是「欽點」的人，只表現他們是要在「雞蛋裏挑骨頭」，刻意製造攻擊特區行政長官人選的藉口。

主席，這位肩負著重大使命的特區行政長官人選，對於大部分香港人來說，一個首要的期望就是希望他能夠維護香港人利益，落實「一國兩制，港人治港，高度自治」，在實現香港政權順利交接作出貢獻和發揮作用。特區行政長官人選在今天正式產生後，將會成為香港以至世界注目的人物。他的一言一行，一舉一動，都將會和世界各地其他人士對香港的信心，對香港未來的看法聯繫起來。當年鄧小平構想「港人治港」的模式時，曾說過「香港人是能治理好香港的，要有這個自信心」。作為港人一分子的特區行政長官人選，在籌組特區政府時，必須以實際行動去證明他是香港市民最能信賴的辦事人。

九七年政權回歸後，香港要保持現行制度五十年不變，一切法治、廉潔、言論自由等將會維持不變，基本法不同的條文已對這些權利作了充分保證，因此，特區行政長官人選必須以落實基本法為己任，確保香港更繁榮和穩定。

主席，民建聯支持鄭明訓議員動議祝賀今天經選舉產生的特區行政長官人選

的修正案。……

梁耀忠議員致辭：

主席，沒有人會否認今天是歷史性的日子——無論如何，將會首次由一個香港人出任香港的行政首長，標誌著英國殖民地統治的終結，這是值得紀念的。不過，這並不是等如我們就一定要歌功頌德，而無視行政長官並不是由港人一人一票選舉產生的事實。

假如，今天行政長官的選舉，是由全港市民所參與決定的話，香港大部分市民就不會對這次選舉漠不關心，甚至不會有抗議活動；亦不會令一大群敢於說話的示威人士，包括我們局內幾位同事，以和平、理性的行動來表達不滿，不過，很可惜，他們仍遭警方無理對待；更不需要有今天的議案辯論！今天的特區首長選舉結果是否值得祝賀，並不是取決於本局是否通過鄭明訓議員的修正案；亦不會取決於四百名推委的決定，更不是取決於中國政府的祝福。英國殖民地統治的結束，如果只是意味著換了另一批黃皮膚的中國人來統治，又有甚麼值得祝賀？「港人治港」如果只是「小圈子港人治港」，香港人便不是真正能夠當家作主，這樣，又有甚麼值得祝賀？

對於大多數香港人來說，多年來壓在我們頭上的「三座大山」——即封建主義、官僚資本主義和殖民主義——並未因為殖民地英國政府統治的結束而被推倒，反而在未來日子會變得更為厲害及鞏固。

董建華先生鼓吹重建中國傳統文化價值，他所重視的其實就是儒家傳統的君君、臣臣、父父、子子的尊卑關係，而這些觀念正是與「人人生而平等」的基本人權觀念背道而馳！無怪乎，我們只是聽到董建華說要「多盡義務、少講權利」；但其實，意思就是要大家做順民。這種封建思想和現代社會的客觀發展規律可說是各走極端，可以想像，日後董先生會好像傳統社會的皇帝般，不能夠接受任何反對意見，或必要時以行動鎮壓不同的意見或行為。這又有何值得我們祝賀呢？

正如我過去常說，英國殖民地的一百五十多年統治，都是殖民統治者與工商界聯手剝削「打工仔」的利益。不久，更出現赤裸裸的「商人治港」，再加上工商界所主導的臨時立法會及未來的行政會議，整個特區政府統治階層的施政必然

會傾向資本家利益；再加上香港公務員體系本身的保守性，所以未來出現的新形式「官僚資本主義」將成為未來特區政府的施政哲學方針。

其實，我們看到一個不是由民主選舉產生的行政首長和立法機關，與過往英女皇任命總督、總督委任立法局議員的情況根本並無多大分別。香港許多人都這樣說，亦這樣認他們無法決定究竟未來誰來作為「人民公僕」。事實上，我們看到今天的結果，與過去的殖民地主義統治，可說是「換湯不換藥」，分別不大。

壓在港人頭上的「三座大山」其實一日未被推倒，港人都不應該作任何慶祝，也沒有甚麼值得慶祝！充其量，我們只可以說今天這個日子所代表的，就只是「新殖民時代」的開始。

主席，事實上，從今天的投票結果，我們可以明顯看到未來將會出現一種政治形勢，那就是「牆頭草」政治形勢，將會在我們未來的議會內出現。我們看到實在有很多人甘願作「牆頭草」，使未來我們所期望和倚靠的立法會，很難有公正、客觀、說出香港市民心聲及說真心話的議員。因此，對於今天的特區首長選舉，我們實在沒有甚麼祝賀，而只有很悲哀、很哀痛的感受。因為我們的民主得不到落實；我們的權益得不到保障；我們的權利在未來將會被踐踏。

陸恭蕙議員致辭（譯文）：

主席，關於劉慧卿議員的原動議，她的結論似乎是，由於行政長官並非透過普選產生，因此他必然無法維護高度自治，並抗拒中國政府的干預，假如日後出現此情況的話。

她的結論似乎是因為沒有普選，故董先生就有先天不足的問題。我今天未必會如此斷言，原因很簡單，就是我們究竟想要甚麼？我們無非是想董先生做個好的行政長官，包括在有需要的時候敢於面對中國。那麼，我們今天以不滿意選舉過程為理由而進行議案辯論，不給他任何機會，究竟有甚麼意義呢？這是我不想見到的。我認為香港人想要的是董先生作出卓越的成績。

我們如何幫助他作出卓越成績？畢竟，一百五十年來，歷任英國派來香港的總督都是加諸我們頭上的。本局和香港人在這個時候對產生過程提出質疑，也許正表現出香港人終於在政治上漸趨成熟。這是一件好事，而我們今天公開討論此

事，我希望董先生和中國政府對我們想表達的意見不會介懷。

我理解鄭明訓議員的修正案，不過，基於兩個原因，我覺得其修正案不如楊森議員動議的修正案。首先，他想引導我們相信四百人的推選委員會具有代表性。他甚至強調這點。我可不認為它有足夠代表性，何況他還使用了一個很弱的字眼。他接著說他希望行政長官能堅決維護高度自治。老實說，希望是不足夠的。我寧取楊森議員的修正案的原因很多，但其中之一很簡單。主席，你也知道，在議會用語裏，我們在本局所能使用的最強硬的字眼是「要求」，既然我們能「要求」，為何還要「希望」呢？我認為在楊森議員的修正案內，他就明顯地要求行政長官堅決行事。

其次，楊森議員也想表達另一點，就是推委會不如一些人所企圖描繪的那樣具代表性，我當然同意此點。但我相信楊議員接著亦試圖具體道出香港人的期望。我們想要的不僅是繁榮和穩定。那個社會不想要繁榮和穩定？但就香港的情況而言，在這過渡期間，楊森議員想做的是詳細說明香港的一些長遠期望。他談到民主、人權、自由和法治，而除了繁榮和穩定以外，他也談及進步。他又提及現代化和更開放的政治體系。我對這一切深表同意，所以，即使我理解鄭議員想在本局提出的修正案，但楊森議員的修正案卻深得我心。

也許我須說明一點，就是我們對董先生所知不多。雖然他擔任過行政局議員兩年，但除了這段短短的日子以外，就沒有公共服務的記錄。故我們無從研究他的政治智慧、他作為政府行政官的能力，但我們祝願他事事順利。我們希望董先生做得好，因為如果他做得不好，香港就有麻煩了。如果我們今天願意接受一個加諸我們頭上的英國總督，那麼打從第一天就批評董先生，未免有點站不住腳。也許真正的問題是，我們如何確保未來行政長官履行他的職務，以及我們想擔當甚麼角色加以協助？

縱觀行政長官的各項選舉政綱，他自己也說他是個很保守的人。那對我們有甚麼啟示？我們每個人都因為自己的背景而有某些偏見和價值觀，那麼他的喜好、偏見、價值觀又是甚麼？

董先生在競選活動期間的言論令我擔憂的一點是，他似乎對我所謂的較少人關注的問題漠不關心。我不知道他會怎樣看平等機會的問題？不知道他會怎樣看在經濟增長與環境之間求取平衡的問題？這些都是公務員隊伍以及本局所有議員

過去數年來非常關注的問題。還有，他對未來的憲制發展會有甚麼看法？

可是，我們不要只因為我們不太瞭解他的想法就把他一筆勾銷。也許他自己也不太清楚自己的想法。所以，我們固然得倚靠公務員，他們可能要提醒董先生我們在某些政策問題上的進展。當然，本局很多議員，包括我自己，都認為公務員在很多這些問題上進展太慢。那麼我們能怎樣協助呢？為何我們與行政長官的關係，要有別於我們目前嘗試與總督維持的關係？以我本人而言，我會繼續在應批評的時候作出批評。當然我也希望在我認為有改善餘地的時候，能提出忠告與建議，儘管行政長官並非我們選出來的，但也讓我們希望、強烈要求、提出主張，讓我們主動幫助他，以便他能做得更好，並敢於面對中國。我無意詆毀他。主席，我只想以這句話作結，我不想我們批評他，損害他的公信力，因為他可能需要我們全力支持，才能勇於面對中國。

朱幼麟議員致辭（譯文）：

主席，在候任行政長官當選之日，我們應起來祝賀他，為何現在卻要我們起來譴責他？董建華先生當選為全港的領袖。除了四百人的推選委員會以外，他還接觸了很多市民，進行競選活動。即使勝利在望，他依然天天如是，未曾鬆懈。從未有一位總督在就任前徵詢過我們的意見，因為他的權力是被視為理所當然的。

行政長官的言行，在傳媒的新聞片、報章和電台都有廣泛報道。事實上，我們對他的日程，比對任何一位總督的都要清楚。這是明顯不過的；這是記錄在案的；這是毋庸爭議的。我們應當對此加以肯定。

我討厭雙重標準。我不能支持一項譴責董先生的當選過程不民主的議案，因為沒有另一項措辭更強硬的議案，來譴責委任總督的更不民主方式。董先生是在一項完全符合基本法的選舉中獲選。如果我們執意要責董先生以嚴而待總督以寬，那麼我們對行政長官和自己都不公平。

推選委員會將選舉過程透過傳媒公開給市民監察，這點實在值得稱讚。在選舉的首輪和最後一輪點票時，電視攝影機都在場。當候選人向在座人士致辭時，攝影機一直在場見證歷史。

　　在經過一百五十多年的殖民地家長式統治後，我明白到香港有些人難於接受由自己人統治。積習難改，這是事實。長久以來，我們已經適應了要聽命於那些來自遠方的皇室代表，並對他們敬畏有加。不久之前，當我們社會上某些人質疑總督的領導時，英國政府還提醒我們，女皇的臣民不得質疑她的決定。

　　正如我們能當家作主，我們也可指望董先生不偏不倚地履行他憲法上的責任。請看看你們周圍，你們就會看到香港的成功是我們的成就。這是有賴世界自由貿易、中國改革開放及香港人別具創見及苦幹所得的成果，是我們一手締造的。我們不應以我們的成就為恥，反而應在行政長官的領導下，再創佳績。

　　沒有人應無條件地擁護董先生。不過，所有人都應給他機會，讓他在任期內證明自己的能力，並應不斷給他意見、忠告和支持。若他舉棋不定，會對我們有損；若他勝任愉快，就會令我們得益。他是我們未來的一部分；他代表著我們勤奮拼搏的精神。他不是被硬加於我們頭上的人，那人只會隨著落日揚長而去，留下一個爛攤子讓我們收拾；他會面對各種承擔，並為他作的許諾負上全責。他會向我們和我們的後代負責，而非向遠在天邊的外國主權國負責。他是為我們的利益，而非另一個國家的利益服務。他也代表著我們社會自主時代的來臨，這個時代繁榮、進步、擁有法治、各種自由與人權，以及一切應許我們和符合我們特色的事物。

　　希望幸運之神眷顧董先生和我們，因為我們在這社會上是同坐一條船。我支持鄭明訓議員的修正案，並反對楊森議員的修正案及原議案，後者似乎懷有惡意。我們不應該帶著載有惡意的包袱坐上通往特別行政區的列車。

李鵬飛議員致辭：

　　今天，四百人的推選委員會選出了董建華先生作為我們將來的行政長官。我在這裏絕不會為董建華先生辯護。我只是想說，劉慧卿議員肯定認為董建華先生一定會行金權政治，是欽點的。如果是這樣的話，我真不知道為何其他的那幾位候選人要這樣辛苦去進行競選。在這十個星期中，他們給香港人看到，他們不只接觸那四百人。這是否對董建華先生很公平呢？他還未開始工作，便對他有這些偏見。接著劉議員又說那些民意調查不可信，又罵傳媒吹噓，致令董建華先生能

夠節節領先。那些民意調查機構，大部分是大學，它們在九五年選舉時，就本局選舉進行了各種不同的調查。我從來沒有聽過劉慧卿議員或其他議員當時說他們是吹噓，或是製造民意。那些民意調查是否正確，我在這裏不想評論，我只是覺得說傳媒吹噓董建華先生，實在對董建華先生很不公平。

我反而認同今天陸恭蕙議員所說，我們最少要給董建華先生一個機會，因為他已經成為我們日後的行政長官。觀其行，聽其言，這才是本局議員負責任的做法。在現階段只懂「抹黑」、侮辱董建華先生，這是否公平呢？我也說過，我不想在這裏為董建華先生辯護，我只希望董建華先生聽到本局議員這樣清清楚楚地辯論，會給他一個警惕，也可以說是上了一課，好讓他知道要以自己的言行，來評論他未來五年究竟能夠為香港做些甚麼。

他在競選時曾說自己學了很多東西。我記得當年甘迺迪總統競選時，到我讀書的那所大學進行競選活動時，也曾問過美國國民，他們能為他們的國家做些甚麼，我相信董建華先生也是這樣意思。因為香港真的面對一個歷史性的挑戰，這次過渡是不容易的。日後如要達至「港人治港」的目標，把我們維繫一起，是要靠一位英明的領導者。在他的領導下，香港能否在國際上享有我們擁有的一切聲譽；能否繼續繁榮安定，為香港人謀福，我們日後才知曉。不過，在現階段，以金權主義、以香港一切都沒有了來形容香港，我希望那些人和寫《香港完了》的那位作者都要自己打自己咀巴。

周梁淑怡議員致辭：

主席，劉慧卿議員向來以民主人士自居，但她今天的言論實在使我們對她這自我定位有重新評估的必要。

劉議員似乎信奉把謊話說一千次就會變成真理這講法。她的演辭中多次用「欽點」一詞，無非要把她一面倒的想法以重複又重複的技巧，試圖說服香港人這就是真理。其實她的說法與八月間坊間盛傳另一位參選者才是真命天子又有甚麼分別呢？不也是一些「主觀爆棚」的揣測？事實上，推委會的成員都瞭解這個「欽點論」是全無事實根據的。劉議員不但對中國沒有信心，她對香港的新聞界、專業調查機構，甚至香港人都完全沒有信心。她說這些人「吹捧」董建華都是宣

傳的技倆，是「搵笨」的行為。這些對整個香港都帶有侮辱性的言論，簡單說句是「順我者對，逆我者錯」的心態，根本就非常不民主。劉議員提及董建華說民主黨「逢中必反」不對，我不同意，因為民主黨反中的言行多年來彼彼〔比比〕皆是，但我尊重劉議員不同的看法。不過，可怕的是，她說董建華沒有資格去罵民主黨，難道她就有資格去罵董建華嗎？她這種一面倒的民主、選擇性的言論自由，就是真正的民主嗎？

主席，民主黨強調特區首長要能向中國說「不」。這一點聽來吸引，但未免有些偏差。其實更重要的是，我們要一位不是以「不」，而是以有能力使中央政府尊重，為推動香港的利益和發展的行德政的領導人。楊森議員的修正案中訴說的民主、人權、自由及法治，誰人會反對？這些都是所謂「母愛與蘋果批」（motherhood and apple pie）。但如果董建華不去優先處理香港數年來已裹足不前的房屋、教育、福利、老人和治安等切身問題，就不能應港人對他的最大期望。這些都是很多人認為比政治更重要的政策問題和社會需要，但似乎對民主黨並不太重要，否則，為何楊森議員的修正案完全沒有提及這些重要的社會需要呢？

主席，各項民意調查都顯示，董建華是港人特區首長的首選，而民主黨所推舉的民間特區首長候選人，很不幸，只不過是處於第三位。不知民主黨認為民意調查又在「造馬」，還是香港人沒有眼光；還是民主黨已脫離了群眾，背棄了他們要聽取港人意願的責任？

主席，自由黨支持鄭明訓議員的修正案，因為這是唯一積極、有希望、具向前視野的修正案。香港在過去幾年來被中英爭拗困擾，對前景迷失方向，社會內部不斷抗爭，今天是時候面對新開始，支持、協助香港產生出來的行政長官，改善、革新我們的未來。

詹培忠議員致辭：

今天特區首長的投票情況，我就第一百、二百、三百和四百票作了一個統計。最初的一百票，董建華先生得到 85 票，我們把它列作第一組工商金融界；第二組專業人士界別，他得到 82 票；第三組勞工界及宗教界，他得到 73 票；最後原政界、人大及政協，他得到 80 票，平均為 80%，換言之，即在四個組別中他

都得到這麼高的票數。主席，我不是「擦鞋」，也不慣「擦鞋」，我只是把事實說出來。我很希望全港市民都瞭解這投票結果是得到四百名推委所支持的。

我當了五年多六年的立法局議員，一向與部分人士的政見有所不同，可是事實證明，我每次所說的最後大多都是正確的。記得九四年六月二十九日，我指出我們的任期是直至九七年六月三十日，當時我得到 14 票。可是現在大家可以看到，我們的任期還有七個月就會完結。過去我也經常提醒所謂民主派人士，有關香港參政的未來大方向和未來大趨勢。大家當然可以有不同政見、不同見解，可是最終仍有事實可作證明，因為我所說的是有事實基礎的。最大的事實基礎就是香港並不是獨立，香港始終會回歸中國。在這個原則下，任何事情、任何幻想都應自我檢討。當然，許多人傾向於國際性的民主人權；傾向於英國管治 150 年的輝煌成績，我不便批評他人的看法，我們應關注的是事實結果。如果勝利時就說自己對，但失敗時卻批評別人，這種不負責任的態度只是潑婦罵街。主席，我不是針對本局議員，而是針對事實。故此，我十分希望聰明的香港人可以受到政治洗禮。我絕對堅信香港人需要民主，更需要人權，但並不是盲目地爭取，盲目地信仰。

......

因此，我十分希望日後各方面會為了香港人的利益而討論。我堅信這時再利用機會、利用電台和傳媒或其他不同方法去煽動香港人的感情，是沒有必要的。事實上，我們身為中國人，應該理智起來。無論所持的是英國護照、美國護照還是其他護照，畢竟我們都是香港人。我也堅信全世界的自由國家都希望香港和中國能好好發揮，特別在經濟方面，而日後能顧及民主人權。因為中國好、香港好、亞洲好，而亞洲好，全世界的自由國家都會好。反之，如果中國失敗，香港失敗，也就是其他維護人權及民主的國家的失敗。因此，對抗的時代應該屬於過去，我們應該以對話和妥協的態度爭取更好的明天。

李柱銘議員致辭：

主席，很多年前中國的領導人鄧小平先生曾說，若有一個好的制度，即使壞人也不能做壞事；但若沒有一個好的制度，那末好人也不能做好事，甚至會被迫

做壞事。

其實，我們今天辯論的最主要一點是有否一個好的制度。我相信很多香港人都同意，今天董建華先生是被推選為我們的首屆候任行政長官，其實並非經由一個好的民主制度所產生的。故此，我認為鄭明訓議員的修正案中，最重要的是他指出這四百人是具有代表性的，而楊森議員的修正案則認為這四百人並沒有代表性。我極相信今天楊森議員的修正案不能通過，不用詹培忠議員告訴我，我也知道一定不能通過。因為我從報章報道得悉，本局已有 34 人報名，預備加入臨時立法會，而他們想加入臨時立法會，就必須靠這四百人投票。若說他們沒有代表性，那不如好像民主黨一般不報名參加。因此，我肯定最少也有那 34 人會否決楊森議員的修正案。我們須知道，即使我們的修正案不能通過，也不等於這四百人真的有代表性。大家都知道他們是如何產生的。他們是否由香港市民選出來的呢？坦白說，我看不到在這四百人當中，有誰可以代表我。相反，我卻可以代表他們很多人，住在港島東的就是由我代表的！（眾笑）

提到民主黨可否被人罵，民主黨當然可以被人罵，但我現在說的可以罵，與鄧小平所說的共產黨可以被人罵不同。他所說的可以罵是只限於一兩把聲音，如果組織起來就是顛覆中央。任何人都當然有資格罵民主黨。但為何我們希望我們的行政長官可以向北京說「不」呢？這是由於他在參選期間曾說，他準備修訂《人權法》，以及還原惡法，這正是我們那偉大的預委會所提出的意見！我們希望行政長官在這些問題上能說「不」，因為這肯定是對香港有利的。

眾所周知，由於現時沒有一個好的制度去選我們的特區首長，所以要他就各項問題都向北京說「不」是很難的，因為他沒有一個制度去支持他。若他是由一人一票選舉產生的，在一些他不同意中央的問題上，他大可跟北京官員商討，以基於對香港不利或不能出賣他的選民為理由而拒絕執行。北京領導人自會明白，即使迫他辭職或解僱他也是無補於事的，因為又要再進行補選，而補選仍須透過一人一票方式，所以參選人肯定會採取跟他相同的立場作為參選政綱。因為若採取北京的立場為政綱，香港市民肯定不會選他。因此，若有一個好的制度，我們的特區首長完全可以、而且也感到有需要為香港人爭取我們應得的東西；但在沒有好制度的支持下，他要幫助香港人也有困難。

我說有困難，但沒有說是「不可能」。我們只希望（但卻不能妄想）在這人

治的架構下（中國是人治，將來香港特區也變成人治），中國領導人會放手，不會再干預香港的內政；希望中國領導人讓我們的特區首長自行作出決定。在這個人治的社會中，我們希望他得到將來香港政府的高級官員和行政會議成員更多鼓勵和好意見，又希望他能接納不同階層的意見，不要只從那四百人中委任一些人加入他的行政會議。

我們只能作諸般希望。我們希望在這情況下，我們的特區首長能致力維護特區的高度自治，敢於向中國政府爭取特區的民主、人權、自由和法治——即周梁淑怡議員所說的「蘋果批」，這是我愛吃的，但「motherhood」我則不能做到！（眾笑）——藉以促進香港的繁榮、穩定和進步。

有見及此，民主黨願意跟我們的特區首長對話，因為我們認為我們是具有代表性的，我們是由香港市民選出來的。我們希望他能盡早與我們商討一些很多香港人都關注的問題。當然，在民生和自由方面的問題，我們明白特區首長會有他的難處，但我們希望能盡力幫助他瞭解社會各階層的意見，希望他能作出一個明智的決定。

李卓人議員致辭：

其實今天的選舉是一個很偉大的選舉，那是當我被人抬起，頭向下時才想到的。第一，這次選舉是很公開的。大家也記得，江澤民一年前是公開與董建華握手，這一個是公開的做法，不是躲起來與他握手的。第二，這次選舉是公平的。我覺得你們對一件事全都看錯了。你們的公平是以人為本，即以六百萬市民和四百推委比較，所以說四百推委是小圈子，而六百萬市民沒有份兒參與選舉。但你們的想法是完全錯誤的。

⋯⋯

⋯⋯因為你們沒有計算一事，公平是可以分為兩方面看的：一是以人數計算；另一則是以金錢計算。如果一個人的身家是一百億元，而另一個人的身家只得一千元，你們認為兩個人是平等的；但另一個看法是，有一百億元身家的人，分量重些，身份高些，他們可以投票是很應該的，這即是說六百萬人的身家較少，但那四百人的身家豐厚，所以他們應該可以投票，這又有何不對呢？因此，

我覺得你們的想法未免有些偏頗，因為公平是有另一種衡量方法，即是以資本計，而不是以人數計。

此外，這次選舉另一偉大的地方，在於它充分體現了「一國兩制」的偉大精神。中國實行無產階級專政，而香港今後則實行資產階級專政。中國透過這次選舉，完全確保香港是資產階級專政。大家看一看，籌委由工商界主宰；推委由工商界主宰；候選人也是以工商界佔大多數，終於選出來的又是工商界。司徒華議員上星期說得不好，說這是近親繁殖，其實可以說得好些，就是「龍生龍，鳳生鳳」（眾笑）。香港市民是蟻民，所以我們沒有資格投票。由於是「龍生龍，鳳生鳳」，所以工商界有資格投票，而選出的也是工商界，那便形成了資產階級專政。這也沒有甚麼問題，因為這只是恢復了舊殖民制度。以往是英資掌權，現在不是英資，但也不是純華資，因為資本家後袋裏都有另一本護照，所以應該說是國際資本家管治香港，這樣其實可以確保香港具有國際性。不過，唯一不變的是，日後權力中心肯定在賽馬會，以往也是在賽馬會，所以既然大家「馬照跑」，便安心吧！

同時，今次中國共產黨這樣做，也顯示出它胸襟廣闊，因為中國共產黨是依靠工農兵起家，以馬列毛作為思想主導，但它也容許香港的資本家在香港當家作主，以他們的利益為重。他們這樣做其實也很聰明，因為大家都知道，香港的工人階級是沒有能力離港的，但資本家卻有能力，所以一定要由資本家當家作主、資本家專政。如果由他們專政的話，他們便不會離港了。工人階級則可以不用理會，因為他們沒有能力離港。這其實是一個很偉大的看法。

同時，民主從來都是資產階級專政的對立面，如果我們實行民主的話，就會令大眾的利益和資本家的利益得到平衡，損害了資本家的利益，因此，不民主的路線是正確的，因為這樣能夠阻擋工人階級奪取資本家辛辛苦苦創造出來的繁榮成果。舉例而言，近年來有些工人階級代表要求停止輸入外勞，又要求改善勞工福利，這些都是資本家的噩夢。透過今次的選舉，以後在偉大舵手董建華的領導下，就不會出現這些噩夢。至於工人階級的噩夢，由於他們沒有能力離港，所以可以不理。日後如要輸入外勞、停止社會福利，或凍結勞工法例，又或遏制社會自由，這些都是不重要的，因為他們沒有能力離港。因此，其實今次是一個很偉大的選舉。

同時，我很同意董建華所說，那些勞工、房屋和民生問題都是很重要的，要慢慢研究，我們不要只看眼前的利益，而要看長遠一些。資本家專政，長遠利益是會得到保障的，而工人只看眼前，而不接受資本家專政，是你們自己短視。因此，大家要看長遠些，聽偉大舵手董建華的說話是沒有錯的。

不過，最後，大家都看到，特區首長已經選出，而近這兩天流行一句說話，就是「大家一齊做母親的抉擇」。

張炳良議員致辭：

主席，聽過剛才包括自由黨在內的一些同事的發言，似乎都是好像在說我們民主派的議員在進行「批董」大會，不給董建華先生一個機會，現在就下判決。不過，其實我們再看看今天劉慧卿議員的議案或楊森議員的修正案，我們並不是在「批董」，而是批判這個制度。當然，董建華先生是透過這個制度當選為行政長官，所以不能避開這個制度所帶來的市民對他的種種憂慮。今天的焦點其實是批判這個制度。剛才劉慧卿議員說，假如將來的事實證明她的憂慮是錯的，我們樂於見到這樣的事實。楊森議員提出他的修正案時也提到，希望董建華先生作為特區首長，能夠為香港的人權、法治和自由等作出爭取，更希望他能捍衛香港的「高度自治」。這些都是我們對他的一些期望。

為何我們提出這些期望呢？因為九七年開始，是香港落實「港人治港」的第一步。假如將來的特區首長不能捍衛香港的「高度自治」，這個先例或榜樣就會對香港的將來有很大影響。為何確保香港「高度自治」是這麼重要呢？我還記得在八十年代初，當時的趙紫陽總理被香港記者訪問時，回應說你們香港人怕甚麼呢？你們可以「港人治港」，還怕甚麼呢？我相信我們每一個人，包括局內每一位同事心裏都知道怕的是甚麼。為何有些同事在八十年代初期寧願爭取英國人繼續管治香港；寧願以主權換治權呢？他們其實心裏都是害怕一些事情，而大家心裏所害怕的應是大致相同的。

最重要的就是我們要保障香港這個制度在「一國兩制」下能真正做到有自主性，不要受到內地制度的衝擊。其實在「一國兩制」中，香港的制度是很脆弱的。政治上，香港只是侏儒，並不能承受中國中央政府或內地其他方面的各種壓

力。港澳辦主任魯平先生也曾說過，他怕九七年後，太多手會從內地伸到香港。香港的一些生意人也擔心，以魯平先生的一雙手怎樣去抵擋將來的許多許多雙手呢？我們不知道董建華先生那雙手能否抵擋得住日後來自中央政府或內地其他地方的一些干預的手。不過，董建華先生數星期前曾說過，如果一些內地的省市官員干預香港事務，他會以最強硬的辦法去抵擋著這些干預。他說第一次就要很強硬，因為第一次是十分重要的。如果第一次做得不好，便會立下很壞的例子。民主黨希望董建華先生以同樣最強硬的辦法，去抵擋著日後來自中央政府的任何干預。

同時，由於推選委員會是由社會的工商界力量主導，我不是進行批工商界大會，但普羅市民確實擔心，由於董建華先生的支持是來自那四百票，而四百票內有很多是工商界的票，所以他會否受到來自工商界的很大壓力。有些人也擔心會出現金權政治，這是完全有基礎的。董建華先生那雙手日後又怎去抵擋著香港本地各方面伸出來的手呢？

因此，民主黨希望董建華先生有勇氣、有能力去說「不」，我們不是要求董建華先生「逢中必反」、「逢商必反」；「逢中說不」、「逢商說不」。如果將來「兩制」能夠和平共存；如果中國中央政府真的放手讓香港發展，沒有作出干預，香港能夠「高度自治」的，當然就不會出現對抗。反之，如果出現衝突或利益上的衝突，出現干預時，我相信特區首長如要站在香港這「一制」上，要代表香港這「一制」時是不能不說「不」的。他有否勇氣說「不」呢？這是我們所關心的。如果日後發生一些事情，可能令香港倒退，無論在人權、自由、法治、民主和民生各方面，董建華先生有否勇氣說「不」呢？今天我們已聽到許多人說，英國人走了，過去數年香港人實在太民主、太多人權，我們要走回頭路。日後董建華先生有否能力抵擋著這些倒退力量呢？他有否能力、有否勇氣向金權政治說「不」呢？這些都是我們提出來的問題。

我們提出這些問題，而在現時的制度下，我們是倚賴董建華先生個人能這樣做，我們倚靠的是人治，希望他有個人操守和意志。為何我們不能有制度上的保障呢？這也是今天我們辯論劉慧卿議員的議案及楊森議員的修正案的焦點。我們覺得，與其倚靠人治，倚靠我們對董建華先生的期望，為何我們不倚靠制度呢？因此，制度問題正正是我們今天辯論的焦點。

單仲偕議員致辭：

代理主席，鄭明訓議員以前好像曾說過一句話，說「一人一票」就是只得馬卓安那一票，他是說得正確的。這次特區首長選舉，是否民主已躍進了四百倍？因為有四百人都有一票。

剛才莫應帆議員說「水能載舟，亦能覆舟」。現在推委選了董建華，那麼這四百名推委有否辦法可以拉他下來呢？本人對此甚表懷疑，因為我看完基本法後，知道下一屆的那八百名推委也是由中央政府任免的。如果當推委時做得不好，下一屆便會被人拉下來，所以即使董建華做得不好，做不到推委就不能把他拉下來。這個制度與西方社會的選舉文化不同，因為在西方制度中，大家都知道今屆會有機會投票，而下一屆也有機會投票。今屆的推委可以參與推委會，我就恭喜大家，因為大家會如曾健成議員所說，會榮華富貴，但大家在下一屆有否機會當推委呢？我現在問大家，你們可否答我，你們是否一定可以當推委？特別是民協的成員，你們還有漫長的日子，要「又打又砌」。

今天我很高興選出特區首長，但我也有憂慮，因為我在中午看新聞報道時，知道有 40% 人覺得在董建華當了行政首長後，對香港的人權問題的信心下降。那是否因為董建華經常教我們香港市民多講義務，少講權利，特別是少講人權？我希望董建華日後考慮一下怎樣去紓解市民的憂慮。

董建華今次獲選，我在電視新聞報道中得知很多普通市民說其中一個主要原因是他夠忠厚。但當我回想起一些重要選舉，市民是否會因為候選人夠忠厚便支持他，還是因為他堅持和維護某些意識形態或信念才支持他呢？不過，無論如何，我們六百多萬市民大部分都沒有機會投票。

我最詫異的便是詹培忠議員早在九三年已知道董建華會當選為行政首長。究竟詹培忠議員是否有大內密探；為何他在三年前已經知道董建華會成為行政長官？當年董建華仍是藉藉無名，沒有太多人認識他。除了知道他被委任為行政局議員外，我肯定也不認識他。那是否驗證了中國人的選舉文化是先有結果，然後才有候選人呢？詹培忠議員早在三年前已告知我們，而這又是正確的，詹培忠議員是否有些線可以直達天庭呢？

剛才張炳良議員提到，董建華曾說他可以堅毅地用自己的手去抵擋大陸各省

市伸下來的手。其實，據我估計，大陸各省市想伸手下來，並不容易，因為已有一隻最大的手，那就是中央的手。這一隻手已經足夠，其他的手都可以收回。

最後，代理主席，我只想重複一句莫應帆議員剛才所說的話，因為我覺得很有意義，那就是「水能載舟，亦能覆舟」。我希望他們深切明白到，在一九九五年時，很多萬千選民選了民協的成員出來。我希望這萬千的選民看清楚民協成員過往和現在的表現，看看在下一屆應否拉他們下來。

陳榮燦議員致辭：

今天辯論的議題有關特區第一任行政長官選舉，本人支持鄭明訓議員的修正案，修正案指出：本局祝賀今天由具代表性的四百人推選委員會選出的候任特區行政長官，並希望他能夠維護特區的高度自治，藉以促進香港的繁榮穩定。

代理主席，九七年之後，香港能夠實行「港人治港、高度自治」，以及保持香港繁榮穩定，是廣大香港市民的心願。

今天選出特區行政首長的推選委員會委員，他們肩負著兩項職責：第一，是選舉第一任行政長官人選；第二，是選舉產生臨時立法會。而今天上午在香港會議展覽中心舉行了莊嚴隆重的第三次推選委員會全體會議，四百位推選委員，以不記名的方式，投下神聖的一票，選出香港特別行政區第一任行政長官。

全體推選委員已完成第一項神聖職責，選出第一任特區行政長官。這是極其可喜可賀的事。今天是一個光輝和值得紀念的日子；今天是香港擺脫殖民統治，邁向「一國兩制、港人治港」的第一步；是香港真正民主發展的里程碑；當然也是香港歷史上重要的一天，有著巨大而深遠的歷史意義。

代理主席，我們回顧香港歷史，一百五十多年來，英國委任了 28 位總督來港，但從來都沒有諮詢過港人的意見，即使是行政立法兩局議員、廣大的香港市民都一概無權過問，更遑論選舉「總督」，即特區首長。

代理主席，我們這一把年紀的人，都經歷過楊慕琦、葛量洪、麥理浩、尤德、衞奕信，以及彭定康六位總督的到任，大家在各位總督到任前，對他們都是一無所知，或知得很少。長期以來，香港市民對英國委任總督的知情權，完全是「你我都冇份」，六百萬香港市民都沒有份兒。只有在香港即將回歸祖國之際，香

港市民才獲得了殖民統治下不可想像的民主權力，例如今天由香港人親自投票選舉出管治香港的行政首長，以及將會於本月二十一日選舉產生臨時立法會，應該說這是香港有史以來第一次民主參與建設政府，是香港從來都沒有過的事。

今天上午在會議展覽中心，由四百位推選委員從香港的整體利益和長遠利益出發，本著應有的責任感去行使自己的權力，投下神聖的一票，選出香港特別行政區第一任行政長官，這是值得祝賀的事。同時，可以預見，今天這日子，將永留香港的光輝歷史史冊之上。

在今天的喜慶日子裏，我希望香港社會今後能夠按照「求同存異」這精神，少些爭拗，多些祥和；期望大家和衷共濟，群策群力，把香港過渡期間的各項事務做好，共同建設香港的美好明天。

楊孝華議員致辭：

主席，在今天的辯論中，很多同事抨擊行政長官或推委，以至將來的臨時立法會，說他們是欽點的。我想指出一點，推選委員會截止報名前，我曾經親自去信在座多位議員，願意提名他們加入原政界組別，甚至連表格也寄了給他們。此外，在臨時立法會報名限期前，直至最後我還有五個提名額，一直沒有用，希望還未報名的同事如想在最後一刻報名，我也可以提名他們。我覺得如果你們有機會參加，但自己拒絕參加，就不要只懂得罵別人是欽點的。

剛才有議員問，如何從五千多名報名人士揀選四百多名推委。可惜李華明議員走開了，否則我可以告訴他，這是由 150 名籌委記名投票產生的，完全是數票得出來的。最後由 409 名選出 340 名也是由不記名投票方式選出來的。答案就是這樣簡單，並不是很複雜。

今天有很多議員因為有人批評他們是「逢中必反」而覺得不開心。我很希望大家反過來想一想，不要貶低所有不反中的人，罵他們是親中。這是很奇怪的。如果在美國或英國問一位市民，你是否親美、是否親英，別人可能會說你是傻的，為何要這樣問，因為那是他們的國家。然而，香港很多人刻意貶低與中國的關係，我覺得這樣對大家也沒有益處。如果動輒便罵人「親中」，甚至說「逢中必擦」，我覺得這種批評是不對的。

今天這辯論帶有一點負面的味道。我留意到近期立法局幾項議案辯論都是刻意針對推選委員會、臨時立法會和行政長官。我覺得議案的措辭是有計劃地貶低以上幾個架構，措辭有時甚至帶有近乎恐嚇的意味。例如今天動議議案的那位議員，即使不是動議議案，我也時常留意到她在例如總督答問大會上，常說香港將來在共產黨控制下會變成怎樣。當然，各人有自己的立場，但我覺得她有點兒矛盾，一方面說將成立的特別行政區是共產黨統治，但她剛才又承認說中國大陸未有那麼資本主義化。此外，劉慧卿議員發言時指摘董先生說要市民承擔國家的責任，說這是類似封建的思想。但給我印象最深刻的，呼籲人民要承擔自己國家責任的，並不是一位封建人物，而是美國總統甘迺迪。

剛才也有議員提到推委可否將行政長官拉下來，推委是不可以，但臨時立法會卻是可以的。按照基本法，立法機構可以彈劾行政長官。前晚截止報名前，是完全有機會給更多現任立法局議員報名的，但很可惜，你們自己不報名，就錯過了這個機會。我希望大家不要故步自封，自己不參加，便說沒有代表性。本局有過半數議員已報名參選臨時立法會，我希望他們成功當選。他們其中有直選議員、有從功能組別及小圈子的選舉委員會中選出的。我認為大家都是平等的，我極希望他們可以成功。

有關「高度自治」，我認為香港在這時刻應團結一致，支持行政長官。今天的議案是擔心將來的香港能否「高度自治」，我覺得如果大家擔心中央政府會作干預，就更應團結一致，支持行政長官，他才有力向北京說話。如果香港人有各種意見，出現分歧，北京說不如由我來吧！我覺得現時爭拗其實對我們沒有甚麼好處。

鄭家富議員致辭：

主席，我想簡單就董建華先生日前在電視鏡頭前提及未來臨時立法會的議員質素問題發言。我記得董建華先生對記者說話時，好像一個慈祥的父親對著子女訓話，他說推選委員會的委員經常與他交談，說結果選出來的議員會是很好的，請他們相信他。

主席，這顯示出董建華先生本身相信應以家長式統治方法來面對未來的特區

政府。怎可能一個推選委員會選出了行政長官，然後由同一批推選委員選出臨時立法會議員，而推委又要跟董建華商量，應該揀選那些人當臨時立法會議員會較好？一直以來，主席，香港的行政、立法分家，由一個市民選舉出來的立法局監察政府，這是一個很好的機制。以董建華先生的邏輯，我相信日後由他身為行政長官所主持的行政會議，以至那所謂臨時立法會（也不知要「臨時」多久，不知會否好像臨時房屋區，一年又一年地「臨時」下去，隨時「臨時」十年八年），三者，即行政長官、行政會議及臨時立法會，都是出於同一個鼻孔。如果是這樣的話，要像今天我身旁的尊貴的鄭明訓議員提出「祝賀」，我真的不敢苟同。

主席，「祝賀」有一種欣慰、歡欣的意思。我認為今天那四百名推選委員應該很高興；很多準備成為臨時立法會議員的人也很高興，可能包括主席在內，因為權力只來自四百人，他們只需向這四百人交代，甚至只是向北京政府交代，便可以吃免費午餐。如果權力是來自市民時，現時在座的所有立法局議員都要向市民交代。如果工作表現得不好，下一屆我們未必可以再當選，事實上，我也不知何時會有下一屆。可是，臨時立法會議員只須取悅數百人，包括董建華先生在內。

今天楊森議員進一步修正鄭明訓議員的議案，他的修正案中有「進步」這詞，也有民主、人權、自由和法治在內。我們希望董建華先生真正能夠代表市民，代表香港人，對中國現時一些有關人權和法治的退步做法說「不」。

葉國謙議員曾說民主派最近在議會的討論中表現得很非理性，只顧批評預委、籌委和推委。我們曾提到，中英聯合聲明是一項在聯合國已註冊的國際條約，但中方也可以任意破壞一項這麼嚴肅的國際條約，試問中國的公信力何在？我們未來特區政府的公信力何在？

現時當選為第一屆行政長官的董建華先生著力認為選出來的臨時立法會議員必定是很好的，他的公信力何在？我們純粹是從理性及有邏輯的角度去批評。我認為那些大紅大紫，在街上掛板上寫著：「熱烈歡迎推選委員會成立」，並以「祝賀」這些字眼來蓋過我們的理性批評的人，才是作出非理性的批評！

由四百人組成的中央欽點的臨時立法會去推倒那由百多萬港人選出的立法局，而現時在座有興趣參與臨時立法會的立法局議員，竟可以振振有詞，表示他們加入臨時立法會的目的是要為市民服務。主席，這才是非理性。

我們希望所有為香港、為未來、為特區的人，包括董建華先生在內，真正為

「港人治港，高度自治」做事，真正可以做到有進步。

陳鑑林議員致辭：

主席，第一屆行政長官的選舉已經在今早進行，而董建華先生亦以壓倒性的 320 票順利選出，可謂眾望所歸。

看回今天各大報章的評論，《星島日報》社論的標題是：「邁開一國兩制的大步」。社論說：今天誕生的行政長官，是「港人治港」的象徵，將帶領香港進入未來「一國兩制」的宏偉業圖，真正的「港人治港」是必須要在香港回歸祖國的懷抱後，才能真正獲得落實。《快報》的標題是：「首位由中國人選出由中國人擔任的首長」。內文提到：今天的行政長官選舉，意味著將開始歷史新的一頁，不管你持甚麼樣的政治見解，也不管你是親共的、反共的或不親共也不反共的，只要你是中國人，你就應該高興。《東方日報》的政論更說到：連日來董建華在民意測驗中受到的支持反超而佔先，說明他具備一定程度上的民意，不能夠因為推選的方式與西方民主有距離而妄加否定。

主席，我希望一些不斷詆譭行政長官選舉的人，儘管有不同的政治見解，但亦希望大家可以求同存異，為今次港人選舉特區首長，在民主進程上邁開一大步而高興，而且放棄對凡是中國政府說的、凡是籌委會說的、凡是行政長官說的都要反對或都要對抗的態度。

主席，我不知一些極力抨擊候任行政長官缺乏代表性的人，有否親自接觸一下市民，瞭解他們的心聲，我自己當選推選委員個多月以來，在上月十五日，產生三位行政長官候選人：董建華先生，吳光正先生和楊鐵樑先生以後，我連續在地區裏進行了多次諮詢大會，諮詢的對象包括公務員、地區團體及居民代表，並且在昨天和前天分別在地區裏做了幾個特區首長的模擬選舉，收集了各界人士對三位候選人的意見以及他們的投票意向，作為我今天投票的依據，我相信其他來自不同界別的推選委員，在自己所屬界別或有機會接觸到社會人士的時候，亦同樣會諮詢他們的意見，然後在今晨的投票中，反映絕大部分的民意。

因此，今次選舉雖然只有四百名推選委員可以投票，但我們所投的一票，並非僅代表我們個人，而是代表我們所屬界別千千萬萬的市民。另一方面，在推

選委員會裏面，亦有我們在座或社會上很多知名的人士，他們確實是代表很多市民的。

而我在諮詢的過程中，亦發覺絕大部分市民心目中的理想候選人雖然並不相同，但他們都普遍認同今次三位候選人的確是有能力勝任行政長官，這看法正符合了江澤民主席所說：特區行政長官是要香港人能夠接受的。

何敏嘉議員致辭：

今天選出行政長官作為「港人治港」的象徵，象徵沒有甚麼大問題，但是否真的達到「高度自治」呢？我則要提出懷疑。誠然，今天是由中國人選出行政長官，當然，今天可能仍然有一些人未必拿中國護照或仍然持有外國國籍。我為回歸而高興，我為香港脫離英國統治、回歸祖國喝采。可是我們香港回歸中國雖然脫離了殖民的統治，但我未曾見到中英聯合聲明所承諾的「高度自治」能真的實現。

談到民主進程的邁進一步，當然離開英國的殖民統治也可說是向前行了一步，但大家不要忘記，其實在過去百多年英國殖民統治下，我們的民主進程是完全沒有進步的。我記得華叔曾說過，是龜與石頭的速度問題。石頭可以說是龜行得太快，但其實這所謂民主躍進一大步，只不過是比起百多年的殖民地統治這塊完全沒有移動過的石頭，在這樣比較下我們才行前了一步而已。

至於市民的心聲，坦白說，做了一些諮詢會，一些模擬選舉便說是聽市民意願而投票，這很民主嗎？那麼為甚麼不為這些人爭取選舉權，而是由你代表他去選？為甚麼要你代表他們？今天，那些自命代表六百萬人去選舉的人，有沒有選民授命去代表他們去選舉行政長官？我想現在討論的，不是候選人的能力等的問題，而是整套制度。

提到三位候選人，或許現在再沒有議員提到三位，只是一位。董建華先生的能力，我相信沒有人會懷疑。但是作為一位地方行政長官，他會帶領這個政府的政策發展，他的政治取向如何，關係著將來全港市民的福祉。在這段期間，去巡區做「秀」，其實是否真的會影響他的民生政策？如果這些人根本不瞭解香港一些貧困人士，一些工人究竟發生了甚麼事的時候，坦白說，這樣去巡兩次那些貧

窮地方，難道就會有幫助嗎？

其實代議政制就是使到每個市民也有權選出他真正希望選出的人，而這些獲選的人就會向這些選他們出來的人交代。看到工聯會那塊宣傳板的時候，我是很有感受的。對，沒錯，我時常看到「港人選出」這幾個字，可是每當我看到這塊板時，我腦內就會浮現一個數目字，就是只是四百名港人的選舉，全港市民中只有六百萬分之四百，百分比是多少，請自己算算。那會有代表性？在過去那麼多年，香港市民有權選出他們區內的區議員，他們有權選出他們那區的市政局或區域市政局議員，他們可以選出立法局代表。但今次行政長官選舉，剛才陳榮燦議員說以往的港督你我也沒有分，其實今次也是，除了四百人外，你我也沒有分，即是說六百萬減四百，仍然是你我也沒有份。這正是要爭取的地方。

鄭明訓議員致辭（譯文）：

在今天的辯論中，我想強調的一點是，儘管在候任行政長官的推選程序方面，究竟何種程序較佳，各方仍持有不同的意見，但我們仍應團結一致，支持董建華先生，鼓勵他在一九九七年七月一日後的五年內，盡力做好作為領導人的職責。

我認為推選委員具代表性，是因為它的確代表了各個階層：由工商界以至專業人士，由工會會員、宗教團體、學術界以至前政界及現政界人士，均有代表。香港人應該知道，那些當日選擇不參與推選程序的人士，現在卻說推選委員會不具代表性。我尊重他們的選擇自由，但卻反對他們這種混淆視聽的言論。

如果董先生願意作出個人的犧牲，服務香港，那麼，他是值得我們的祝賀及全心全意的鼓勵的。我認識董先生已有一段日子，對於那些不太認識他的人，我可以保證，他是一位正直無私的人，他定會竭盡所能，維護香港的利益，和為社會謀幸福，我對此非常有信心。

劉慧卿議員致辭：

主席，我發言便一定要反對鄭明訓議員的修正案。第一，他提出推選委員會

是有代表性。他剛才發言時，亦重複了楊孝華議員的說話，說我們——主要是民主派的人士——因為不參與，所以便生氣。我們不是想和他「分餅仔」、「搶橙仔」，我們完全沒有這個念頭，尤其是我們「前綫」，「前綫」絕大部分的人也不想參選，但我們要爭取的是一個制度，讓香港人、所有符合選民資格的香港人去選。所以，如果達不到這個標準，便是沒有代表性，並非我們因為沒有機會參與，便說它沒代表性。我希望他會明白。而鄭明訓議員剛才發言時，亦說很少人會批評今次的挑選制度，但今天支持我這個議案的有民主黨、「前綫」，亦有吳靄儀議員；我不敢說任善寧議員會否支持，因為他剛才沒有提到，但我相信我們這幾夥人是代表了絕大多數香港的選民。因此，我不知道鄭明訓議員是用甚麼準則來量度，而說這是很少人支持的論點。

他亦說我們是否想改寫聯合聲明。我現邀請他再看一遍聯合聲明，聲明內寫得很清楚，行政長官是可以透過選舉產生的，所以是無須改寫聯合聲明的。他繼續批評我們沒建設性，而且指我們還想吸引一些國際傳媒的興趣或採訪，從而影響香港的形象，而他最擔心的是令到外國有所疑慮，覺得香港不明朗，屆時投資便會裹足。我相信我們香港人，我們民主派絕對不想令外國不來投資，但假如我們心裏有話要說時，我們便一定說出來。其實談到商界，有些商界人士（未必包括鄭議員等）會上北京，向北京方面說要他們扼殺民主派，無需民主，無需自由，只要有錢可賺便足夠了。有些人甚至說民主二字，應該在字典中刪除。所以，這等商界的私利行為，是很難令六百多萬的普羅市民支持的。

主席，鄭議員亦提到，普選、一人一票的選舉，並不可以擔保有一個好的領袖，這點我是同意的。不過，我很相信本局內有些人是相信人治的，即是他認為那人是好的便行了。我們不是這樣的。我們相信制度，希望有一個制度讓市民親自去選，如果他們不經思考地去選錯一個領袖，便會受苦了，但這制度仍然可以保障市民，因為下一屆，他們可以挑選另一個人。所以，我覺得這是普選的真義，而不是像某些人說：「不要怕，已揀了一個好人出來了。」那樣他們便真的要跪下來說多謝。這是不可能的。

主席，鄭明訓議員亦提到現在是香港應該團結的時候，一齊支持這個行政長官。我們「前綫」不是想搞亂香港，絕對不是，但我們有說話要說的時候，我們一定會說出來，因此，我們在今年八月成立。在現在這動蕩期間，越來越少人

講說話的時候，今天這個辯論，你也可看得很清楚了，主席，很多人已經表現閃縮，不敢說話。我們「前綫」會繼續說話，我相信民主黨、民主派的人士——真正民主派，不是那些假的——真正民主派人士是會繼續說話的。我們民主派亦很希望和中國政府及董建華領導的候任班子對話，我們不是想爭一席位，我們不會爭著求他對話的，但是，我們是願意和他討論。我們希望今天「前綫」提出來的憂慮，或許董先生很快便會用行動和言論證實我們是杞人憂天。我亦希望他會挺起胸膛，站在我們香港人的一方，為我們爭取利益。

（編者注：經表決，楊森的修正案遭否決，鄭明訓的修正案獲通過。以下為劉慧卿發言答辯。）

劉慧卿議員致辭：

首先，我要提一提「欽點」的問題。為甚麼我自己在這數個月來都一直強調「欽點」呢？我相信當中國國家主席江澤民與董建華先生握手時，已經給人一個十分強烈的印象，及後在香港由中共最信任的商人霍英東先生高姿態支持他，接著更有許多股商巨賈、地產商——那些時常最怕押錯注碼的人——都開腔支持他，我相信他們是收到信息的。多個月來，許多中外人士也覺得人選是欽點的，這並不單止是我劉慧卿，我亦不相信我有這麼大影響力，只講幾次人們便會相信。另外，這個推選委員會當然也是欽點的。所以，我相信有許多證據支持我的論點，當然我們唯一沒有的就是一封中國政府高度機密的函件，這是我沒有的。可是看到其他事情，我一定會說是欽點、欽點、欽點。

此外，有些同事說我是「謾罵」、「抹黑」。主席，有些人甚至沒有聽過我所說的話便批評我，因為他那篇稿是在開會之前寫的。我呼籲那些同事再聽一聽，我每一句說話都是從他與中國有甚麼關係和他自己說了甚麼話而見機去說的。像李鵬飛議員現在乾瞪著我，指我說金權政治，金權主義，我沒有提過，攪錯了！可能是民主黨吧！我並沒有提過。所以有時辯論的好處就是丟去講稿，先聽聽人們說甚麼，然後去辯論就會精采些，不然的話，有時攪錯了會使大家都尷尬。

有些人說我太快下結論，坦白說，我反而覺得有些人天真、幼稚。大家都知道中共怎樣去做事，大家也知道董建華先生欠中共多少，很少人，尤其是傳媒、

中文媒介提到他自己那間公司快要破產時，中共協助借給他的 125〔1.25〕億美元。這麼多錢，你說他欠中國多少？在這個基礎上，你可以告訴我們這個人會夠膽挺起胸膛站在我們身旁嗎？可能因為剛才我發言時間早，五時許，許多人也不在座，亦沒有人聽，亦沒需要聽，因為他們打算一站起來便罵吧，我猜根本是這樣，所以，我呼籲各位同事先聽一聽我究竟說了甚麼！我每一點意見也是因為他說了甚麼和中共做了甚麼而說出來的。

有人說民意調查很好笑：「喂！為何其他關於選立法局議員或選舉的民意調查你又說好？」我現在說的民意調查是否一個選舉的民意調查。主席，看遍中外，我相信香港這次所謂民意調查是全世界唯一的一個，就著是沒有得選的選舉而進行的民意調查，有人就被欽點出來那幾個人，不斷地打電話給你，說欽點了那幾位，你支持那位？請大學那些做民意調查的人去問問其他地方，民意調查是否都是這樣做的？人們說「鳥籠乜乜」，這是鳥籠調查，即人家已經選了幾個候選人給你，隨你選吧！你喜歡那位？如此民意調查，如果拿到外國與同輩們比較，這些民意調查可行嗎？我相信別人真會笑掉大牙。

主席，許多人曾經批評我們為甚麼不用殖民地統治去比較，我自己也曾說過，不過也還要一提。有些人問為甚麼一直以來也沒有罵英國政府？我相信朱幼麟議員是知道香港人並非想搞革命，一直以來也沒有人積極地推翻殖民地政府，可是中國政府現在說要收回香港實行「高度自治，港人治港」，我們必定喜歡，但究竟怎樣才是「港人治港」。以前英國人委任總督，現在中國委任行政長官，就說這是「高度自治，港人治港」，所以，我說你騙人。我們並不是愚蠢到讓你欺騙的。

主席，說到這裏我再強調一次，我們「前綫」希望與中國政府對話，我們希望中國政府放開懷抱，使香港市民知道持不同政見人士可以繼續在香港生存，有角色可以扮演。謝謝主席。

1997 年 1 月 29 日
議案辯論：促請法院宣告立法局主席加入臨時立法會存在利益衝突

黃錢其濂議員動議議案：

「鑑於政府對成立臨時立法會持堅定的反對立場，而公眾對立法局主席黃宏發議員加入臨時立法會的決定有強烈的反應，倘黃宏發議員不辭去立法局主席的職位，以保障該職位的公正及誠信，本局促請政府要求法院作出以下宣告：

黃宏發議員作為立法局主席，同時亦為臨時立法會成員，若須就有關臨時立法會的事項作出裁決，會有利益上的衝突。」

黃錢其濂議員致辭：

眾所周知，一個為 399 名港人所推舉的臨立會，已在香港以外的地區開始運作，而閣下連同本局 32 位同事，已經光榮地（或不光榮地）成為這個臨立會的成員。

臨立會應否存在的問題，已經爭議多時，我無意在此時刻再引發爭辯。清者自清，濁者自濁，港人眼睛雪亮，是非對錯，歷史自有公論。

主席閣下及本局 32 位同事免受失業之困，可喜可賀；更叫人羨慕的，是你們可以同時收取兩份薪金。你們每星期奔走中港兩地開會，魄力驚人，真叫人佩服，但是本人懇請閣下能盡點努力，為香港有史以來較民主的立法局的餘下歲月，保留一點尊嚴，讓我們這群由人民選出來的議員，能負責地、有尊嚴地表達我們的意願，代表港人議論政事，直到最後一刻。

兩個議會，雖然有半數成員相同，但權力來源各異，效忠對象有別，必然會引起這樣那樣的問題，例如有關公眾集會的法律還原甚至無法還原的各種問題，

究竟閣下會站在廣大群眾一邊，還是站在中央政府一邊？我不敢奢望同事們退出臨立會，但當本局過半數的同事已經貴為臨立會成員之時，我希望最少本局的主席不會是臨立會的成員，以免予港人印象臨立會已經領導了這個立法局。

閣下喜歡比喻自己是球證，閣下亦曾為本局議事過程中出現的不少問題，包括一些花花草草的問題，作出了裁決。本局有不少法律專家，閣下作為政治學者，相信亦會知悉在普通法制度下，任何人處於有權力裁決別人利益的位置時，他必須遵守自然公義的原則，否則，他的任何裁決皆無效。

自然公義的原則之一，是裁決者不能有任何偏幫。具體偏幫的情況無須一定出現，只要有偏幫的可能性或懷疑的存在，裁決就會無效。

請讓我引用一句所有法律學生都會讀過的說話，譯成中文，其大意是：「公義的外表是其實質的一部分，它不單止是有些重要，而是基本上重要；公義不應只是達到目的就算，還要明顯地，無可置疑地，在眾目睽睽之下進行。」

當主席閣下由於身為臨立會成員而引致利益或角色衝突時，閣下為我們服務，也應離職，因為閣下實在不適宜繼續擔任本局主席，否則，閣下作為主席所作的任何裁決，皆無公信力可言，且會受到法庭司法審核的挑戰。

主席，讓我提醒閣下一些已經出現，令港人覺得閣下作為立法局主席，同時也是臨立會的成員，有角色衝突的事例。我相信很明顯，最近閣下在立法局行政委員會支持本局的職員以優惠的條件退職，到臨立會服務，主席，恕我有平常之心，作這決定之時，閣下是以本局利益為先；還是以臨立會的利益為先？

矛盾的是，主席，你既然亦認為立法局的職員要先退職才能到臨立會工作，以避開利益衝突，尊貴的主席閣下，你自己又如何？

此外，閣下送了數十本《會議常規》給臨立會，這可能是禮貌上的體現，但閣下忘記了這只是閣下本人有必要顯示禮貌，而非港人所願。此舉亦有借花敬佛之嫌。

還有，我多謝閣下剛剛解釋了你兩度否決我要求休會辯論今天的題目，是否涉及利益的衝突。我正就你該兩次的決定，考慮尋求法律的意見。

我又記得閣下曾經說過，閣下想擔任臨立會主席，因為不當主席，就要發表政見，而與現在立法局主席的角色有所衝突。然而，很不幸，閣下被臨立會冷落，而只是其區區成員之一，如此屈就，難免低貶閣下崇高的身份以及現時的立

法局。

閣下昨天宣布，在七月一日之前在臨立會，閣下會「不插咀」、「不發言」、「不投票」，實行「三不政策」。本人認為不如閣下放棄臨立會，以免「啞口無言」、「正襟危坐」、受「作繭自縛」之苦。

主席閣下，遠在四分之一個世紀之前，我猶記閣下藉主持「針鋒相對」電視辯論節目，積極參與本港的政治及社會事務。此外，閣下又長期在大學從事為政治學學生啟蒙、解惑、授業的神聖工作。年半以來，閣下擔任本局主席，期間閣下是否稱職，各人也許有不同意見，然而，閣下為了主席的工作，卻失去不少浮一大白、吞雲吐霧的享受，則是人人皆見的犧牲，我對閣下基本上是敬重的。

若然閣下無意在主席位置上退下，強作中港兩家的綠楊，則春風過處，楊柳在誰家呢？

再說，朝在秦，暮在楚；身在曹營，心在漢，港人對此，情何以堪？現為較民主的立法局，在這情況下，何來尊嚴的終結？

千夫所指，春秋之筆，皆不會留情。恕我忠言逆耳，用心良苦，望尊貴主席閣下三思而行，好自為之。

退一步，海闊天空，忍一時，風平浪靜。老子曰：「無為而無不為」，箇中哲理，本人願與閣下及同事共勉。

我謹此陳辭。

朱幼麟議員就黃錢其濂議員的議案動議修正案：

「刪除『鑑於政府對成立臨時立法會持堅定的反對立場，而公眾對』，並以『本局相信』代替；在『加入臨時立法會』之後加上『之後，』；刪除『的決定有強烈的反應，倘黃宏發議員不辭去立法局主席的職位，以』，並以『仍然有能力』代替；刪除『該』，並以『立法局主席』代替；及刪除『本局促請政府要求法院作出以下宣告：

黃宏發議員作為立法局主席，同時亦為臨時立法會成員，若須就有關臨時立法會的事項作出裁決，會有利益上的衝突』，並以『並有助於立法機關的延續性』代替。」

（編者注：修正後的議案內容如下：

「本局相信立法局主席黃宏發議員加入臨時立法會之後，仍然有能力保障立法局主席職位的公正及誠信，並有助於立法機關的延續性。」）

朱幼麟議員致辭：

對於黃錢其濂議員提出有關本局主席黃宏發議員的議案，我是不能同意的，並必須提出修正，以保障立法局地位的公正及信譽。

黃太在其議案措辭內容中指出，政府堅定地反對臨立會，所以本局要如何如何。政府的立場與立法局的取向無需一致。立法局不應該因為政府反對甚麼就反對甚麼，否則，立法局就會淪為有如黃太經常說的「橡皮圖章」。

其次，黃太又提及公眾對黃先生加入臨立會有強烈反應。關於公眾反應，立法局的議員是香港民意最全面的代表，相信這一點黃太也不會反對。各位同事應該記得：

一、本局在去年十二月四日否決了鄭家富議員有關反對成立臨立會的議案。

二、在去年十二月二十一日的臨立會選舉中，34名本局議員參選，結果33名當選，佔本局的大多數。

事實證明，臨立會是得到了本局和相當大的民意支持。我相信，黃太所指「公眾的強烈反應」，應該是指「支持」臨立會的反應。

此外，黃太要求政府要求法院作出關於黃先生的宣告。這個明顯是「立法」要求「行政」要求「司法」干預「立法」的行為，嚴重影響本港政府架構最基本「三權分立」的原則。

立法局負責七月一日前的事務，而臨立會則處理七月一日後的事務，這兩個機構都是為香港的利益工作，所以不存在黃太所謂的利益衝突的問題。

至於，黃太擔心黃先生做了臨立會議員後就會令黃先生失去公正及誠信。九五年十月，本局全體同事支持黃先生任本局主席，是因為相信黃先生能做到「處事公正」、「為人誠信」。這些都是個人性格的一部分。所謂「江山易改，品性難移」，一個人的性格不會輕易因為多了一個職銜就改變。因此，黃先生加入了臨立會後仍然是同一個黃先生；黃太變為「前綫」成員後亦依然是同一個黃太。

黃太反對臨立會，黃先生支持臨立會，各有各自的原因，真是「公說公有理，婆說婆有理」。不過，立法局的家事還是留在立法局這個家裏處理好了。

陸恭蕙議員致辭（譯文）：

……就有關措辭而言，我實在不能支持黃錢其濂議員提出的議案。堅守規管立法工作的獨有權利，是立法局保持獨立自主的基本要素。可惜此項議案沒有爭取該項權利，反而把它棄如敝屣。

有關議案要求法院為本局決定主席的權限。我很有信心法院會拒絕此項要求，但問題是我們根本不應要求法院介入本局事務。這種把司法管轄權擴大的做法將會對憲制有害，不但會使法院捲入政治問題中，更會削弱立法局的權力。

在英國，國會規管本身議事程序的獨有權利已獲得社會確認。這項權利已被公認為保持立法工作獨立自主的一大要素，而且早於 1689 年已獲得確立。至於本局是否享有相若的權利，一直以來均未經驗證，但假如本局不積極維護及捍衞這項權力，任何類似的權利皆無法長期保存。

更糟糕的是，有關議案要求政府干預立法局的內部事務。對於反對成立臨時立法會的人士而言，此舉可能是好事。然而，先例一開，立法局的獨立自主難免遭到破壞。我們應該堅拒行政機關影響本局，而絕不應該要求他人干預本局事務。

我知道黃錢其濂議員提出此項議案，並無破壞立法局獨立自主的用意，但我恐怕會造成此種後果。我雖認同該議案表達的關注事項，但在責任上卻不能予以支持。因此，我將會投棄票，因為基本上我支持她所提意見的精神。

然而，假如朱幼麟議員成功修正有關議案，我將會反對該項議案。此外，我必須強調，主席不應因為朱幼麟議員提出的修正而感到安慰。

黃宏發議員作為立法局主席，實在貢獻良多，例如，他為本局《會議常規》編訂了具有歷史意義的中英雙語版本。然而，他亦犯了嚴重且不能彌補的判斷錯誤，自動捲入有關臨時立法會的爭拗中。

社會人士及本局議員對於臨時立法會的看法均有嚴重的分歧。在主權即將移交中國之際，臨立會成為社會大眾種種不安及爭論的觸發點。臨時立法會日後採

取的每一步行動，亦不免會觸發新一輪爭拗或挑起舊有爭執。

過去進行的一連串議案辯論已相當明確地表明，局內支持及反對臨時立法會的議員的立場是何其不同。我預料在是次辯論中，議員亦會按照他們一貫的立場，分成兩個涇渭分明的陣營。我認為這種壁壘分明的情況，正是這次議案辯論所傳遞的真正信息。它正好顯示主席必需倚賴局內支持臨時立法會的議員的鼎力支持，才可保住其主席的職位。

主席本人保持公正無私的處事態度並不足夠。他的威信建基於全體議員對其持平態度的認同。因此，這應該是共識的問題，而並非派系的支持。

本局議員在是次辯論中壁壘分明的情況，正好帶出非常明確的信息。主席不應誤把這種派系支持當作他的避風港。相反，這是對他提出的一種控訴。

李鵬飛議員致辭：

我始終覺得今天本局的形象，就好像是一個批判大會，批判和評審你參加臨立會的行動是否正確，尤其是你應否競選臨立會的主席。主席，本人年輕時，我相信我參加批判大會的經驗比本局的議員為多，我當時在上海。當看見這些批判大會時，不禁令我想起當時可怕的情況。

其實本局的議員並沒有資格，亦無可能有資格去批判你。你是一位民選議員——我們是鄰居，你在沙田，我在大埔——市民推選你是因為他們想你擔任立法局議員的工作，沒有任何其他人可以取去這資格。如果市民——你的選民——不喜歡你所作的事，他們下次便不會投你一票，甚至你可能要下台，但並不是由本局的議員去決定你應該做甚麼，不應該做甚麼。

參與臨立會是一個個人決定，是要經過競選過程，而不是垂手而得的，亦非某些人所說的「委任」。如果是委任的話，任何人也可以參加了。可是，那並不是委任的，是有130名被提名的候選人進行競選，你參加了。因此，我很反感，亦很反對，任何人以他的決定來對你作出不公平的批評。

其實，我身為立法局議員，並不需要為你辯護。可是在今天的情況下，你變成了一個啞巴，不能發言，因為辯論的對象是你，所以我覺得一定要正式向香港市民表明，如果你的選民認為你沒有資格當議員，認為你做了錯事，就應該由他

們從投票中表示他們的態度。

本局的議員，尤其是黃錢其濂議員，實在太過分了。她不喜歡臨立會是她自己的事，其他議員參加臨立會則是他們自己的決定，她那有資格在這個議會中指摘別人呢？我相信稍後會有更多的批判聲音，因為有些議員不喜歡臨立會，他們沒有參加，甚至杯葛臨立會選舉，臨立會開會時，他們去擲蕃茄和雞蛋，這樣的態度是否香港應有的處事態度呢？

我相信選民的投票，所以將來我們便知道市民是否同意你們的做法。

楊森議員致辭：

主席，我想特別強調，今次議案辯論絕對不是意氣之爭，而是誠信的問題；而這個主席職務誠信的問題，已經到了一個本局要處理的地步。主席，我認為有三件事，是本局同事很關注和覺得真是要處理的。

首先，是主席競選期間，明言反對臨時立法會，但現今卻擔任了臨時立法會的職務。這牽涉競選承諾的問題，我們在此不用太多辯論，但更重要的，是你參與臨時立法會對立法局的影響的問題。主席，大家都知道，臨時立法會在立法局和社會輿論方面，都是富爭論性的，直至現在仍爭論不休，而作為本局的主席，自己應該明白到，一旦參與臨時立法會的工作，一定會將主席的職務捲入了政治爭論之中。主席在本局所作出的判斷，都不免有同事懷疑你的中立性，其實這樣已經妨礙了主席的職務了。

第二，主席私下將本局一些《會議常規》，贈送給臨時立法會的成員，這一件事又引起了本局同事的質疑。本來，有外來的訪客到訪，我相信主席也會基於禮貌送一些《會議常規》給訪客；但將《會議常規》贈送給臨時立法會的成員，卻令人聯想到主席參與臨時立法會主席選舉的事，使人懷疑主席出現利益衝突的事。這件事是將主席職務和角色的爭論，又進一步深化。這一點使民主黨也覺得要正視主席的角色問題。

令主席角色的爭論更趨惡化的，是主席你參與臨時立法會主席的競選。其實一般人都會提出，一個是合法的立法局主席職務，另一個卻是缺乏法理依據和民主倒退的臨時立法會主席職務，一個人豈能從事兩個截然不同的職務呢？其實

《聖經》也言：「一個人又豈能侍奉兩個主人呢？」幸好主席你落選，如果你當選了，在技術上可能會產生問題。今天在本港主持立法局職務，周末又可能要趕去深圳，主持臨時立法會的會議。在會議時間安排上，有時難免出現顧此失彼，影響了本局的工作。

有人提出，由主席你擔任兩個主席職務可以保持立法局的延續性，這點我不表苟同。立法局的運作和文化的延續，絕不單止靠一個人去維繫，這樣無非是強調個人的重要性，而忽略了制度本身的合理性。

主席，其實我很尊重你作為立法局主席的才能，事實上，直至現時為止，你也盡力擔當主席的職務，但你參與臨時立法會，並角逐主席的職位，的確影響了本局主席職務中立性的形象，並出現角色衝突的問題，實在令人覺得非常遺憾。民主黨認為，為了立法局主席職務的誠信，和你個人的尊嚴，你應考慮辭去立法局主席職務。

梁智鴻議員致辭：

黃錢其濂議員的原議案主要有三部分：

第一，批評本局主席參與臨時立法會；

第二，質疑主席作為臨立會一員，是否可以保持立法局主席職位的公正和誠信；及

第三，促請政府要求法院就立法局主席事宜作出裁決或宣言。

主席，不少局內同事（包括我自己）至今仍然認為，要確保香港順利過渡，最好的方法就是全部立法局議員「直通」，過渡九七，因此，不少同事仍然認為臨立會無須成立。

但是，鐵一般的事實是：臨立會已經成立，無論大家是否喜歡，今年六月三十日後，臨立會就是香港的立法機關。因此，不少同事亦認為雖然我們不能全局「直通」，不能以最佳方法達至順利過渡，但最少我們應該採納一個可以在最大程度上達至議會延續性的次佳方法，這個方法就是盡可能令更多的現任立法局議員加入臨立會。我相信這也是主席參加臨立會的主要原因。

主席，一個人處事是否公正，端賴那個人的品格和誠信，這是較早前楊森議

員所提出的措辭。在座的同事，相信很多位都同時有多個不同身份。在這些身份中，或多或少總會有利益衝突。問題的核心不是我們有不同的身份，而是我們處事時，尤其是處理公職之時，怎樣去以自己的品格維持公正和誠信；如何在不同身份中取得平衡。

要判斷一個人的公正和誠信，最好的方法就是「聽其言而觀其行」。我們的主席已經向公眾作出具體的承諾，表明在本年六月三十日之前，除了是關乎臨立會的內務事宜外，不會參與臨立會其他事宜的討論，也不會就其他事宜表示立場。我認為，這是非常適當的做法。

主席，我深信在座同事，沒有一位會反對行政、立法、司法應該三權分立，三者必須獨立運作。事實上，立法局為了爭取徹底的獨立，過去用了很多時間克服不少障礙，才能夠確立今天的獨立地位。（有關這點，相信不少新同事可能不太清楚我們的爭論所在。）我們應該好好珍惜立法局的獨立性，捍衞民主社會賴以發展的基本要素。我們絕對不能同意立法局去吩咐行政當局去要求司法當局就立法局的內政作出裁決及干預。

最後，主席，我們立法局還有很多工作等著我們去處理，各位同事也承諾會竭盡所能完成立法局的工作。要實踐我們的承諾，我認為大家應該停止內鬨，停止浪費時間互相指摘。相反，我們應該與政府同心協力，為香港社會謀福祉。

顏錦全議員致辭：

主席，立法局主席職位的公正及誠信，並不取決於政府當局對某一事項的政治立場。本局主席黃宏發議員，不顧政府反對臨時立法會的立場，毅然參選臨時立法會，並成功當選，黃錢其濂議員卻認為此舉有損主席職位的公正及誠信，這種看法我並不能認同。

成立臨時立法會的必要性和合理性，已經經過充分闡述，並為本局在去年十二月四日所通過。因此，本局主席兼任臨時立法會議員是為本局所接受的，這並不會破壞主席職位的公正。如果根據黃錢其濂議員的議案的邏輯，因為本局議員除了黃宏發議員外，其他人均對成立臨時立法會一事公開表態，現任主席辭職，豈非無人可以擔任主席一職？立法局群龍無首，這無異於自拆牆腳。

黃錢其濂議員自拆立法局牆腳，茲事體小，但破壞行政、立法、司法機關各自應扮演的角色，卻茲事體大。黃錢其濂議員的議案促請政府要求法院作出政治性的宣告，這將有損法院的獨立性，破壞法院的公正形象。在一個完善的司法制度下，法院只能根據入稟的案件作出審裁宣判，但根據原議案的提議，法院卻要在政府的壓力下，就本港社會關注的問題作出不具法律效力的政治性宣判，這必然地使司法系統政治化，破壞司法系統的公平和公正。

梁耀忠議員致辭：

在這個議會內，相信最熟悉議會運作和議事原則的人，非閣下莫屬。不過，十分可惜，閣下近來的行動，卻甘願自打咀巴，自毀長城，搬石頭砸自己雙腳。雖然閣下已發表聲明，表示會當一個「啞口」議員，不會就臨立會各事項投票或公開地發表意見，不過，閣下無論以甚麼形式參與臨立會的工作，都無法避開一個事實：就是表態並非單指言論，而加入臨立會的行為本身就是一項政治表態。除非閣下認為你的靈魂和軀體可以一分為二，否則，閣下加入臨立會已清楚表明了你對臨立會的政治立場。正所謂「洗濕咗個頭」，之後再做任何事，已經於事無補。

當然有人會說，對於臨立會的立場目前已經壁壘分明，即使閣下不加入臨立會，也可說成是反對臨立會的政治立場的表態。這種講法我並不同意。因為，以主席身份不宜作政治表態，我覺得不參加臨立會選舉，本身已是一個清楚明確的理由，就好像閣下在任何議論辯題作表決時，不參與投票的情況完全一樣。這種做法就是維護主席的公正形象，更可爭取公眾對主席的尊敬和信任。但很可惜，閣下加入了臨立會後，反而辯稱沒有就應否成立臨立會表達立場，這種做法其實十分牽強，而且令人感到是在自欺欺人，難以令公眾信服。

其次，同時兼任立法局主席和臨立會成員，角色衝突是難以避免的。就如在派發《會議常規》和秘書處職員借調事件當中，我覺得閣下是不能以清白之軀，令公眾毫無疑問地認為閣下並無任何利益和角色衝突。經過這些事件，閣下作為主席所應該具備的全然客觀及不偏不倚的形象，已經蕩然無存。閣下雖然在前天發表聲明，嘗試作出挽救，但既然要作出挽救，為何閣下不撫心自問，「早知今

日，何必當初」呢？

朱幼麟議員提出修正案的措辭，顯示朱議員未能觸及問題的核心。今天的辯論不是對閣下評頭品足或評論閣下的才幹或能力。事實上，今天的辯論是討論一位主席的客觀和公正性。人們很多時候喜歡以球證來比喻議會主席的工作，我亦嘗試以球賽作一個比喻。在重要的國際性球賽當中，如果南美和歐洲隊伍對壘，將會由一個不是南美及歐洲地區的人士擔當球證執法。這個安排並非認為南美及歐洲的球證能力有問題，而是為了達到公正客觀，避免角色衝突，令公眾信服。因此，我只想問一句，如果一名球證加入了一隊球隊，例如南華球隊作為領隊或成員，他日後在任何一場球賽中所作的裁決是否公正；是否能令公眾信服呢？

主席，今天辯論的關鍵是，身兼立法局主席和臨立會成員，究竟在角色上有否衝突？究竟這種做法會否破壞了主席的公正形象？同時，閣下的做法會否破壞了立法局過去優良的傳統和習慣，以及我們辛辛苦苦建立起來的具有民主氣氛的議會形象？

主席，本人極希望你深思熟慮，究竟是否應該繼續擔任主席。

鄭家富議員致辭：

主席，政治，乃議人之事，就立法局議員而言，其權力來自港人，其有權在嚴肅的議會中代表港人表達意見，他的言行、舉止及誠信均應受到嚴謹的監察。

在這風雨飄搖，政客搖擺不定，左右逢源的年頭裏，正正反映在過渡期間，負責監察政府運作的立法局議員，大部分已失去這種使命感。在面對家長式政治文化的逐漸介入，議員的腰板與腳根似乎已被家長式的統治者所震懾；又或希望能從家長的信任中獲取政治利益和權位。不偏不倚的議員應從民眾中尋求支持而非從專政統治者中尋求政治地位。黃宏發議員更被其他 59 名議員推選為立法局主席，代表著監察政府運作的議會掌門人。他的行為不僅代表其本人，更代表著立法局背後的崇高意義。

正如梁耀忠議員所說，「早知今日，何必當初」。黃宏發議員當天參選臨時立法會主席，應該早有準備，如果一旦落選，將會令他身為立法局主席的中立角色受到嚴重影響。但他一意孤行，他的行為意味著他的政治理念，由向民眾交代

的民選角色走向與特權階級互相協調的變相委任角色。以黃議員積聚多年的從政經驗，如果當初未有特權階層人士的承諾及擔保，黃議員必定不會兵行險招。就是這樣的一個接受承諾的舉動，便已經令我們懷疑黃議員的誠信及公信力。更可惜的是，黃議員輕視了特權階級人士的複雜性及中共政權之間的權力鬥爭。換言之，他太輕信共產黨了。

一山還有一山高，中共政權之間的山頭主義太複雜了，每位當權者均說自己擁有的權力最強最有力，而偏偏真正最堅強而有力的山往往就像我們中國的廬山一樣，永遠看不見其真面目，黃宏發議員亦被這個廬山蒙蔽了。

有親中人士認為，黃宏發議員以臨立會成員身份擔任立法局主席，並未構成任何影響，並深信黃宏發議員能夠以他的「政治智慧」化解一切的「利益衝突」。如果他能以立法局主席之身份過渡，便有助立法機構的延續性。這種理念，便反映親中人士一貫的人治思想，而忽視制度的重要性。立法機構的延續性並不是最重要，最重要的是立法機關的法律地位及其公信力。

臨時立法會並無法理依據，又無民意基礎，與九五年以百萬港人選出的立法局共同存在及運作，已經是國際間的憲法大笑話。現時，身兼有超然地位的立法局主席，竟然成為臨立會成員，在落選臨立會主席後，更聲稱不會就臨立會內務事項以外的問題投票或發表個人意見，藉此保持中立。他的言論令我驚訝。試問在開明的議會政治中，除了主席外，相信議員或民眾皆不能接受任何議員可以不表態、不投票。如果臨立會接受這個只關注議事程序的特權顧問議員，相信會再一次打擊本來已沒有多大公信力的臨立會地位。

我對臨時立法會的存在感到痛心，因為它對民主法治構成很大的打擊。然而，它卻成為了考驗從政者誠信的最佳工具，相信這亦是臨立會唯一的存在價值。主席，如果你仍眷戀臨立會的位置，我希望你能夠三思，辭去本局主席職位，以免影響本局的公信力。

葉國謙議員致辭：

主席，現任的立法局議員是由香港市民選舉產生的，立法局的主人是香港市民，絕不是好像一些議員所指的是立法局或臨立會。把立法局和臨立會視為議員

的主人，「同事兩主」的說法，是原則上的錯誤。

主席，未知是否因為今屆立法局是香港殖民地史上最後一屆的立法局，為了使今屆立法局可以在香港歷史上留下更多的篇幅，今屆的立法局創造了不少歷史。既有議員被主席首次引用《會議常規》要求離開會議廳，今天又有議員首次提出議案辯論，要求主席辭去職位。

臨立會的首次會議已經在上星期六召開，臨立會的主席亦已經順利產生，臨立會的工作將會隨即展開。在本局討論臨立會工作的次數之多，真是有點令人生厭。我有些擔心會有市民以為立法局的工作已由監察香港政府，轉變為專責監察臨立會。如果各位同事不是善忘，或不是有意善忘的話，應該很清楚記得剛剛在上月四日在同一個會議廳內，本局以 33 票贊成，25 票反對，通過莫應帆議員的修正案，表達本局贊成在中英政制談判失敗後，要避免法律真空，成立臨立會是別無選擇的議題。主席，有關的決議是清清楚楚記錄在十二月四日的立法局正式會議記錄上。這是一個由民主議會經過認真、激烈辯論後所作出的決定。各位同事作為民選議員自當懂得尊重民主議會決定的重要性。本局對臨立會的立場已是清晰無誤的，接受臨立會成立是別無選擇的看法，是不容再爭拗的。因此，今天依然有議員以一種無視現實的態度去反對臨立會，他們是否錯誤地引導市民，試圖歪曲立法局的議決？

今天黃錢其濂議員動議的議案，將焦點放在主席身上，質疑主席作為臨立會議員會在涉及臨立會事項的裁決時，產生利益上衝突。首先，我想提醒各位議員一點，本局主席是在去年今屆立法局首次會議上，在各位同事沒有反對的情況下，互選產生的，當天每位同事都對主席投以信任的一票。對今天提出和支持要求主席辭職的同事，套用民主黨的同事經常掛在咀邊的一句話，他們是以「今天的我，打倒昨天的我」。我希望民主黨的同事考慮這點。

主席，作為主席負責主持會議，最重要的是必須做到公正處事，無所偏袒。過去主席在主持會議的過程中能否符合議員和公眾的期望，大家是有目共睹的，心中有數。再者，如果主席未能以公正持平的態度去主持會議，令本局不能繼續有效運作的話，即使本局同事不提出要求他辭職，他亦應該有自知之明，自動引咎辭職。現時是否有議員已透過「水晶球」，未卜先知地知道主席必定會在未來不公平、不公正地主持會議，否則，這次要求主席辭職實質上是基於政治的取

決。民建聯堅決反對將問題政治化。

主席，以目前本局的情況來說，在臨立會的問題上，立法局同事有兩類取向，即參加和反對。我認為，參加臨立會的主席需要因為參加臨立會而辭職後，由誰來當主席呢？由反對臨立會的議員：是李柱銘議員、梁耀忠議員，抑或曾健成議員？假如他們任何一位議員貴為主席後，在處理涉及臨立會裁決的問題時，是否就會不存在利益衝突的問題呢？既然如此，立法局是否不再需要有主席呢？

主席，過去數月，本局的辯論都是圍繞著政治議題，而近期民生的問題辯論已相應增加，本來是一個可喜的現象，但今天又「捲土重來」提出一個這樣的問題，確實令人感到遺憾。主席，現在 33 位身兼臨立會議員的本局同事，相信都有一個共同的目標，就是希望香港能夠平穩過渡，我覺得這也是香港市民的共同願望。

詹培忠議員致辭：

今天議案辯論最主要是強調臨立會的問題。我們必須瞭解為何會產生臨立會。很多議員都抱著反對的態度。黃錢其濂議員本身是新西蘭籍，但她必須瞭解到自己始終是中國人（雖然她說英文勝於中文）。臨立會是由於英國不與中國達至「直通車」的情形下產生的。雖然總督代表英國政府口口聲聲說反對，但直至目前為止，我們看不到世界上有那一個法庭，包括香港的法庭否定臨立會的地位。何況中國政府為了維護香港人的利益，錢其琛外長曾說，在九七年六月三十日前，香港只有一個立法局；而在九七年七月一日後，就會有立法會，但由於特殊環境，所以有臨立會。即使大家不同意，作為中國人，始終應站在同一立場。以不持平的心態來評估事實，自己不喜歡就硬要別人也不喜歡，我希望日後他們會有一個反省的機會。

立法局主席的職責，是按照立法局《會議常規》來執行的。大家對主席不與 26 位議員同步而行，提出質疑，這未免心胸太狹窄。正如剛才李鵬飛議員所說，如果主席的行為，不能得到選民的支持，他在九八年自然會受到極大的挑戰。也許屆時他自己也不再想做也未可料。即使他有興趣擔任立法局主席（但是已經沒有機會了），再有議員提名他時，我們可以不投票支持他。現時你們要提出充分

的證據，究竟是按照《會議常規》那一條而向主席提出不信任呢？如果不是按照規例，只因他擔任臨立會議員，你們就對他不信任，那麼只因與你們的理念不同就說別人不對，那你們便是最惡的了。黃錢其濂議員可能會自傲，說她自己是票后，很多人也會自認為票王而自驕自傲，但我堅信他們的選民未必會絕對認同他們的想法。

主席，政治是隨著歷史的事實而演變的。對一時的成就不可以永遠自傲自驕，之後永遠懷念。我們必須瞭解，香港回歸中國是一個很特殊的情況，當然會面對世界上很多不同政見、不同利益關係的政治團體和國家的挑剔和挑戰，但我們要緊記，這畢竟是中國的一個重大問題。既然身為中國人，就應該在情況許可下，予以鼓勵，予以支持。政治根本就沒有所謂正義、真理，而是關乎強權。如果有實力，很多國家、地區自然要與你談條件。我們聽聞美國參議院外交關係委員會主席正考慮提交私人法案，不讓香港臨立會議員進入美國國境。我個人認為，只要香港夠強大，那我們也可以不准他們入境。這樣對大家又有甚麼損失呢？雖然李鵬飛議員說這是野蠻的做法，但只要本身有條件，就可以接受任何政治上或其他國家的挑戰。

主席，我們在辯論時對你個人的挑剔，並不是因為你過於自負，而是你不跟他們同步。這已經不是一個正常或符合《會議常規》的做法。既然如此，日後如果我們對某位議員不高興，隨時就可提出議案，質疑他的做法。我懷疑議員是否擁有這樣的權力。因此，我希望大家最重要是依循著《會議常規》來作出我們的判決，不可以給市民造成太多困擾。

外國很多團體的呼籲和叫囂，根本對整個香港日後的正常運作不會造成很大的影響。我很希望各位同事自己做好充足的準備工夫，沒有參與臨立會的議員在九八年會捲土重來，以達至為港人服務的目的。

劉漢銓議員致辭：

主席，香港快要回歸中國，在政權交接之際，怎樣看待香港立法局議員和主席的身份？這一重大問題不澄清，很多問題便會混淆，亦會越搞越糊塗。

有人把香港立法局與特區臨時立法會對立起來，誠然，這是在不同法統之

下的兩個立法機構。但是，香港立法局與香港特區臨時立法會在法統方面的截然不同，絕不應當成為理由將立法局議員與臨時立法會議員的角色對立起來，因為，無論立法局議員或臨時立法會議員，都是為香港市民服務，在這一最根本的性質上，絕不會有利益上的衝突。我深信那些對臨時立法會工作任務不太瞭解的人士，應該去仔細研究一下特區籌委會對臨時立法會七項基本任務的規定，之後就絕不會認為立法局主席黃宏發議員，同時亦為臨時立法會成員，會有利益上的衝突。

主席，當此政權交接之際，包括立法局議員和立法局主席在內的全體香港市民，究竟怎樣看待自己的身份？眾所周知，英國長期管治香港以來的憲制文件《英皇制誥》規定：「本殖民地一切文武官員和平民須順從、協助及支持總督以及當時主管本殖民地政府之長官。」但是，另外一個眾所周知的事實是，自從一九八五年六月三十日中英聯合聲明正式生效之後，香港便正式進入了過渡期，而過渡期包括立法局主席在內的任何一個香港市民的身份，是不應該人為地製造尷尬的。因為在過渡期，任何一個香港市民都可以作出身份認同的準備和行為，特別作為香港市民中包括立法局議員在內的公職人員，根本就不應有所謂「利益衝突」或「雙重效忠」的尷尬。再過五個月，我們都將是香港特別行政區市民，其中一些人士將是香港特別行政區的公職人員，這種過渡性質既是中英聯合聲明規定的，也是自然的；而所謂「利益衝突論」、「雙重效忠論」，則是矯情的，不自然的，違反常理的。

主席，所謂「利益衝突」、「雙重效忠」、「身份尷尬」等論調，並不符合過渡期的性質及香港市民的身份，因為在九七年七月一日之前，香港的憲制文件是《英皇制誥》和《皇室訓令》，但自八五年六月三十日至九七年七月一日之前，中英聯合聲明也同時生效，也就是說，包括總督在內，他也應當遵守聯合聲明規定，支持聯合聲明的順利實施和政權順利交接，支持為九七順利過渡所要採取的措施。所以，總督領導的政府應支持臨時立法會，並支持立法局主席及議員參與臨時立法會的工作，因為臨時立法會的成立，正是九七順利過渡所要採取的必要措施。

主席，我亦同意朱幼麟議員的修正議案，即立法局主席黃宏發議員，我還要補充包括其他 32 名立法局議員，加入臨時立法會後，仍然有能力保障他們職位的公正及誠信，並有助於立法局的延續性。他們在立法局取得的議會運作經驗，有

助於使臨時立法會順利運作，從而使臨時立法會更有效地為香港及香港市民的利益服務。

李卓人議員致辭：

主席，今天的辯論，絕對並非如李鵬飛議員所說是一個批判大會，因為我們聽到之前的發言，根本並非在批判任何人，亦非如詹培忠議員所說，其實我們並非在討論臨時立法會，希望大家不要「捉錯用神」。

我想今天要討論的，根本是一件很簡單的事情，就是希望大家討論「如果立法局主席兼任臨時立法會議員，是否會影響主席職位的公正、獨立、中立的形象，是否存在角色衝突」。但如果要討論會否造成角色衝突問題時，其實是很難避免從公眾角度去看沒有角色衝突，例如：最近如黃錢其濂議員剛才所說——秘書處職員辭職過檔去臨時立法會，主席於行政管理委員會上曾經投票，那麼別人便會想：「你又兼任臨時立法會，有否造成角色衝突？」或者，在將來——但我們不知道——可能在這個立法局會討論一些關於臨時立法會所討論的事項，那你既是主席，又是臨時立法會議員，屆時別人會否認為存在著角色衝突的問題？可能會有人說，即使有衝突，主席仍會是公正的。這亦是朱幼麟議員所說的，相信主席有能力去確保公正，那可能是對的，因為即使你問我，我也很相信主席，但問題並非我是否相信主席，不是我們立法局議員是否相信你，而是究竟整個香港社會如何看這件事。

在角色衝突的問題上，我看過主席昨天所發表的聲明，其中說：「我堅定不移捍衛立法局主席中立、客觀、公平、不偏的傳統，傳統約定主席作為一個議會過程及規則的球證及議會的公僕，不但必須如是，更需給予公眾一個全然客觀及不偏不倚的形象，而正因需被視為完全不偏不倚，立法局主席必須在政治問題上不表達任何意見。」

剛才我讀出你的聲明，我認為其中最重要的字眼是「被視為完全不偏不倚」，而今天的整個辯論就是「被視為」這三個字，外間怎樣看，是否不偏不倚。你可能誓神劈願說：「我一定公正。」我願意相信，而朱幼麟議員亦表示相信，但全港六百萬市民又是否相信？這正是整個辯論的關鍵。其實關鍵並非你是否公正，而

是你是否被視為公正，相信你亦曾考慮這個問題，所以亦作出了一個決定，就是為了被視為公正，就發表了一項「三不」政策，或用你的字眼，就是「為了保持香港立法局主席之中立角色，我將不會就臨立會各事項投票，或公開地發表本人之意見，除了內務事項外。」你不發言，不投票、不插口，是否就被視為公正？因為你的身份已是其中一分子，公眾又怎樣看？是否可以被視為公正？這就是整件事的關鍵。

我作一個比喻，我希望我們的女同事能夠原諒我今天的言論可能會冒犯大家。我亦表明這是一個虛構的例子，與任何議員無關。現在很流行「人生交叉點」，事例中有黃先生及黃太太，黃先生有天在雷雨兩交加之下對黃太太說了一件晴天霹靂的事，就是他在深圳有婚外情，每星期要到深圳一天，但黃先生又對黃太太保證，誓神劈願地說一定會分房睡，手也不會拖，僅會去飲湯，談談家事，一定實行「三不」政策；而心裏亦對黃太太保證：「我仍然愛你」，及不會偏幫二奶。在這情況下，鄰居朱先生就對黃太太說：「你應該相信他，我認識黃先生已十多二十年，他有能力去約束自己，一定會分房睡，不用怕。」那「人生交叉點」就是要大家去決定，如果你是黃太太，你會怎樣？你應否相信朱先生所說黃先生有能力去約束自己？不會造成角色衝突，或是你不應相信？可能黃太太最後也會說：「我會信。」但問題是黃太太的親戚、子女又會否相信呢？如果她身邊的朋友不相信，其實黃先生所受的傷害也很大，因為別人是不會相信他不偏袒二奶。其實那就是「被視為公正」的問題，究竟如果主席在身份上已進入臨時立法會的話，公眾是否會認為這個主席是公正呢？如果有任何人開始懷疑主席的公正性時，其實整個立法局已受影響，所以希望黃先生能夠想想應該如何做。

我希望在這個民選立法局，在香港現時政治道德淪亡情況下，能有些清新的空氣。為了維護公正，希望你想想，如果想令香港市民視立法局主席是一個不偏不倚的職位，那麼主席能否從主席職位和臨時立法會議員的身份之間選擇其一。

劉慧卿議員致辭：

主席，我發言支持黃錢其濂議員的議案。其實我們「前綫」的李卓人議員剛才也說過許多事情，所以我亦不想重複。不過對其包二奶的故事不以為然，我亦

未必認為這是好。所以我們希望議員在說話時能尊重我們女性，李卓人議員是知道的，但他也要說，我相信既然是一個不十分好的故事，希望他以後不要說。

主席，李卓人議員說得很對，我們今天希望談的是身為立法局主席，成為臨時立法會成員，對於這位主席或我們稱之為議長的職位有何衝擊，再說得闊一些，對立法局聲譽與立法局尊嚴有何影響。有些人說甚麼批判大會、甚麼政治鬥爭，這絕對不是。我相信你今天坐在此處所聽到的也不是人身攻擊，我們只是想將這件事情拿出來談談。剛才許多議員也說為甚麼你要中立、公正，這些我都不會再重複。可是大家現在面對一個不爭的事實，大律師公會與律師會這兩個法律組織，也認為臨時立法會的法律地位受到質疑。所以，無論從法理角度或政治角度，也是非常富爭論性的。可是我們的立法局主席自己卻捲入去一個政治及法理的旋渦，然後再告訴人們不用害怕的，我並沒有影響該職位的中立性及公正性，誰會相信？

在這數星期、數月內，我們都聽到外間、電台及周圍無數市民議論紛紛。你知道其實香港市民對這件事是感到十分困擾的，所以我希望你明白，議員今天的說話亦反映出市民心聲。當然有些人是十分支持你的，他也可以在此說，甚至說有足夠票數能表決至把議案修正。可是我們身為民選議員，民間內有這麼多憤恨，這麼多怨懟，是我們一定要說。我們的議長職位，今次是否會因為你加入臨時立法會而給玷辱了？其實也有人提過立法局有一個議員利益委員會，其中提到如果有人作了一些事情使到立法局聲譽受損的話，該委員會是應該作出行動的。我身為該委員會一分子，假如有需要的話，我相信本人會在該委員會提出怎樣處理。所以主席，我希望你明白我們今天所談到的事情是十分嚴肅的，因此我沒法同意梁智鴻議員剛才所說的要停止內訌，是否每次談到一些涉及到臨時立法會的事情時——就像梁議員那次主持內務委員會連續數次稱我們為臨時立法會，大家都以為他已經過了去，心過了去——就內訌呢？我相信梁議員自己也明白，我們並沒有吃不著葡萄的心態，我們如認為那件事從法理上、從政治上，許多角度也是錯的，我們便要拿出來談。主席，我可以告訴你，今次、今晚不是最後一次討論與臨時立法會有關的事情，這是大家都知道的。我也希望梁智鴻議員不要說我們一討論臨立會便搞內訌。

剛才李鵬飛議員提到好像我們要你辭職，不做議員。我們明白是市民選你

出來，現時香港憲制架構也不能罷免你，我們今天是叫你辭職不要當主席，這個我相信可以使到那個議長職位少受一些衝擊。這是許多議員重複又重複的說法，我們希望你能很嚴肅地考慮。顏錦全議員及葉國謙議員說，他不做，誰去做？你們一些支持，可是一些又反對，假如你聽到我們的論據，我們一定希望由一個並非臨時立法會成員的人去擔任。最少他沒有那個身份與利益的衝突，就是不希望你今天戴著這頂帽，明天戴著那頂帽，做事時便會有衝突。我們覺得就是這個問題。顏錦全議員說沒有人可以當主席。怎麼會沒有人可以呢？問題在於不應該同時擁有兩個這般尷尬的身份。

所以，主席，我相信各同事今天說了許多肺腑之言，我亦覺得你非常有量度，你肯坐在這裏聽，可能你的繼任人未必有這樣的量度去聽。但最重要的，是在聽完之後能做些事情，去回應時勢。剛才李卓人議員說到你在我們的行政管理委員會內曾投票借調職員，這說法並不正確。你當時並不需要投票，如果當時只剩下相同數量相對的議員，可能便要勞動你「老人家」，可是那次你並沒有投票。當然我相信大家都知道，因為你也公開說過，你是支持我們立法局職員借調過去的，但是那一次你並沒有投過票。不過議員今天說了那麼多說話，我相信你自己亦用了一個很心平氣和的態度去聽、去衡量，然後我希望最終你會作出最明智的決定。謝謝主席。

李家祥議員致辭：

主席，今次的議案辯論可說是「與眾不同」，很明顯可以從議題發揮到很大的伸縮性，從字面上清楚可見，由本局議員主動邀請行政機關，向法庭要求對本局的內務作出裁決，表面上，完全與三權分立的概念背道而馳，令人覺得不可思議。

在辯論過程中，議員間似乎所表達的信息較強烈，即這是立法局內務，希望主席想一想你的政治立場，是否應該辭職。李卓人議員用「家事」一詞來形容這辯論，雖然我不同意他部分的分析，但從家事角度去看，今天的辯論也有非常濃厚的家事氣氛。如果本局議員（亦包括主席）作違法的行為，議案的要求還可以理解，但如果主席所涉及的問題，是個人的政治取向或政治道德的問題，則要求

法庭作出干預便變得是「無事生非」了。

　　究竟這議案「是法還是理」，才是今次辯論的核心，若加入臨時立法會是非法行為，在此問題上，無論是立法局主席還是 33 位議員中任何一人，甚至其他並非本局議員但加入了臨立會的人士，都同樣犯了法。那麼並非單是辭去立法局主席的職位就能解決違法的問題，所以明顯地，黃錢其濂議員今天的議案及她所作出的要求，並非針對主席的違法行為，而是政治立場，希望你作出相應行動。

　　黃錢其濂議員可能認為身為臨立會的成員，就不能有公信力作為本局主席，葉國謙議員也提到，就我們六十個議員來說，每個人在臨立會中的立場是明確不過的，並非有否身份這般簡單，而是每人有清楚公開的立場及政治取向，已經沒有人是政治中立。即使我說有人中立，也沒有人相信。同樣，任何一位議員說自己是中立的也沒有人相信。因此，通過議案的客觀後果，無非向社會發出一個政治信息，就是反對臨立會的議員，才有「公信力」或「資格」去擔任立法局的主席。這若非政治審判，又是甚麼？

　　是否我們要強分「政治正確」和「政治錯誤」的觀念？這對香港的言論自由及政治多元化的環境，又是否適合呢？議案的傾向是刻意將臨時立法會及立法局對立起來，這派意見，本人實不敢苟同，朱幼麟議員的修正議案，更正確地指出，本局與臨立會是可以在具體安排上做到有實質「延續性」達到平穩過渡的效果，尤其是現時有 33 個議員是選擇留在建制中過渡九七，試問這眾多而過半數的議員，又怎會將自己現時的立法局與將來的臨立會刻意地對立起來？這個假設根本違反常理。我亦不相信本局議員會說九七年六月三十日前是效忠英國，七月一日後是效忠中國，我更相信無論主席或其他議員，都會由始至終效忠香港，為本港市民服務。若是這樣，何來「身在曹營心在漢」這個想法？如果主席有機會回應的話，必定會清楚告知黃錢其濂議員，你的「身、心」仍然留在「沙田」！而在一九九八年你會以行動去證明的。

　　主席應否加入臨立會，是你個人和選民間的問題，本局理應由你自己向選民交代，而非由其他議員代為批判你，這才最符合民主選舉的精神。

　　本局對議員間的互相批判極其謹慎，在《會議常規》內有極嚴的規範，甚至在上屆和本屆曾兩次否決規範議員利益的守則，正因為議員想避免這些守則被利用作為政治攻擊的武器，今次的辯論可謂屬相當邊緣，我認為這已測試議員間的

自律能力。

其實，就今天的辯論而言，似乎是對臨立會的立場表達不同政見的佔大多數。發言的議員，根本沒有提出任何根據、事實或指控，證明主席有作過任何具體違背政治中立的言論，而且一致認為主席主持會議均運作良好，你被針對的只是加入臨立會的決定。

違反法律，和政治取向，和政治道德跟〔根〕本是不同的事，如果本局通過黃錢其濂議員的議案，將會為本局訂立一個極壞的先例，無論今天的辯論過程有否政治攻擊，但議員及市民可見，或甚至如李卓人議員所說，令市民相信這被視為一個政治公審，不須做的，被視為已經足夠了，是個三權不分的決定，所以我會極力反對原議案，支持朱幼麟議員的修正案。

莫應帆議員致辭：

主席，臨時立法會及立法局是兩個不同的實體，臨時立法會只處理九七年七月一日後特區成立時必不可少的法律，現時的立法局則處理九七年七月一日前港英管治下的立法工作，兩者具備不同功能，處理的事項亦不一樣，身兼兩者的成員，只要在扮演不同角色時，盡力履行該角色所需要履行的工作，克己盡責，不偏不倚，對事不對人，對得住天地良心和香港人，就應該問心無愧。事實上，在現代社會中，同時具有不同機構成員身份是很平常的事，問題是當事人能否以中肯公平態度來處理不同角色所可能出現的衝突。

民協一貫以來在立法局的議事精神是議事不議人，而只討論制度的優劣，不談論個人的好壞，但由於今天的議題無疑是對立法局黃宏發主席一次變相的「信任投票」，因此本人今次既要論事亦要論人。

民協從黃宏發先生擔任立法局主席這一年半以來的表現，我們覺得「發叔」熟悉議會運作的遊戲規則，在執行主席職務時能做到公正無私，表現稱職，是一個合格的球證。我們現時看不到有任何理由，懷疑「發叔」在履行立法局主席職務時，遇上要對臨時立法會事項作出裁決時，不能持平公允。

主席，有些政壇朋友認為由於黃宏發主席同時具有臨時立法會成員身份，可能有角色重疊和衝突，所以不再適宜擔任立法局主席一職。事實上，如果以對臨

時立法會的態度和立場作為分界線，現時立法局議員可分為兩批；贊成或反對，贊成的大多已加入臨時立法會，不贊成的亦大多同時是「反對臨時立法會大聯盟」的成員，如果根據這些政壇朋友的邏輯，不但具臨時立法會身份的立法局議員不能當主席，身兼「反對臨時立法會大聯盟」的立法局議員同事亦不可當主席，那時立法局可能無一個人有資格做主席。

民協一向主張香港在九七年七月一日前行之有效的制度應順利過渡至七月一日之後，因此民協曾提出另類「直通車」方案，贊成現任立法局議員只要合乎基本法的都應獲過渡，無奈中英政制談判失敗，立法機構沒有「直通車」，中方成立臨時立法會解決立法真空，民協對臨時立法會的態度是為了保障九七年七月一日前行之有效的制度能順利過渡至七月一日之後，現有的立法局議員應盡量參與臨時立法會的工作，因此我們對有現任立法局議員，包括主席在內以及當選臨時立法會議員的議員是持支持態度的，因為這樣將有助於兩個立法機構的銜接以及延續，這才是對香港負責。

在九六年十二月四日，本局更通過本人的議案，表示在沒有「直通車」情況下，成立臨時立法會已成必然，呼籲參選臨時立法會人士以落實「一國兩制」為參選目標，可見立法局的立場是鼓勵以落實「一國兩制」為目標的人士參選臨時立法會的。所以本會認為黃宏發主席身兼臨立會議員是沒有違反立法局的立場。

因此，本人代表民協支持朱幼麟議員的修正案。

1997 年 6 月 26 日
議案辯論：七月一日立即修改基本法以盡快達至全面普選

曾健成議員動議議案：

「本局促請中國政府在九七年七月一日香港回歸，立即修改《基本法》，以盡快達至立法機關全面普選及行政長官由直選產生；落實一國兩制、港人治港、高度自治；及保障香港的民主、自由、人權及法治。」

曾健成議員致辭：

主席，尚有不足六天，你座椅靠背上的皇冠，將會變成「頭頂開花」。在這六天之後，你便可以「開金口、露銀牙」。說出你要說的話。我希望六天後，你可以在臨時立法會內首先為我動議修改基本法。主席，香港即將回歸祖國的懷抱。香港人面對這歷史性的重要時刻，懷著既興奮且複雜的心情。一方面，回歸祖國標誌著控制了我們 150 年的英國殖民地政府終於離去，使中國能夠完成統一大業；但另一方面，主權回歸並沒有為港人帶來應有的民主、自由、人權，以及法治。我認為現時只是由一個專制走向另一個專制，由一個獨裁走向另一個獨裁！因此，如何有效地將港人的心結解除，不但是當前的急務，更對日後特區政府的政治穩定、社會的經濟繁榮，以至人心的所向均有舉足輕重的影響作用。

基本法作為日後特區的主要法律文件，其主要組成部分不單影響特區在經濟及民生方面的運作，更對未來政治制度的遊戲規則有所規限。如果未來政治上的遊戲規則是一個公平、公開及民主的運作模式，則能確保「一國兩制，高度自治」，以及「港人治港」的概念得到落實，並能確保港人的人權和自由得到保障。

主席，根據現時基本法的規定，香港在二〇〇七年之前或以後，都未必能

有一個全面由直選產生的立法機關，更不會有由一人一票選舉產生的特區行政長官。可見，香港在未來十年或以後的日子都仍然是由一個「半民主、半獨裁」的政府管治。港人無從通過廣泛的政治參與來監督政府的運作和施政。未來特區政府的問責性、代表性，以至認受性，與現時的殖民地政府比較，可以說只是「五十步笑一百步」而已。一個「半民主、半獨裁」的特區政府，何來「港人治港」？這與「京官治港」有何分別呢？一個「半民主、半獨裁」的特區政府，又何來「高度自治」呢？這與「中央高度控制」有何分別呢？一個「半民主、半獨裁」的特區政府，又何來保障港人的民主權利、人權、法治，以及自由呢？

主席，中國副總理兼外交部長錢其琛在選舉行政長官前夕強調「香港真正的民主開始了」，意味著特區成立之後，香港將不會再像過往殖民地時代那樣由英國委任總督，而是由港人選舉行政長官。但眾所周知，那個由四百人組成的推選委員會，四百個推委都是由中央政府欽點的，美其名是選舉，其實只是一場政治遊戲、一場政治「秀」。這是一場誰都可以預知結果的選舉，誰都可以預知一定不會是吳光正或楊鐵樑當選。董特首當選後，隨著蜜月期過去，其「傀儡」面目已經表露無遺。這是否「真民主」呢？似乎真真假假已不再重要，民主權利已被當權者肆意踐踏和扭曲以混淆視聽，而以為把謊話說上一百次便可變成真話這個荒謬怪論，不少報章都已經實踐了。

更可笑的是，一個不需要由選舉產生的臨時立法會，一個以「親中同鄉會」和工商界為主導的所謂「立法機關」，竟然可以取代在九五年全港百多萬選民投票選舉出來的立法局。我們這個立法局尚有不足五天便會被臨時立法會「趕落車」，這是否「真民主」呢？如果這是「真民主」的話，甚麼是「假民主」？甚麼是「真獨裁」呢？

主席，中國政府一直以「陰謀論」來處理民主步伐的問題，並且一直指摘港英政府在過去百多年來都沒有在港推行民主，但卻在過渡期大搞還政於民，是偽善的政府在製造麻煩，企圖令中國政府在收回主權時所接收的是一個難於管治的「爛攤子」。如果這套理論也不算是漠視港人的民主權利的話，民主制度又怎樣才可以得到保障呢？民主政制成為了中英兩國政治外交的籌碼，所謂「你做初一，我做十五」，正好反映這種非理性，將港人民主的權利作為賭注的下流行為。現在「做初一」即將離開，「做十五」的要到甚麼時候才還政於民呢？我相信，修改

基本法是第一步。很多人認為基本法不可修改，其實立法局每天都在修改法例，基本法是未來五十年香港特別行政區的法律，為甚麼不可以修改呢？

主席，錢其琛曾經表示，香港未來的選舉是否公平及公開，是國際社會審視香港九七後的情況的重要指標。若要國際社會對香港未來有信心，要香港的經濟持續發展，要香港不至成為剝奪人權和自由的國際大笑話，便應盡快全面普選行政長官和立法機關，去除任何「國際反華大合唱」的障礙，使國際反華勢力的陰謀不攻自破。從此，中國便可以堂堂正正地向國際社會說「不」。

主席，民主制度是確保一個社會賴以成功的必要條件，而選舉制度則是建立「真民主」的重要條件。沒有直接、平等和普及的選舉制度，法治、人權和自由怎能得到保障呢？「一國兩制」、「高度自治」，以及「港人治港」又怎會出現呢？主席，如果香港可以發展民主政制，這不單止對香港的前途有好處，更是中國繁榮昌盛的里程碑。所謂「香港好、中國好」，「中國好、香港更好」。這並非空喊的口號，而是要大家落實去把基本法不民主的部分修改好才能達至的。

（編者注：原議案與修正案一併辯論。）

羅叔清議員就曾健成議員的議案動議修正案：

「刪除『促請』，並以『深信』代替；刪除『中國』，並以『香港特區』代替；刪除『立即修改』，並以『根據』代替，及刪除『，以盡快達至立法機關全面普選及行政長官由直選產生；』。」

（編者注：修正後的議案內容如下：

「本局深信香港特區政府在九七年七月一日香港回歸，根據《基本法》落實一國兩制、港人治港、高度自治；及保障香港的民主、自由、人權及法治。」）

羅叔清議員致辭：

回顧基本法從起草到公布所經歷的四年零八個月，期間「幾上幾落」，港人積極參與基本法制定的諮詢工作。每一項意見，每一封建議書，每一場諮詢會，都反映從起草到諮詢的過程艱辛，單是徵求意見稿，便歷時三載才完成。徵求意

見稿出台後，在社會上引起廣泛討論，經過多番修改，以至完成基本法草案，最後由全國人大通過，整個過程是港人真正的民主參與，由港人共同決定自己的未來，制訂香港的發展藍圖，決定香港的未來。這是在英國一百五十多年的殖民管治下從來沒有的，也沒有可能有的，在世界歷史上亦是少有的。

下周香港便要回到祖國的懷抱，基本法將在特別行政區實施，港人將成為香港的主人。基本法體現了港人的意見獲得尊重和採納。公布後港人十分滿意，普遍都說是出乎意料地好，社會上一致好評。

當然，由於不同人士或社群各自持有不同的價值觀與利益關係，我們不能強求大家一致。基本法的制定當然不能滿足每一個人的要求，只能按照香港大多數市民的意願而制定。在基本法內容裏，引起爭拗較多的，無疑是有關香港特別行政區行政長官及立法會的產生辦法。這種情況一點也不奇怪，在結束百多年殖民統治後，大家對如何落實「港人治港」、「高度自治」，以及對民主發展步伐的快慢各有不同的看法。有些人認為應快一點，有些人認為應循序漸進。相信香港市民大多數均認為欲速不達。我說大多數是包括所謂「民主派」人士。儘管這些民主派大喊口號，落力作政治表演，本人相信他們心底裏也明白，香港特別行政區剛剛成立，香港不可能馬上進行全面普選。

本人在這裏指出：自以為是民主派大旗手的民主黨，在高喊回歸後盡快進行立法機關全面普選及行政長官由直選產生之餘，他們黨內進行領導層選舉，也不是採取一人一票。相對於一般黨員，他們的創黨黨員，即是民主黨目前的主要核心成員，擁有較優越及特殊地位。十分明顯，他們心目中的民主與人權有著兩種不同標準，對外喊一人一票的民主選舉，僅是喊給市民聽聽而已。據瞭解，他們的黨綱內也寫上該黨成立後，發展到一段時間，將會實行一人一票選舉。但本人不禁要問，為甚麼民主黨不在成立後便立即實行一人一票選舉呢？理由他們很清楚。主席，基本法第四十五條及第六十八條分別註明行政長官及立法會的產生辦法，是根據香港特別行政區的實際情況和循序漸進的原則而規定最終達至全面普選產生的目標，而附件一及附件二分別註明了行政長官及立法會產生辦法的修改機制。為甚麼這個循序漸進的方式他們就反對呢？就批評為扼殺民主呢？恐怕這與真正爭取民主無關吧！

主席，一人一票選舉行政長官及立法會是一種選舉模式，是一個民主的表面表現，這不是民主的整體整個內容。若有人只管空喊一人一票選舉，就表示他們

支持民主，就表示他們等同民主，就表示民主是他們的專利品，則恐怕他們對民主的看法太過流於膚淺了。

主席，七月一日回歸的日子馬上便到了，香港特別行政區將根據基本法實行「一國兩制」和「港人治港，高度自治」。今年初香港人選出了自己的行政長官，整個選舉過程是既公開又公平的。港人普遍支持普選董建華先生為行政長官，結束了百多年殖民統治者欽點一位英國人總督來統治香港的獨裁局面。選舉行政長官的同一個推選委員會，其後又選出了六十位臨時立法會議員，他們超過半數為現任立法局議員，具有廣泛的代表性、議政能力與經驗。行政長官亦委任了他的行政會議成員。成員中來自不同階層，包括基層代表。這是殖民統治時代從來沒有的。此外，中央人民政府亦照單全收，任命了行政長官所提名的全部現任決策科的司級首長為特別行政區的主要官員，其中只有一名英籍律政司及堅持退休的廉政專員除外。而新任命的律政司司長梁愛詩亦受到法律界及市民普遍歡迎。最近，特首根據獨立的司法人員敘用委員會推薦任命了終審法院的首席法官、常設法官及高等法院的首席法官。這些任命受到法律界一致的支持。

主席，以董建華先生領導的香港特別行政區政府正按部就班地展開工作。本人深信在他的領導下，特區政府將根據基本法落實「一國兩制」和「港人治港、高度自治」。本人亦深信只有擺脫了英國的殖民管治，香港回歸祖國後，實現「一國兩制」和「港人治港」，香港才有真正的民主、自由和人權，法律才有保障。

劉漢銓議員致辭：

主席，基本法對於立法機關的產生辦法，強調的是循序漸進的原則。第六十八條訂明「立法會的產生辦法根據香港特別行政區的實際情況和循序漸進的原則而規定」，而基本法的有關附件也是根據循序漸進的原則而訂明第一、第二，以及第三屆立法會的產生辦法。港進聯認為循序漸進發展民主，不單止是基本法所定下的原則，也是絕大部分港人的共識。香港的選舉政治尚處於發展階段，過急推行全面普選立法機關和全民直選行政長官，對保持香港社會的穩定並沒有任何好處。「揠苗助長」的故事是我們大家都熟悉的，操之過急的結果是危險的，作為審慎的立法者我們不主張讓香港冒這個政治風險。

基本法的政制方案先後經過四年多的時間諮詢港人的意見，草案是「三上三下」反覆推敲的結果。基本法所採立的方案已經綜合了香港社會各界人士的意見，並且為香港特區的政制定下了審慎和穩健的發展步伐，我們看不到有任何理由，要突然改變這一套曾經廣泛諮詢並結合多方意見的政制方案。

主席，基本法規定了嚴格的修改程序，目的是要從法律程序上保證基本法的穩定性、權威性，以及作為香港特區根本大法的地位。如果基本法可以隨便修改的話，便會損害基本法上述的地位和性質。

劉慧卿議員致辭：

主席，我發言支持曾健成議員的議案，以及反對羅叔清議員的修正案。

主席，我們成立「前綫」的目的，是為香港爭取民主自由，我們當然會支持盡快修改基本法，使香港的「小憲法」可以容許市民通過一人一票選出立法機關。但是我不同意曾健成議員剛才多次提及的「半民主、半獨裁」。對我而言，民主是沒有一半的。主席，我相信你也不會同意，因為你也曾表達過你的意見。雖然民主黨當時支持三十席直選，甚至二十席。但是民主就像懷孕一樣，不是有孕就是沒有懷孕，不可能一半一半，因為這是沒有意思的。我們現時並沒有民主，但我們是朝著民主方向去走。我希望我尊敬的曾健成議員弄清楚這一點。因為他這樣說不單止會誤導香港人，也會誤導國際社會。現時有八千多個外國記者在香港採訪，他們聽到阿牛說有一半民主，便會以為真的有一半，但其實卻是沒有一半的。

另一方面，剛才羅叔清議員說基本法的制定其實是很民主、是由市民參與，是由香港人共同決定的。主席，我從不覺得我們香港人有機會決定自己的未來或主宰自己的未來。如果真的是有這樣的機會，現在幾天回歸的日子裏，大家便不會有這樣的心情。香港並沒有人是自發性地慶祝回歸的，有些人甚至浪費了數千萬甚至數億萬元去進行慶祝活動，但要是到街上看一看，有多少人是自發慶祝的呢？如果真的是那麼民主、那麼開心，為甚麼無法讓人看到呢？原因就是我們非常歡迎殖民地統治結束，但卻對將來很憂心。我們不知道自由的生活制度和法治可否得到保障。將來中國共產黨如何管治香港、董建華如何扼殺或趕盡殺絕不同的聲音，這些都是我們非常擔心的。

基本法並不是市民真正可以參與制定的小憲法，我相信這是大家都知道的。最重要的，是我們「前綫」支持香港市民有權參與制定自己的憲法，經過充分諮詢，然後通過全民投票來表決。因此，我不能完全認同羅叔清議員的意見，就是說整個過程我們是有民主的參與，是給予港人去決定我們的未來。更可笑的是他說這基本法是「出乎意料的好」。坦白說，我無法記得曾有人這樣說過。倒是在聯合聲明公布之後，有些人，包括現時也在座的部分民主黨人士，則曾經表示「出乎意料的好」。但我肯定當時我並沒有說過，因為其中有很多灰色地帶，不知道將來會如何演繹。聯合聲明倒是有些個別人士評定為「出乎意料的好」，但基本法則只有《文匯報》或《大公報》才會有這樣的評語。不過，有一點我是同意羅叔清議員的，就是這的確是歷史上少有的，甚至是絕無僅有的。英國人非常可恥地將數百萬香港人交回共產政權，但卻又不給予我們機會表決，這一點我是要一再重申的。因此，羅叔清議員的意見，我是無法接受的。

我同意曾健成議員所說，應盡快讓香港人修改基本法，通過民主的程序，讓我們決定是否想加快直選的步伐。羅叔清議員剛才說過，如果認為一人一票等同民主的話，便是太過膚淺了。我並不同意他這看法。當然，我也不會天真地以為只要有一人一票便是民主。我們當然可以列舉一些國家是有一人一票選舉，但我們卻不一定認為真的是那麼民主的。不過，反過來說，若沒有一人一票，則很難說服我們會有民主。所以，我認為一人一票是最先決的條件，我真不明白為何羅議員認為這是膚淺的看法。倒不如讓他出來發言，說明不願意你們有民主，不准許你們有民主，這還好；但千萬不要讓他誤導我們，說可以有民主但不須要一人一票的選舉，這是完全不能接受的。

至於選舉特區首長，大家都記得我們去年十二月十一日被拘捕之後，回到這裏還有一個議案辯論的。我相信那次特區首長選舉是不民主的，而他自己亦不敢說是選舉，只是稱這個完全不民主的過程為推選。我相信香港人都明白，惟有到了我們香港人能通過一人一票的普選，選出香港人的行政長官，以及全個立法機關的那一天，我們才可以有民主。這是我們的目標，我劉慧卿說了很多次，除非中國有基本政策上的改變，否則我可能在有生之年也不一定能夠看到香港有民主。我今年 45 歲，我希望我這看法是錯的，但我確有這樣的擔心。我雖然擔心，但我和「前綫」的成員都會盡最大的努力去爭取。在爭取的過程中必定會有

困難，也有人可能要作出犧牲，這是「前綫」和其他香港人也曾考慮過，也清楚知道的。不過，我們是不會「看風駛帆」，只挑那些易行的路去走。我們有我們的理想和目標，我們希望很快便能有民主的選舉。我們相信，有理想、有目標，朝著民主方向做事的人，必定會得到廣大市民支持的。

倪少傑議員致辭：

主席，眾所周知，基本法是九七年後香港特別行政區的小憲法。「一國兩制」和「港人治港」的精神是否能夠真正得到落實，未來特區的安定繁榮是否獲得最佳保障，最重要的一個環節是中港兩地要同時維護基本法，在尊重港人「高度自治」的原則之下，共同努力將之落實。

主席，事實證明，除了外交和防務之外，中國政府以至籌委會在處理有關香港特別行政區的一切事務，都是按照港人意願和「高度自治」的原則進行的，民主進程也是根據基本法規定的範圍之內的循序漸進方式辦事。今天曾健成議員動議「促請中國政府在九七年七月一日香港回歸，立即修改基本法，以盡快達至立法機關全面普選及行政長官由直選產生」的議案，很明顯就是和港人「高度自治」和循序漸進的民主發展進程互相違背，令人感到遺憾。

曾議員提出加快本港的民主發展步伐，很明顯是屬於香港特別行政區的自治範圍的事務，理應由特區政府自行處理，為何曾議員要促請中國政府越俎代庖呢？民主黨黨鞭時常將「港人高度自治」掛在咀邊，曾議員的議案不正是狠狠地給他們的黨鞭「掌咀」嗎？

李鵬飛議員和劉漢銓議員已經指出，基本法第一百五十九條規定了基本法的修改機制，該條文規定：「本法的修改提案權屬於全國人民代表大會常務委員會、國務院和香港特別行政區。」眾所周知，中國政府過去在處理涉及香港特別行政區的法律事務，就是要力求避免出現全國人大或中國政府代替香港特別行政區立法的情況。曾議員提出議案的目的，是否要要求中國政府插手香港的立法呢？還是反映了民主黨在本港政制發展問題上的投機心態呢？曾議員的議案提及要落實港人高度自治，可是卻又促請中國政府立即修改基本法，曾議員也不正是狠狠地自打咀巴嗎？

記得民主黨拒絕參與臨時立法會工作，揚言要在本港建制之外繼續推動民主的發展。民主黨卻原來是以促請中國政府修改基本法的手段來加速發展香港民主。民主黨這種投機取巧的行徑，早已有跡可尋；記得在政改風波之中，民主黨為了一黨利益，大力支持彭督政改方案，斷送了立法局的「直通車」機制，正是罔顧全港社會整體福祉的具體表現。上星期，民主黨黨魁又公開揚言民主黨必定會參加特區第一屆立法會選舉。既然如此，民主黨為何不留待進入特區建制之後，經過立法會的民主討論，然後促請特區政府按照基本法的規定去提出修改基本法呢？民主黨的處事方式就是這樣，投機取巧、急功近利，罔顧市民渴求安居樂業的意願，混淆視聽，刻意誤導市民，回歸後的香港即將沒有民主自由，為香港前途添加更多不信任和不穩定的因素，蒙上一片陰影，這不是另一類「唱衰」香港的做法嗎？

主席，本港市民在民主發展方向的問題上是存有共識的，因為大家都贊成民主，只是在發展步伐上出現分歧。這個分歧應該留待反映民意的特區立法機關經過充分討論，然後按照基本法的規定加以處理。今天民主黨人士提出促請中國政府急速修改基本法來處理香港特別行政區的內部事務，罔顧港人高度自治的原則，是極不負責任的。

主席，剛才劉慧卿議員說，民主好像懷孕一樣，一是有，一是沒有，不能夠只有一半的。我這個評論是想引出，若不是十月懷胎，便會生怪胎了。民主進程亦是一樣，我是說修改基本法和民主進程亦一樣是要循序漸進的，過去 150 年也沒有民主，現在突然間要有，時機是否成熟呢？當然亦有人說，現在已經成熟了，因為經過幾年的議會制度，已經成熟。但過去的歷史是 150 年這麼長遠，所以我認為應該是循序漸進才能有成熟的過程，民主進展亦是一樣，大家已有共識了，只是步伐不同。若按照劉議員的說法，我相信懷胎不夠十月，便會生出怪胎來，將來我們若是這樣急速，在尚未成熟時主張要有全面民主，我相信亦會出現一個民主壞胎，只能貽害港人，而不能造福港人，謝謝。

楊森議員致辭：

主席，基本法事實上是太保守了。第一屆立法會的任期是兩年，但是現在因

為出現了臨時立法會（「臨立會」）而阻延了一年，而這第一屆立法會是有 20 個直選議席的；第二屆增至 24 席，而第三屆則是 30 席。至於行政長官，其任期是五年，最初的兩屆由「小圈子」式的選舉委員會產生，完全不是通過民主選舉而產生的。所以，董建華雖然是通過這個「小圈子」推選出來的，但其實跟變相委任並沒有甚麼分別。此外，尚有一點，就是雖然經過三屆的立法會選舉和兩屆行政會議選舉之後，將會有一個選舉檢討。但這個選舉檢討是不容易朝向全面直選的，因為除了要取得三分之二的立法會成員同意和行政長官的書面同意之外，還要取得人大的同意，缺少任何一方面也是不行的。如此看來，以全面直選產生的立法機關，可能在我有生之年亦未必能夠出現。由此可見，基本法真的是太保守了，因為香港已經是一個很現代化的社會。

……

不過，民主的條件始終是受到一定的限制，雖然我們有這樣的潛質，但亦受到一定的限制。所以，要進一步落實「高度自治」，我們應承接香港近年的發展，再進一步開放。怎樣再進一步開放呢？一定要全面直選，行政長官和立法會的成員全部都要通過市民一人一票選舉產生，讓香港人當家作主。其實，香港的主權問題早已解決，並沒有甚麼糾紛，而且香港基本上是支持中國恢復對香港主權的。現在的重點，應該是發展「兩制」。香港人應該站起來，在中國主權之下繼續爭取民主、自由、人權，以及法治，使香港能夠在中國主權之下成為合理和公義的社會。主席，長遠來說，一個合理和公義的社會，既對我們香港人有好處，而且對中國也有很大的貢獻。香港對中國的貢獻，不單止是經濟，還有社會文化、政治、法律，以至藝術這數方面。我希望我們在中國的主權下，仍然能夠繼續為香港人爭取民主、人權，以及法治。這不單止對香港好，長遠來說，對中國亦有很大的好處。

李卓人議員致辭：

不少同事剛才發言的時候，例如李鵬飛議員和倪少傑議員，都針對曾健成議員這項要求中國政府修改基本法的議案，認為是政治錯誤。我最初也認為他們的意見是對的，直至我翻閱第一百五十九條，才發現最後還有一句是最重要的。那

句就是：「本法的任何修改，均不得同中華人民共和國對香港既定的基本方針政策相抵觸。」坦白地說，我也是今天才看到這一句的。簡而言之，就是中國政府若不准許的話，任何的修改也不能獲通過。雖然條文有提及甚麼三分之二立法會議員同意，行政長官同意後，再呈交中央處理等步驟，但是最後這一句才是最重要的。所以，我認為曾健成議員是對的，最終也要由中國政府來修改基本法。其實，這個修改的機制並不在香港，因為所謂既定的方針是中國政府訂定的，如果這既定的方針改變了，香港才可以修改基本法。所以，我們要爭取改變這「既定方針」，如果中國政府對香港的既定方針容許全面民主，我們才可以修改。

我們對於基本法的立場是：「起點太保守、步伐太緩慢、終點沒保障」。「起點太保守」是很明顯的，而現時還比基本法更差，因為臨時立法會的成立使情況倒退。「步伐太緩慢」是指第一屆立法會有 20 個直選議席，第二屆有 24 個，直至第三屆才有 30 個。至於「終點沒有保障」這一點，剛才李鵬飛議員說到了二〇〇七年便應該有全面的普選，我不明白他為何這樣說，因為基本法並沒有這樣說。比較準確地說，應該是到了二〇〇七年也不知道有沒有全面直選，因為要獲得當時三分之二的議員同意。大家試想一想，屆時的議會是怎麼樣的？就是有 30 個是直選議員，其餘 30 個則不是直選產生的議員。若要取得三分之二（或四十名）議員同意，即是說要十個功能組別的議員放棄自己的既得利益贊成直選，這是可行的做法嗎？能否找到十個走容易的路進入議會的人放棄那條易走的路呢？那些人肯放棄他們的既得利益嗎？因此，到了二〇〇七年，若中國政府的基本方針沒有改變的話，要當時的議會放棄自己的既得利益而同意直選，我認為絕不是容易成功的，所以我才會說終點完全沒有保障。

剛才倪少傑議員提及早產會變成怪胎，我想問他：香港的民主是在何時受精的呢？如果是在一九八四年受精的話，當時的中英聯合聲明已經提及立法局全面直選。假設是在那時受精，到今天已經過了 13 年，再加十年便是二〇〇七年，合共有 23 年之久。如果嬰孩仍然在母體內，違反了自然定律，最後嬰孩的母親是會死亡，而香港正是那位母親。如果香港一直不可以有民主，只是不斷拖延的話，最後，香港這個母親便會因為懷胎困難而死亡。我相信大家也不希望出現這樣的結果。其實，香港一直期待已久，甚麼「循序漸進」的步伐已經談論了十年，不應該再說了，現在就是適當的時間。

張文光議員致辭：

⋯⋯第一，剛才羅叔清議員說「基本法公布之後，大家都認為是出乎意料的好。」我真的懷疑羅叔清議員當時是否在香港生活，是否瞭解當不少香港人的民情及民意。當時香港人對於基本法，尤其是民主步伐那一個部分，是非常不滿意的，因為該部分是出乎意料的差。但是香港人在甚麼時候曾經對中國的印象是出乎意料的好呢？那就是在中英聯合聲明簽訂的時候。我到現在還有非常深刻的印象，是在中英聯合聲明簽署之後，司徒華議員有一次跟我交談的時候，對我說：「張文光，聯合聲明好。」我問：「那個部分好呢？」華叔說：「內文中有一句指明立法機關由選舉產生，而行政機關則向立法機關負責。」因此，我們都非常地高興，並且深信殖民地結束後，我們將會有一個民選的立法機關。這是很多在七十年代成長的青年人的夢想，我們反對殖民地主義的成長，並且渴望回歸之後有民主的制度，解除過去殖民地所加諸對人民的枷鎖，而我們均深信這一點。但是當基本法公布之後，我們才知道所謂的選舉，完全不是我們心中所期望的一人一票民主選舉，而是曲折離奇的，既有直選、又有功能組別選舉，還有選舉團的選舉。坦白地說，如果純從文字的角度來看，究竟是我們天真地受騙，還是中國政府後期改變了她對香港的政策，我真是不知道。但是我真的不認為基本法是出乎意料的好。

第二個問題，就是今天很多議員，其實也是我們十多年來的好朋友，他們都跟我們說：「民主政制是要循序漸進的。」我們不是不循序漸進，正如剛才李卓人議員指出，已經過了 13 年，如果這真的是個胎兒的話，已經變成化石了。難道這樣長的時間仍未有足以讓我們循民主的序而實現我們對民主的希望嗎？現在大家又說：「等待至二〇〇七年吧！」從八五年我們第一次有立法局選舉開始，到了二〇〇七年已經是整整 22 個年頭，人生有多少個 22 年？我們這裏有很多人為了這 22 年，是要由青年等候至中年，又由中年等候至老年，這個是不是真正的循序漸進呢？再者，即使到了二〇〇七年那又怎樣？屆時的制度仍然是懸而未決的，基本法說得很清楚，如果要在二〇〇七年改變這個制度，要經過很多機關以及機制、要立法會三分之二的議員通過、行政長官同意，以及人大常委會批准，只是這一關已經是極不容易通過。所以，我們不要受二〇〇七年的另一次的欺騙，二

○○七年可能只是一個遙遠的欺騙，當我們到了二○○七年的時候，情況可能是完全好像我們過去根據聯合聲明所理解的立法機關由選舉產生一樣，是可以用很荒謬的理論來解釋的。何況剛才李卓人議員亦指出基本法第一百五十九條其中有兩句，使我們對二○○七年不能寄予太大的民主幻想。第一句就是「本法的修改權屬於全國人民代表大會。」第二句就是「本法的任何的修改，均不得同中華人民共和國對香港既定的基本方針政策相抵觸。」單是這條文的首尾兩句，就已經表明任何可能在香港出現的民主改革，如果一旦不能得到中國政府的同意，就會真正在 22 年之後胎死腹中。所以，在這問題上，我們還有很長的路要繼續奮鬥。

第三，很多人經常說要循序漸進，但同時卻又容忍「急速倒退」。第一個倒退就是立法局，一九九五年由一百萬名選民選舉議員的，而現時卻急速倒退至由四百個推委選出，這是循序漸進還是「急速倒退」呢？第二倒退是兩級議會增加四分之一的委任議席，於是造成一個局面，就是在選舉中贏了的人可以加入市政局，輸了入也可以加入市政局，變成贏輸的人都同樣可以加入市政局。這樣，市政局選舉還有甚麼意義呢？一人一票的民主選舉還有甚麼意義呢？這是循序漸進還是「急速倒退」呢？很坦白地說，臨時立法會的產生方法與基本法就第一屆立法會所規定的選舉方式比較也是一大倒退。如果可以甘於接受這三大倒退的話，你還有甚麼資格在這裏說我們要循序漸進呢？還有甚麼理由可以使人相信你是希望香港會走向循序漸進的路呢，即使這漸進的步伐是多麼緩慢？有人認為一人一票很膚淺。對不起，即使是這麼膚淺的道理也導致了這麼多文章。不論是由一人一票轉為有功能組別和選舉委員會；還是在一人一票雙議席雙議制失敗了之後，改為單議席單議制，然後再失敗之後又轉用多議席單票制或比例代表制，一直都是一人一票。將這麼膚淺、這麼普遍的理由複雜化和高深化，最終的目的只是為了要阻止民主的進程，走循序漸進這條路。所以，在這個問題上，我要很清楚地指出，我們在年青的時候反對殖民地制度，我們不希望回歸之後，這個殖民地制度仍然變相地在我們身上存留枷鎖。我們必須要奮鬥。

何俊仁議員致辭：

現時的基本法所指的就是民主制度嗎？所謂循序漸進的發展能符合香港社

會現階段的發展，能配合香港人多年以來所爭取落實的期望嗎？主席，這都是完全未能達到的。更不用說的是基本法已設下重重關卡，要將之修改的話，恐怕是「難過登天」。當然，有許多民建聯的同事可能會認為並非如此，並謂附件二的規定並不十分清楚，其實基本法的內容是可以修改的，根據基本法內的條文，可由立法機關決定，然後徵求行政長官的同意。可是，大家請勿忘記行政長官是由中央委任的。中央委任的目的正是要行政長官落實中央政府對香港的基本方針，誰會相信行政長官願意輕易違背中央的基本方針，讓香港人落實自己的願望走向民主呢？假如中國不同意的話，我相信即使取得立法機關三分之二的議員同意也未必能成功。剛才李卓人議員提及基本法第一百五十九條指出任何修改必須符合中華人民共和國對香港的基本方針政策，必定不能有所牴觸。我認為其實根本並不須要用這條文，因為中央委任的行政長官已經可以保證香港不得超越雷池半步。說實在的，到了今天這地步，中國中央政府必須改變其對香港的基本方針、必定要尊重香港人對民主的訴求，並且必須重新履行他們對香港的承諾。

為何要把民主這回事說得這麼複雜呢？其實這是十分簡單的，就是讓人民通過直接參與選出自己政府，而政府則通過定期的選舉向人民交代和負責，這是必須的條件。假如這項選舉並沒有直選的機制，而是曲折離奇地包括了功能選舉，委員會選舉，還要加上選舉委員會的推選等機制的話，我相信略有常識的年青人也知道這些其實都是欺騙香港人的鬧劇而已。

主席，本人希望指出一點，「幾上幾落」是否代表香港人有份參與諮詢程序、是否代表香港人的意見獲得尊重，或是代表香港人的聲音能真正如實地反映在基本法中。主席，盲目地要香港人信任中央政府和信任特區首長，就等如要我們相信人治、相信強權，以及相信一個不民主的制度；我深信這是香港人所難以接受的。不過總括來說，民主黨無論如何都會對香港有承擔、繼續爭取修改基本法，以及繼續推展香港的民主運動。

司徒華議員致辭：

主席，李鵬飛議員反對曾健成議員的議案，我相信他一定讀過基本法，但是我懷疑他有過目即忘的毛病。請大家不要聽錯，我是說過目即忘，「即時」的

「即」，並非「不」。或許他所認識的中文和英文與我們所認識的中文和英文不同吧。為何我這樣說呢？因為若非這樣，他就不會說出那樣的道理來。他剛才的說法，表面上好像是假借維護「高度自治、港人治港」的原則和面貌之名，但其實卻是違反了「一國兩制」和「高度自治、港人治港」的原則，也違反了基本法。

第一，他認為香港人不應該要求中國修改基本法。

我們現在看一看基本法第一百五十九條的內容：

> 本法的修改權屬於全國人民代表大會。
>
> 本法的修改提案權屬於全國人民代表大會常務委員會、國務院和香港特別行政區。香港特別行政區的修改議案，須經香港特別行政區的全國人民代表大會代表三分之二多數、香港特別行政區立法會全體議員三分之二多數和香港特別行政區行政長官同意後，交由香港特別行政區出席全國人民代表大會的代表團向全國人民代表大會提出。
>
> 本法的修改議案在列入全國人民代表大會的議程前，先由香港特別行政區基本法委員會研究並提出意見。
>
> 本法的任何修改，均不得同中華人民共和國對香港既定的基本方針政策相抵觸。

這一條已經說明香港只是有提案權，所謂提案權就是可提出要求。即使將來香港真的有人提出這項要求，立法會都是要進行討論的。假如將來有人在立法會提出這樣的議案，而李鵬飛議員當時又是立法會議員的時候，我希望他不要再列出這一條道理。為甚麼提出要求都不可以呢？基本法規定是要由香港人提出要求的。

第二，他說到了二〇〇七年香港便會實行全面的普選。這是錯的，是有誤導成分的。根據基本法附件二的第三段：

> 二〇〇七年以後立法會的產生辦法和表決程序
>
> 二〇〇七年以後香港特別行政區立法會的產生辦法和法案、議案的表決程序，如需對本附件的規定進行修改，須經立法會全體議員三分之二多數通

過，行政長官同意，並報全國人民代表大會常務委員會備案。

但是在備案的時候，人大常委會是可以發回重議的，也就是否決。我不知道李鵬飛議員會不會競選第二屆行政長官，也不知道他能否當選。假如他參與競選，而又當選的話，到二〇〇七年只要他一人反對，就不能夠提交給人大。董特首曾經說過兩個市政局及區議會的議員必須符合兩項條件才能夠過渡，第一就是要愛國愛港，第二就是要擁護基本法。我現在是很榮幸地被欽准為愛國愛港和擁護基本法，因為臨時市政局議員名單上有我的名字。其實，即使沒有欽准，我也符合這兩項條件。第一項愛國愛港方面，最簡單來說，香港政府在八七年委任我為太平紳士，但我鑑於要宣誓效忠英女皇才取得而拒絕了；還有的是我從未公開過的，就是去年香港政府要給我一個勳銜，但是我拒絕了。單是這兩點已經說明我是愛國愛港的。可是，今天我從報章上看到有些人接受「金紫荊勳章」時說要熱愛祖國，我真不知道那些外籍人士怎樣熱愛祖國、愛那國祖國。第二，我是擁護基本法的，特別是擁護第一百五十九條，因為該條規定基本法是可以修改的。我建議李鵬飛議員再細讀一次基本法，以及要隨身攜帶，日後提及基本法的時候，最好先拿出來看一看，不要亂說話，否則是會使人失笑的。

葉國謙議員致辭：

剛才我亦聽到曾建成議員和楊森議員提及成立臨時立法會（「臨立會」）是為了要取代或推翻現時由百多萬選民選舉產生的立法局，我認為這是歪曲事實，是謊言。造成立法局不能有「直通車」，是英方單方面拆毀路軌，中方迫不得已才會採取這措施。在九五年選舉的時候，我親身通過電子傳媒聽到現時也在座的李柱銘議員表示，儘管立法局的任期只有兩年，他亦會參選。這證明了在九五年選舉的時候，不單止六百萬港人都知道今屆立法局的任期是兩年，連李柱銘議員也是清楚知道的。既然這樣，又怎麼可以說成是中方要以臨立會來取代立法局呢？張文光議員亦指臨立會的選舉是倒退的，連第一屆立法會的選舉方式也不依循。臨立會若真的以第一屆立法會的選舉模式進行選舉，那麼，選出來的肯定不是臨立會，而是第一屆的立法議會。這是客觀的現實，不能「信口開河」的。

主席，在籌組香港特別行政區的過程中，不論是籌委會的工作，還是行政長官的選舉，以及行政長官選舉產生由他負責籌組的特別行政區政府的工作，都是嚴格按照基本法和全國人大有關的決定辦事，而行政長官、行政會議成員、臨立會議員，即行政、司法及立法機關的成員都是由港人擔任，這使我們相信在九七年七月一日後，特區政府將按照基本法規定，落實「一國兩制」，「港人治港、高度自治」。

主席，今天曾健成議員動議要求修改基本法的議案。民建聯同意基本法在落實施行一段時間後，可按照當時的社會環境、政治形勢的現況的改變，根據基本法第八章第一百五十九條的規定作出所須的修訂。但目前曾議員的議案，要求在回歸後立即修改基本法，民建聯是不能夠贊同的。因為基本法當年是經過四年零八個月的諮詢後才制定完成，每一項內容都是當時參與起草的人士在收集意見後再經詳細討論的成果，而有關行政長官和立法機關的選舉方式，亦是配合和回應了香港逐步邁向民主的需求。所以，在這方面，我們民建聯認為是應當在實踐後再按當時的社會環境檢討，然後才作任何修改。

張炳良議員致辭：

主席，今天的會議是九七年七月一日之前我們這個民選議會最後一次的會議。我認為民主的問題是極適宜藉今天曾健成議員動議的議案辯論清楚，並要討回歷史的公道。對我們民主派來說，「港人治港」就是要爭取民主的「港人治港」。我記得八十年代初期，中國政府提出以「一國兩制」和「港人治港」的方法來解決香港的前途問題，不少人仍抱有疑慮，何謂「港人治港」呢？當時中國政府的官員和領導人，無論是公開或私下都表示「港人治港」是由香港人以民主的方式管治香港，並謂英國人要離開了，而這百多年來英國人並沒有給予香港人民主，但自九七年中國恢復行使主權開始，香港真正的民主才開始。這是當時中國政府所作出的承諾。但正如剛才張文光議員所說，到底這是一個美麗的欺騙，還是一個美麗的誤會，我自己也弄不清楚。我相信將來歷史仍要就這問題作出一個評價。

過去十多年來，有關民主的爭論方面，我們不斷聽到一些似乎頗有道理但實

際上卻是在不斷拖延民主步伐發展的理由，「循序漸進」便是其中一例。剛才張文光議員也指出，自我們初次提出民主訴求開始，到今天已經等待了二十多年，但仍是要「循序漸進」。舉例來說，若有機會實行較為民主的選舉方法，社會上很多人都不能再接受「循序漸進」或其他理由，並認為那是英國的陰謀；但是一旦打出民族大旗的時候，其他任何理由卻全都要靠邊站。今天有些同事表示到了二〇〇七年便可以按照基本法所規定的時間表實行全面普選。對此，我自己也不敢太肯定。屆時可能有人會說當時的社會條件並未成熟，也可能會指香港已成為外國勢力用以顛覆中國的基地，要和平演變中國。那麼，民主將會再一次成為犧牲品。

回顧歷史，八四年聯合聲明簽署的時候，民主派非常高興，認為可以真真正正開始推動民主治港。我們認為民族問題和主權問題已經在八四年解決了，從那時開始便應該為九七年全面實行「港人治港」作好準備。因此，代議政制的發展，以及民主選舉都是必須的。可是，到了八五年，中方表示不能推行代議政制，不能推行民主，理由並非是中國政府反對民主，而是基本法尚未開始，我們要銜接、要按本子辦事。到了八六、八七年時，我們爭取八八直選。其實當很多人都認同立法局應可有少數的直選議席，而當時所爭取的直選並不是要全面直選立法局所有議員。可是，由於銜接的問題和面子的問題，中方發動了整個輿論機器，使一些本來可能可以認同民主選舉的人士也隨之表示：「我們要顧全大局，寧要飯票，不要選票。」

八八年的基本法政制爭論，不少派別如民主派、中間派（即左派），以及工商界等，當時均參與激烈的爭論。當時中國政府的官員表示，就民主的問題而言，中國政府是沒有底線的。因為「港人治港」是「內部自治」問題，只可惜香港內部有數派不同的意見，所以最合適的方法是港人先舉行圓桌會議，弄清楚一切問題，然後達成協議，這樣北京便會接受。八九年年終，這三大派終於達成共識。當時他們提出一個很溫和的方案，就是「四四二」方案。但中國政府卻說不能接受，理由是自「六四」事件後，不論是當時的行政立法兩局的共識方案，還是民主派、工商界，以及中間派的方案，都是在英國改變對華政策的氣氛下出現的，是英國陰謀的一部分，故此不能接受。到九二年，彭定康到港後提出政改方案，中方又祭起民族大旗，指這是英國人的陰謀，甚至不單止英國，而是英、美

以至所有外國勢力都在針對中國，實為大陰謀的一部分。因此，該方案也是不能接受。至於九五年的選舉，不單止民主派參加，其他很多不贊成全面直選的黨派也有參選。當時親中的輿論指出這是彭定康為民主派度身訂造的。我不明白怎樣可以度身訂造。百多萬人通過自己的自由選擇選出一些自己屬意的候選人，這還可以說是度身訂造嗎？

民主派自九〇年開始不斷爭取修改基本法，很多人均表示不能修改基本法，因基本法仍未生效。今天，跟我們民主派對立的同事在發言的時候，沒有一人敢說九七年後應該修改基本法，有些同事則說要到二〇〇七年按照原有的時間表作出決定。我剛才一直在等候民建聯的葉國謙議員發言，我希望他能說清楚九七年七月一日之後是可以修改基本法的，並應該盡快進行，但是他並沒有這樣說。為何我要等待他說呢？因為我還記得數年前爭論基本法應否修改的時候，無論曾鈺成議員或程介南議員均表示七月一日之前不能修改，因為沒有程序，但七月一日之後便可以，並且都表示民建聯會在七月一日之後會支持修改基本法。但是剛才我聽了葉國謙議員的發言之後，感到很失望。我認為當我們在爭論這問題時，應該為歷史討公道，也應該清楚說出我們真正的要求是甚麼。

陸恭蕙議員致辭（譯文）：

主席，今天曾健成議員動議的議案，重點是要求立即修改基本法。顯然他認為基本法對於推動民主方面仍有不足。另一方面，羅叔清議員提出修正案，表明他對現時的基本法信心十足。但葉國謙議員剛才的發言好像表示：基本法確實未臻完善，我們可予以修改，但未必可以在七月一日之後立即進行。因此，若我們能夠達成共識，同意現時的基本法在推動民主方面仍未完善，便可以作出修改，而且亦應予以修改。

主席，首先讓我簡單講述基本法在推動民主方面的規定。基本法是一部憲法，就如其他憲法及法律一樣，屬於一套根本的法律。憲法訂明社會的權力架構，以及明確列出市民與政府之間的關係。它不但主宰各人的生活方式及命運，亦以白紙黑字的方式確認，以及自我肯定的字眼，確定各人的身份。由於憲法是根據現實及現時的訴求而繪畫的未來生活方式的藍圖，因此，隨著現實的轉變，

憲法亦必須作出相應的修改。

基本法的措辭就如其他大部分憲法一樣，既冠冕堂皇又含義廣泛。基本法內的條文除載列本港居民的基本權利及義務、香港特別行政區政治架構的基本原則，以及特別行政區與中央政府的關係外，亦詳載未來轉變的路向，但對如何實行卻隻字不提。因此，香港人需自行想像如何付諸實行，使我們的社會變得更公開、寬容及民主。

主席，在這段使人亢奮的日子，當世界各國的注意力已經他移的時候，香港人卻仍忙於找尋定義，同時試圖在我們與中央政府及基本法三者之間創造工作的關係，以反映我們的決定及日後將會如何修改基本法。

民權黨相信，只有在明示受命的情況下，政府才可代表市民及為他們作決定。這是政府必須履行的道義責任，而實際上，這亦是揉合港人意見及經驗的唯一途徑，使政府可有效地運作。我們認為由七月一日起全面剝奪香港人的權利是民主大倒退，因此必須盡快推行合法的立法會選舉加以糾正。我們看不到為何在一九九七年前不得修改基本法，更認為沒有理由收窄現有的選舉規定，因為這些規定使經由選舉產生的立法機關有更廣泛的代表性，更能得到香港人的支持。

選舉提供一個問責機制，使所有民選代表均須對其所作出的決定負責，從而讓香港人參與建設特別行政區。當行政長官獲人民授權就任，基本法亦就其對立法機關的問責性作出規定，就如普選產生的立法機關一樣，使行政機關須間接向市民交代。不過，立法機關在此重要範疇方面的權力卻十分有限。雖然立法機關可制定法例約束政府當局、審批財政預算案、質詢政府及確認行政長官的施政報告，但這些都不是真正問責的元素。以最極端的情況為例，倘同一條法例連續兩屆獲得立法機關通過，但行政長官卻一再拒絕簽名確認，他便有責任自動辭職。不過，立法機關卻不能把他罷免。因此，根據基本法，由香港人選出的代表不能為香港制訂政策方向，雖然由七月一日起將再無此類代表。

主席，我相信這種情況遲早會改變。基本法訂明立法機關由普選產生及行政長官由直選產生，民權黨亦以此為目標，作為其指導性原則及承諾。如果按照市民一詞的真正意思，香港人根本沒有機會一嘗做市民的滋味，因為我們從來沒有參與集體決策的過程。

在主權回歸的同時，市民卻失去了表達意見的權利，及在制訂未來的政策時

不能享有更多的發言權，而只有有限的權利，無法體現民主的真正意義，這是很可悲的。主席，這些改變必須靠我們來實現。

我深信香港的前途就在我們的手裏。雖然基本法仍有許多不足之處，但卻能夠給予香港發展民主的空間。基本法承諾推行全面民主，雖然只是最終的目標而未能即時實行，但到底也是首次在香港的土地上所聽到官方作出如此的承諾。香港人已開始著手實踐這項承諾，即使障礙重重，但我深信定可把它付諸實行。

無論我們打算如何實踐特別行政區的憲制規範，我們必須首先清楚本身需要些甚麼，才可使夢想成真。若我們不提出任何具體的建議落實修訂基本法的機制、改變就未來十年的立法機關所訂明的選舉架構，或作出一些根本的轉變，那麼只管投訴機制的不足之處亦於事無補。

倘若憲法不能配合整體社會予以體現及實行，空有完善的憲法亦屬徒然。長遠而言，究竟香港人希望接受怎樣的管治方式呢？如何在選舉安排及政制上體現這種管治方式？我認為立法局議員可以說出很多我們不想要的事情，但究竟我們有甚麼期望呢？更重要的是，在二十一世紀，當香港成為中國的一分子後，對於整體社會又有甚麼展望呢？

這些都是難以解答的問題，亦非我們一直提出的問題。因此，我們實在需要花點時間找出答案，而這些答案絕不會永遠一成不變。不過，主席，我們必須先訂下周詳的計劃，才能付諸實行。若我們把界定香港人的身份的責任轉交他人，例如全國人大委員會，就等於親手破壞「港人治港」的原則，因為說到底，這是我們自己的事情。

廖成利議員致辭：

主席，今天的議案辯論可以說是九七年後修憲運動的起步禮以及序曲。民協在九七年後將繼續支持以理性、和平，以及民主的方式爭取修改基本法，加速香港民主制度的確立。

我收到曾健成議員的議案的具體措辭內容的時候，還以為收到民協的政綱。他的議案的重心就是要盡快地落實普選制度，以便可以通過民主的制度盡快落實基本法所給予我們的「高度自治」、「港人治港」，以及「一國兩制」。我很詳細

地閱讀曾健成議員的議案的內容，發現其中有三個很微妙的地方，須要詳細提出來討論。第一點是修改基本法的時間。他的措辭是說在一九九七年七月一日香港回歸，雖然其中並沒有「之後」這兩個字，但他所指的時序其實應是回歸之後。這時間正是民協一直所堅持的立場，因為基本法的修改機制，是要在回歸之後，基本法正式生效了才可以採用，否則只能由人大單方面作出修改，這樣將會違反「港人治港」的原則。因此，就這一點而言，可以說民主黨和民協在時序這方面是殊途同歸的，大家的看法也很相似。

第二點是提案權。曾議員的議案並沒有提及這問題，到底應由誰提出呢？我們一直都認為基本法可由三個機構擁有提案權，其一是人大常委，另一則是國務院，還有一個便是特區政府。我們一直倡議應由香港特區政府提案，而提案之前則要有充分的討論，以及要尊重香港人的意願來進行修改。因為我們修改基本法並不是要將之修改得更差，也不是要將之修改至體無完膚，或是更倒退，這都不是我們的意願；我們是希望基本法能夠向前發展和不斷進步的。假如這個提案權能夠由香港人行使的話，就能夠具體落實「港人治港」的原則；否則，若是由中國政府或人大甚至國務院單方面提出修改，即使其原意是很好的，香港人也不一定領情，因為那將會變成干預香港的「高度自治」。有關提案權這方面，我相信稍後馮檢基議員將會詳細說明我們的看法。

第三是目標。曾議員的目標就是盡快達至立法機關全面普選，以及行政長官由直選產生。這其實也是基本法的承諾，就是第四十五條所指的行政長官最終由普選產生，以及第六十八條所說的立法會最終由普選產生。議案所要求的「盡快達至」有兩個可能性，其一就是一步達至，即是說一經修改便全面普選，而行政長官也以直選產生。如果要直選行政長官，看來最快能夠一步達至的時間就是在董建華先生的五年任期屆滿之後進行普選。我相信曾健成議員並不是說，基本法一經修改便要董建華先生下台，立刻進行選舉，一定不是這個意思的。至於立法會，則最快能夠一步達至應是在九八年進行全面普選。這是第一個可能性。第二個可能性是要兩步才能達至。有關立法會的普選，我們民協一直以來的立場都是不會反對一步達至全面直選，但我們一貫的主張仍然是「一九〇方案」，就是希望以兩步或三步盡快在二〇〇三年或甚至早一年全面直選，或許在這之前的一屆可能有一半直選或更多的直選議席，也就是以兩步達至目標，而有關這方面我們

是可以再作討論的。

有關加速民主步伐的發展，曾健成議員的目標就是「盡快達至」，這點我們是同意的。香港有否條件盡快進行普選呢？這是一個判斷性的問題。不過，大家只要細看香港的環境，其實無論在學界方面還是研究政治的人士方面，香港是有「超班」的條件可以盡快進行全面普選的。舉例來說，我們的普遍教育程度已經提高了不少，而且現時香港還有這麼多的大學。此外，香港的民智也提高了很多，特別是民主意識也相當足夠。過去我們已有很多的選舉經驗，可以選二十個直選的立法局議員；既然有這樣的經驗，我們其實是有充分的經驗和能力全面直選所有的議員，而且基本上是不會有質的改變的。再者，香港的政治以及法治制度也是非常完善的，具有法治和民主這樣的社會基礎，我們是可以現在便進行全面普選的。

盡快達至全面普選有甚麼好處呢？最少有三個好處。第一是有利於落實「一國兩制」和「港人治港、高度自治」，使我們能夠真正確立香港的民主制度，而這是基本法和聯合聲明曾經承諾的。第二是有利於向台灣作出一個很正面的示範，說明中國和平統一是所有中國人都希望能夠盡快達至的，而香港正是一個很重要的示範單位。至於是正面的示範還是負面的示範，則要視乎將來我們的民主制度能否繼續落實。最後的就是有利於向中國作出一個民主的示範，中國遲早都會有民主，中國人遲早都會有一個民主的制度的。

馮檢基議員致辭：

第二點我想提出的是政制的發展速度。我們民主派裏曾經進行多次討論，最基本的共識就是「一九〇方案」。所謂「一九〇方案」，就是希望九七年能有50%的議席由直選產生，接著是 75%，然後便是 100%，即是兩步便達至 100% 直選。民協既支持「一九〇方案」，也是聯署人之一。其實民協當年提出的是九七年便 100% 直選，但因為希望有一個共識，所以支持「一九〇方案」，即是兩步達至全面直選。當然，到了今天，無論是兩步還是一步達至全面直選，民協都不反對，因為這也是我們早期的理念之一。所以，無論是第一屆立法會還是第二屆立法會，我們都希望能夠爭取全面普選產生所有議席。我們民協在此公開表明，

而以往也曾說過，我們一定會與其他政治團體一同努力爭取達至這目標。

另一點我想說的是香港現在是否適合發展民主，而發展的速度又是否適合的問題。我在中文大學修讀的是政治，而以往也曾提及我所學習的其中一個課題是民主和經濟的關係。有些學者對一百二十多個國家進行了研究，特別研究有民主選舉的國家，以分析民主是否會影響經濟，或是經濟影響民主。其實這兩者不一定有必然關係，因為有好的經濟並不表示必然有民主，而有民主也不等如有好的經濟。不過，研究結果顯示了一個很清楚的現象，就是實行民主選舉的國家，若擁有某些基礎，通常都是比較穩定的。要擁有的是那些基礎呢？第一是高識字率。識字率高的國家的選舉結果通常都是比較穩定的，整體社會也因此比較穩定，而穩定的社會自然不會影響經濟；第二是資訊網絡非常普遍，很多人也擁有資訊網絡。資訊網絡包括電話、電視、報紙，以及收音機等容易傳達信息的媒介，信息容易傳達，才容易推行民主；第三是較為富庶的背景。所謂富庶背景的指標，是指有多少人擁有雪柜、汽車，以及電話等設備。若有較高比數的人民擁有雪柜、電話和汽車的國家，其社會狀況都是比較穩定的。根據這個角度來看，香港現時的狀況，較諸二百年前的美國或二百年前的英國，無論在識字率、資訊網絡或富庶背景等方面，都是優勝很多的，所以我認為香港在爭取民主方面是沒有困難的。

另一方面，我想提出一點，就是我們與民主黨的議員的一些看法，是有所不同的；雖然彼此的目的是一樣，但立論卻是不同的。首先我想說的是基本法第一百五十九條，該條的最後一段指明不得同中華人民共和國對香港既定的基本方針政策相牴觸。大家好像並沒有看過基本法似的，不知道甚麼是基本方針。似乎大家都認為基本法所定的時間表便是基本方針，其實並不是這樣的。基本法的序言已經清楚說明甚麼是基本方針，其內容指出，「一國兩制」便是中國對香港的基本方針政策。換句話說，若要修改基本法，一定不可以違反「一國兩制」這個基本方針。加速民主步伐並沒有違反「一國兩制」的原則，所以並沒有與基本方針政策相牴觸。因此，大家在看基本法時要看全套，不要單看一項或半項條文。

其次，我對張文光議員剛才的發言的內容很不同意，我所不同意的是他說如果接受臨時立法會、甘心當委任的議員，就不可以在這裏說循序漸進。我認為循序漸進的速度可快可慢，可能是一屆，也可能需要兩屆才能達至目標。從我的

角度來看，其實民主黨也是接受這委任安排的，因為民主黨也有接受委任為臨時區域市政區、臨時市政局，以及臨時區議會的議員，而且是甘心接受的。不過，如果是不甘心的，民主黨當然可以作出解釋。我所不同意的，是他們太快便要把其他人趕走。即使是支持循序漸進，無論是支持在第一屆、第二屆，甚至是第三屆全面直選的人，其實都可能是同路人的。我認為民主黨不妨放寬一些胸襟，歡迎那些人一起爭取民主。我希望民主黨有比較廣闊的胸襟，凡是支持民主的便是好的。

我對民主黨的最後一點意見，就是他們一方面說不相信中國中央政府，但另一方面卻又要求中國中央政府修改基本法，而這正是民主黨立論時經常出現的矛盾情況。至於我本人，我是不相信中央政府的，甚至不會要求中央政府修改基本法，我希望完全由香港人修改。香港人最重要的是達至共識，現時只有兩個方法，一是由上而下，另一則是由下而上。我是傾向於由下而上的爭取方式的，這由下而上的爭取方式有兩個可能性，其一是革命，奪取國家政權。但這並不是民協的立場，也不是民協所支持的。其二是「迫」，用甚麼方法去「迫」呢？就是用立法會去「迫」，或是其他的臨時機構，甚至是群眾活動也可以。我認為任何渠道也可以「迫使」香港特區政府明白：這個時空若不處理，香港便會動亂了；若這些要求不去處理，便不得民心。我認為這是一個可行的方法。我的陳辭主要是希望大家即使未能達至共識，但只要是目標相同便可以聚在一起。

詹培忠議員致辭：

主席，大家都知道基本法是為香港的過渡而制定的，同時也明白除了普通法之外，基本法對香港來說同樣是非常重要的。基本法可否修改呢？絕對可以。若是對國家、對地區、對市民，以及對中國人民有利的話，我堅信中國政府也要適應潮流，作出適當的修訂。不過，我們必須注意的是，香港有部分所謂民主派，基本上是利用所謂的憲法、利用基本法，甚至是利用一切言論，經常對中國中央政府，也就是中國的領導黨，多番無理謾罵、提出無理的要求，甚至是作出無理的干預。中國共產黨在一九四九年解放中國，至今已有四十多年的時間，其政策對中國的普羅大眾、對中國人民到底是好還是不好呢？我們香港人應該以較廣闊

和更遠大的眼光來作評價，不要局限於香港本身或局限於自己的政黨來看事情。我深信有很多加入政黨的人其實並不知道做甚麼，只是為了容易贏取選票和有更大的當選機會而加入政黨，其實這一切的行為，是有別於政黨的思想的。

主席，最近所謂的「八大強國」，對香港的一切事務不斷指指劃劃、指指點點。這令我們想起當年八國聯軍攻打中國，就是英、美、法、德、意、日、加、俄的侵華行動。但是，為甚麼那些民主派人士對現時的八強干預不哼一聲呢？他們如此的表現是否為了能達到他們的目標，他們的目的呢？對於要求修改基本法一事，我個人認為是相當嚴重的。我們從政的人應該從大處著眼，不要只顧一己的私利。我們對於自己的國家固然是有所訴求、有所要求，但是對於外來的干預或外國的不公平對待，也不能坐視不理，畢竟我們都是中國人。民主黨的主席李柱銘議員訪問外國的時候雖然獲得很高調的接待，但是他內心感受如何呢？其實他不過是一顆被人利用的棋子，與達賴喇嘛沒有甚麼分別，當然他是比達賴喇嘛低級很多的。我希望他不要沾沾自喜，他只能夠希望在香港有一定的代表性，以議員的身份向全世界表達香港人的意願。他既然有這樣的條件，便應該呼籲全世界的國家不要干預中國內政，更不要干預香港的一切事宜。

主席，我很相信我們在過渡期間是絕對可以就各項事宜與中央政府商討或是提出我們的意見的。但是，假如是一些刻意的批評或攻擊的話，我深信即使是普羅市民或普通人都無法接受，更何況是一個相當成功的國家。其實基本法內已經清楚說明，香港的各項選舉是有一定的安排的。無可否認，對於受大家非議的臨時立法會（「臨立會」），社會上是有很多不同的意見，但我們也曾多次提出，這些不同的意見是由誰挑起的呢？是誰令事實發展至現今的局面的呢？為何大家不去尋求這真理，卻在這裏鑽牛角尖呢？不錯，有很多國家都說要杯葛臨立會的宣誓儀式，但這是別人的自由，而我們也有自己的尊嚴。我們無須理會其他人，有興趣的便來觀禮，若那些國家沒有興趣，我們也不必自己看扁自己。

我最希望的是市民能夠明白，印度、菲律賓甚至意大利等國家每年都進行很多次的選舉，但一選再選之後，始終還是要重選，這便是所謂的選舉可以代表民主進步，但結果如何呢？我不是說香港沒有資格發展民主選舉，我只是要指出選舉並不能代表一切，並非必定能夠成功。此外，我們更要理解一點，就是大家對於任何問題都應該提出很真誠和有建設性的建議。我一直也非議很多傳媒的專欄

作家經常就很多問題鑽牛角尖，尤其是部分已經移居外國的專欄作家，對香港缺乏充分的理解，但卻經常在當地對香港作隔岸批評，這對我們香港市民來說是極不公平的。故此，我希望大家能夠理性地提出有建設性意見。我曾經向一些作家朋友提出我的意見，他們卻說批評是他們的權利，而提出有建設性的建議只是執政者的責任，但我認為這樣的看法未免過於偏激了。最後，我希望各政黨應該以提出有建設性的建議為目標。我深信，只要是有建設性的意見，無論是由龐大的政黨還是細小的政黨所提出，當權者和執政者，都必定會聽取的。否則，反對黨只有自取其政治滅亡。

主席，我很希望大家緊記一點，就是基本法是可以修訂的，但必須是絕對有利於中央政府；有利於香港特區政府、有利於中國人民，以及有利於香港市民的修訂。謹此陳辭。

李柱銘議員致辭：

在座有些議員可能不記得起草基本法的過程，本局只有四人是起草基本法委員會的成員，就是李國寶議員、劉皇發議員、司徒華議員，以及本人。所以羅叔清議員說基本法是由香港人決定，其實是錯的。大家也記得，但可能羅議員不知道，起初中國政府起草基本法的時候，完全是中國的事情，英國是不准許參與的，絕對不許可。但由何時開始才讓英國人參與呢？那是「六四」以後的事，不過當時「華叔」和我已經不是草委了。當時餘下的 18 個香港草委之中，有 11 人聯名寫了一封信給中國領導人，提出兩項要求，第一是在基本法內增加多一些民主部分；第二是反對一會兩局的投票方式。當時中國政府發現香港大多數的草委提出這要求，於是便找英國人商討，才有那七封秘密函件，這是現時大家都知道的。所以羅叔清議員剛才所說的是錯的，基本法不是由香港人決定，而是最後由中國人和英國人決定的。

剛才李卓人議員和張文光議員均有提及基本法第一百五十九條，也就是最後的一條。其實馮檢基議員說得對，最後這一條是我們爭取回來的，因為恐怕修改基本法的時候會將之修改至違背了聯合聲明，屆時便不知怎麼辦，所以要爭取加入這條文。但是內地的草委則認為不要再在基本法內提及聯合聲明，所以便在序

言說明：「國家對香港的基本方針政策，由中國政府在《中英聯合聲明》中予以闡明。」然後再在第一百五十九條加上最後一句：「本法的任何修改，均不得同中華人民共和國對香港既定的基本方針政策相抵觸。」既定的意思就是在基本法頒布之前已經有的，也就是聯合聲明。所以，這一項條文是可以修改的，就是要寫得更清楚一些，但千萬不可將之刪除。

倪少傑議員提及「怪胎」，但是他卻又忘記了現在其實真的有一個怪胎，就是臨時立法會。這個臨時立法會是基本法沒有提及、聯合聲明也沒有提及的。有些人很多時候可能由於太高興了，因而忘記了自己是怪胎的一部分。或許我們可以說這是「身在腹中」，這個「腹」是指肚腹，正是「身在腹中不知腹」。

主席，基本法其實是要修改的，這並不是許家屯最近才說的，黃文放先生很多年前已經跟我說過：「基本法是在一九九〇年頒布的，一九九〇年的時代到了一九九七年的時候一定會有所轉變的，為何不修改呢？一定是要修改的。」其實他是希望中國政府自己修改，使之更配合我們社會的發展過程。所以，現時在座的人有時真的「很慘」，我們在座的人可能比共產黨更「左」。其實，基本法是當然可以修改的，而且也是應該的。問題只是在座很多同事不想修改而已。為甚麼不想修改呢？讓我一語道破他們吧。他們是恐怕修改了之後便無法當選了，就是那麼簡單。主席，請你設想一下，假如臨立會六十個議席都以直選產生，即使用甚麼選舉方法也不打緊，甚麼比例也不打緊，你猜我們民主派可以贏取多少個議席呢？這是大家都明白，我也無須說出來的。現時我們只佔二十席，但大家還要「做手腳」，就是這麼簡單的一回事。

主席，我認為我們看這個問題的時候，必須清楚明白一點，就是沒有民主便不會有自由，也不會有法治。基本法是一定要修改的，而且也一定會修改。民協的同事提及應該由甚麼人提案，其實誰提案並不重要，當然如果香港能夠提案則更好。但是，民協的成員現時在臨立會是否有機會提案呢？即使在第一屆立法會也不會有機會。因此，如果要省時和不費力、倒不如由人大自己提案，反正只有人大才有權修改基本法。可見，我們動議這個議案是很有意義的，因為只有中國政府才能修改基本法。解鈴還須繫鈴人，所以我們希望中國政府能夠修改。其實，詹培忠議員提及中國人，其實我們不都是中國人嗎？但我們想要的是怎樣的中國呢？主席，我希望現時這個強大的中國，將來能夠成為一個偉大的中國，而

在這個偉大的中國國內，每一個中國人民的人權都獲尊重，並且得到憲法保障。

憲制事務司致辭：

主席，香港特別行政區行政長官以及立法會的產生辦法和組成方法是一個極重要的課題，市民對此極表關注，並且期望有關程序必須公開、公平和具有透明度。我們完全理解這些意向。曾健成議員的議案建議在九七年七月一日後立即修改基本法，以盡快達至立法局機關全面普選及行政長官由直選產生。我們對這項議案有以下的看法：

首先，有關特別行政區中央〔中央〕行政長官以及立法會的產生辦法和程序已在基本法內訂明。關於行政長官的產生，基本法第四十五條說「最終達至由一個有廣泛代表性的提名委員會按民主程序提名後普選產生的目標。」關於立法會的產生辦法，基本法第六十八條也訂明「最終達至全部議員由普選產生的目標。」一直以來，我們對代議政制的發展都是基於兩項重要的原則作考慮。第一是步伐必須循序漸進，第二是方式必須公開和公平。這些原則行之有效也普遍得到廣大市民的支持和接受。

第二點我希望提及的，是關於修改基本法的程序。基本法第八章也有這方面的明文規定，任何修改基本法的建議也不能輕率，並在作出任何修訂之前必須詳細考慮各方面的意見。有關這方面的工作，應該是由中國政府以及日後的香港特別行政區政府負責的。

基本法為一九九七年七月一日以後香港的生活方式勾劃了一幅藍圖，而每一位香港市民也盼望中英聯合聲明和基本法所訂明的「一國兩制」和「港人治港、高度自治」這些重要方針能夠得到具體落實。我們大家也期望現時的生活方式保留不變、我們期望個人權利和自由得以維持、我們期望法治的精神能夠延續，我們更期望香港的經濟競爭力不斷提高。假如上述的重要方針能夠得以落實，必定能為香港締造更美好的將來。